KB179476

# 마오쩌둥의
## 눈으로 본
# 중국역사
## 명인명거

마오쩌둥의 눈으로 본
중국역사 명인명저

**초판 1쇄**   인쇄 2017년 11월 27일
**초판 1쇄**   발행 2017년 11월 28일
**지 은 이**   디옌성(邸延生)
**옮 긴 이**   김승일·서세영
**발 행 인**   김승일
**디 자 인**   조경미
**펴 낸 곳**   경지출판사
**출판등록**   제2015-000026호


**판매 및 공급처**   도서출판 징검다리
**주소**  경기도 파주시 산남로 85-8
Tel : 031-957-3890~1  Fax : 031-957-3889  e-mail : zinggumdari@hanmail.net

ISBN 979-11-86819-40-1 03910

# 마오쩌둥의 눈으로 본 중국역사 명인명저

디옌성(邸延生) 지음 / 김승일·서세영 옮김

경지출판사

# 머리말

《역사의 교훈-마오쩌둥 평술 중국 역대 제왕》을 출판한 뒤 몇몇의 열성적인 독자와 친구들이 필자에게 마오쩌둥이 중국 역사 인물을 평술 (評述)한 것과 관련된 내용을 계속해 써서, 정치, 경제, 군사, 문화, 사상, 사회 영역 등의 측면에서 비교적 영향력 있는 인물을 포함한 여러 시기 중국역사의 인물들에 대한 마오쩌둥의 여러 견해를 더 전체적이고 더 상세하게 이해할 수 있게 해 줄 것을 건의해 왔다. 생각건대 이 '건의'에 포함된 '범위'는 매우 넓고 '임무' 역시 매우 막중하여, 나 개인의 유한한 능력으로는 담당할 수 있는 것이 아니었다.

그러나 열성적인 독자와 친구들의 호의를 저버리지 않기 위해 나는 역시 적지 않은 소재를 전심전력으로 수집하였고, 대량의 역사 자료를 열람하였으며, 마오쩌둥이 숙독한 중국 역사서·고적(古籍)과 중국 역사 인물(일부 근대인물도 포함)에 대해 평술한 분야의 내용을 최대한 많이 파악하였으며, 아울러 《마오쩌둥의 눈으로 본 제자백가》와 《마오쩌둥의 눈으로 본 중국 역사 명인 명저》를 계속하여 쓰기로 결심하였다. 물론 내가 쓴 이 두 부의 원고는 그 내용으로 말하자면 여러 역사시기 중국의 각종 인물에 대한 마오쩌둥의 논평을 전부 포괄했다고는 할 수 없으며, 원고에 포함된 역사인물이라고 하더라도 중국의 역사발전 단계에서 그들 각자의 사회적 지위 및 후세의 영향력에 대한 마오쩌둥의 전체 논평을 포괄할 수는 없었다. 마오쩌둥은 위인이며 또한 근 100년 이래 중국 역사에서 탄생한 가장 위대한 정치가, 사상가, 군사가, 시인이자 프롤레타리아 계급혁명가이다. 그의 경력과 중국인민 나아가 전 세계에 대한 그의 공헌은 오늘날 세계에서는 비교할 수 있는 사람이 없다. 그의 지식은 해박하였고, 사상은 방대하였으며, 정치적 통찰력은 강하였고, 사유는 민첩하였으며, 연상 능력은 풍부하였다.

마오쩌둥이 처한 시대에서 보자면, 사회현상에 대한 마오쩌둥의 관찰, 분석과 비판은 종종 일반인과는 다른 견해와 인식을 보여준다. 일반인들이 '매우 작은'일 혹은 아주 '하찮아서 언급할 필요도 없는' 일이라 여긴 것일지라도 그의 관찰과 분석을 거치면 '한마디로 핵심을 찌르거나' '천하를 뒤흔들 듯 사람들을 놀라게 하는 결론'을 낼 수 있었다. 이것이 내가 비록 전력을 다하더라도 중국 역사인물에 대한 마오쩌둥의 많은 논평의 내용을 더 전체적이고 더 상세하게 파악하고 이해할 방법이 없는 주요 원인이다. 여기서 독자와 친구들에게 삼가 진심으로 사과한다.

마오쩌둥은 독서를 매우 좋아하여, 중국책, 외국책, 고전, 현대를 막론하고 기회가 되고 조건이 맞기만 하면 모두 가져와서 읽었다.

　　조금도 과장하지 않고 말하자면 마오쩌둥은 평생 만 권이 넘는 책을 읽었고, 특히 중국 고전문학과 인물 전기를 즐겨 읽었으며, 그 속에서 지식과 능력을 얻었다. 과거 소년 시절 그는 중국 고전소설을 즐겨 읽었다. 고향에서 사숙(私塾)을 다닐 때, 그는 언제나 '짬을 내어' 명청 연간에 간행된 《삼국연의(三國演義)》, 《수당영웅전(隋唐英雄傳)》, 《수호전(水滸傳)》, 《정충설악(精忠說嶽)》, 《금고기관(今古奇觀)》, 《팽공안(彭公案)》, 《시공안(施公案)》, 《대팔의(大八義)》, 《소팔의(小八義)》 등과 같은 '과외'의 '심심풀이 책'몇 권을 찾아내어 읽었고, 이 때문에 "본업에 충실하지 않는다"는 부친의 꾸지람을 듣기 일쑤였다. 그러나 그는 책 속의 많은 '영웅들'에 매료되어 "의롭지 못한 부자를 죽여 빈민을 구제하고(殺富濟貧)" "하늘을 대신해 도를 행하며(替天行道)" "악을 제거하고 선을 선양하는(除惡揚善)|" 이념이 머릿속을 가득 채워 "회개할 생각을 하지 않았고" 여전히 이러한 '심심풀이 책'을 너무나 좋아하여 손에서 놓지를 못하였다. 몇 년 뒤 옌안(延安)에서 미국 기자 에드거 스노우(Edgar

Snow, 1905.7.19.-1972.2.15.)를 회견했을 때, 스노우에게 흥미진진하게 이야기하였다. "그 당시 나는 '심심풀이 책들'을 읽고는 완전히 매료되었습니다.…" 바로 이러한 풍부한 독서 '경험'과 문화의 축적이 있었기 때문에, 그는 소년기에 거대한 사유를 계몽하고 개척할 수 있었으며, 그로 하여금 상난(湘南)의 두메산골에서 나와 더 넓은 세계로 가서 맞서 싸우고 분투하게 할 결심을 하게 하였다. 이것이 마오쩌둥이 '독서'에서 얻은 능력의 한 측면이라는 것을 말하지 않을 수 없으며, 또한 마오쩌둥에게 있어서 '독서'는 '매우 중요한 일'이라는 것을 말하지 않을 수 없는 것이다. 독서는 유익한 일이다. 마오쩌둥이 즐겨 독서를 한 것을 예로 하여 말한다면, 사람들도 즐겨 독서를 한다면 깨달음과 다방면의 지식에서 영감을 받고 지혜를 얻을 수 있을 것이다.

　마오쩌둥은 독서를 할 때 항상 숙독한 책에 동그라미와 점을 치기도 하고, 평을 써 놓기도 하였으며, 중요한 부분은 표시를 하기도 하고 필사해 놓는 것을 좋아하였다. 그중에서도 특히선진(先秦)의 문학, 한(漢)나라의 부(賦)와 악부(樂府), 당(唐)나라의 시(詩)와 송(宋)나라의 사(詞), 원(元)나라의 곡(曲)과 명(明)나라의 희곡, 청(淸)나라 말기의 소설 등을 포함한 중국의 고대 시서와 명문 전적을 숙독하는 것에 대해 마오쩌둥은 애정을 기울였다. 중화문화는 넓고도 깊어서, 24사(史)에 포함된 내용만 해도 매우 풍부하다.

현재 파악한 자료에 의하면, 마오쩌둥은 24사를 통독하였고, 그 안에 포함된 각종 인물, 정황 및 그것이 포괄하고 파생된 경지, 그리고 작품 자체의 창작 기교와 예술 풍격에 대해 모두 다른 사람과 다른 독창적 견해를 가졌다. 이 점은 마오쩌둥의 독서 필기 안에서 충분히 확인할 수 있다. 그러나 중국 문학발전사에 꽤 공적을 세우고 영향을 미친 문인묵객이나 정치가, 학자들, 예를 들어 삼조(조조[曹操], 조비[曹丕], 조식[曹植]), 한유(韓愈), 유종원(柳宗元), 이백(李白), 두보(杜甫), 백거이(白居易), 왕창령(王昌齡), 두목(杜牧), 유우석(劉禹錫), 왕안석(王安石), 소식(蘇軾), 육유(陸游), 신기질(辛棄疾), 관한경(關漢卿), 왕실보(王實甫), 나관중(羅貫中), 시내암(施耐庵), 오승은(吳承恩), 풍몽룡(馮夢龍), 포송령(蒲松齡), 조설근(曹雪芹) 등과 같은 이들과 근대의 루쉰(魯迅), 호적(胡適), 궈모뤄(郭沫若) 등과 같은 이들에 대해, 마오쩌둥은 그의 박식한 역사문화 지식과 중화민족 5천 년 발전사에 포함된 내용에 대한 심도 깊은 인식과 이해를 통해, 모두 매우 구체적인 논평을 내리며 칭찬하거나 비판한 것이 한두 번이 아니었다. 이에 대해 본서에서는 가능한 상세하게 소개하고 서술하고자 했다. 그러나 마오쩌둥이 일상의 독서생활에서 언급한 중국역사 인물과 관련된 논평에 대한 더 많은 이야기는 필자 개인의 능력으로는 전 방위적으로 이해할 수 있는 데는 한계가 있었다. 이 점에 대해 이 책을 읽을 독자들의 이해를 구하는 바이다. 이 외에도 한 가지 더 설명할 것이 있는데, 이 책에 대해서만 말하자면 다루고 있는 내용이 전체적이지 않고, 또 인물, 사건, 문장에 대한 마오쩌둥의 전체 견해와 논평은 결코 아니라는 것이다. 다만 여러 다른 역사시대, 다른 상황에서의 마오쩌둥의 한 가지 구체적 독법이자 의견이며 비평이자 독서 필기라고 할 수 있다. 필자는 다만 실사구시적으로 구체적인 발췌와 간단한 소개만 했을 뿐이며, 편, 장, 절의 말미마다 몇 구절의 길고 짧은 '시평(詩評)'을 덧붙여, 독자들이 마오쩌둥의 논평에서 언급된 명인 명저의 경지와 포함하고 있는 현실적 의의를 더욱 심층적으로 이해하고 깨닫는 데 도움을 줌으로써, 지식을 흡수하고 역사와 중국문화를 이해하는 가운데 현실과 미래에 이바지하고 하는데 중점을 두었다고 할 수 있다. 독자들이 이 책을 읽는 과정에서 되도록 자신의 견해를 제시하여 필자가 의견을 얻을 수 있게 된다면 대단히 감사하겠다.

중국문화의 원류는 유구하다. 마오쩌둥은 중국인민의 위대한 지도자이며, 시대의 위인이자 중화민족의 특출한 아들이다. 그는 중국에서 태어나 중국에서 자랐으며 중화민족의 풍부한 문화가 자지고 있는 의미에 대해 깊은 이해와 두터운 애정을 가지고 있었다. 우리는 그가 쓴 《심원춘(沁園春)·설(雪)》과 《하신랑(賀新郎)·독사(讀史)》라는 두 편의 사(詞)를 통해 중국역사의 여러 문제에 대한 그의 인식과 견해를 이해할 수가 있다. "강산은 이처럼 아름다워도 수많은 영웅들이 다투어 허리 굽히게 했다네. 애석하게도 진시황과 한무제는 문채가 모자랐고, 당태종과 송태조는 시재가 무디었으며, 천하 영웅 칭기즈칸도 활을 당겨 독수리 쏠 줄만 알았다네(江山如此多嬌 引無數英雄競折腰 惜秦皇漢武 略輸文采 唐宗宋祖 稍遜風騷 一代天驕 成吉思汗 只識彎弓射大雕)", "사람과 원숭이 서로 인사하고 헤어진 지, 단지 몇 개 바위 갈아져버린 시간이지만, 어린 시절 일 같다네(人猿相揖別 只幾個石頭磨過 小兒時節)", "인간 세상에서 통쾌하게 웃을 일 만나긴 어렵고, 전쟁터에선 피차간에 활시위만 팽팽하게 당기고 있네(人世難逢開口笑 上疆場彼此彎弓月)", "삼황오제의 신성한 대업에, 얼마나 많은 과객들이 속았던가(五帝三皇神圣事 騙了無涯過客)", "풍류를 즐긴 인물 몇이나 되는가? 도척과 장교는 죽은 뒤 명예 남겼으나, 진승(陳勝)은 떨쳐 일어나 황색 도끼를 휘둘렀다네(有多少風流人物 盜蹠莊屩流譽後 更陳王奮起揮黃鉞)". 江山如此多嬌 引無數英雄競折腰 惜秦皇漢武 略輸文

이처럼 마오쩌둥의 풍부한 독서 경험과 해박한 역사 지식 및 중국의 여러 역사인물에 대한 그의 인식 및 이해는, 아마도 그에 필적할 수 있는 사람은 아무도 없을 것이다. 마오쩌둥의 몸에는 중화민족의 여러 미덕과 넓고 심오한 문화 의미가 집중적으로 구현되어 있고, 중국 역대 명인 명저에 대한 여러 논평을 이해함으로써 우리가 더 전체적으로 마오쩌둥을 느끼며 중화민족 문화에 대한 인식이 깊어지고, 또한 그 안의 여러 의미를 조금이라도 깨달을 수 있도록 도와준다는 것을 믿는다.

소리 높여 노래하는 것으로 눈물을 대신하니, 마오쩌둥이 우리를 떠난 지 이미 30여 년이 지났지만, 그의 사상, 그의 풍격, 전심전력으로 인민을 위해 일한 정신과 종지는 그를 열렬히 사모하는 인민의 마음속에 언제나 남아 있으며, 영원히 사라지지 않을 것이다. 필자가 이 원고를 완성한 시기는 마침 마오쩌둥 탄신 120주년이 되는 시기이다. 여기서 열렬히 마오쩌둥을 사모하는 이들에게 삼가 이 책을 바치고자 하니, 친구들의 지지와 도움을 받아 옛일을 계승하여 앞날을 개척하여 마오쩌둥의 위대한 사상을 영원히 더욱더 발전시키도록 하여 중화민족의 더 아름다운 미래를 펼칠 수 있게 되기를 바라마지 않는다.

디옌성(邸延生)

2013년 1월

## 목차

**머리말** ·········································· 04


제1편
# 천만 고서를 숙독하여 병법에 참고하고,
# 책 속 호걸이 처세하는 것을 보고서 자세히 평가하다

1. 동쪽 갈석산에 올라 〈갈석시(碣石詩)〉를 남긴 조아만(曹阿瞞, 조조)을 '대
   문호'라 칭찬하다, ···························· 22

2. 왕찬(王粲)의 〈등루부(登樓賦)〉를 회상하며, 임종할 즈음 소산(韶山)을 그
   리워하다 ································ 28

3. 얼굴색은 엄중하나 용기가 부족하며 두뇌 회전이 느린 원소(袁紹)는 "두서
   가 없어 종잡을 수가 없다"고 평하다 , ·············· 33

4. 제갈량(諸葛亮)은 "나라를 위하여 온 힘을 다하였으나", 종이 위에서 '융중
   대책'이라는 군사 전략을 논해야 했네 ·············· 36

5. "맥성(麥城)으로 패주한" 관우(關羽)를 보며, 교만하지 말아야 하고  많이
   배워야 한다 ······························ 42

6. 산베이(陝北)전쟁에서 '장비(張飛)'를 인용하고, 장병들을 '조운(趙雲)'이라
   하며 격려하네 ····························· 46

7. 주유(周瑜)를 통해 노동을 말하며, 청년들을 전적으로 신뢰하다    56

## 제2편
## 가리지 않고 하는 독서는 유익하다
## 재주와 덕을 포폄(褒貶)하는 문풍을 중시하라

1. "항복한 장수를 참살하는 짓"은 하지 말라! 《삼국지(三國志)》의 다양한 비평 ⋯⋯⋯ 60
2. "천지가 모두 함께할 때", "영웅은 자유롭지 못하다" ⋯⋯⋯ 65
3. '강락공(康樂公)' 작위를 세습하여, 모순 속에서 남과 어울리며 살아가다, ⋯⋯⋯ 69
4. 《남사(南史)》〈공정전(孔靖傳)〉을 반박하다, 형이상학은 정말로 좁은 의견 ⋯⋯⋯ 72
5. 《소명문선(昭明文選)》의 아름다운 시문은 함축된 의미가 뛰어난 좋은 글
   이니 읽어야 한다 ⋯⋯⋯ 75

## 제3편
## 유물변증법으로 과거를 빌려 현재를 읊고 천추의 사업을 평하다
## 명인전고를 늘 마음에 두고 흥미진진하게 역사책을 읽다

1. '소리장도(笑里藏刀)'한 이의부(李義府), '구밀복검(口蜜腹劍)'한 이임보
   (李林甫) ⋯⋯⋯ 80
2. "풍향을 구별한" 유자현(劉子玄), 후각에 집중하여 눈앞의 상황을 설명하다 ⋯⋯⋯ 85
3. 《창려시문(昌黎詩文)》의 시구인 "하나를 둘로 나누다"라고 한 한유(韓愈)
   를 편지에서 언급하다 ⋯⋯⋯ 89
4. 유우석(劉禹錫)의 "부서진 배 옆으로 일천 돛배 지나네"를 감상하다 ⋯⋯⋯ 98
5. 하지장(賀知章)의 "어렸을 때 고향 떠나 늙어 돌아왔네"에 대한 편지와 평가 ⋯⋯⋯ 104
6. "길을 잃으면 돌아볼 줄 알아야 한다"는 것처럼 처음과 끝을 관통하려는
   구지(丘遲)의 통합욕구를 말하다 ⋯⋯⋯ 108
7. "단언하기 어려운" 이상은(李商隱), 무제시는 "잠시 고민해 보자" ⋯⋯⋯ 112

제4편

생각에 빠져 고전전적에 비평을 남기다
시서(詩書)를 읽고 연구하여 자신의 견해를 진실한
감정에 담아 기재하다

1. "수탉 한번 울자 하늘이 밝아 졌네"를 닮음 이하(李賀)를 '천재'라 평하다 ..... 118

2. "열 번을 응시하였으나 과거에 급제하지 못한" 나은(羅隱), "남들만 못하
   게 되어" 세상의 풍속을 분개하고 미워하다 ..................... 126

3. 비서가 장제(章碣)를 조사하여 비평하다, "유방(劉邦)과 항우(項羽)는 원
   래 책을 읽지도 않았다네." ............................... 130

4. 백거이(白居易) 〈방언(放言) 5수〉, 〈비파행(琵琶行)〉과 "동일한 심정" ..... 135

5. 행군 도중 이익(李益)을 말하다, 골짜기같이 회한 깊은 지도자의 정 ..... 140

6. 편지에서 언급한 왕창령(王昌齡), 《종군행(從軍行)》의 뜻 체현하다 ..... 144

7. 사부(辭賦)를 읊으며 왕발(王勃)을 칭찬하다, 부강을 위해 분발하며
   산하를 애도하다 ....................................... 147

## 제5편

# 넘쳐나는 재능과 독자적인 해석으로 천고에 남기다
## 문장을 논평하고 사부(詞賦)를 읊으며, 즉흥적으로 사시(史詩)를 분석하다

1. 술 마시며 백 편의 시를 쓴 이백(李白), 소련을 방문하여 〈촉도난(蜀道難)〉을 읊다 ..................................... 160

2. "끝내 실패한 것은 두루 알지 못하였기 때문이다", 편지에서 왕안석(王安石)을 논평하다 ..................................... 171

3. "완곡하고 함축적"이거나 "호방함" 두 가지 사이의 《범중엄(范仲淹)》을 한가한 시간에 읊조리다 ..................................... 174

4. 《주자어류(朱子語類)》를 이야기하며 "천하의 일은 모두 할 수 있다"는 것을 체득하다 ..................................... 180

5. "천하를 널리 유람하고자 하나" 유감이 많다고 한 서하객(徐霞客)을 특히 좋아하다 ..................................... 184

6. "지조가 굳세어 굴하지 않은" 양계업(楊繼業)을 대상으로 한 경극 《이릉비(李陵碑)》를 노래하다, ..................................... 188

제6편

# 민족영웅의 호연지기, 오래도록 맹렬히 보존되고, 책 읽고 역사 읊으며 심정 토로하는 노래를 하다

1. 순방 기간 악비(岳飛)를 말하다, "죽음을 두려워하지 말라"는 정신을 강조하다 ................................ 192

2. 육방옹(陸放翁)의 시를 읊으며 "다만 구주가 통일되는 것을 보지 못하는 것이 슬프구나!"라는 시구를 평하다 ...... 196

3. "대호(帶湖)를 매우 사랑하노라"라는 신기질(辛棄疾)의 시를 여러 차례 찬탄하다 ................................ 199

4. "국토의 험준함에 의지하여도 지킬 수 없다"고 한 진량(陳亮)의 〈염노교(念奴嬌)〉를 읊다 .......................... 206

5. 중앙위원회 전체회의에서 해서(海瑞)를 말하고, 이후 다시 "매우 후회하다" ...................................... 209

제7편

심원하고 다채로운 민족문학
종횡무진 사람을 이끄는 고전소설

1. 왕실보(王實甫)와 《서상기(西廂記)》, 중국에 '혜명(惠明)'이
   나타나기를 바라다 ──────── 214

2. 고계(高啟)의 〈매화(梅花)〉를 여러 번 찾다, "눈바람은 오는
   봄을 맞이하네."에 이끌리다 ──────── 219

3. 《동주 열국지(東周列國志)》를 읽어, 경계심을 높여 뒤엎으
   려는 세력을 막자 ──────── 224

4. 《삼국연의(三國演義)》의 두터운 정절, 역사를 거울삼아 혁명
   을 말하다 ──────── 229

5. 어쩔 수 없이 "양산박에 올랐다"고 여러 차례나 《수호전(水
   滸傳)》을 비평하다 ──────── 236

6. 신화이야기인 《서유기(西遊記)》의 "경전을 구하러 서천을 가
   는" 정신을 보자 ──────── 244

7. 《홍루몽(紅樓夢)》 연구는 제4회가 중점이 되어야 한다 ──────── 250

제8편

# 옛 제도 비평하고 오류를 반박하며 자신의 견해를 진술하다. 자유분방한 기개로 문장을 진작시켜 새 인물을 격려하다

1. 오경욱(吳景旭)의 《역대시화(歷代詩話)》는 논평이 진부하다 ·········· 258

2. 전체가 완비되어 있다고 칭한 《시운집성(詩韻集成)》, 시와 사의
   율격은 연습과 탐구에 달려 있다 ································· 262

3. 양장거(梁章鉅)의 《영련총화(楹聯叢話)》를 보고 "새로운 풍격
   을 창조하였다"고 장련(長聯)을 칭찬하다 ····················· 268

4. 공자진(龔自珍)에게서 유래한 시구 "하늘에 바라노니 다시 기운
   을 차리시게나" ······································· 274

5. 근원을 탐구하고 근본을 거슬러 올라간 《일지록(日知錄)》, "스
   승으로 삼을 수 있는" 고염무(顧炎武) ····················· 278

6. 《가서(家書)》를 기록한 증문정(曾文正), "헛된 명성 좋아하지
   않고" 허무맹랑하지 않았네 ································ 281

## 제9편

# 배운 것을 적용하여 근대사를 진지하게 연구하다
# 진리를 추구하고 실효를 강조하고, 전국으로 시야를
# 넓혀 호방한 마음을 부치다

1. 캉여우웨이(康有爲)의 《대동서(大同書)》를 읽고, '대동(大同)'으로써 출구 찾기를 바라다 …… 288

2. '야호(野狐, 여우)' 필법은 부정당하다, '용두사미'량치차오(梁啓超)의 필법 …… 293

3. 《인학(仁學)》을 읽고 탄스통(譚嗣同)을 논하다, "마음과 몸을 하나로 하면" 일은 반드시 성취한다 …… 298

4. "호랑이가 앉아 있는 듯, 용이 서려 있는 듯"한 난징성(南京城), "과감하게 황제를 비판한" 장타이옌(章太炎) …… 302

5. 옌푸(嚴復)가 번역한 《진화와 윤리》는 "보배로 삼을 만한" 《군학이언(群學肄言)》이다 …… 304

6. 《성세위언(盛世危言)》 정관응(鄭觀應)의 급진사상에 계몽되다 …… 309

7. 부지런히 공부하여 "제자이자 사위"가 된 양창지(楊昌濟)와의 "밀접한 관계" …… 312

8. 해결하기 어려운 난제를 만날 때마다, 언제나 리진시(黎錦熙)에게 편지를 쓰다 …… 318

9. 유물론자는 "두려울 것이 없다"고 한 루쉰(魯迅)을 '현대의 성인'으로 추앙하다 …… 322

# 제10편

## 학술연구에는 반드시 마르크스레닌주의 인식론을 견지하다. 지금의 것을 중시하고 옛것을 경시하며 백화제방 백가쟁명을 격려하다

1. 《갑신삼백년제(甲申三百年祭)》《십비판서(十批判書)》의 궈모뤄(郭沫若) ......... 332

2. 불교사상논문집, "봉황의 털과 기린의 뿔" 런지위(任繼愈) .................. 341

3. "연극계의 거장" 매란방(梅蘭芳), 인민 연극은 인민을 위하다 .................. 345

4. 현대시인 류야즈(柳亞子), "고기잡이 구경은 부춘강이 더 낫다네." .................. 348

5. 장싱이안(章行嚴)의 《지요(指要)》 두 권, 해마다 "부채를 갚다" .................. 360

6. 유전학자 탄쟈전(談家楨), 아무런 제약 없이 고금을 논하다 .................. 369

7. '백가쟁명'을 지지한 저우구청(周谷城)을 격려하다 ................. 373

8. 편지를 써서 리시판(李希凡)을 지지하다, '홍학(紅學)' 연구에 파란을 일으키다 .... 377

9. 《실천론》을 해석한 리다(李達)와 동후(東湖) 주변에서 논쟁하다 .................. 384

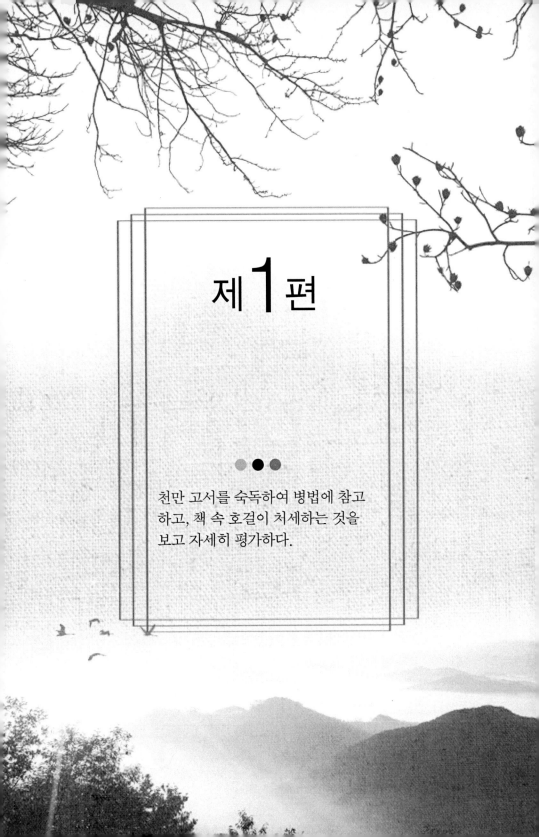

# 제1편

천만 고서를 숙독하여 병법에 참고
하고, 책 속 호걸이 처세하는 것을
보고 자세히 평가하다.

# 제1편

천만 고서를 숙독하여 병법에 참고하고,
책 속 호걸이 처세하는 것을 보고 자세히 평가하다.

### 1. "동쪽 갈석산에 올라 〈갈석시(碣石詩)〉를 남긴 조아만[1](曹阿瞞)을 '대문호'라 칭찬하다,

1954년 7월초 중국공산당 중앙판공청은 중앙의 지도자들을 베이다이허(北戴河)에서 요양할 수 있도록 일괄적으로 조치하였다. 마오쩌둥은 해변가 1호 주택에서 머물렀다.

7월 23일 마오쩌둥은 그의 두 딸 리미(李敏)과 리나(李讷)에게 편지를 한 통 썼다.

"베이다이허(北戴河), 친황다오(秦皇島), 산하이관(山海關) 일대는 조맹덕(曹孟德, 조조)이 지나간 지방이다. 그는 정치가일 뿐만 아니라 시인이다. 그의 〈갈석(碣石)〉시가 유명한데, 어머니에게 고시 선집이 있으니 어머니께 읽는 법을 가르쳐 달라고 부탁하거라." [2]

마오쩌둥의 편지에서 언급한 조맹덕(曹孟德)의 어렸을 때 이름은 아만(阿瞞)인데, 후에 위무제(魏武帝)가 된 조조(曹操, 155~220)가 바로 그이다. 마오쩌둥은 조조의 〈갈석시(碣石詩)〉가 '유명하다'고 칭찬하였는데, 이는 조조의 작품인 〈보출하문행(步出夏門行)〉에 나온다.

"동쪽 갈석산에 올라 푸른 바다 바라보니,　　　　　東臨碣石 以觀滄海

파도는 출렁이고 산과 섬이 우뚝 솟아있네.　　　　水何澹澹 山島竦峙

수목은 울창하며 온갖 풀들은 무성하고,　　　　　樹木叢生 百草豐茂

가을바람 소슬한데 큰 물결이 솟구치누나.　　　　秋風蕭瑟 洪濤湧起

갈마드는 해와 달 그 속에서 나오는 듯,　　　　　日月之行 若出其中

반짝이는 별과 은하 그 속에서 나오는 듯.　　　　星漢燦爛 若出其裏

아, 한없는 즐거움, 노래로 읊어보노라.　　　　　幸甚至哉 歌以言志


……


신령스런 거북 비록 오래 산다지만

언젠가는 죽을 날이 있으며,　　　　　　　　　神龜雖壽 猶有竟時

용은 구름을 타고 하늘에 오른다 하나 끝내

흙이 되고 마네.　　　　　　　　　　　　　騰蛇乘霧 終為土灰

천리마는 늙어 마구간에 매여서도 마음은

천리를 치닫듯　　　　　　　　　　　　　　驥老伏歷 志在千里

열사 비록 몸은 늙었어도 큰 포부는

가시지 않았다오.　　　　　　　　　　　　　烈士暮年 壯心不已

우리네 인생 길고 짧음은 오로지

하늘에만 있는 것은 아니니　　　　　　　　　盈縮之期 不但在天

욕심을 버리고 수양한다면 생명도 늘릴 수 있으리라　　養怡之福 可得永年

아, 한없는 즐거움, 노래로 읊어보노라.　　　　幸甚至哉 歌以詠志"

〈갈석(碣石)〉(발췌)

---

1) 조아만 : 조조의 아명
2) 中共中央文献研究室, 《老一代革命家家书选》, 中央文献出版社, 1990, 50쪽.

마오쩌둥이 편지에서 조조를 '정치가'라고 한 것은, 조조가 동한(東漢) 말 군웅할거 하던 혼란 국면에서 예리한 정치적 후각과 탁월한 군사 지휘 능력으로 기세 좋게 일어나, 먼저 군사를 일으켜 황건적을 진압하고 동탁(董卓)을 토벌하였으며, 계속하여 한헌제(漢獻帝)를 맞이하여 허창(許昌)에 도읍을 정했다. 그 뒤에는 또 적은 병력으로 많은 수의 병력을 이겨 원소(袁紹)의 세력을 소멸시키면서 중국 북방을 통일하는 기초가 되게 했다. 건안(建安) 13년(208)에는 승상의 자리에 올랐고, 이어서 위왕(魏王)으로 책봉되었으며, 사후에는 그의 아들 조비(曹丕)가 위무제로 추증하였다.

마오쩌둥은 편지에서 조조를 '시인'이라고 하였다. 그는 조조의 시가 "감정을 직접 토로함으로서 대단히 본질적이어서 매우 활달하고 호방하다"[3] 고 하면서, 이로 인해 후인들에게 크게 칭찬을 받을 수 있었다고 생각했다.

조조의 시 〈단가행(短歌行)〉을 보도록 하자.

| | |
|---|---|
| 술을 마주하고 노래하세, 인생 그 얼마나 되리오! | 對酒當歌 人生幾何 |
| 아침이슬처럼 짧았지만, | |
| 지나간 나날 고난은 적지 않았다네. | 譬如朝露 去日苦多 |
| 분개하고 탄식하며 노래하여도 | |
| 근심을 잊기는 어려우니. | 慨當以慷 憂思難忘 |
| 어찌해야 걱정을 잊겠는가? 오로지 술뿐일세 그려. | 何以解憂 唯有杜康 |
| 푸르른 현인들의 옷깃이 아련히 | |
| 내 마음에 남아 있는 것은 | 靑靑子衿 悠悠我心 |
| 오로지 그대들이 있었기에 지금까지 나직하게나마 | |
| 노래할 수 있기 때문일세. | 但爲君故 沈吟至今 |
| 우우 울부짖는 사슴들이 들판의 풀을 먹고 있구려. | 呦呦鹿鳴 食野之苹 |
| 나에게는 훌륭한 손님이 있어, | |
| 비파 타고 생황(笙簧) 부노니. | 我有嘉賓 鼓瑟吹笙 |
| 밝은 달 같은 그대들을 어느 때에 만날 수 있겠는가! | 明明如月 何時可掇 |

| | |
|---|---|
| 가슴에 일어나는 근심을 끊을 수가 없도다. | 憂從中來 不可斷絕 |
| 남북의 밭두렁 길 건너 몸을 굽혀 안부를 물으려 하네. | 越陌度阡 枉用相存 |
| 인연이 닿아 잔치하며 담소하면, 마음속에 옛 은덕이 떠오를 것일세. | 契闊談讌 心念舊恩 |
| 달이 밝아 별빛이 흐릿한데, 까막까치는 남쪽으로 날아가누나. | 月明星稀 烏鵲南飛 |
| 나무를 빙빙 돌지만, 어느 가지에 의지할 수 있으랴. | 繞樹三匝 何枝可依 |
| 산은 높은 것을 마다하지 않고, 바다는 깊은 것을 싫어하지 않으니, | 山不厭高 海不厭深 |
| 주공은 먹은 것을 토해내며, 천하의 마음을 얻었다네. | 周公吐哺 天下歸心 |

마오쩌둥은 언제나 조조의 시, 특히〈보출동문행(步出東門行)〉과〈단가행〉을 음미하면서 읊었다. 베이다이허에서 그는 주변의 수행원에게 말했다. "나는 아직도 조조의 시를 좋아한다네. 기세가 웅장하고 비분강개하여 처량할 정도니 진정한 사내이자 대문호가 아니고 무엇이겠나!"

마오쩌둥이 숙독한 여러 판본의 《고시원(古詩源)》과 《삼조시선(三曹詩選)》중에서, 조조의〈단가행〉,〈보출동문행〉,〈각동서문행(却東西門行)〉,〈이리행(蒿里行)〉,〈연가행(燕歌行)〉,〈고한행(苦寒行)〉등의 시에는 그 쪽과 행간에다 마오쩌둥이 동그라미를 치거나 줄을 그은 흔적이 뚜렷이 남아 있음을 볼 수 있다.

속설에 "바다에는 바람이 없으면 세 척 높이의 파도가 치고, 바람이 있으면 파도가 머리를 넘는다" 고 했다. 1954년 7월 말 어느 날 바다에서 바람이 일기 시작했다. 망망대해의 바다에서 겹겹의 큰 파도가 출렁였다. 소용돌이치고 부딪치며 대해가 온통 시끄럽고 어지러웠다. ····· 방안에 앉아 있던 마오쩌둥은

---

3) ① 《隙望》 1993 年12 期。

갑자기 일어나더니 바다로 수영을 하러 가고자 하였다. 깜짝놀란 수행원들이 어떻게든 만류해도 막무가내였다. 그래도 뤄레이징(羅瑞卿)은 가만히 있을 수가 없어 무엇인가 하려고 했지만 그렇다고 감히 직접적으로 권고할 수도 없었기에 그저 수영을 할 줄 아는 경호원 몇 명에게 마오쩌둥의 뒤를 바짝 따르게 하였다. …

마오쩌둥은 대해를 헤치고 나아갔으며 있는 힘을 다해 파도와 맞붙어 싸웠다. 성난 파도가 그를 향해 산처럼 몰려왔고, 그 때마다 온 몸을 덮치곤 했다. 바다는 그에게 지지 않으려는 듯 바람은 더 세게 불어왔고 파도는 더욱 위협적으로 덤벼들었다. 큰 파도는 계속해서 밀려왔다. 그러나 마오쩌둥은 침착하게 물살을 타고 자유자재로 파도 하나하나를 제어하면서 유유자적 헤엄쳐 나아갔다. …

1954년 8월 중순 마오쩌둥은 친황도(秦皇島) 서북쪽의 옌사이호(燕塞湖)를 유람한 뒤, 다시 창리현(昌黎縣)에 위치한 제스산(碣石山)을 다녀왔다. 베이다이하로 돌아오며 큰비에 침수된 포구를 대면하자 마오쩌둥은 시흥이 갑자기 일어나 펜을 들어 사(詞) 한 수를 지었다.

랑타오사(浪淘沙)·베이다이하(北戴河)
유연(幽燕)에 큰비가 내려 흰 파도가 하늘을 덮고 진황도 밖 어선을 때리네.
　　　　　　　　大雨落幽燕 白浪滔天 秦皇島外打魚船
망망대해 모두 보이지 않으니 어디로 갔는지 누구 아는가?
　　　　　　　　一片汪洋都不見 知向誰邊
천년도 지난 그 옛날 위무제는 말을 달려 동쪽으로 갈석산에 와서 시를 남겼지.
　　　　　　　　往事越千年 魏武揮鞭 東臨碣石有遺篇
소슬한 가을바람은 예와 다름없으나 사람만은 바뀌었구려.
　　　　　　　　蕭瑟秋風今又是 換了人間

1961년 8월 25일 뤼산(廬山)에 있던 마오쩌둥은, 몸 상태가 좋지 않다는 이유로 장기간 병가를 청해온 후차오무(胡喬木)의 편지를 받고서, 그에게 친절하게 답장을 한 통 썼다.

그대는 장기간의 요양이 필요하니 시일은 생각하지 말고 병이 낫도록 하는 데 신경을 쓰시게나. 조조의 시에서 "우리네 인생 길고 짧음은 오로지 하늘에만 있는 것은 아니니, 욕심을 버리고 수양한다면 생명도 늘릴 수 있으리라" 라고 하였으니, 이 시를 읽어보시오. 그대는 지역을 옮겨 병을 요양하는 것이 마땅한 듯하니, 기후에 따라 이동하며 산수풍경을 감상하고 심심풀이 책만 읽어야 하지, 경서(經書)와 사서(史書)는 읽지 말고 또 시사를 짓는데도 신경 쓰지 않는다면, 빨리 쾌유할 것이오. 1, 2, 3년 요양할 계획을 세워야지 몇 개월만 할 계획은 하지 마세여. 만약 업무를 위해 서두르게 되면 아마 다시 재발할 것이오. 당신의 병은 천윈(陳雲)·린뱌오(林彪)·캉성(康生) 등 여러 동지와 비슷하지요. 린뱌오와 캉성은 장기간 요양을 하여 병세가 좋아졌고, 천윈의 병 또한 차도가 있으니, 그들을 본받을 필요가 있습니다.

곡우(谷羽)[4]의 안부를 묻습니다. 그대가 지역을 옮겨 요양을 가면 곡우도 마땅히 따라가야 합니다. 이상을 제안하니, 그대들 두 사람이 상의하여 결정하기 바랍니다.

후차오무에게 써준 편지에서, 마오쩌둥이 조조의 〈보출하문행〉의 시구를 인용한 것은 후차오무가 낙관적인 감정을 가지고 마음을 가라앉히고 요양하도록 격려하기 위해 그에게 "욕심을 버리고 수양한다면 생명도 늘릴 수 있으리라" 라는 조조의 시구를 알려주어 신신당부코자 하는 데에 그 의도가 있었던 것이다. 이는 어쩌면 마오쩌둥이 '양생(養生)'을 어떻게 다루었는지에 대한 '비결'중 하나일 것이다!

---

4) 곡우(谷羽): 후챠무(胡喬木)의 부인이다.

## 시평

| | |
|---|---|
| 동쪽으로 갈석산에 가 푸른 바다를 바라보니, | 東臨喝石觀滄海 |
| 흔들리는 푸른 물결 온 세상이 한 빛이네. | 水天一色蕩碧波 |
| 가을바람 소슬하니 거북의 장수를 노래하고, | 秋風蕭瑟詠龜壽 |
| 원대한 뜻 멈추지 않고 끝까지 맞서 싸우네. | 壯心不已思拼搏 |
| 술을 마주하고 노래함에 노래에 끝이 있으니, | 對酒當歌歌有竟 |
| 인생 얼마나 되고 또 얼마나 되는가. | 人生幾何能幾何 |
| 성난 파도 맞서 용기를 다투었으니, | 挽攬狂濤爭奮勇 |
| 마음대로 되지 않는 세월 상심하지 마시게. | 搓陀歲月莫搓踐 |

## 2. 왕찬(王粲)의 〈등루부(登樓賦)〉를 회상하며, 임종할 즈음 사오산(韶山)을 그리워하다

만년에 시력이 떨어진 마오쩌둥은, 베이징대학교 중문과 강사 루디(蘆荻)에게 중난하이로 와서 그를 위해 책을 읽어주기를 특별히 요청하였다.

1975년 여름 어느 날, 마오쩌둥은 루디에게 동한(東漢) 말 "건안칠자(建安七子)" 중의 한 사람인 왕찬(王粲)의 〈등루부(登樓賦)〉를 읽어 줄 것을 청하였다.

| | |
|---|---|
| 누각에 올라 사방을 바라보며, | 登茲樓以四望兮 |
| 잠시 한가한 날을 맞아 울적함을 풀어보네. | 聊暇日以銷憂 |
| 누각에서 사는 곳을 바라보니, | 覽斯宇之所處兮 |
| 훤히 트여 시원함이 비할 데가 없구나. | 實顯敞而寡仇 |
| 맑은 장수(漳水)[5] 좁게 흘러 포구로 통하고, | 接清漳之通浦兮 |
| 굽이진 저수(沮水)[6]에 의지하여 긴 섬이 있네. | 倚曲沮之長洲 |

| | |
|---|---|
| 무덤 지나 광대한 땅으로 흘러가, | 背墳衍之廣陸兮 |
| 물가 습지에 이르러 윤택하게 흐르네. | 臨皐隰之沃流 |
| 북쪽은 도주공(陶朱公)의 들에 접하고, | 北彌陶牧 |
| 서쪽은 초 소왕(楚昭王)의 무덤에 접해 있네. | 西接昭 |
| 꽃과 열매가 들판을 덮고, | 華實蔽野 |
| 기장은 온 밭에 가득하다네. | 黍稷盈疇 |
| 비록 미덥고 아름답지만 내 고향은 아니니, | 雖信美而非吾土兮 |
| 어찌 잠시라도 머물 수 있겠는가. | 曾何足以少留 |

| | |
|---|---|
| 난세를 만나 옮겨 다니며, | 遭紛濁而遷逝兮 |
| 부질없이 흘러 다닌 지 12년이 넘었네. | 漫踰紀以迄今 |
| 고향 그리워 돌아갈 생각하니, | 情眷眷而懷歸兮 |
| 누군들 이 그리움 감당할 수 있으리오. | 孰憂思之可任 |
| 난간에 기대어 멀리 바라보니, | 憑軒檻以遥望兮 |
| 북풍이 불어 옷자락 열리네. | 向北風而開襟 |
| 아득히 먼 들판 눈을 들어 바라보았으나, | 平原遠而極目兮 |
| 형산의 높은 봉우리에 가렸네 | 蔽荆山之高岑 |
| 구불구불한 길은 길고도 먼데, | 路逶迤而脩遠兮 |
| 강은 넘쳐흘러 깊어서 건너기 어렵다네. | 川既漾而濟深 |
| 고향 가는 길 막혀 슬퍼하니, | 悲舊鄉之壅隔兮 |
| 주룩주룩 흐르는 눈물 멈출 수 없구려. | 涕横墜而弗禁 |
| 옛날 공자가 진나라에 있을 때, | 昔尼父之在陳兮 |
| 돌아가자고 탄식하였지. | 有歸與之歎 |

---

5) 동으로는 발해만, 남으로는 황허로 연결되는 허베이성 굴지의 수상교통로로 쓰이던 강
6) 산시성(陝西省)에 있는 강 이름. 칠수(漆水)와 함께 위수(渭水)에 합쳐지는데 두 강물이 모두 검은 빛을 띠어 흔히 칠저(漆沮)라고 부른다

| | |
|---|---|
| 포로였던 종의는 초나라 음악을 연주했고, | 鍾儀幽而楚奏兮 |
| 출세했던 장석은 월나라 노래를 읊었네. | 莊舃顯而越吟 |
| 사람 마음 고향 그리워하는 것은 같으니, | 人情同於懷土兮 |
| 어찌 귀천에 따라 마음이 다르겠는가 | 豈窮達而異心 |

왕찬의 〈등루부〉에는 옛날을 회상하는 마음이 담겨 있다.

루디가 왕찬의 〈등루부〉를 읽는 것을 듣고 난 뒤 마오쩌둥은 매우 감격하여 말했다. "내가 칠률(七律)로 〈도소산(到韶山)〉을 쓸 때, 32년 전에 지나간 많은 일들을 절절하게 떠올리면서 고향을 매우 그리워하였었지. 칠율 〈답우인(答友人)〉의 '얼룩 대 한 줄기 어른거리는 눈물, 붉은 노을은 낭자의 꽃 비단인 양 아름답기만 하구나[斑竹一枝千滴淚 紅霞萬朵百重衣]' 라는 구절은 양카이훼이(楊開慧)를 그리워하며 지었었지. 양카이훼이가 노을 낭자이지! 그런데 어떤 해석은 그렇지가 않은데, 내 생각과는 전연 다르지......"

마오쩌둥은 〈도소산〉을 1959년 6월 25일에 썼다. 당시 마오쩌둥은 오랫동안 떠나 있던 고향에 돌아와 사오산빈관(韶山賓館)에 머물고 있었는데, 밤에 잠을 이루지 못하고 이 시를 썼다.

| | |
|---|---|
| 이별의 꿈 아련하여 흐르는 세월 원망하니, | 別夢依稀咒逝川 |
| 고향 떠난 지 32년 되었네. | 故園三十二年前 |
| 적기 펄럭이며 무장한 농민들, | 紅旗卷起農奴戟 |
| 검은 손엔 맹주의 채찍 높이 들었네. | 黑手高懸霸主鞭 |
| | |
| 많은 장렬한 뜻을 가진 영웅들의 희생으로, | 爲有犧牲多壯志 |
| 감히 일월을 가르쳐 새로운 세상으로 바꾸었네. | 敢教日月換新天 |
| 파도처럼 넘실대는 들판의 곡식들 즐겁게 보노라니, | 喜看稻菽千重浪 |
| 곳곳의 농민 영웅들 저물녘 되어 돌아오네. | 遍地英雄下夕煙 |

《광명일보(光明日報)》에서는 마오쩌둥의 이 시를 다음과 같이 논평하였다. "저자는 통일을 지지하고 통일 사업에 헌신코자 하는 그의 사상을 토로하였으며, 또한 고향에 대한 그리움도 담았다. 사람은 자신의 유년 시절, 고향, 과거의 벗들에 대해 항상 깊은 애정을 가지며 잊기 어려워한다. 노년이 되면 더욱 옛날을 회상하려 하고 그리워하게 마련이다."[7]

마오쩌둥의〈답우인〉은 1961년 4월 17일에서 18일 사이에 쓰여 졌다. 당시 마오쩌둥은 창사(長沙)에서 비밀리에 중국으로 온 베트남 노동당 주석, 베트남민주공화국 주석 호치민을 회견하였고, 그보다 앞선 4월 16일 낮에는 마오쩌둥이 느닷없이 장평화(張平化) 등을 데리고 기차를 타고 방저우(郴州)로 갔으며 이후 서쪽으로 향하여 지우티산(九提山)으로 갔다가 다음날 창사로 돌아왔다.

창사에 돌아온 마오쩌둥은 그날〈답우인〉을 썼던 것이다.

| | |
|---|---|
| 구의산 위에는 흰 구름이 흩날리고, | 九嶷山上白雲飛 |
| 순 임금 두 딸이 바람 타고 나풀나풀 내려왔네. | 帝子乘風下翠微 |
| 얼룩 대[8] 줄기마다 서린 눈물, | 斑竹一枝千滴淚 |
| 붉은 노을은 낭자의 꽃 비단인 양 아름답구려. | 紅霞萬朵百重衣 |
| 동정호 물결은 흰 물보라를 일으키고, | 洞庭波湧連天雪 |
| 장도 사람 노래 불러 천지를 감동시킨다. | 長島人歌動地詩 |
| 나는 이 때문에 아득한 고향에 돌아가는 것을 꿈꾸는데, | 我欲因之夢寥廓 |
| 연꽃 가득 핀 고향에는 새벽 햇살이 가득 비추겠지. | 芙蓉國裏盡朝暉 |

---

7) 《광명일보》 1978년 12월 29일.
8) 진나라 때 장화(박물지) 중에 기재된 내용으로, 약 5,000여 년 전부터 전해져 내려오는 이야기로,

마오쩌둥은 루디에게 왕찬의 〈등루부〉를 읽게 한 뒤, 이어 자신의 시 2수를 읊었다. 이를 통해 그의 만년의 심리 상태를 엿볼 수가 있다. 당시 마오쩌둥은 이미 82세의 고령이었다.

여기서 언급할 가치가 있는 것은, 마오쩌둥이 쓴 〈답우인〉이 발표되자마자 시에서 가리킨 '우인(友人)'에 대한 추측이 사회에서 적지 않게 회자되었는데, 혹자는 "궈모뤄(郭沫若)"에게 답한 것이라 하고, 혹자는 "저우스자오(周世釗)"에게 답한 것이라 하였으며, 궈모뤄와 저우스자오가 아니라고 부정되기도 하였다. 이후에는 또 "악천우(樂天宇)"⁹⁾에게 답한 것이라 하는 사람도 있었고, 또한 많은 '사실'들에 대한 '고증'이 시작되기도 했다.

그러나 마오쩌둥이 만년에 루디에게 말한 바에 의하면, "얼룩 대 줄기마다 서린 눈물, 붉은 노을은 낭자의 꽃 비단인 양 아름답구려"라는 구절은 바로 양카이훼이를 그리워하며 읊은 것이라고 하였다는 것이다. 이것이 가장 확실한 것이라 할 수 있을 것이다.


## 시평

| 이별의 꿈 아련하여 흐르는 세월 원망하니, | 別夢依稀咒逝川 |
|---|---|
| 위인이 시를 읊어 만년을 서글퍼하네. | 偉人吟詩恨晩年 |
| 〈등루부〉 읊는 것을 듣고, | 聽人誦讀《登樓賦》 |
| 자신의 〈고수(枯樹)〉 편 낮게 읊조리네.¹⁰⁾ | 自己低詠《枯樹》篇 |
| 모든 사람 늘그막에는 상심하면서, | 老來傷懷人皆有 |
| 옛 추억 회상하며 고향을 그리워하지. | 情追舊日故家園 |
| 중난하이 안에도 여러 즐거움이 있었지만, | 中南海內千般好 |
| 임종 앞에는 한결같이 사오산만 그리워하네.¹¹⁾ | 臨終依然念韶山 |

## 3. 얼굴색은 엄중하나 용기가 부족하며 두뇌 회전이 느린 원소(袁绍)는 "두서가 없어 종잡을 수가 없다"고 평하다.

1959년 3월 2일 마오쩌둥은 정저우(鄭州)에서 열린 중국공산당 중앙정치국(中央政治局) 확대회의에서 연설을 하였는데, 그 중 다음과 같은 내용이 있었다.

원소(袁紹)라는 인물은 두서가 없어 중심을 알 수가 없으며 계책은 많았으나 결단을 못 내려, 일이 생기면 늑장을 부렸고 실천하는 것도 늦었습니다. 그는 더뎠고 한 방책을 내는 데 소극적이었습니다. 젠보어찬(剪伯贊)은《광명일보(光明日報)》에 적벽대전을 논한 글을 썼는데, 그가 말하기를 유비(劉備)라는 영웅은 조조(曹操)와 동일한 수준으로 매우 매서웠지만, 사건이 발생하면 한 눈에 파악하지를 못하여 조금 느렸다고 하였다.[12]

---

무제가 남방 전란을 평정하고, 창로라는 지역에 왔을 때, 불행하게도 오늘날 후난 구의산(九嶷山, 지금의 영원현 경내)에서 죽었다. 그의 두 왕비는 요제(尧帝)의 딸 아황과 여영이었다. 두 왕비가 물어물어 간신히 도착했는데, 그의 죽음을 보고 비통함을 참을 수 없어 대나무에 올라가서 우니 눈 물이 흘러 대나무에 눈물의 흔적이 얼룩으로 물들었다. 그래서 반죽을 칭하기를 '눈물죽'이라했다. 아황과 여영은 무제를 너무 그리워하여 그 비통함이 살고 싶지 않을 만큼 괴로웠기에 결국은 상강 에 몸을 던져 죽었다. 그래서 반죽을 칭하기를 '상비죽'이라했으니, 후세 사람들이 상비죽을 애정의 충정이 바뀌지 않음의 상징으로 삼았다. 요즈음 동정호 군산상에 반죽의 군락은, 두 왕비의 무덤으 로 남겨져 있다.

9) 악천우 : 후난성 영원현(寧遠縣) 사람이다. 신중국 건립 초기 베이징 농업대학 교무위원회 주임위원 · 중국임업과학연구원 일급연구원을 역임하였다.

10) 마오쩌둥은 만년에 《소명문선(昭明文选)》에 수록된 유신(分信)의〈고수부(枯樹賦)〉를 찾아서 자신에 게 읽어 주게 하였고, 또 여러 차례 홀로 낮은 소리로 읊었다.

11) 1976년 9월초, 마오쩌둥은 임종할 즈음 "소산으로 돌아가게 해줄 것"을 제안하였다. 중앙은 마오쩌 둥의 이 소원을 들어주기로 결정하였고, 전용기를 보내 창사(長沙)까지 시험비행 한 뒤 9월 15일에, 마오쩌둥을 창사로 보내고 이후 사오산 적수동(滴水洞)으로 이동시키기로 결정하였다. 그러나 9월 9 일 새벽 마오쩌둥이 세상을 떠나는 바람에 결국 이 소원은 실현되지 못했다.

12) 陈晋主编,《毛泽东读书笔记解析》, 广东人民出版社1996,1016쪽。

1959년 6월 마오쩌둥은 중난하이에서 《인민일보(人民日報)》의 책임자 우렁시(吳冷西)와 함께 담화를 하면서, 원소에 대해 이야기하였다.

저널리즘은 정치인이나 학자로 보아야 합니다. 어떤 이들은 학자인데, 가장 큰 단점은 계책이 많아 결단이 부족하다는 것입니다. 유비, 손권(孫權), 원소는 모두 이러한 단점이 있었습니다. 조조는 계책이 많았으며 판단이 정확하였습니다.

계책은 많으나 결단이 부족하며, 요점 없이 쓸데없는 소리만 하는 것은 반대해야 합니다. 한 번에 문제가 있는 곳을 볼 수 있어야 합니다. 조조는 원소를 "뜻은 크나 지혜는 작고, 얼굴색은 엄중하나 용기가 부족하다" 고 하여 두뇌 회전이 느리다고 비평하였습니다. 또 원소에게 다른 단점도 있다고 비평하였는데, 군사는 많으나 분업이 확실치 않으며 장수는 오만하여 정령이 일치하지 않으니, 넓은 땅과 많은 식량을 완전히 내 것으로 만들 수 있다고 하였습니다.[13]

1959년 7월 17일 저녁, 마오쩌둥은 뤼산(廬山)에서, 저우샤오저우(周小舟), 후차오무(胡喬木), 톈쟈잉(田家英), 리루이(李銳), 저우훼이(周惠)와 함께 담화를 하면서 재차 원소를 언급하였다.

원소는 우유부단하고 결단력이 없으며 장수를 활용할 줄 몰랐지요. 《삼국지(三國志)》의 〈조조전(曹操傳)〉〈곽가전(郭嘉傳)〉에 이런 내용이 있습니다.[14]

중국의 역사에서, 원소는 동한(東漢) 말에 한 때 이름을 떨친 제후로서, 병사와 장군이 많았고 땅이 넓고 곡식이 풍부하였다. 어떤 측면에서 "명성은 미약하고 장수도 적은" 조조보다 현격히 우세했다고 말해짐에도 불구하고, '우유부단'한 성격으로 인해 정령(政令)이 불일치하는 결과를 초래했고, 또 충언과 좋은 계책을 잘 받아들이지 못하여, 중요한 전략을 결정함에 심각한 실책을 많이 하였다. 관도(官渡)에서의 전쟁은 원래 절대적인 우세를 점하고 있었음에도 곧바로 열세에 놓이게 되는 계기를 스스로 맞이했고, 마침내 패배하게 되는 원인을 만들게 되었다.

마오쩌둥은 여러 해 동안의 혁명 실천과 원소에게서 얻은 역사적 교훈을 통해 결론을 도출해 냈다. 어떤 일을 처리할 때는 결코 우유부단해서는 안 되고 반드시 즉각적인 결단을 내려야만 성공할 수 있는 확률이 큰 것이다. 확신을 내린 일은 결코 질질 끌어서는 안 되고 남에게 미뤄서도 안 되며 회피해서도 안 된다. 평진전역(平津戰役)에서 푸줘이(傅作義)는 국민당 제35군에게 신속히 베이핑(北平, 베이징의 옛 이름)으로 돌아갈 것을 명령하였지만, 35군 군단장은 명령을 시행하면서 도중에 하룻밤을 지체하였고 그 결과 인민해방군에게 차단당해 전군이 전멸하였다.

그 원인을 살펴보면 결국 "일이 생기면 늦장을 부렸고 실현도 늦었던 것"에 문제가 있었던 것이다. 즉 한 걸음 "지체하였고" "사건이 발생하여도 한 눈에 파악하지 못하였던 것"이 패인이었던 것이다.

사회주의 건설 과정에서 마오쩌둥은 각급 당 위원회가 신속하게 지도하는 기풍을 중시하였고, 이를 반복하여 강조하였다. "무엇이든 단단하게 붙잡고 조금도 긴장을 풀지 말아야만 겨우 붙잡을 수 있는 것이고, 붙잡되 단단히 붙잡지 않는 것은 잡지 않는 것과 같다"고 지적하였다. 동시에 "대권은 혼자 장악하고 소권은 분산하며, 당위원회가 결정을 하며 각 계에서 시행한다"라는 공작방침을 당의 《공작방법 60조》에 써 넣게 하였던 것이다.

13) 《毛泽东新闻工作文选》, 新华出版社1983, 215-216쪽.
14) 邓振宇等编, 《毛泽东评点二十四史》, 时事出版社 1997, 735쪽.

## 시평

| | |
|---|---|
| 우유부단하면 실행할 수 없으니, | 優柔寡斷行不通 |
| 우레같이 맹렬하고 바람같이 신속함이 기풍이 되네. | 雷厲風行是作風 |
| 한 번 호령함에 천지가 움직이고, | 號令一出天地動 |
| 천군만마가 모두 내달린다. | 千軍萬馬盡奔騰 |
| 붙잡되 단단히 하지 않으면 모든 일이 위태롭고, | 抓而不緊百事殆 |
| 잠시라도 지체하면 이전의 공적 버려지네. | 稍有遲緩棄前功 |
| 백척간두에서 한 걸음 더 나아가, | 百尺竿頭進一步 |
| 방향을 확인하고 느슨히 하지 마라. | 認准方向不放松 |

## 4. 제갈량(諸葛亮)은 "나라를 위하여 온 힘을 다했으나" 종이 위에서 "융중대책" [15] 이라는 군사전략을 논해야 했네.

중국 역사에서 제갈량(諸葛亮)이란 이름은 모두가 안다고 할 수 있다. 대다수 사람들의 인상에 제갈량은 지혜의 화신이자 직책에 충실하며 노고를 마다하지 않고 원망을 두려워하지 않으며, 사욕을 버리고 공익에 힘쓰며, "죽을 때까지 나라를 위하여 온 힘을 다 바치는" 이들의 본보기이다.

그는 '초가집'에서 태어나 천하가 셋으로 나눠지기(三分天下) 전에는 세상에 나오지 않았었다. 그는 '시골'에서 "직접 농사를 짓고 있었는데", 유비(劉備)의 '삼고초려' [16] 에 감동하여 마침내 "분주히 돌아다니며" 유비를 보좌하였다. - 조조군을 박망(博望)에서 불태웠고, 오(吳)와 연합하여 조조에 대항하였고, 많은 사람과 설전을 벌였고, 짚더미를 쌓은 배를 이끌고 가서 화살을 획득하였고, 동풍(東風)을 교묘하게 빌렸고, 남정(南鄭)을 지략으로 획득하였고, 주유(周瑜)를 세 번 기절시켰으며, 유비를 보좌하여 서천으로 들어갔고, 한중(漢中)을 계략으로 탈취하였으며, 촉(蜀)을 엄격한 법으로 다스렸고, 힘을 다하여 나라를 다스렸다.

유비의 군대가 이릉(彝陵)에서 패한 뒤, 제갈량은 '탁고(託孤)'[17]의 중임을 맡아 군정의 중요한 업무를 총괄하여 살폈는데, 오로병(五路兵)을 격퇴하여 춘월에 노수(瀘水)를 건너 불모(不毛)의 지역에 깊이 들어가 이틀에 한 번만 밥을 먹었다." 사군(四郡)을 수복하고 맹획(孟獲)을 일곱 번 사로잡고, 남방을 평정하였다.

이어서 "위험을 무릅쓰고 선제(先帝)의 유지를 받들어" 공격을 최선의 수비로 삼았고, 위(魏)를 정벌하는 데 힘썼고, 한중(漢中)을 경영하였고, 기산(祁山)에서 여섯 차례나 싸웠으며 공성계(空城計)로 적을 후퇴시켰고, 왕랑(王朗)을 말로 꾸짖어 죽이고, 장합(張郃)을 활로 쏘아 죽였고, 중달(仲達)을 기교로 물리쳤고, 강유(姜維)를 지혜로 취했으며, 농상(隴上)에서 귀신 분장을 하였고, 목우(木牛)로 군량을 운반하였으며, 팔괘진(八卦陣)을 펼쳤다. 비록 "성공과 실패에 대해서는 신의 밝음으로 예상할 수 있는 것이 아닙니다"라고 하였지만, 마음을 많이 쓰는 바람에 피로가 쌓여 병이 되는 지경에 이르게 되었고, 마침내 오장원(五丈原)에서 병사하였다.

중국 혁명해방전쟁 초기에 마오쩌둥은 산시(陝西)성 북부지역을 전전하면서 전쟁을 하였고, 그러면서도 중앙 종대 2만여 병력으로 국민당 군대 23만을 견제하였다. 옮겨 가며 전쟁을 하는 도중 틈이 생기면 마오쩌둥은 항상 경극(京劇)에 나오는〈공성계(空城計)〉중 제갈량의 노래를 흥얼거렸다.

---

15) 융중대책(隆中對策) : 융중대(隆中對)에서 절실하면서도 곧바로 실행할 수 있는 진취적 방안을 제 시했었는데, 유비를 도와 천하를 삼분(三分)하여 촉한 정권을 수립한다는 대책이었다.

16) 삼고초려(三顧草廬) : 인재를 맞아들이기 위해 참을성 있게 노력하는 것

17) 탁고(託孤) : 임종 시 어린 자식을 남에게 부탁하는 것을 말한다

나는 본래 와룡강(臥龍崗)의 유유자적한 사람으로,　　　　我本是臥龍崗散淡的人
천서(天書)와 묘법을 배우고 고금의 일에 통달하였네.　　學天書習妙法博古通今
선제(先帝) 아래에서 남양(南陽)으로 말 몰아 세 번 청하셨으니,

　　　　　　　　　　　　　　　　　　　　先帝爺下南陽禦駕三請

한나라 왕업이 천하를 삼분하기에 충분함을 예견하였네.　算就了漢家業鼎足三分
관직이 무향후(武鄕侯)에 봉해져 지휘권을 장악하였고,　官封到武鄕侯執掌帥印
남북으로 정벌하고 동서로 토벌하여 천지를 보호하고 안정시켰지.

　　　　　　　　　　　　　　　　　　　　南北征東西剿保定乾坤


주 문왕이 태공망을 방문하여 주나라 왕실을 크게 진작시켰으니

　　　　　　　　　　　　　　　　　　　　周文王訪姜尙周室大振

나 제갈량이 어찌 선배 선생께 비견되겠는가.　　　　俺諸葛怎比得前輩先生


　……


　혁명전쟁의 시대이든 평화 건국의 시기이든 마오쩌둥은 언제나 제갈량을 언
급하였다. 전쟁을 수행하는 와중에 자신의 장점을 발휘하고 사회주의를 건설
하는 와중에 자신의 재능과 지혜를 발휘하도록 제갈량의 지혜를 사용하여 사
람들을 격려하였다. 그러나 군사를 지휘하는 데 있어 제갈량이 여러 차례 범한
중대한 실수에 대해 마오쩌둥은 이를 거울로 삼아 사람들이 역사적인 착오를
범하지 않도록 다른 각도에서 환기시키고 경고하였다.
　예를 들어 제갈량은 마속(馬謖)을 잘못 기용함으로써, 가정(街亭)이 함락되
어 어쩔 수 없이 〈공성계〉 한 단락을 부르기까지 하였고, 이후 눈물을 머금고
마속의 목을 베는 결과를 초래하였다. 1951년 12월 4일, 중공화북국(中共華北
局)은 부정부패를 저지른 류칭산(劉靑山)[18]과 장즈산(張子善)[19]의 자료를 중앙
에 보고하였다. 중앙서기처(中央書記處)는 중난하이 이녠탕(頤年堂)에서 회의
를 열어, 유청산과 장자선 두 사람을 처형할지 말지를 결정하는 문제를 전적으

로 토론하였다. 그러나 마오쩌둥은 딱 잘라 말했다. "처형하지 않는 것은 불가하다! 눈물을 머금고 마속의 목을 베었던 것은 부득이한 상황이다."

이 기간에 황징(黃敬)은 마오쩌둥에게 편지를 써서, 이 두 사람이 모두 혁명의 공신(功臣)이며 그들을 처형하지 않는 것이 바람직하다고 말했다. 그러자 마오쩌둥은 황징에게 답장을 한 통 썼다.

바로 이들 두 사람의 지위가 높고 공로가 크고 영향력이 크기 때문에, 그들을 처결하기로 결단하였습니다. 그들을 처결해야만 20가지, 2백 가지, 2천 가지, 2만 가지의 각각 다른 정도의 잘못을 저지른 간부를 구제할 수 있습니다. 황징 동지께서는 마땅히 이래야 하는 이치를 이해하기 바랍니다.[20]

이렇게 해서 류칭산, 장즈산 두 사람은 마침내 처형되었다.

가정이 함락되자 마속은 "전투의 기회를 놓쳤고" "군사를 잃고 땅을 빼앗기는"중대한 업무 과실로 처형되었다. 이 비통한 교훈은 제갈량으로 하여금 이후 여러 차례의 전투 작전에서 더욱 신중을 기하게 하였다. 마오쩌둥은《자치통감(資治通鑑)》제71권·제72권을 숙독하였으며, 앞서 기술한 "마속은 제갈량의 절도(節度)라는 명을 어기고 행동이 번잡하고 어지러웠다. 물을 버리고 산으로 올라갔고, 아래로 내려와 성을 점거하지 않았다.… 장합(張郃)은 급도(汲道)를 끊자 대패하였다"등의 내용에 대해 마오쩌둥은 다음과 같이 비평했다.

첫 전투에 제갈량은 마땅히 스스로 전투에 참가해야 했다.[21]

---

18) 류칭산은 천진 지역위원회 서기였다.
19) 장즈산은 천진 지구 전원(專員)이었다.
20) 中共中央文献研究室编,《毛泽东读文史古籍批语集》, 中央文献出版社, 1993, 292。
21) 위의 책

사마의(司馬懿)가 대장(大將) 장합(張郃)을 파견하여 촉군(蜀軍)을 추격할 때, 복병을 만나 화살을 맞고 죽었다는 기술에 대해서는 다음과 같이 비평하였다.

가정의 패배 이후 출격할 때마다 제갈량은 언제나 군대에 있었다.[22]

전체적으로 고찰해 보면, 역사가들은 제갈량의 '융중대책(隆中對策)' 에 대해 다른 견해를 가졌다. 송(宋) 대의 소순(蘇洵)은 〈항적론(項籍論)〉을 썼는데, 글 안에서 "제갈공명(諸葛孔明)이 형주(荊州)를 버리고 서촉(西蜀)으로 간" 전략적 결정에 대해 상당히 완곡하게 비평을 하였다.

이에 대해 마오쩌둥은 요정(姚鼎)의 《고문사류찬(古文辭類纂)》 '논변류(論辨類)' 소순 〈항적〉편을 숙독하면서 다음과 같은 비평을 썼다.

융중대책은 처음부터 잘못되었던 것이니, 천리 먼 곳에서 병력을 둘로 나누었기에 끝내 관우(關羽), 유비, 제갈량이 병력을 셋으로 나누게 되었으므로, 어찌 패하지 않을 수 있겠는가![23]

여기서 마오쩌둥은 소순의 의견에 동의하여 당초 제갈량과 유비의 '융중대책'이 탁상공론이라 여겼다. 제갈량은 '융중대책' 에서 "만약 형주와 익주를 점거하고" "천하에 변고가 있으면 한 명의 상장(上將)에게 명해 형주의 군대를 이끌고 완(宛)과 낙양으로 향하게 하고, 장군께서는 몸소 익주의 군사를 이끌고 진천(秦川)으로 출병하신다면, 간소한 음식이나마 마련하여 장군을 맞이하지 않을 백성들이 감히 누가 있겠습니까?' 라고 말했으나, 실제로는 유비가 서천(西川)을 탈취한 뒤에 제갈량은 관우에게 단독으로 "형주의 군대를 이끌고 완과 낙양으로 향할" 것을 명했고, 병사들에게는 북쪽으로 올라가 양양(襄陽)과 번성(樊城)을 공격하도록 하였으며, 또한 유비가 "몸소 익주의 군사를 이끌고 진천으로 출병하도록" 하지도 않았으며, "천리 먼 곳에서 병력을 둘로 나누었으니", 마침내 형주가 함락되고 관우가 패전하여 사망하게 되는 결과를 가져왔던 것이다.

시평

| 한 시대 풍류한 소년은, | 一代風流當少年 |
|---|---|
| 시골에서 직접 농사지으며 한적하게 숨어 있었네. | 躬耕隴畝躱淸閑 |
| 한가하게 떠돌아다니다 나라의 올바른 길을 생각하고서, | 閑散飄遊思國是 |
| 종이 위에다 융중대책 말하였네. | 隆中對策紙上談 |
| 선제의 삼고초려한 원대한 뜻을 은혜롭게 여겨, | 先帝三顧恩高遠 |
| 온 몸 바쳐 기련산에 여섯 번이나 출전하였네. | 舍身六出祁連山, |
| 나라를 위해 온 힘을 다하고 심혈을 쏟아 부었으나, | 鞠躬盡瘁嘔心血 |
| 오장원에서 괴로운 눈물 굽이쳐 흘렸나네. | 辛淚枉滴五丈原 |
| 사람들은 제갈량을 신선에 비기고, | 人言諸葛賽神仙 |
| 용병에 뛰어나다 말하지만 모두가 와전된 것이라네. | 善于用兵皆謬傳 |
| 초가집 떠나기 전 천하를 정하고, | 未出茅廬定天下 |
| 고상하고 오묘한 의론 끝없이 펼쳤으나 실제로는 허언으로 | 高談闊論實虛言 |
| 형주를 관우에게 잘못 넘겨주어, | 錯把荊州交關羽 |
| 청두를 고수하는 데 지원하지를 못 하였네. | 坐守成都不支援 |
| 자신과 가까운 사람만 임용하여 마속을 등용하였으니, | 任人唯親用馬謖 |
| 실패를 만회하기란 어렵고 어렵웠다네. | 挽回失敗難上難 |

---

22) 위의 책, 292쪽.
23) 《毛泽东读文史古籍批语集》, 앞의 책, 106쪽.

## 5. "맥성(麥城)으로 패주한" 관우, 교만하지 말아야 하고 많이 배워야 한다

1948년 5월 중순, 허베이성(河北省) 푸핑현(阜平縣) 청난장(城南莊)에서 중국공산당 중앙서기처 회의가 끝난 뒤, 저우언라이(周恩來)와 주더(朱德), 류샤오치(劉少奇), 런비스(任弼時)는 함께 핑산현(平山縣) 시바이포(西柏坡)로 갔다. 저우언라이 등이 떠나고 얼마 되지 않아 마오쩌둥은 청난장에서 화산촌(花山村)으로 거처를 옮겼다.

하루는 마오쩌둥이 주변의 수행원들과 전쟁에서 지휘관을 선발하여 쓰는 문제에 대해 이야기하였다. 마오쩌둥이 말했다. "전쟁에서는 지휘관을 쓰는 문제가 중요하다. 작전 방침을 결정했다면 지휘관은 전쟁의 승패를 결정하는 핵심 인물이 된다."

수행원이 말했다.

"주석께서 언제 잘못된 사람을 선발하셨습니까?"

"전혀 아니었던 것은 아니네…"

마오쩌둥은 차를 마시면서 말했다.

"나 마오쩌둥은 첫째로 석가모니가 아니고, 둘째로 제갈량도 아니다. 제갈량 역시 관우와 마속을 잘못 쓴 시기가 있었다!"

수행원이 물었다.

"제갈량이 어떻게 관우를 잘못 썼습니까?"

마오쩌둥이 말했다. "당초 유비가 익주를 차지하자 제갈량은 형주에 머물며 수비를 하였다. 방통(龐統)이 죽은 뒤 유비가 제갈량을 익주로 소환했을 때, 제갈량은 관우를 형주를 수비하도록 남겨 두지 말았어야 했다. 형주를 수비하도록 관우를 남겨 둔 것은 수를 잘못 둔 것이었다네!"

수행원이 다시 물었다.

"어째서입니까?"

"관우는 거만했지!"

마오쩌둥은 말했다.

"관우는 사상적으로 보면, 동오(東吳)를 일으킬 수 없고 제갈량의 '오와 연합하여 조조에 대항하는(聯吳抗曹)' 전략 방침을 성실하게 관철할 수 없었으며, 근본적으로 제갈량의 전략적 의도를 부정하였지. 결과적으로 근거지를 잃었고 형주를 잃어버렸으며 자신 역시 동오에서 살해되고 말았던 거지."

수행원이 말했다.

"제가 들은 바로는 제갈량은 눈물을 흘리며 마속을 베었다고 하는데, 이것은 마속이 가정을 빼앗겼고 제갈량이 공성계를 쓰는 데 방해가 되었기 때문이었습니다."

마오쩌둥은 말했다.

"이 역시 제갈량이 사람을 적절하게 쓰지 못한 것이라네!" "우리가 현재 장제스(장제스)와 전쟁을 하고 있는 것은, 정치적으로는 민주혁명을 위해서이지만 군사적으로는 과거와 차이가 많지 않다네. 정확한 전략 방침의 지도하에서 전술을 중요시해야 하고, 병력을 이동하고 장수를 파견해야 한다네. 속담에서 천 명의 군대는 얻기 쉽지만 한 사람의 훌륭한 장수는 구하기 어렵다고 하였던 것이 바로 그것이라네!"

마오쩌둥 주변의 수행원 대부분은 마오쩌둥이 이즈음 신경을 많이 쓰고 있다는 것을 알고 있었다. - 산베이(陝北)의 샤오허촌(小河村) 중앙서기처 업무 회의에서 허베이 청난장 중앙서기처 업무 회의까지, 마오쩌둥은 천경(陳賡)을 이동시키고 수위(粟裕)를 발탁하기 위해 신경을 쓰고 있었던 것이다.…

이틀 뒤 경비 소대장 옌창린(閻長林)이 몇 사람을 데리고 왔고 마오쩌둥을 따라 마을 밖의 산으로 가서 운동을 하였다. 마오쩌둥은 손에 버드나무 가지를 하나 쥐고 걸으면서 주변 사람들과 잡담을 하였다.

"자네들 중 《삼국연의(三國演義)》를 읽은 사람 있는가?"

"읽어보았습니다."

몇 사람이 대답하였다.

"저도 읽어보았습니다."

"책에는 누구의 능력이 크다고 쓰여 있던가?"

마오쩌둥이 생각 없이 물었다.

"관우의 능력이 큽니다."

장톈이(張天義)가 앞을 다투어 말했다.

"관우는 백마파(白馬坡)에서 안량(顔良)을 베고 문추(文醜)를 죽였으며, 유비의 두 부인을 호송하면서 다섯 관문을 지났는데, 그 과정에서 여섯 장수를 베었고, 이후 또 7군을 수장시켜 화하(華夏)에서 위세를 떨침으로서 조조마저도 그를 두려워했습니다!"

마오쩌둥은 '슥' 웃으면서 [24)]

"그 역시 맥성(麦城)으로 들어갔지!"

그러자 스궈뢰이(石國瑞)가 말했다.

"조운(趙雲)의 능력이 큽니다. 조운은 장판파(長板坡)에서 아두(阿斗)를 구하였고, 혼자 말을 타고 적진으로 뛰어들었으며, 마치 무인지경에 빠진 듯 조조의 백만 대군에 뛰어들었습니다. …"

옌창린이 스궈뢰이의 말을 끊고 말했다.

"저는 여포의 능력이 가장 크다고 생각합니다. 호뢰관(虎牢關)에서 세 영웅이 여포와 싸웠는데, 유비·관우·장비 세 사람은 여포 한 사람을 당해내지 못했습니다!"

그러자 마오쩌둥이 아랑곳하지 않고 물었다.

"그렇다면 여포는 이후에 왜 다시 패하였지?"

옌창린이 대답했다.

"여포는 용맹하였지만 지모가 없었고, 진궁(陳宮)의 말을 듣지 않았기 때문입니다."

---

24) 邸延生:《历史的真言-毛泽东和他的卫士长》, 新华出版社, 2006, 154쪽。

이때 다른 수행원 한 사람이 말했다.

"저라면 제갈량의 능력이 가장 크다고 말하겠습니다. 비록 전쟁터에 나가 싸움을 하지는 않았지만 군사를 쓸 줄 알았고 계책을 쓸 줄 알았습니다."

이에 옌창린이 반박하였다.

"제갈량은 기산(祁山)에서 여섯 차례나 싸웠지만, 한 차례도 성사시키지 못했습니다. 일을 도모하는 것은 누구에게나 다 있지만 일이 이루어지게 하는 것은 하늘에 있습니다."

다시 이 수행원이 말했다.

"그 당시는 우리 마오쩌둥 주석께서 없으셨습니다. 우리 마오 주석이셨다면 유비, 조조, 손권을 막론하고 누군들 해내지 못했겠습니까?"

그가 말하는 것을 듣고서 사람들은 모두 웃음을 터트렸고 마오쩌둥마저도 웃었다. 웃음소리가 그친 뒤 마오쩌둥은 큰 청석(靑石) 위에 앉아 있다가 손에 쥐고 있던 버드나무 가지로 길가의 들풀을 건드리며 모두에게 진지하게 말했다. "전쟁의 일은 책략에 대해 말해야 하고, 천시(天時)·지리(地利)·인화(人和) 모두를 말해야 한다네. 전략에서는 천시와 인화를 중시해야 하고, 전술에서는 인화와 지리를 중시해야 한다 이말이지."

그러면서 계속해서 물었다.

"자네들은 그런 책들을 본 적이 있는가?"

모두들 합창하듯이 마오 주석이 쓴 책을 읽었고, 레닌과 스탈린이 쓴 책들을 읽었다고 대답하였다.…

마오쩌둥은 웃으며 모두에게 말했다.

"자네들은 공부하기를 좋아하니 매우 좋게 보이네. 많이 읽고 많이 배워야 한다네, 관우의 저러한 교만한 마음을 닮아서는 안 된다는 말이지."

그러면서 또 가시 강조하여 말했다.

"지금 우리는 몇 차례 전투에서 크게 이겼지만 교만한 마음이 생겨나지 않도록 방지해야만 하네. 앞으로 얼마나 큰 승리를 가져오든 교만한 마음은 절대 가져서는 안 된다 그말이네!"

반드시 겸허하게 처신하고 신중히 생각하며 교만한 마음을 갖지 않겠다고 하는 의지를 모두들 너도나도 나타냈다.


## 시평

| | |
|---|---|
| 청룡언월도는 귀신을 놀라게 하며, | 青龍偃月鬼神驚 |
| 술 따뜻할 새 없이 날쌔게 말에 올라 화웅을 베었네. | 溫酒飛騎斬華雄 |
| 한 마리 적토마로는 남북을 달렸고, | 一馬赤兎馳南北 |
| 다섯 가닥의 긴 수염은 동서로 휘날렸네. | 五縷長髥蕩西東 |
| 7군을 수장시켰으며, 화하(華夏)를 놀라게 하였으나, | 水淹七軍驚華夏 |
| 거만하고 난폭하여 전쟁에 패해 맥성으로 들어갔네. | 驕橫兵敗走麥城 |
| 만약 성공하였다면 촉한으로 돌아왔을 것이니, | 倘若成功歸蜀漢 |
| 유비 죽은 뒤에도 누가 그에게 필적하였겠는가? | 劉備死後誰抗衡 |


## 6. 산베이(陝北)전쟁에서 '장비(張飛)'를 인용하고, 장병들을 '조운(趙雲)' 이라 하여 격려하네

1947년 6월 상순, 산베이(陝北)를 옮겨 가며 전쟁하던 마오쩌둥은 중앙 종대(縱隊)를 인솔하여 만리장성 근처 징비앤(靖邊)의 요충지 동남방향에 위치한 톈스만(天賜灣)에 다시 도착하였다.

톈스만에서 마오쩌둥은 저우언라이와 상의한 다음과 같이 생각하였다. 중앙은 이미 옌안(延安)에서 철수하였고, 진산(晉陝) 협곡 접경의 황허(黃河) 양안은 한순간 후쭝난(胡宗南)과 옌시산(閻錫山)의 세상이 되었다. 후쭝난은 남쪽에서 북쪽으로 군대를 파견하여 공격하였고, 옌시산은 동쪽에서 서쪽을 향해 압박하였다. 산베이는 비록 펑더화이(彭德懷)가 이끄는 서북 야전군이 있었지만, 그는 너무 많은 에너지를 나누어 준데다가 얼마 안 남은 부대를 될 수 있는 한 전력을 다해 동원하여 서북의 여러 방향에서 돌진해 오는 적군에 대처하느라 산시·감수·닝샤(寧夏)의 변경지역은 여전히 위급한 상황에 처해 있었다.

이 점을 고려하여 마오쩌둥은 "천경(陳賡)을 이동시켜 사종(四從)대의 군사를 이끌고 산베이로 군사를 돌리고, 황허 양안에 배치하여, 동쪽으로는 옌시산을 제압하고 서쪽으로는 후쭝난을 저지하라.- 당양교(當陽橋) 위의 용맹한 장비(張飛)처럼 하라!' 고 명하였다.

그러자 저우언라이가 "이 방법이라면 당 중앙의 안전을 지킬 수 있고, 필요할 때는 근처의 펑더화이의 부대를 증원할 수가 있습니다'라고 말했다.

여기서 마오쩌둥은 천경을 "당양교 위의 용맹한 장비" 에 비유하였는데, 그 의미는 천경에게 사종대의 군사를 인솔하여 산베이로 군사를 돌려, 장차 "동쪽으로 옌시산을 제어하고 서쪽으로 후쭝난을 저지시키는" 중요한 역할을 하라는 것이었다.

《삼국연의(三國演義)》제42회(발췌)를 보면 다음과 같은 내용이 있다.

곧이어 조인(曹仁)·이전(李典)·하후돈(夏侯惇)·하후연(夏侯淵)·악진(樂進)·장료(張遼)·장합(張郃)·허저(許褚) 등이 모두 도착하였다. 장비가 눈을 부릅뜨며 장팔사모를 비껴들고 다리 위에 말을 세워 둔 것을 보자, 모두 제갈량의 계략이 아닐까 두려워 감히 앞으로 다가가지 못했다. 대열을 멈추고 일자로 다리 서쪽에 배치하고, 사람을 보내 조조에게 속히 보고하였다. 조조가 이를 듣고서 급히 말에 올라 진회 후미에서 달려왔다. 장비가 고리눈을 부릅뜨고 보자니, 어슴푸레 후군에서 푸른 비단 일산과 정월(旌鉞), 정기(旌旗)가 오는 것이 보여 아무래도 조조가 속으로 의심하여 직접 보러 오는 것 같았다. 이에 장비가 성난 목소리로 크게 외쳤다. "내가 바로 연(燕)나라 사람 장익덕(張翼

德)이다! 누가 감히 나하고 한바탕 죽기 살기로 싸워볼 테냐?' 목소리가 큰 우레와 같았다. 조조의 군사들은 이를 듣고서 모두 넓적다리를 덜덜 떨었다. 조조가 급히 영을 내려 햇볕을 가리는 우산을 걷고 좌우를 돌아보며 말했다. "내가 일찍이 듣기로 운장이 말하기를 익덕은 백만 대군 가운데 상장(上將)의 목을 주머니 속 물건 꺼내듯 취한다고 했다. 오늘 만났으니 가벼이 대적해서는 안 된다." 말이 끝나기도 전에 장비가 눈알을 부라리며 다시 소리쳤다. "연나라 사람 장익덕이 여기 있다. 누가 감히 한번 죽기로 싸워볼테냐?" 이러한 장비의 기개를 보고서 조조는 물러날 마음이 조금 생겼다. 장비가 멀리서 바라보니 조조의 후군 진열이 움직였다. 이에 다시 장팔사모를 들고 소리쳤다. "싸울 것이면 싸우든가! 물러날 것이면 물러나든가! 대체 무슨 짓이냐!" 고함이 미처 끝나기도 전에 조조 곁에 있던 하후걸(夏侯傑)이 간담이 서늘해져 말 아래로 고꾸라졌다. 조조가 바로 말머리를 돌려 달리자 이에 군사들과 장수들이 일제히 서쪽으로 달아났다.…


　　마오쩌둥과 저우언라이가 사종대의 군사를 이동시켜 산베이(陝北)로 진군할 계획을 논의할 때, 중앙서기처 서기 린비스(任弼時)가 말했다.
　　"천경의 부대는 이미 서쪽으로 풍릉도(風陵渡)에 도달하였습니다."
　　이어서
　　"후종난의 부대는 결코 대량으로 철수하지 않을 것이며, 산베이에 대한 공격역시 늦추어질 조짐이 없습니다"
　　라고 하였다.
　　"내가 천경을 이동시키려 하는 것은 '위(魏)나라를 포위하여 조(趙)나라를 구원하려는 것'이 아니다!"
　　마오쩌둥의 말투는 매우 무거웠다.
　　"나는 류(劉)와 덩(鄧)에게 대별산의 유비처럼 용감하게 출격할 것을 권하였는데, 이는 대규모로 출격하고 중원을 경영하려는 것이다! 나는 천이(陳毅)·수위(粟裕)가 루시난(魯西南)에 남아 있기를 바라는데, 이는 장제스의 15개로 편제된 사단과 41개 여단을 견제해야 하기 때문이다! 나는 3종(縱)대의 쉬광다(許光達)도 옮기고자 한다.…"

"주석."

저우언라이가 마오쩌둥이 화를 내려는 것을 보고서 급히 말리면서 말했다.

"진갱이 명을 받아 이미 섬북에 도착하였으니, 머지않아 주석을 뵈러 올 것입니다."

"좋다. 우리는 여기에서 그칠 수 없지."

마오쩌둥은 한 손을 휘둘렀다.

"소하촌으로 되돌아가자!"

저녁을 먹은 뒤 마오쩌둥은 중앙 종대를 이끌고 그날 밤으로 샤오허촌(小河村)으로 되돌아왔다.

이틀 뒤, 천경이 말을 달려 샤오촌으로 서둘러 돌아왔다. 마오쩌둥을 만난 천경의 첫 마디는 다음과 같았다.

"주석! 주석 주변의 부대가 너무 적고 무기 또한 좋지 않아, 저희들은 너무 걱정스럽습니다! 여단장들이 모두 황허를 넘어와 주석을 지킬 것을 요청하였습니다!"

"모두 수고가 많네!"

마오쩌둥은 반갑게 말했다.

"요동(窯洞, 동굴)에 들어 앉아 이야기하였는데, 우리 몇 사람들은 모두 자네가 돌아오기만을 고대하였다네!"

이번에 천경이 샤오허촌에 도착한 것은 중앙서기처에서 소집한 군사회의에 참석하기 위해서였다. 회의의 주요내용은 산중과 산베이의 요지에 대한 적군의 공격을 어떻게 섬멸할 것인지에 대한 논의를 하기 위함에서였다.

회의기간에 천경은 저우언라이를 찾아가 담화하였는데, 저우언라이를 가리키며 말했다.

"군명(君命)을 보았는데, 받아들이기가 어렵습니다!"

회의가 진행되는 중에 천경은 결국 머리를 숙이고 앉아 다른 사람의 발언을 들었고 자신은 한마디도 하지 않았다. 회의가 진행된 지 6일 째 되던 날에 마오쩌둥은 요리사에게 술과 안주를 한 상 준비하라고 특별히 분부하였고, 저우언라이와 천경에게 참석하도록 지명하였다.

요동에서 마오쩌둥이 먼저 잔을 들었다. "자, 천경이여! 나와 언라이가 그대를 초청하였는데, 첫째는 먼 곳에서 온 그대를 환영하기 위해서이고, 둘째는 그대에게 식사를 대접하기 위해서이고, 셋째 그대의 공로를 축하하기 위해서라네!" 저우언라이 역시 천경을 향해 술잔을 들었다. "자, 건배!" 천경이 잔을 들고 일어나 단숨에 마셨다.

"고맙습니다, 주석! 고맙습니다, 부주석!"

첫 잔을 다 마시고 세 사람은 다시 앉았고 몇 잔을 연이어 마셨다. 천경이 조금 흥분하여 술잔을 내려놓고는 갑자기 한 마디 하였다.

"주석, 제가 직언을 하는 것을 용서해 주십시오. 주석께서는 저를 서쪽으로 황하를 건너도록 파견하셨지만 그다지 좋은 방법은 아닌 것 같습니다!"

이 한마디 말에 마오쩌둥은 조금 어리둥절해 했고, 저우언라이 역시 깜짝 놀랐다. 마오쩌둥은 얼굴에 아무런 내색을 하지 않았으나 오히려 저우언라이는 천경 때문에 손에 땀을 쥐었고 급히 일어나 천경 앞에 놓인 술잔을 가져왔다.

"자네는 오늘 과음을 하였으니 더 마셔서는 안 되네!"

그러자 마오쩌둥은 술잔을 도로 가져와 다시 천경 앞에 갖다 놓았다.

"계속 하게나. 나 마오쩌둥은 귀를 씻고 공손히 들을 것이네."

천경은 술이 올라 얼굴이 붉어진 채로 저우언라이를 보았고 이어서 말하기 시작하였다.

"저는 언제나 주석을 존경하고 부주석을 존경합니다. 청컨대 저의 직언을 용서해 주십시오."

그리고 나서 자신의 의견을 솔직하게 말했다.

"주석께서 류·덩의 대군을 대별산으로 진군하게 하였고, 천이·수위의 대군을 루시난으로 진군하게 하였는데, 모두 뛰어난 결정입니다. 이 두 방향의 대군은 남쪽으로는 우한(武漢)으로 곧바로 돌진할 수 있고 동쪽으로는 난징(南

京)을 위협할 수 있어, 마치 잘 드는 칼을 장제스의 심장에 직접 꽂아 넣는 모양과 같아서, 이에 저는 마음속으로 탄복했습니다. 그러나 나라 전체의 전쟁 바둑판에서 저라는 작은 바둑알을 잘못 놓으셨습니다.…"

이때 저우언라이가 눈치를 주며 천경의 말을 막으려하였고, 마오쩌둥은 저우언라이의 의도를 알아채고는 도리어 격려하며 말했다.

"그가 말을 마치도록 내버려 두세요. 분명하게 말하게요!"

천경이 계속하여 말했다.

"주석께서는 저를 서쪽으로 황허를 건너가 산시·간수·닝샤를 지키게 해서는 안 됩니다. 주석께서는 저를 남쪽으로 황하를 건너게 하여 동쪽으로 진격하여 이를 파괴토록 하고 다시 서쪽으로 공격하여 적군의 가슴에 다시 칼을 꽂아 넣게 해야 합니다! 산시, 간수, 닝샤를 지키는 일에 대해서는 바닥부터 재고하시기 바랍니다. 저를 교체해 달라는 건 겸손한 말은 아니지만, 이는 실로 큰 인물을 하찮은 일에 쓰는 것과 같습니다. …"

그러자 마오는 얼굴에 노한 기색을 보이며 말했다.

"그대가 큰 인물인데 내가 어떻게 작은 일에 쓰겠는가!" "나라 전체라는 하나의 큰 바둑판에서 형세가 점점 좋아지고 있으며 우리에게 점점 유리해지고 있네…"

천경이 다시 솔직하게 말했다.

"그러나 저는 4종대를 산베이로 회군케 하는 것은 주도적으로 공격하는 것이 아니라 소극적으로 방어하는 것이고, 이는 승부수를 포기하는 것이라고 생각합니다. …"

"자네, 너무 대담하군 그래!"

마오쩌둥은 갑자기 탁자를 치고 벌떡 일어서 벌컥 화를 내었다. 그러면서

"이번에 자네를 황허로 옮겨가도록 한 것은 나 마오쩌둥을 보호하기 위해서가 아니란 말일세! 자네들은 모두 중원의 광활한 전쟁터에서 종횡으로 말을 달리고 통쾌하게 적을 죽이고만 싶어 하지, 산시, 간수, 닝샤의 병력이 되기를 원하지 않으니 얼마나 씁쓸하겠는가? 자네는 나에게 가까운 곳에서 군대를 보내

라고 권했는데, 내가 누구를 보내겠는가? 자네가 가장 가까이에 있는데, 그런데 내가 보내도 움직이고 싶지 않다 이건가? 나는 자네가 장제스의 목숨을 구해 준 적이 있다는 것을 알고 있는데, 설마 이번에도 나 마오쩌둥과 당 중앙위원회를 순순히 장제스에게 넘겨주려고 하는 것은 아닌가? 어찌 이럴 수가 있는가?"

마오쩌둥은 말을 할수록 더욱 흥분하여 멈추지 않고 다시 탁자를 몇 번이나 내리치는 바람에 탁자 위의 술과 안주들이 모두 흔들릴 정도였다. 천경은 몹시 놀랐고 두려움에 술기운이 확 달아나버렸다.

그러자 급히 일어서면서 말했다.

"주석, 이것은 다만 저의 개인적인 의견일 뿐입니다. …"

말은 조금 떨렸지만 얼핏 보니 그의 안색은 하얗게 질려 있었고, 말 역시 어눌해 있었다. "저는 중앙의 결정을 결연히 실행하겠습니다. …"

바로 이때 마오쩌둥은 눈앞의 천경이 매우 곤란해 하고 있는 것을 보고는 도리어 호탕하게 웃으며 일어났다.

"천경이여! 천경이여! 농담 한마디 했더니 놀라서 초주검이 되었군 그래!"

그러면서 또 말했다.

"자네 정말 놀랐나 보군 그래! 그대와 마음속의 이야기를 하였던 것인데, 자네도 중앙과 동일하게 생각하는 것 같구려!"

저우언라이가 천경을 끌어당겨 다시 앉혔다.

"주석께서는 자네가 말을 전부 다 하기를 바랐다네. 이제 그대에게 알려 주겠네. 중앙은 이미 계획을 변경하였다네."

천경은 긴 한숨을 내쉬었고 자리에 다시 앉기는 했지만 한참 뒤에야 정신을 차리면서 얼굴색도 차츰 되찾았다.

마오쩌둥은 침착한 목소리로 청경에게 말했다.

"자네에게 말하겠는데, 류와 덩이 대별산으로 진격하여 장제스를 공격하여 혼란스럽게 만들면, 후종난 역시 산베이에서 펑더화이의 견제를 받아 다리를 제대로 뻗지 못할 걸세. 현재 위시(豫西) 일대가 비었는데, 그대가 만약 남쪽으로 황허를 건너 틈을 타서 들어가면, 서쪽의 동관(潼關)에서 정저우(鄭州)까지 800리 전쟁터에서 그들의 정신이 아찔해지게끔 공격하게 될 것이고, 동쪽을 향해 류·덩과 진·수 두 방향의 대군을 지원할 수 있으며, 서쪽을 향해 산베이와 협력하여 싸우면 배후에서 후종난에게 채찍을 휘두를 수 있을 것이네. 그의 800리 친촨(秦川)은 바로 비바람에 흔들리는 불안한 형세에 놓일걸세! 천경이여, 천경이여. 자네 생각은 틀리지 않았다네!'

마오쩌둥은 이렇게 너그럽게 연설하여 설득하였지만 천경은 오히려 불안하여 일어서서는 먼저 마오쩌둥을 보고 이어서 다시 저우언라이를 보면서 간신히 조심스럽게 말했다.

"그러나 … 이렇게 되면 주석의 주변은 …"

"그것은 그대가 상관할 일이 아니다!"

마오쩌둥이 술잔을 들고 말했다.

"두려움이 있으면 위험도 있고, 수준이 높으면 난도도 깊은 것이네. 나와 언라이는 배수의 진을 치고 전쟁에 임해 사지에 몰아넣은 뒤에 살아나고자 한다네! 그대들은 제약 없이 공격하러 가게나. 그대들이 공격을 잘하면 할수록 중앙은 더욱 안전해질 것이네!"

저우언라이 역시 술잔을 들고 일어나서 잔속의 술을 천경에게 내밀었다.

"나는 주석을 도와 자네에게 술을 권하니, 그대를 위해 성대히 전송하는 바이오!"

천경이 급히 술잔을 들고 일어서서 확고한 목소리로 말했다.

"주석, 부수석, 안심하십시오! 저 천경은 반드시 중앙의 중대한 임무를 저버리지 않겠습니다. 전체 장병을 대표하여 주석과 부주석께 한 잔 올리겠습니다!" 세 사람은 힘차게 건배를 한 뒤 잔속의 술을 단숨에 마셔버렸다.

이튿날, 저우언라이는 마오쩌둥을 수행하여 천경을 전송하였다. 헤어질 때가 임박하자 마오쩌둥은 다시 유머스럽게 천경에게 물었다. "파부침주(破釜沉舟)'라는 고사성어가 있는데, 자네는 그 뜻을 아는가?" 천경은 그 뜻을 안다는 듯이 대답하였다. "알고 있습니다. 앞으로 용감하게 전진하며, 후방을 생각하지 않기로 결심하는 것입니다."

"이 말이 어디에서 나왔는 지도 아는가?"

"항우(項羽)가 진나라를 공격할 때 나온 말입니다."

"맞네! 맞아"

마오쩌둥은 매우 만족하면서 다시 보충하여 말했다.

"어제 얘기 나누는 중에 약간의 충돌이 있었는데 우리가 잘못한 점이 많으니 부디 자네가 이해해서 원망하지 말기를 바라네."

천경이 부끄러워하면서 말했다.

"제가 냉정하지 못해서 주석의 의도를 이해하지 못했습니다."

저우언라이가 웃으며 말했다.

"우리의 '용맹한 장비'가 '조자룡(趙子龍)'으로 변했네 그려!"

마오쩌둥이 말했다.

"조자룡이 더 좋지. 온몸에 배짱이 두둑하니 말이야!"

저우언라이는 천경에게 다가가 산베이의 어려움을 재차 강조하고 당부하여 말했다.

"남쪽으로 황허를 건넌 뒤 매섭게 맹공하고, 중앙이 맡긴 임무를 진지하게 완성하고 중원의 패권을 쟁탈하게나!"

마오쩌둥 역시 재차 신신당부하며 말했다.

"만약 그대들이 2개월 내에 자네의 효과적인 행동으로 후종난을 이동시키지 못한다면 장차 산베이는 지탱하기 어려울 것이네.…"

"주석께서는 걱정하지 마십시오!"

무거운 임무를 진 천경은 결단성 있고 단호하게 말했다.

"사종대는 예정대로 강을 건너, 류, 덩과 천(이), 수(위) 대군과 협력하여 '품 (品)' 자 형세를 만들어 중원의 전쟁을 펼칠 것을 확실히 책임지겠습니다!"

"조자룡처럼 믿음이 가는구먼!"

마오쩌둥이 웃으며 말했다.

"자네 천경은 역시 담력 있는 장군일세 그려!"

마오쩌둥과 저우언라이는 거듭 처경을 '조자룡'에 비유하였는데, 이는 그가 삼국시대의 조자룡을 본받아, 사종대를 거느리고 용맹하게 적진을 공격하고 중원의 전쟁을 통해 천하를 휘저을 수 있기를 바랐기 때문이었다.…

## 시평

| 위험한 상황에 처하자 천경을 이동시켜, | 身處險境調陳賡 |
|---|---|
| 황하에 말을 세워 적군을 막네. | 立馬黃河拒敵兵 |
| 그러나 의외로 장군의 명을 받들지 않고, | 不想將軍不受命 |
| 한마디 말로 주석을 놀라게 했네. | 一語道破領袖驚 |
| 군웅이 일어나 천하를 다투어 전쟁터 벌여 있고, | 中原逐鹿擺戰場 |
| 창 비껴들고 말을 달려 위세 부리네. | 躍馬橫槍逞威風 |
| 큰 인물을 하찮은 일에 쓸 수 없으니, | 大材不可以小用 |
| 장산 조자룡에 필적한다네. | 當效長山趙子龍 |

## 7. 주유(周瑜)를 통해 노동을 말하며, 청년들을 전적으로 신뢰하다

1953년 6월 30일 마오쩌둥은 중난하이(中南海) 화이런당(懷仁堂)에서 중국 신민주주의청년단 제2차 전국대표대회 주석단원을 접견하였다. 마오쩌둥은 연설 중 "청년단의 노동은 청년의 특징을 고려해야 한다" 라는 명제를 제시하면서 청년 동지들에게 말했다.

14세에서 25세는 사람들의 신체가 성장하는 시기이며, 또한 노동의 시기이자 학습의 시기입니다. 만약 신체의 성장을 중시하지 않으면 이는 매우 위험합니다. [25]

마오쩌둥은 연설 중에 중국 공산주의청년단 중앙위원회의 노동을 언급하였고, 동시에 의도적으로 삼국시기의 청년 장교인 주유(周瑜)에 대한 이야기를 꺼냈다.

중국 공산주의청년단 중앙위원회 위원에서는 청년 간부를 뽑아야 합니다. 삼국시기 조조는 대군을 이끌고 강남으로 내려가서 동오(東吳)를 공격하였습니다. 그때 주유(周瑜)는 "공산주의청년단 단원"이었는데, 동오의 총사령관을 맡자 정보(程普) 등의 노장이 처음에는 복종하지 않았지만 후에는 설득되었습니다. 그가 총사령관을 맡은 결과는 승리라는 성과로 나타났습니다. 현재에도 주유가 청년단중앙위원을 담당한다면 여러분은 찬성하지 않을 것입니다! 청년단중앙위원을 모두 나이가 많은 사람만을 뽑아서 젊은 사람이 적다면, 이래도 괜찮겠습니까?

청년단중앙위원 후보자 명단에 30세 이하는 원래 9명밖에 없었는데, 현재

---

25) 《毛泽东文集》六卷, 人民出版社, 1999, 277쪽.
26) 邓振宇等编, 《毛泽东评点二十四史》, 时事出版社, 1996, 809쪽.

당 중앙위원회의 토론을 거쳐 60여 명까지 증가하였지만, 그래도 겨우 6분의 1 정도에 그치고 있습니다. 30세 이상이 아직도 반을 차지하고 있는데 어떤 동지들은 아직도 적다고 합니다. 그러나 저는 적지 않다고 생각합니다. 60여 명의 청년들이 직임을 담당할 만한지 아닌지 어떤 동지들은 파악하지 못했다고 말합니다. 청년들을 충분히 믿는다면 대다수는 임무를 감당할 수 있습니다.

청년들은 우리에 비해 약하지 않습니다. 노인들은 경험이 있으므로 당연히 강하지만, 생리 기능은 점차 노화하여 눈과 귀는 어두워지고 손과 발 역시 청년만큼 민첩하지 못합니다. 이는 자연의 법칙입니다. 찬성하지 않는 동지들을 설득 시켜야 합니다.[26]

1957년 3월 17일 마오쩌둥은 전용 열차를 타고 베이징을 떠나 남방에 도착하여 시찰을 하였다. 4월 상순 상하이 진강반점(錦江飯店)에서 열린 4성(省) 1시(市) 성·시위원회 서기 사상 작업 좌담회에서, 청년 간부를 선발하는 문제에 대해 언급할 때 마오쩌둥이 말했다.

적벽의 전쟁에서 정보(程普)는 40여 세였고 주유는 20여 세였습니다. 정보는 비록 노장이었지만 주유보다 유능하지 않았습니다. 큰 적과 맞설 때 누구를 지도자로 삼아야겠습니까? 새로운 우수한 인재인 주유에게 대도독의 지휘권을 주는 것이 낫습니다. 제갈공명은 27세에 명성을 얻어 당 지부 서기·구위 서기도 맡지 않았으니 새로운 간부였습니다! 적벽전쟁 이전에는 명분이 없었고 이 이후에야 비로소 군사(軍師)·중랑장(中郎將)을 맡았습니다. 옛날에도 파격적인 인재 채용이 가능했는데, 우리는 왜 대담하게 발탁하지 못하는 것입니까?[27]

1964년 3월 20일 마오쩌둥은 베이징인민대회당에서 거듭 제기하였다.

이제 반드시 청년 간부를 발탁해야 합니다. 적벽대전의 군영회(群英會)에서, 제갈량은 겨우 27살이었고, 손권(孫權) 역시 27세였으며, 손책(孫策)은 군

---

27) 邓振字等编, 《毛泽东评点二十四史》, 时事出版社, 1996, 809쪽.

x

대를 일으켰을 때가 겨우 17세였으며, 주유는 불과 36세에 죽었으니, 그 당시에는 30세 안팎에 불과하였을 것입니다. 조조(曹操)는 53세였습니다. 청년이 노인과 싸워 이겼음을 볼 수 있습니다. 창장(長江)의 뒷 물결이 앞 물결을 밀어내듯이 세상도 새로운 사람들이 옛사람을 쫓아내나 합니다.[28]

1965년 1월 15일 중화 전국청년연합회 제4회 2차 회의와 중화 전국학생연합회 제18회 대표회의가 베이징에서 동시에 거행되었다. 이 때문에 마오쩌둥은 후야오방(胡耀邦)에게 전화를 걸어 회의에 참석할 때 청년동지들에게 사회주의의 총노선과 3대혁명 실천에 참가한다는 것이 어떤 의미인지, 그 심원한 의의를 잘 말해주도록 하였다.

당의 간부를 임용하는 문제에서, 마오쩌둥은 언제나 청년 간부의 선발과 양성을 중시하였고, 자격이나 연배에 따라 서열을 정하는 것을 반대하였으며, 능력을 살펴 "청년들을 충분히 신뢰할 것"을 주장하였다.


## 시평

| | |
|---|---|
| 소년 영웅 고금에 없으니, | 少年英雄無古今 |
| 오직 재능으로 건곤(乾坤)을 들어 정하네. | 唯才是擧定乾坤 |
| 현명한 이와 능력 있는 이를 시기하면 일을 이루기 어렵고, | 嫉賢妒能難成事 |
| 도량이 좁아 큰 일 생각지 않으면 재난이 깊다네. | 小肚雞腸禍患深 |
| 전 세계로 시야를 넓혀 천하를 보고, | 放眼環宇觀天下 |
| 마음속 회포 넓히고 흉금을 펴네. | 拓寬心懷展胸襟 |
| 황하 격류 가운데 우뚝 서 있는 지주산 혼탁한 파도 막고, | 中流砥柱遏濁浪 |
| 세상에는 새로운 사람이 옛사람 쫓아내네. | 世上新人超舊人 |

---

28) 위의 책, 809쪽。

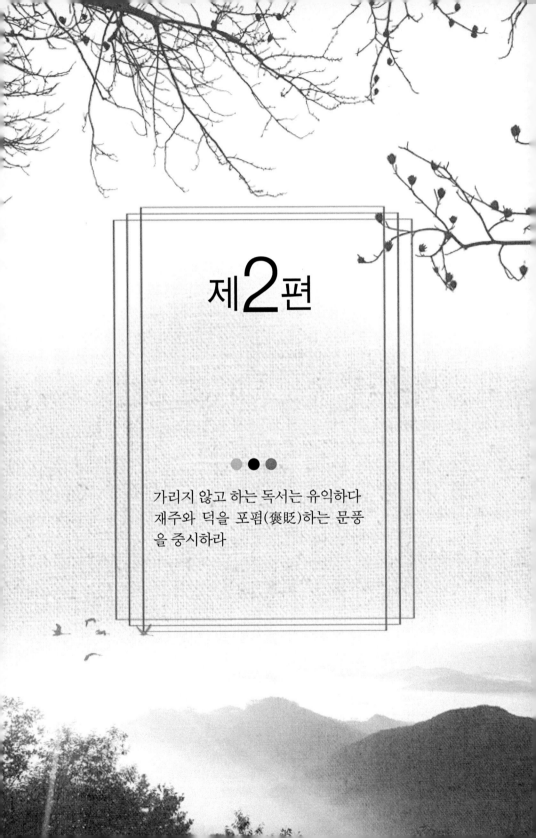

# 제2편

● ● ●

가리지 않고 하는 독서는 유익하다
재주와 덕을 포폄(褒貶)하는 문풍
을 중시하라

제2편

# 가리지 않고 하는 독서는 유익하다
# 재주와 덕을 포폄(褒貶)하는 문풍을 중시하라

### 1. "항복한 장수를 참살하는 짓"은 하지 말라, 《삼국지(三國志)》에 대한 다양한 비평

《삼국지(三国志)》를 여러 번 읽은 마오쩌둥은 업무 중에《삼국지》의 다양한 고사에 대해 자주 언급했을 뿐만 아니라《삼국지》에 기술된 수많은 내용과 장절(章節), 인물 등을 비평했다.

《삼국지》제6권 〈위서(魏書) 유표전(劉表傳)〉에는 유표가 형주에 처음 들어왔을 때의 구체적인 과정에 관한 기술은 없고, 단지 "왕예(王睿)를 대신하여 형주 자사가 되었다", "산동에서 군사들이 일어날 때, 유표 또한 군사를 양양에 모았다"라는 정도만 간단히 말하고 있다. 《삼국지》제6권〈위서 유표전〉의 배송지(裴松之)의 주석에는 다음과 같은 내용이 실려 있다.

"사마표(司馬彪)의 《전략(戰略)》에서 말하길, "유표가 형주에 처음 왔을 때 강남의 종적(宗賊)이 왕성했다. … 유표는 처음 도착해서 홀로 의성(宜城)으로 들어가 오두막에서 살던 괴량(蒯良)·괴월(蒯越)과 양양(襄阳) 사람 채모(蔡瑁)

와 모의하였다. … 마침내 괴월을 보내 55명에 이르는 종적을 유인하여 모두 죽였다. 그 무리에게 빼앗은 것을 부곡(部曲)에 나눠주기도 하였다. 오직 강하의 장호(張虎)와 진생(陳生)만이 무리를 거느리고 양양에 주둔하였는데 유표는 괴월과 방계(龐季)를 보내 말로 투항시켜 강남을 마침내 평정하였다."

이른바 "강남의 종적(宗賊)이 왕성했다(江南宗賊盛)" 라는 것은 강남 일대 유씨(劉氏)의 종실이 대부분 유표를 따르지 않고 군사를 일으켜 반란을 모의한 일을 말한다. 유표는 괴월의 계책을 써서 "마침내 괴월을 보내 55명에 달하는 종적들을 유인하여 모두 죽였다"는 것인데, 마오쩌둥은 이 단락에 대해 다음과 같이 비평하였다.

항복한 이를 죽이는 것은 상서롭지 않으니, 조맹덕조차 하지 않는 일이다.[29]

포로를 학대하거나 죽이는 것을 반대한 것은 마오쩌둥의 일관된 주장이다. 홍군(紅軍) 초기에 마오쩌둥은 "포로를 학대하지 않는다" 는 정책을 제일 먼저 제정했다. 1928년 2월 17일 마오쩌둥은 징강산(井岡山) 마오핑(茅坪)에서 열린 군사회의에서 병력을 집중시켜 닝강(寧岡)으로 물러난 반란군을 철저하게 포위섬멸하기로 결정하였다. 다음 날 마오쩌둥의 계획에 따라 닝강 신성(新城)의 국민당 반란군을 한 번에 섬멸하였고, 적의 사령관을 죽였으며 국민당 정부의 닝강 현장(縣長)과 적을 100명 이상 사로잡았다.

---

29) 陈晋主编, 《毛泽东读文史古籍批语集》, 中央文献出版社, 1993, 141쪽。

혁명에 대항한 적의 근거지를 첫 번째로 '제압'하여 철저하게 분쇄하였다. 전후 축제에서 마오쩌둥은 포로에 대한 4가지 정책을 혁명군에 제시하였는데, 그것은 관용과 석방, 치료와 교육 등의 조항을 명확히 하였다.

1. 때리거나 욕하거나 죽이지 않는다. 차별하거나 학대하지 않는다. 지갑을 빼앗지 않는다.
2. 정치와 생활 부분에서 혁명군과 평등하게 대우한다.
3. 떠나거나 남는 것을 자신의 뜻대로 한다. 떠나는 자에게 임시통행증과 여비를 주고 북과 꽹과리를 쳐서 따뜻하게 환송한다. 남는 자에게 "환영신형제(歡迎新兄弟)"회합을 열어 열렬히 환영한다.
4. 부상자를 적극 치료해주고 혁명군과 똑같은 의료 대우를 해준다. 병이 나은 사람도 떠날 사람과 남을 사람으로 나눈다.

《삼국지》제55권 〈오서(吳書) 진무전(陳武傳)〉에, 손권(孫權)의 수하 장수 진무(陈武)의 아들 진표(陳表)가 병사를 거느리고 무난(無難)에 있었던 때의 일을 기록하고 있다. 어떤 사람이 관청의 물건을 훔쳤는데 시명(施明)이라는 사람이 훔쳤다고 의심했다. 손권이 진표를 시켜 자백하게 하였고, 시명은 '자백'을 한 뒤 "그 무리들을 모두 열거하였다." 손권은 "그 명성을 보전하고자 하여 시명은 특별히 사면하였으나 그의 무리는 모두 죽였다." 동시에 "진표를 무난 우부독(無難右部督)으로 삼고 도정후(都亭侯)에 봉했다."

이 기사에 대해 마오쩌둥은 시명 한 사람만 사면한 점에 대해 찬성하지 않고 나머지 사람들도 모두 사면시켜야 마땅하다고 여겼다. 마오쩌둥은 이 단락 옆에다 다음과 같은 비평의 글을 써넣었다.

어찌 그 무리를 함께 사면하지 않았는가?[30]

《삼국지》제57권〈오서(吳書) 우번전(虞翻傳)〉에, 조조(曹操)의 장수 우금 (于禁)이 관우(關羽)의 "수엄칠군(水淹七軍)" [31] 때 포로로 붙잡혔는데, 관우의 군대가 패한 뒤 손권이 우금을 석방시킨 데다가 일부러 우금과 함께 말을 타고 나란히 외출한 일에 관해 기록하였다. 우번(虞翻)이 이 광경을 보고 큰 소리로 우금을 꾸짖으며 말했다. "너는 투항한 포로 주제에 어찌 감히 우리 군주와 말 머리를 나란히 하는가!" 그리고 채찍으로 우금을 때리려 하자 손권이 이를 말 렸다. 이 단락에 대한 배송지의 주석은 다음과 같다.

《오서》에 이르길, 후에 손권과 위나라가 화평을 맺어서 우금을 위나라로 돌려보내고자 하였다. 우번이 엎드려 아뢰기를 "우금은 수만의 병사를 잃었으 며 자신은 투항한 포로가 되어 죽지도 못했습니다. 위나라 군정에서는 우금을 관례와 같이 받아들이지 않을 것입니다. 그를 돌려보내는 일은 비록 잃은 것은 없어도 도적을 풀어주는 것이기 때문입니다. 삼군에 명을 내려 죽이기보다는 신하들에게 두 마음을 품은 자를 보여주는 편이 낫습니다." 라고 하였으나 손 권은 듣지 않았다. 여러 신하들이 우금을 배웅할 때 우번은 우금에게 "경은 오 나라에 사람이 없다고 말하지 마시오. 내가 도모할 필요가 없을 뿐이오." 라고 말했다. 우금은 비록 우번에게 미움을 받았지만 우번에게 크게 감탄하였다. 위 문제(魏文帝)는 늘 우번을 위해 빈자리를 마련해 두었다.

이 내용의 옆에다가 마오쩌둥은 아래와 같은 비평을 써넣었다.

30) 陈晋主编, 《毛泽东读书笔记解析》, 广东人民出版社, 1996, 478쪽。
31) 우엄칠군 : 관우가 7군을 수공으로 수장시킨 것을 말함.

이 일에 관해서는 우번이 우금만 못했다.[32]

《삼국지》제60권 〈오서 여대전(呂岱傳)〉에 교주자사(交州刺史) 여대(呂岱)가 군대를 일으켜 바다 건너 해구(海口)로 나아와 공격하자 해구에 주둔하던 사휘(士徽)가 "여대가 이르렀다는 소식을 듣고 매우 두려워 떨며 나아갈 바를 모르다가, 즉시 형제 6인과 함께 윗옷을 벗고 여대를 맞이했다. 여대는 이들의 머리를 베어 보냈다"라는 기술이 있다. 이 단락에 대해 마오쩌둥은 다음과 같이 비평하였다.

항복한 이를 죽이는 것은 무(武)가 아니다.[33]

1947년 10월 10일 마오쩌둥은 섬서성 북부 신천보(神泉堡)에 중국 인민해방군 총사령부를 두고 《중국인민해방군 총사령부가 3대 기율과 8가지 주의점을 거듭 반포한 것에 관한 훈령》을 기초로 한 《3대 기율과 8가지 주의점》에 "포로를 학대하지 않는다" 라는 내용을 포함시켰다.

실천을 통해 증명한 《3대 기율과 8가지 주의점》의 거듭된 반포는 인민군대 건설 강화와 군인과 인민의 결속을 증진시키고, 정확한 포로에 대한 정책을 집행하는데 있어서 중요하고도 적극적인 역할을 하였다.

---

32) 陈晋主编, 《毛泽东读书笔记解析》, 广东人民出版社, 1996年版, 479쪽。
33) 陈晋主编, 《毛泽东读书笔记解析》, 广东人民出版社, 1996年版, 479쪽。

## 시평

| | |
|---|---|
| 책을 읽고 역사를 평하며 다채롭게 배우면, | 讀書評史蔚爲習 |
| 반드시 역사적 상식을 말하게 된다네. | 歷史常識必須提 |
| 항복한 적을 죽이지 않음은, | 殺降虐俘不可取 |
| 관대한 대우까지 해주는 것까지 포함되어 있었다네. | 寬大優待當涉及 |
| 적군의 붕괴가 진정한 상책이니, | 瓦解敵軍誠上策 |
| 민중을 모으면 군대는 달아나기 마련일세. | 凝聚民眾勢披靡 |
| 군인과 인민의 단결은 한 사람으로 만드니, | 軍民團結成一人 |
| 천하에 누가 대적할 수 있는지 시험해보게나. | 試看天下誰能敵 |

## 2. "천지가 모두 함께할 때", "영웅은 자유롭지 못하다"

마오쩌둥은 이연수(李延壽)가 편찬한 《남사(南史)》 제7권 〈양고조본기(梁
高祖本纪)〉를 읽고 아래와 같이 평하였다.

때가 되어 천지가 모두 힘을 합치니 영웅의 거동이 자유롭지 못하다.[34]

마오쩌둥은 양무제(梁武帝)에 대해 당(唐)대 시인 나은(羅隱)의 〈주필역(籌

---

34) 中央文献研究室编, 《毛泽东读文史古籍批语集》, 中央文献出版社, 1993, 185쪽.

筆驛))의 시구를 빌려 평했다.

〈양고조본기〉(발췌) :

논함 : 양무제 때 세상이 혼탁하고 포학하여 집집마다 원망이 가득했다.

땅의 기운이 크게 오르고 나니 때를 만나 일어남에 문덕(文德)으로 무공(武功)을 세웠다. 처음 양무제는 군대를 일으켜 끝내 당우(唐虞)[35]의 업적을 이루었으니, 어찌 사람이 도모한 것이라 하겠는가? 이는 하늘의 명일 따름이다.

도참서에 근거하여 여러 해를 보내며 예악(禮樂)을 제정하며 유아(儒雅)를 높였다. 동진(東晉) 이래 200여 년 넘게 문물이 왕성하여 지금까지 홀로 아름다웠다. 그러한 선왕께서 문무를 차례로 사용하고 덕과 형벌을 겸비하고 수재와 화재를 방비하고 음양을 취하여 법으로 삼아, 나라를 위한 도를 홀로 전임하지 않으셨다. 그러나 황제께서 제사에 관심을 가진 뒤 전쟁을 잊고 불교에 탐닉하여, 형벌과 법규가 해이해졌다. 이윽고 황제의 기강이 무너지고 패역이 생겨나며 배신하고 무고하는 무리가 모두 종실의 자제에서 나왔다. 미리 화란(禍亂)을 방지하고자 하였으나 갑자기 난망(亂亡)이 일어났다.

예부터 어지러운 세상을 바로잡아 다스린 군주는 진실로 많이 있었으나, 혹 바르지 않은 곳에 방치하여 뒤를 이은자가 이를 잃었으니, 스스로 얻었으나 스스로 잃어버리는 일은 없었다. 서언(徐偃)의 어짊을 따르다가 빈궁한 집의 혹독함에 이르렀으니 무척이나 애처롭고 심히 경계로 삼을 만하다!

중국역사에서, 양무제가 처음 제위에 올랐을 때에는 문(文)으로 공을 세우고 무(武)로 다스릴 수 있어서 공적이 많았으나 나중에 "전쟁을 잊고 불교를 탐닉하고 형벌과 법규를 느슨히" 하였기에, 결국 종실의 자제들이 서로 상잔(相殘)하였다. 뒤이어 북위(北魏) 후경(侯景)의 항복을 받아들인 잘못은 집안에 이리를 끌어들인 것과 같아 끝내 양나라를 멸망으로 이끌었다.

윗글에서 언급된 서언은 서주(西周)시기 서국(徐國)의 군주로, 강대하였을 시기에는 조공하러 가는 나라들이 36개국에 달할 정도로 한 시대를 풍미하여 '동방패주(東方霸主)'라고 불렸다. 마오쩌둥은 이 단락의 여백에 나은(羅隱)의 시구를 붉은 연필로 주석을 달아 평하기를 "때가 되면 천지가 모두 힘을 합치니 영웅의 거동이 자유롭지 못하다"라고 하였다.

마오쩌둥은 양무제 소연(蕭衍)에 대해서 따로 비평하였는데, 이를 〈양고조본기〉의 다른 페이지 상단의 여백에 써놓았다.

소연은 섭생하기를 좋아하여 적게 먹고 중년 이후로 여인을 가까이 하지 않았다. 그러나 스스로 영웅으로 알고 날마다 소인을 가까이 하여 어진 이가 저절로 멀어져 가니, 멸망에 이른 것이 마땅하지 않은가![36]

양나라 말기 소연은 점점 다른 의견을 받아들이지 않았다. 30년 동안 여색을 멀리하고 술을 마시지 않고 음악을 듣지 않으면서 오로지 나라를 위해 노력하면서 침식도 잊고 지극히 소박한 생활을 하며 거처에 침상 하나만 둘 뿐 여타 장식품들을 두지 않았음에도, "여러 방면의 의견을 듣지" 않았기에 소인들에게 둘러싸여 끝내는 "영웅의 거동이 자유롭지 못하는 지경"에 빠져 버렸던 것이다.

---

35) 당우 : 중국 고대 요(堯, 도당씨陶唐氏) 임금과 순(舜, 유우씨有虞氏) 임금을 지칭하는 말로 요순시대를 말함.
36) 陈晋主编 《毛泽东读书笔记解析》, 广东人民出版社, 1996, 1043쪽。

## 시평

창업도 어렵고 지키기도 어려운데,　　　創業艱辛守業難

스스로 자신에게 철저히 해도 쓸데없다네　自善其身亦枉然

근검절약은 진실로 훌륭하나,　　　　　艱苦樸素固爲好

괴팍한 고집은 사람들이 싫어하네.　　　剛愎自用招人嫌

해이한 교육과 나랏일의 실수는,　　　　放松施敎誤國事

어설픈 법과 방만한 형벌 때문일세.　　　疏於典刑法放寬

영웅의 끝은 하늘의 뜻과 달라,　　　　英雄末路非天意

홀로 어지러워져 큰 배를 뒤집네.　　　獨任致亂翻大船

## 3. '강락공(康樂公)' 작위를 세습하여, 모순 속에서 남과 어울리며 살아가다

사령운(謝靈運, 385~433)은 진군(陳郡) 양하(陽夏)[37] 사람으로 대대로 회계[38] (會稽)에서 살았다. 18세 때 조부 사현(謝玄)의 '강락공(康樂公)'작위를 세습해서 사람들이 '사강락(謝康樂)'이라 불렀다. 시문을 잘 지었으며 재기발랄하고 사람됨이 호방하여 사치스러웠다. 북송(北宋)이 세워진 후 영가 태수(永嘉太守), 임천 내사(臨川內史) 등의 관직을 지냈으나 정무에 소홀한 채 여러 책을 읽거나 산수를 누볐다. 원가(元嘉) 10년(438)에 반역을 모의하였다는 이유로 죽임을 당했다.

사령운이 쓴 시는 적지 않으며 대부분이 산수시다. 시어가 화려하고 묘사가 섬세하여 남조(南朝)와 당(唐)대 시부의 발달에 어느 정도 영향을 끼쳤다.

그의 〈등지상루(登池上樓)〉(발췌) 일부를 보면 다음과 같다.

| | |
|---|---|
| 잠겨 있는 규룡(虬龍)의 그윽한 자태 뽐내고, | 潛虯媚幽姿 |
| 날아가는 기러기 울음소리 멀리서 들려오네. | 飛鴻向遠音 |
| 하늘에 이르러서는 뜬구름에 부끄럽고, | 薄霄愧雲浮 |
| 물가에 살면 깊은 연못에 부끄럽네. | 棲川作淵沈 |
| 덕으로 나아가려 해도 지혜가 부족하고, | 進德智所拙 |
| 물러나 농사를 지으려 해도 힘에 부치네. | 退耕力不任 |
| 자그만 봉록을 따라 궁벽한 바다에 내려와, | 徇祿反窮海 |
| 몸져누워 텅 빈 숲만 바라보네. | 臥病對空林 |

---

37) 진군 양두. 지금의 하남성(河南省) 태강(太康)
38) 회계. 지금의 절강성(浙江省) 소흥(紹興)

......

| | |
|---|---|
| 연못에는 봄풀이 돋아나고, | 池塘生春草 |
| 뜰 버드나무에는 새소리도 변하였네. | 園柳變鳴禽 |
| 쑥 캐라는 〈빈풍(豳風)〉에 가슴이 아프고, | 祁祁傷豳歌 |
| 봄 풀 무성하다는 초사 읊으니 마음이 동하네. | 萋萋感楚吟 |
| 홀로 살면 오래 살 수 있으나, | 索居易永久 |
| 벗들과 헤어져 마음 둘 곳 어렵네. | 離群難處心 |
| 지조를 지킨 것이 어찌 옛사람뿐일까, | 持操豈獨古 |
| 지금에서야 고뇌가 사라지네. | 無悶征在今 |

......

마오쩌둥은 사령운의 〈등지상루〉을 모순이라 여기며 다음과 같이 평하였다. 전부가 다 모순이다. "덕으로 나아가려 해도 지혜가 부족하고, 물러나 농사 지으려 해도 힘에 부치네"에서도 모순이 드러난다.

이 사람은 한평생을 모순되게 살았다. 고관을 꿈꾸었으나 할 수가 없었으니 "덕으로 나아가려 해도 지혜가 부족하다"고 한 것이다. 은퇴하여 임금을 모시는 것도 바라는 바가 아니었다.

그의 한평생 삶은 이처럼 모순 속에 있었다. 만년에 반역을 저지른 일은 모순의 최고점에 도달한 것이다. "한(韓)이 망하니 장자방(張子房)이 분발하였고, 진(秦)이 제(帝)를 칭하자 노중연(魯仲連)이 수치스러워 했다. 나 자신은 본래 자연을 벗하는 사람이지만 충의는 군자를 감동시킨다"라는 말이 반란을 일으킨 격문이었다. [39]

사령운의 일생을 살펴본 마오쩌둥이 그의 일생이 모순 속에 있다고 말한 것은 사령운 일생의 정치적 태도와 내면세계에 대해 객관적인 평가를 내린 것이다. 사령운은 환관 세도가 출신으로 작위와 명성이 높았으며 평생 사치를 부리면서 항상 산수를 즐기는 데에 빠져 있었다. 진(晉)나라가 송의 뒤를 잇자 '공작(公爵)'에서 '후작(侯爵)'으로 떨어진 것 때문에 "항상 원망하고 한탄하였다." 게다가 여러 번 관직이 깎이자 '역심(逆心)이 생겨서', 늘 "병을 칭하고 조정에 나오지 않았고", 끝내는 '반역을 도모한 죄'로 송문제(宋文帝)에게 죽임을 당했다.


## 시평

| | |
|---|---|
| 부잣집 도련님 그저 강한 것만 좋아하며, | 紈綺子弟徒好強 |
| 산수를 따라 화려한 글만 지었네. | 縱情山水著華章 |
| 안하무인으로 정사에 참여하고 싶으나, | 恃才傲物欲參政 |
| 교만하고 사치스러워 법도를 해치네. | 淫逸奢靡廢紀綱 |
| 여러 번 쫓겨나 다른 뜻을 품으니, | 屢遭貶逐生異志 |
| 모반을 꾸며서 재앙을 부르네. | 圖謀不軌惹禍殃 |
| 악착같은 마음 오래 가기 어렵다네, | 齷齪心扉難耐久 |
| 조상의 덕 지키지 못한 용렬한 사내여! | 祖德不佑劣兒郎 |

---

39) 中央文献研究室编：《毛泽东读文史古籍批语集》, 中央文献出版社, 1993, 3쪽。

## 4. 《남사(南史)》〈공정전(孔靖傳)〉을 반박하다, 형이상학은 정말로 좁은 의견이다

마오쩌둥은 《남사(南史)》 제27권 〈공정전(孔靖傳)〉을 읽으며 아래와 같은 평을 남겼다.

이러한 추론은 지금도 있다. "한 사람의 작은 허물을 고치지 않으면 여러 사람들이 모두 그것이 나쁜지 알면서도 따라한다" 고 하는 것과 같다.[40]

남조(南朝) 송무제(宋武帝)의 대신(大臣) 공정(孔靖)에게는 공수지(孔琇之)라는 손자가 있었다. 그가 오현(吳縣)의 현령(縣令)으로 있을 때, 이웃집의 벼 한 묶음을 훔친 죄를 판결하였는데, 겨우 10살짜리 아이를 감옥에 가두게 판결하였던 것이다. 그 이유는 10살 때에도 쉽게 도둑질을 하니 자라면 무엇을 못하겠는가"라는 것이었다.

《남사》 제27권 〈공정전〉을 보자. (발췌)

공수지는 관리의 재능이 있어 오현 현령으로 부임했다. 10살짜리 아이가 이웃집에서 벼 한 묶음을 훔쳤다. 공수지가 죄를 판단해 감옥에 가두었다. 누군가 간언하자 공수지는 "열 살에도 도둑질을 쉽게 하니 자라면 무엇을 못하겠는가!" 라고 하였다.

---

40) 中央文献研究室编, 《毛泽东读文史古籍批语集》, 中央文献出版社, 1993年版, 193쪽.

마오쩌둥은 이를 비평하였는데, 즉 공수지의 이러한 법 적용은 잘 못된 것이라 하여 이 판결에 동의하지 않았고, 또한 공수지가 10살짜리 아이를 감옥에 넣은 이유에 대해서도 동의하지 않았다. 동시에 이러한 잘못된 추리 방법을 견지하고 있는 사람들은, 만약 한 사람의 작은 실수를 분명하게 처리하지 않는다면 다른 사람들이 그것을 본보기로 삼아 "모두 그것이 나쁜지 알면서도 따라할 것"이라고 여기는데, 마오쩌둥은 이러한 형이상학적 추리 방법이 '지금도 있다'며 비평했던 것이다.

마오쩌둥은 잘못을 저지른 사람들에게는 잘못을 바로잡고 갱생할 기회를 주어야 한다는 주장을 계속 해 왔다. "잘못을 알아 고칠 수 있다면, 이보다 더 좋은 것은 없다"라는 말은 마오쩌둥이 업무 중에 입버릇처럼 자주하던 말이다.

1942년 2월 1일 마오쩌둥은 〈당의 작풍을 바로잡자〉라는 글에서 다음과 같이 지적하였다.

어떠한 잘못을 저지른 사람이라도 만약 자신의 결점을 감추려하지 않고 잘못을 고집하지 않아 돌이킬 수 없는 지경에 이르러도 성실하게 진정으로 치료하여 바로잡기를 원한다면, 우리는 그를 환영하며 그의 단점을 잘 치료하여 그를 훌륭한 동지로 변하도록 해야 할 것이다. 이러한 일은 결코 한 번에 이루어지는 것이 아니며 여러 번 시도해야 효과를 볼 수 있다. 사상적 결점과 정치적 결점을 다룰 때는 결코 경솔한 태도를 취해서는 안 되고, 반드시 "병을 치료하여 사람을 구하는 태도"를 취해야만 정확하고 효과적인 방법이 된다.

또 1956년 4월 25일 마오쩌둥은 〈10가지 관계를 논하다〉라는 글에서 다음과 같이 지적하였다.

잘못을 저지른 동지에 대해 어떤 사람들은 "그들이 고칠지 아닐지 지켜볼 필요가 있다" 고 말한다. 나는 그저 보는 것은 필요 없고 그들의 개선을 돕는 것이 필요하다고 본다. 사람들은 남을 도와야 하는데, 잘못을 저지르지 않은 사람도 도와야 하지만, 잘못을 저지른 사람은 더더욱 도와야 한다. 대부분의 사람들은 잘못을 저지르지 않지만, 다소의 사람들은 잘못을 저지르며, 잘못을 저지른 이들을 도와야 한다.

"사람들을 하나로 단결시킬 수 있다", "동지들도 하나로 단결시킬 수 있다" 라는 것은 마오쩌둥이 계속하여 한 주장이고, 동시에 계속해서 지켜 온 업무 방식이기도 하다. 또한 중국 공산당의 혁명 사업을 대단히 번창할 수 있게 한 하나의 뚜렷한 상징이기도 했다.


## 시평

작은 것에서 큰 것을 보는 것도 속언이고,　　　　由小看大亦俗言

형이상학도 사실은 잘못된 소리다.　　　　　　形而上學實謬談

세상만물은 모두 변화하여,　　　　　　　　　世間萬物皆在變

안팎으로 각자가 돌고 돈다네.　　　　　　　　外界內因各運旋

황하는 여러 차례나 길을 뚫었고,　　　　　　黃河幾度改通道

여와도 여러 번 하늘을 기웠네.　　　　　　　女媧也曾補漏天

반석처럼 굳건해도 또한 움직일 수 있는 것이니　堅如磐石亦可動

곤륜산을 보라고 해도 믿지를 않네.　　　　　不信請看昆侖山

## 5. 《소명문선(昭明文選)》의 아름다운 시문은, 함축된 의미가 뛰어난 "좋은 글이니 반드시 읽어야 한다"

마오쩌둥은 평생 만 권이 넘는 책을 읽었는데《소명문선(昭明文選)》도 그가 늘 보던 책 중 하나였다.

현존하는《소명문선》의 판본은 3가지가 있다. 이선(李善)의 주해가 있는 판본 책 표지에는 마오쩌둥이 네 글자로 단 주석이 남아 있다.

좋은 글이니 읽어야 한다.[41]

《소명문선》은 선별하여 편집한 시문 종합집인데, 이러한 시문 종합집 가운데 중국에 현존하는 가장 오래된 것이다. 진(秦), 한(漢) 시기부터 남조(南朝)의 제(齊), 양(梁) 시기까지 8백 년간 1백여 명 작가들이 쓴 7백여 편의 각종 형식의 문학작품이 실려 있다. 이렇게 방대하고 다양한 항목을 편집하는 중임을 양나라의 소명태자(昭明太子)인 소통(蕭統)이 주관했으므로, 문집이 완성된 뒤 후대 사람들은 이를《소명문선》이라고 불렀다.

소통(501~531)의 자는 덕시(德施)이고, 남난릉(南蘭陵)[42] 사람이다. 그는 양무제(梁武帝) 소연(蕭衍)의 장자로 박학하고 다재다능하며 저술이 많아 후대 사람들은《소명태자집(昭明太子集)》을 편찬했다.

《소명문선》에서 언급한 내용 대부분은 시문(詩文)과 사부(辭賦)이고, 간혹

---

41) 陳晋主編, 《毛澤東讀書筆記解析》, 广东人民出版社1996 , 1233쪽。
42) 난릉, 지금의 강소성(江蘇省) 상주(常州)의 서북

문학작품에 관한 찬(贊), 논(論), 속(續), 술(述) 등이 약간씩 보인다. 화려한 수식을 모으려고 문장을 엄격히 선정하였는데, 그 기준의 하나가 "일은 침사(沈思)에서 나오고 의(義)는 한조(翰藻)로 귀결돼야 한다" 는 말이었다. "일은 침사에서 나온다" 라는 말은 문장을 쓰면서 전고(典故)와 옛 사람들의 말을 인용하는 것은 정밀한 검토를 거쳐 써야 한다는 것이고, "의는 한조로 귀결돼야 한다." 라는 말은 완정한 형식과 화려한 수식의 아름다움을 가리킨다.

《소명문선》에 편집된 문장들은 매우 많은데, 그중 인구에 회자되는 유명한 편과 구절이 적지 않다. 마오쩌둥은 《소명문선》을 읽기를 좋아하여 그 안에 몇몇 문장들의 구절이나 단락을 꽤 오랫동안 기억하였다.

1975년 6월 7일 82세 고령의 마오쩌둥은 중난하이 수영장의 서재에서 중국을 방문한 필리핀 총통 마르코스를 만났다. 마르코스와 대화하던 중 마오쩌둥은 세계의 반대파가, 심지어 중국 국내의 반대파까지도 포함해 공산당을 '토비(土匪)'라고 욕한 문제에 대해 이야기를 꺼냈다. 마오쩌둥은 《소명문선》 제53권 중에서 위(魏)나라 이강(李康)의 〈운명론(運命論)〉한 구절을 인용하여 말했다.

"나무가 숲보다 크면 반드시 바람이 쓰러뜨리며, 해안에서 돌출된 흙더미는 반드시 파도에 쓸려간다. 행동이 다른 사람보다 뛰어나면 대중들은 반드시 비난한다" 라고 하였으니, 사람들은 반드시 욕을 하니, 다른 사람에게 욕을 먹지 않은 사람은 좋은 사람이 아닙니다.

마르코스는 마오쩌둥이 인용한 이 구절에 대해 매우 깊은 흥미를 나타냈다. 마오쩌둥은 마르코스를 위해 이강의 〈운명론〉의 이 구절을 직접 연필로 써서 선물했다.

《소명문선》제53권 이강〈운명론〉(발췌) 구절은 다음과 같다.

군주가 충직한 이를 만나는 것과, 세속에서 독립을 책임지는 것은 이치상 그러한 형세이다. 따라서 나무가 숲보다 크면 반드시 바람이 쓰러뜨리며, 해안에서 돌출된 흙더미는 반드시 파도에 쓸려가고, 행동이 다른 사람보다 뛰어나면 대중들은 반드시 비난한다. 과거의 거울은 멀지 않으니 수레바퀴 자국을 따라간다. 그러나 지사(志士)와 인인(仁人)은 실행하더라도 후회하지 않고, 일을 하더라도 잃음이 없다. 어째서인가? 아마도 뜻을 원대히 하고 명성을 이루고자 해서이리라.

마오쩌둥이 마르코스에게 말한 "다른 사람에게 욕을 먹지 않은 사람은 좋은 사람이 아니다"라는 말은, 철학적 투쟁에서 이야기해 왔던 문제이며, 마오쩌둥의 개성을 두드러지게 반영한 말이라고 평가되고 있다.

## 시평

| | |
|---|---|
| "깊은 생각에서 나온" 말은 날카롭고, | "事出沉思"辭犀利 |
| 의로 돌아간 시문"은 문집에 있네. | "義歸翰藻"入文集 |
| 시일이 걸려 편집한 책은, | 編選成書費時日 |
| 소명태자가 남긴 공적이네. | 昭明太子遺功績 |
| 아름다운 문장을 읽어 마음을 위로하고, | 常讀華章情懷慰 |
| 휘날리는 시문은 사고를 자극하네. | 漫卷詩賦思緒激 |
| 중난하이의 물결이 솟구쳐도, | 中南海水波濤湧 |
| 여전히 잔잔한 물결도 가득하네. | 至今依然泛漣漪 |

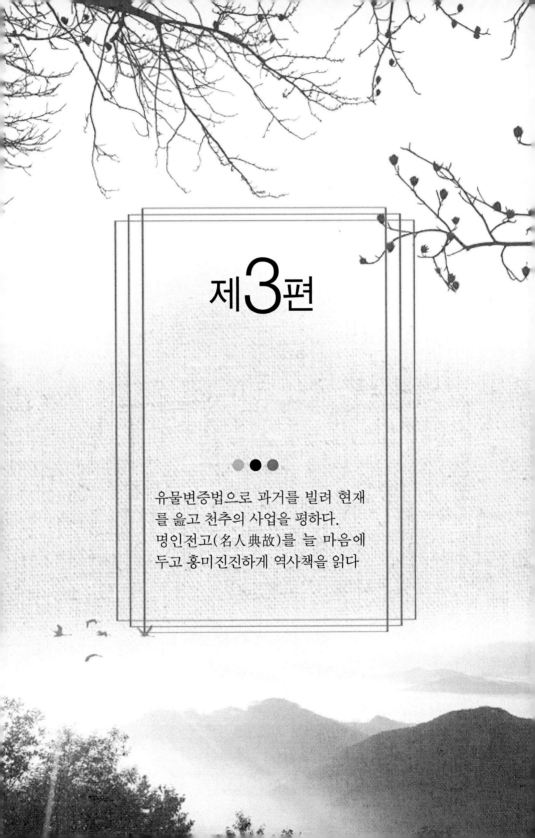

# 제3편

유물변증법으로 과거를 빌려 현재
를 읊고 천추의 사업을 평하다.
명인전고(名人典故)를 늘 마음에
두고 흥미진진하게 역사책을 읽다

유물변증법으로 과거를 빌려 현재를 읊고 천추의 사업을 평하다.
명인전고(名人典故)를 늘 마음에 두고 흥미진진하게 역사책을 읽다

## 1. "소리장도(笑里藏刀)"[43] 한 이의부(李義府), "구밀복검(口蜜腹劍)"[44]한 이임보(李林甫)를 비난하다.

마오쩌둥은 《구당서(舊唐書)》 제82권 〈이의부열전(李義府列傳)〉을 읽고 아래와 같이 평하였다.

이의부는 소리장도(笑里藏刀)하였다.[45]

이의부(李義府, 614~666)는 당(唐)나라 고종(高宗)과 무측천(武則天) 시기의 조정 중신(重臣)이다.

---

43) 소리장도(笑里藏刀) : 웃음 속에 칼을 감추며 얼굴을 마주보면 말이 그럴 듯하나 뒤돌아서면 온갖 수단을 동원하여 죄를 뒤집어씌우고 모함하는 것.
44) 구밀복검(口蜜腹劍) : 입에는 꿀을 바르고 뱃속에는 칼을 품고 있다.
45) 中央文献研究室編, 《毛泽东读文史古籍批语集》, 中央文献出版社, 1993, 223쪽.

당태종(唐太宗)에게 처음 기용되었고 훗날 "제 멋대로 매관매직을 일삼았고", "입조해서는 말이 매끄러웠으나 밖에서는 사특하고 방자하니 여러 신료들이 두려워 감히 그 허물을 말하는 자가 없었다." 게다가 사람됨이 간사하고 표리부동한 것에 익숙하여 항상 앞뒤가 달랐다. 또 손바닥을 위로 하면 구름이 되고 손바닥을 아래로 뒤집으면 비가 되듯 이랬다저랬다 농간을 부렸고, 윗사람에게 교묘하게 아첨을 잘 하여 당고종과 무측천 시기에 득세하였다. 중서사인(中書舍人), 중서시랑참지정사(中書侍郎參知政事), 중서령(中書令), 우상(右相) 등의 관직을 연이어 맡으며 허경종(許敬宗)과 함께 조정을 장악하였고, 한동안 권력을 잡았다. 그러나 백관들에게 극도의 미움을 받았고, 당시 사람들은 그를 '인묘(人猫)' 와 '소중도(笑中刀)' 라고 부르며 배척하였다. 결국 당고종에게 죄를 얻어 파직당해 진주(振州)로 유배되자, 조야(朝野)가 "모두 기뻐하였다."

《구당서》제82권 〈이의부열전〉(발췌)을 보면 다음과 같다.


이의부는 겉으로는 부드럽고 공손하며 사람과 대화를 할 때는 기쁨에 차서 미소를 짓지만, 속으로는 잔인하고 편협하며 시기하는 마음이 있었으며, 그의 뜻을 거스르면 모두 중상모략하였으므로, 당시 이의부를 "소중도(笑中刀)" 라고 불렀다.

또한 부드럽지만 다른 이를 해친다고 하여 "인묘(人猫)" 라고 불렀다.

우금오창조참군(右金吾倉曹參軍) 양행영(楊行穎)이 그가 뇌물 받은 일을 고하자, 조서를 내려 사형태상백(司刑太常伯) 유상도(劉祥道)와 삼사(三司)가 함께 국문하게 하고, 이적(李勣)이 감독하게 하였다. 일이 모두 사실로 밝혀지자 조서를 내려 이의부를 제명하고 휴주(巂州)로 귀양 보냈다.

차자(次子)인 솔부장사(率府長史) 흡(洽), 천우비신(千牛備身) 양(洋)과 사위인 소부주부(少府主簿) 유원정(柳元貞)을 모두 연주(延州)로 귀양 보냈고, 맏아들인 사의랑(司議郞) 진(津)을 진주(振州)로 귀양 보내니 조정의 신료들과 백성들이 모두 경축하였다.

세 아들과 사위는 특히 패악을 부렸는데, 몰락하게 되자 사람들은 사흉(四凶)을 토벌한 것이라고 여겼다. 혹은 〈하간도원수(河間道元帥) 유상도가 동산대적(銅山大賊) 이의부를 물리쳤음을 선포한다〉라고 적어, 길가에 방을 붙이기도 하였다.…

이의부 같은 인간 군상은 역대 왕조마다 모두 있었다. 앞에서는 사람인 척하고 뒤돌아서면 귀신이 된다. 위세가 있으면 함께 악수하나 그렇지 않으면 물러나며, 겉으로는 받드나 몰래 다른 뜻을 품는다. 웃음 속에 칼을 감추며 얼굴을 마주보면 말이 그럴 듯하나 뒤돌아서면 온갖 수단을 동원하여 죄를 뒤집어씌우고 모함한다. 드러난 얼굴은 위엄 있고 엄숙하나 속으로 나쁜 생각을 감추고 있다. 온갖 감언이설을 늘어놓으면서 악랄한 짓은 다하여 불의한 재물을 횡령하고 수탈한다.

국가와 국민의 이익을 생각하지 않고 공익을 해치고 사익을 살찌운다. 이런 사람들은 자신들이 행한 비열한 행위에 대해 전혀 개의치 않고 부끄러운 줄도 모른 채 미화하며 이름 붙이기를 "사람이 자기를 위하지 않으면 하늘과 땅의 주멸(誅滅)을 당한다"라고 말한다.

마오쩌둥은 이미 여러 차례 이러한 사람들을 혐오한다는 속내를 드러냈다.

1939년 12월 20일 스탈린 탄생 60주년을 축하하기 위해 옌안(延安)에서 군민 집회를 성대하게 열었다. 마오쩌둥은 집회에서 《스탈린은 중국인의 벗》이라는 제목의 열정이 가득한 연설을 하였다. 이 연설에서 마오쩌둥은 당 현종 때 사람인 이임보(李林甫)에 대해 언급하였는데, 마오쩌둥의 말에 따르면 그는 "구밀복검(口蜜腹劍)"의 인물이었다.

이임보는 당나라 시대의 재상으로 "구밀복검"이라는 불렸던 유명한 사람이다.

이임보는 당왕조의 종실(宗室)로, 아명은 가노(哥奴)였다. 후궁관계를 이용하여 자신의 사리사욕을 도모하는 데에 뛰어났다. 개원(開元) 23년(735) 예부상서(禮部尙書)로 관직에 출사하여 중서문하(中書門下) 3품을 겸직했고 오래지 않아 진국공(晉國公)에 봉해졌다. 19년 동안 조정에 있으면서 환관과 후궁과 결탁하여 당현종(唐玄宗)의 동정을 늘 탐색하고 아첨하고 총애를 다투니일시 권력을 장악하여 정사가 썩어 문드러지게 했다. 사람들을 대할 때는 종종친구와 같은 다정함을 보였으나 돌아서서는 몰래 모함과 해를 가하니, 당시 사람들은 "입에는 꿀을 바르고 뱃속에는 칼을 품고 있다(口蜜腹劍)"고 하였다.

《자치통감(資治通鑑)》에는 이임보에 대해 이렇게 기록하고 있다.(발췌)

이임보는 재상이 되었는데, 재능과 명성과 공적이 자신보다 뛰어나며 윗사람에게 신임을 두텁게 받게 되어 권세와 지위가 자신과 가까워지게 된 자를 반드시 온갖 꾀를 써서 제거하였다. 문장이 박학한 선비는 더욱 꺼려하였다. 혹겉으로는 잘 지내더라도 감언이설로 속이고 뒤로는 모함하였다. 세상에서 말하기를, 이임보는 입에는 꿀을 바르고 뱃속에는 칼을 품고 있다고 하였다.

1971년 12월 말, 마오쩌둥은 전당과 전국의 인민에게 다음과 같은 내용을발표했다. 마르크스주의가 필요하고 수정주의는 필요 없다. 단결이 필요하고 분열은 필요 없다. 광명정대함이 필요하고 음모와 모략은 필요 없다.

역사상 경험들은 많은 교훈이 된다. 만약 조금이라도 마음속에 간사함이 있고 음모와 모략을 꾸미는 데 익숙한 사람이 일정 부분 권력을 장악한다면 작게는 일부분이나 한 구역에 상응하는 위해를 끼치고 크게는 국가 전반과 전 민족의 사업까지 이르는 거대한 손실을 낼 것이다. 그러나 역사는 음모와 모략을 꾸미는 사람이나 입에 꿀을 바르고 뱃속에 칼을 숨긴 사람들이 잠깐이나마 쉽게 뜻을 이룰 수 있으나 결국 모두 끝이 좋지 않다는 진리를 종종 증명하였다.

## 시평

| | |
|---|---|
| 웃음 속에 칼을 감추고 있어 '인묘' 라 부르니, | 笑裏藏刀稱"人貓" |
| 앞에서는 사람이요, 뒤에서는 요괴로다. | 明面是人暗是妖 |
| 표리부동에 익숙한 습관은, | 習性慣搞兩面派 |
| 막을 수 없는 높은 수법. | 防不勝防手法高 |
| 개미굴이 둑을 무너뜨리니, | 千裏長堤潰蟻穴 |
| 해를 끼치면 재난을 만나네. | 一旦肆虐災難遭 |
| 사소한 것이라도 태만하지 않고, | 防微杜漸勿懈怠 |
| 촉각을 곤두세워 샅샅이 감시해야 하네. | 百倍警覺察秋毫 |

## 2. "풍향을 구별한" 유자현(劉子玄), 후각에 집중하여 눈앞의 상황을 설명하다

1958년 5월 5일부터 23일까지 중난하이(中南海)의 화이런당(懷仁堂)에서 열린 중국공산당 제8차 전국대표대회 제2차 전체회의를 주재하여 개최하였고, 또 8일·일·일·일 대회 및 18일 대표단 단장회의 석상에서 마오쩌둥은 중요한 발표를 하였다.

회의에서 마오쩌둥의 제안에 따라 "열의를 북돋아 높은 목표를 향해 힘써 더 빨리, 더 좋은 사회주의를 건설하자" 라는 총 노선을 정식으로 통과시켰다. 회의는 마오쩌둥의 제안에 근거하여, 국내 주요 모순이 이미 바뀐 것에 대해 정확히 분석한 제8차 전국대표대회 제1차 회의를 정식으로 변경하였고, 여전히 국내 사회의 주요 모순점인 두 개의 계급, 두 개의 노선에 대해 인식하고 마오쩌둥의 사회주의 계급투쟁 문제의 이론을 확인하였다.

아래는 5월 20일 회의석상에서 연설한 마오쩌둥 연설 요지이다.

후각에 집중하고 풍향을 판별합시다.

재주, 학식, 판단력. 이중에서 판단력에 대해 말하면 유지기(劉知幾)는 판단력을 가장 중요한 것으로 보았습니다.[46]

회의를 진행하면서 마오쩌둥은 연설 중에 당현종 때의 학자인 유지기를 언급했다.

---

46) 陈晋主编, 《毛泽东读书笔记解析》, 广东人民出版社, 1996, 1076쪽。

당나라 때 유지기라는 역사학자가 있었습니다. 그는 역사적인 인물이 되려면 세 가지 조건을 갖춰야할 필요성이 있다고 주장하였는데, 그것은 재주와 학식, 판단력입니다. 그는 판단력이란 바람의 방향을 판별하는 문제라고 말했습니다. 제가 현재 동지들에게 특별히 주의를 환기시키고자 하는 것은, 우리는 반드시 바람의 방향을 판별하는 능력을 갖추어야 하며, 이것이 가장 중요하다는 것입니다. 한 사람이 재주와 학식이 있더라도 바람의 방향을 판별하지 못하면 이는 매우 무디다고 할 것입니다.[47]

유지기(劉知幾, 661~721)는 당나라 때의 저명한 문장가이자 역사학자로, 자는 자현(子玄)이며, 팽성(彭城)[48] 사람이었다. 영가(永嘉) 연간에 진사(進士)가 되었고, 측전무후 때 저작좌랑(著作佐郞)과 좌사(左史) 등의 관직을 역임하였다. 국사를 함께 공부하여 중종(中宗) 때 《측천무후실록(則天武后實錄)》 편찬에 참여하였다. 현종 때는 관직이 좌산기상시(左散騎常侍)까지 올랐으나 후에 안주도호부 별가(安州都護府別駕)로 좌천되었다.

평생 역사학을 전공하며 각 시대의 역사책을 모두 읽었으며 이해득실에 대한 분석이 뛰어났다. 또한 역사책을 편찬하는 일을 여러 번 담당하면서 조정에서 설치한 사국(史局)의 병폐에 대해 자세히 알게 되었다. 그는, 역사가는 '사재(史才)', '사학(史學)', '사식(史識)'이라는 세 가지 장점을 모두 갖춰야 하고 그중 '사식'이 가장 중요하다 했다. 역사를 저술함에 있어서는 직필을 강조하였으며, "나쁜 일을 숨기고 좋은 일에 예속되어서는 안 된다.", "사랑하면서도 그 나

---

47) 陈晋主编, 《毛泽东读书笔记解析》, 广东人民出版社, 1996, 1077쪽.
48) 팽성(彭城) : 지금의 강소성(江蘇城) 서주(徐州) 지역.

쁜 점을 알고, 미워하면서도 그 좋은 점을 안다" 라는 태도를 가질 것을 제창했다. 저서로 《사통(史通)》 내·외편 49편이 있는데, 이는 중국 역사평론의 전문 서적으로는 첫 번째로서, 역대의 사서와 그 체제에 관해 상세한 평론을 하였다.

《구당서(舊唐書)》에 실린〈유자현열전(劉子玄列傳)〉을 보면(발췌) 다음과 같다.

유자현이 국사(國史)를 담당한 20여 년 동안 찬술한 것이 많아 당시 매우 유명하였다. 예부상서(禮部尙書) 정유충(鄭惟忠)이 자현에게 "옛부터 문사는 많았으나 사재를 가진 이는 적으니 어째서입니까?" 라고 물은 적이 있었다. 자현이 대답하기를 "사재는 모름지기 세 가지 장점을 갖춰야 하는데, 세상에는 그러한 사람이 없습니다. 그 까닭에 사재를 갖춘 사람이 적습니다. 세 가지 장점이란 재주, 학식, 판단력입니다.

학식은 있으나 재주가 없는 것은 마치 좋은 밭 100경(頃)과 많은 재물이 있으나 어리석은 사람에게 기르게 하는 것과 같으니 끝내 기르지 못하게 될 것입니다. 재주는 있으나 학식이 없는 경우는 마치 설계 능력과 장석(匠石)[49]을 모두 갖추고 있고 공수반(公輸般)[50]과 같은 기술도 가지고 있으나, 망치나 도끼가 없어 끝내 궁실을 지을 수 없는 것과 같습니다.

정직한 것을 좋아하여 선과 악을 반드시 기록하여 교만한 군주와 간사한 신하로 하여금 두려움을 알게 해야 합니다. 이것은 범에게 날개를 달아주는 것과 같아 더할 나위 없이 좋아서 대적할 자가 없게 할 것입니다. 만일 사재가 아니

---

49) 장석(匠石) : 기교가 기묘한 경지에 이르른 것
50) 공수반(公輸般) : 노나라의 탁월한 목수.

라면 외람되이 사관의 직임을 맡아서는 안 됩니다. 예부터 이러한 항목에 맞는 사람은 매우 드물었습니다." 라고 하였다. 당시 사람들은 이를 이치에 맞는 말이라고 생각했다.

마오쩌둥이 중국공산당 제8차 전국대표대회 제2차 전체회의에서 유지기의 '판단력'에 대한 일화를 언급한 것은 사람들이 "풍향을 판단하는 능력"을 높여야 한다는 것을 환기시키고자 하는데 그 의도가 있었다. 다시 말하면 사람들에게 정치적 민감성을 높이기를 요청한 것으로, 이것은 마오쩌둥의 사회주의 계급투쟁 문제에 관한 이론과 밀접한 관련이 있었던 것이다.

## 시평

| | |
|---|---|
| 화이런당에서 열린 회의, | 懷仁堂裏開會議 |
| 계급투쟁이 새롭게 일어나네. | 階級鬥爭重新提 |
| 후각을 높여 풍향을 판별하라고, | 提高嗅覺辨風向 |
| 유지기를 비러서 말하였네. | 講話借用劉知幾 |
| 뜻은 정치적 민감성 높이는 데 있으니, | 意在增强敏感性 |
| 재주와 학문을 갖추어도 제일은 판단력이라. | 才學兼備識一 |
| 유물론을 꿋꿋이 지켜, | 認真堅持唯物論 |
| 선악을 구별하고 계급을 나누네. | 明辨善惡分階級 |

## 3. 《창려시문(昌黎詩文)》 중 편지에서 "하나를 둘로 나누다"라고 한 한유(韓愈)를 언급하다

1940년 초가을 이른 새벽, 옌안(延安)의 마르크스-레닌학원의 교육처장 덩리췬(鄧力群), 교무처장 한스푸(韓世福), 교육간사 안핑성(安平生)과 선전간사 마훙(馬洪)은, 당 총지부 서기 장치룽(張啓龍)과 부원장 판원란(范文瀾)의 의뢰를 받아, 양쟈령(楊家嶺)으로 급히 가서 마오쩌둥을 모시고 마르크스-레닌학원으로 오라는 보고를 받았다.

마르크스-레닌학원에서 양쟈령까지 최소한 8~9리의 거리인데, 옌허(延河)를 사이에 두고 있었다. 이때 옌안은 곤궁한 시기라서 마르크스-레닌학원에는 어떠한 교통수단도 없었으니 마오 주석을 맞이하러 사람을 급히 보낼 수도 없었다. 네 사람이 모두 곤란함을 느끼고 있을 때 치룽이 말하길, "마오 주석과 당 중앙위원회는 우리의 사정을 알 테니 긴장할 것 없이 모시러 가면 됩니다. 차와 말이 없더라도 주석에게로 갑시다!"

마르크스-레닌학원에서 출발한 네 사람이 절반쯤 걸어갔을 때 막 옌허의 다리 어귀에 올라 세상 온갖 풍상을 다 겪은 것 같이 걸어오는 마오쩌둥을 보았다. 네 사람이 모두 아연실색하며 마오쩌둥을 보니, 발아래 헝겊 신발은 이미 황토 흙으로 덮여서 얼마나 급히 왔는지 짐작할 수 있었다. 네 사람이 입을 벌린 채 아무 말도 하지 못하자, 마오쩌둥이 먼저 그들에게 "당신들 네 사람은 그리 기세등등하게 뭐 하러 가시오?" 라고 물었다.

덩리췬이 답하였다. "학원의 부원장께서 우리를 보내 주석을 맞이하라고…"

"나를요?" 마오쩌둥은 발판을 밟으며 우스갯소리로 말하기를 "음, 잘 알지요. 내가 오늘 보고회가 있다는 것을 잊어버릴까봐서요?" 그리고는 손을 흔들며 이어 말하기를 "당신들은 마음 놓고 있어도 좋아요. 학원에서 임무를 준 것을 나 마오쩌둥은 잊지 않고 있으니까요."

길을 걸으며 마오쩌둥은 등리췬 등에게 학원 내 상황에 대해 자세히 들은 뒤 당나라 철학가이자 사상가이며 문학가인 한유(韓愈)에 대한 이야기로 화살을 돌렸다. "한유의 《사설(師說)》에는 확실한 견해가 있습니다. 나보다 먼저 태어나서 도를 들은 것이 진실로 나보다 먼저라면 나는 따라가서 그를 스승으로 삼을 것이요, 나보다 뒤에 태어났더라도 도를 들은 것이 또한 나보다 먼저라면 나는 따라가서 그를 스승으로 삼을 것이다.' 이 길에서 당신들이 나에게 좋은 상황들을 알려주었으니, 진정 '나보다 먼저이니 나는 따라가서 스승으로 삼을 것이다'라는 것과 같은 것이지요. 나는 당신들이 고마워요!' 라고 하였다.

한유의 《사설》을 보면 다음과 같다.(발췌)

옛날 배우는 사람에게는 반드시 스승이 있었다. 스승이란 도를 전하고 학업을 가르쳐주고 의혹을 풀어주는 자이다. 사람은 나면서부터 아는 자가 아니니 누가 의혹을 갖지 않겠는가. 의혹을 갖고 있으면서 스승을 따르지 않는다면 그 의혹은 끝내 풀리지 않을 것이다.

나보다 먼저 태어나서 도를 들은 것이 진실로 나보다 먼저라면, 나는 따라가서 그를 스승으로 삼겠으며, 나보다 뒤에 태어났더라도 도를 들은 것이 또한 나보다 먼저라면 나는 따라가서 그를 스승으로 삼겠다. 나는 도를 스승으로 삼으니 그 나이가 나보다 앞서고 뒤서고를 어찌 따지겠는가. 그렇기 때문에 귀천도 없으며 나이의 많고 적음도 없이 도가 있는 곳에는 스승이 있기 마련이다.

슬프도다! 스승의 도가 전해지지 않은 지 오래이니 사람들의 의혹을 없애는 일이 어렵기만 하도다. 옛날 성인은 사람들보다 뛰어났음에도 오히려 스승을 따라가서 물었는데, 지금 사람들은 성인보다 훨씬 부족해도 스승에게 배우기를 부끄러워한다. 이 때문에 성인은 더 성스럽고, 어리석은 이는 더 어리석어진다. 성인이 성인으로 된 이유와 어리석은 사람이 어리석게 된 까닭이 모두 여기에서 나오지 않겠는가!

1949년 8월 18일 마오쩌둥은 신화사(新華社)에 〈안녕, 스튜어트〉라는 논평을 실었는데, 이 논평에서도 마오쩌둥은 비판적인 투로 다시금 한유에 대해 언급했다.

우리 중국인은 기개가 있다. 이미 여러 차례 자유주의자나 개인민주주의자들은, 미제국주의자와 그 앞잡이인 국민당 반동파의 눈앞에서 생겨났다. 대부분이 책상을 내려치며 일어나서 국민당의 총부리에게 사납게 눈을 부라리며 차라리 넘어질지언정 굴복하길 원하지 않았다. 주즈칭(朱自淸)은 일신에 병이 있으면서도 차라리 굶어죽으면 죽었지 미국의 '구호식량'을 받지 않았다. 당나라 때 한유는 〈백이송(伯夷頌)〉을 써서, 자기 나라 백성에 대해 책임지지 않고 도피하고, 무왕(武王)이 이끄는 당시 인민해방전투를 반대하였고 '개인민주주의' 사상을 가졌던 백이를 찬양하였는데, 이는 물론 잘못된 것이다.…

1957년 3월 8일 마오쩌둥은 베이징에서 문예 관계자 몇 명과 이야기하며 비슷한 내용으로 한유에 대해 언급했다.

한유는 고문을 제창하였는데 사실 그가 지창한 고문은 새로운 것이다. 한유는 '재도(載道)' [51]와 "말이 통한다는 것은 본래 도에 뜻을 두는 것이다"라고 하는 혁신적인 형식을 만들었던 거지요.[52]

1959년 4월 15일 당의 제8회 중앙위원회 제7차 전체회의에서 마오쩌둥은 한

유가 쓴 시와 문장을 예로 들면서 충분한 여지를 둘 필요가 있는 일에 관한 이야기를 시작했다.

한유처럼 시를 쓰면 사람들은 그의 결점을 비평할 것인데, 이러한 그의 결점은 그의 문장과 시에서 모두 다 볼 수 있습니다. 특히 그의 시〈남산(南山)〉을 보면, 산세와 경치를 썼고 사시스저의 무상한 변화를 두루 썼으며, '혹(或)'자 시구 51개와 첩(疊)자 시구 14개를 연이어 사용하였으니, 이는 일종의 간을 쪼고 폐를 토하는 산문 문자로서 명백히 시가의 함축과 정제, 비(比)·흥(興)의 상징을 한쪽으로 놓아준 것이라 할 수 있습니다.[53]

1965년 6월 20일 마오쩌둥은 상하이에서 복단대학 교수인 주구청(周谷城)과 함께 한유에 대해 오랜 시간 대화를 나누었는데, 그중 대화에서 한유에 대한 평이 있었다.

당나라 한유의 문장은 좋기는 하나 사상성은 결핍되어 있지요. 그 글의 가치도 높지 않고 그가 했던 말도 대부분 선대 사람들이 했던 것들이지요. 그는 단지 미신을 타파하고자 불교를 비판했지만, 생산력 측면에서는 불교의 폐단을 분석하지 않았어요. 〈원역(愿逆)〉 역시 마찬가지지요. 그러나 한유의 문장은 몇 가지 기이한 점이 있어요. 당나라 사람들은 "한유보다 학문이 기이하고 번종사(樊宗師)보다 학문이 난해하다"고도 했어요. 한유의 고문은 후대에 큰 영향을 끼쳐서 문학사를 쓰는 데 그를 경시해서는 안 되지요.[54]

---

51) 재도(載道) : 어떤 사람의 자비로운 행위에 대해 입을 모아 칭송하는 것을

52) 邓振字等编, 《毛泽东评点二十四史》, 时事出版社, 1997, 1218쪽.

53) 위의 책, 1218쪽.

1965년 7월 21일 마오쩌둥은 천이(陳毅)가 자신이 쓴 시를 고쳐달라고 요청해서 그에게 장문의 편지 한 통을 써 주었다. 이 편지에서도 한유와 한유의 시를 언급하였다.

## 천이 동지에게

동지가 제게 시를 고쳐달라고는 했지만 고쳐 줄 수가 없습니다. 저는 오언율시에 대해 공부한 적이 없을 뿐만 아니라 오언율시를 한 수도 발표한 적이 없습니다. 동지의 대작은 그 기세가 드높고 충만합니다. 그저 형식상으로나마 율시에 관한 약간의 감상만을 스겠습니다. 율시는 평측을 중시하는데, 평측을 중시하지 않으면 율시가 아닙니다. 제가 보기엔 동지도 저처럼 아직 율시에 입문하지 못한 것 같습니다. 저는 가끔 칠언율시 몇 수를 쓴 적이 있는데, 한 수도 제 스스로 만족한 적이 없습니다. 동지가 자유시를 쓸 수 있는 것처럼 저도 장단구의 어휘론에 대해 약간만 알고 있을 뿐입니다. 젠잉(劍英)이 칠언율시에 뛰어나니 동지가 율시를 배우고자 한다면 그에게 가르침을 청하십시오.

## 서행(西行)

| 서쪽 만 리로 급히 떠나는 길, | 萬裏西行急 |
| 바람 타고 먼 창공에 이르네. | 乘風禦太空 |

---

54) 中共上海市委党史研究室编 : 《毛泽东在上海》, 中共党史出版社 1993, 143쪽.

| 대붕이 날개를 펴지 않는다 하더라도, | 不因鵬翼展 |
| 어찌 새들과 함께 다니겠는가! | 哪得鳥途通 |
| 바다는 천 가지 술을 빚어내고, | 海釀千鍾酒 |
| 산은 만 길의 풀을 담아내네. | 山栽萬仞蔥 |
| 대지엔 바람과 번개가 달리고, | 風雷驅大地 |
| 벗들은 곳곳에 있구려. | 是處有親朋 |

그저 한 부분만 고쳐 동지에게 보냅니다. 만족스럽지 못하겠지만, 나머지는 고칠 수가 없습니다.

또, 시는 형상을 통한 사유가 필요한 법인데 산문처럼 직설적이면 안 됩니다. 그래서 비(比)나 흥(興)과 같은 방법을 쓰지 않을 수 없는 것입니다. 부(賦) 역시 쓸 만하니 두보(杜甫)의 〈북정(北征)〉에서는 "일을 그대로 펴서 설명하되 그 일에 대해 솔직히 말해야 한다"라고 하였지만, 그 안에도 역시 비와 흥이 있습니다. "비라는 것은 저 사물로 이 사물을 비유하는 것이고", "흥이라는 것은 다른 사물을 먼저 말하여 읊을 말을 끌어와 일으키는 것입니다." 한유는 문장을 짓는 방식으로 시를 지었습니다.

어떤 사람들은 한유가 시를 전혀 모른다고 하였는데, 이는 너무 지나친 평가입니다. 〈산석(山石)〉, 〈형악(衡岳)〉, 〈8월 15일 밤에 장공조에게 주다[八月十五日夜贈張功曹]〉와 같은 작품은 괜찮은 작품입니다. 이를 보면 시를 짓는 것이 쉬운 일이 아님을 알 수 있습니다. 송나라 사람들은 대체로 시는 형상을 통해 사유해야 한다는 것을 깨닫지 못하였으며, 반대로 당나라 사람들은 율격을 너무 준수하는 바람에 시가 무미건조해지게 된 까닭입니다.

이상의 이야기들은 쉽게 말하기는 했지만 모두가 고전입니다. 지금 시를 짓는 데는 형상을 통해 사유하는 방법이 필요하고, 계급투쟁과 생산투쟁을 반영하면 될 뿐 고전은 조금도 필요하지 않습니다.

백화문으로 시를 짓는 것은 몇 십 년 안에 모두 성공할 것입니다. 민가(民歌) 중에도 오히려 좋은 것이 있습니다. 앞으로 추세에 따라 민가 양식과 형식을 받아들인다면 많은 독자들을 끌어올 수 있는 새로운 형식의 시가를 발전시킬 수 있을 것입니다. 이백(李白)도 단지 몇 수의 율시만 지었을 뿐이고, 이하(李賀)도 몇 수의 오언율시를 제외하고는 칠언율시는 한 수도 짓지 않았습니다. 이하의 시는 한번 읽어볼 가치가 있으니, 동지께서도 읽어볼 의향을 갖지 않겠습니까?

7월 29일 마오쩌둥

1976년 2월 12일 마오쩌둥이 문학자이자 사학자인 류다제(劉大傑)에게 쓴 편지에는 다음과 같은 내용이 있다.

저는 한유에 대한 그대 의견에 동의합니다. 하나가 나뉘어 둘이 되는 것이 옳습니다.[55]

한유(768~824)는 퇴지(退之)이며, 하남(河南)의 하양(河陽)[56]사람이다. 스스로 창려(昌黎) 출신이라 말했기에 세상 사람들은 한창려(韓昌黎)라고 불렀다. 당나라 때 문학가, 사상가, 철학가이다. 어려서 고아가 되어 형수에게 길러지며 어렵게 독학을 했다. 당나라 정원(貞元) 연간에 진사가 되었고 감찰어사에

---

55) 《毛泽东论文艺》, 人民文学出版社1958, 172쪽。
56) 하남(河南)의 하양(河陽) : 지금의 하남성(河南省) 맹현(孟縣)의 남쪽

임명되었으나 모함을 받아 양산 현령(陽山縣令)으로 좌천되었다. 사면을 받은 뒤 국자박사(國子博士), 형부시랑(刑部侍郎) 등의 관직을 역임하였다. 다시금 핍박받아 조주자사(潮州刺史)로 좌천되었으며 후에 이부시랑(吏部侍郎)까지 관직이 올랐다. 죽어서 문공(文公)이라는 시호를 받아서 사람들이 한문공(韓文公)이라 불렀다.

중국 역사상 한유는 관직 생활을 하는 동안 부침을 거듭했기에, 사상적으로 포부가 있었다 하더라도 끝내 실현할 수는 없었다. 정치적으로 번진(藩鎭) 세력에 반대했고, 사상적으로는 유교를 칭송하고 불교를 경시했다.

어떤 의미에서 말하면 한유는 봉건군주제의 옹호자였다. 다만 그는 성당(盛唐)과 중당(中唐)시기 이래 점점 발전한 불교와 도교를 반대하고 "군신의 대의"를 추앙하였다. 〈원도(原道)〉, 〈원성(原性)〉, 〈원인(原人)〉 등의 저서에는 봉건군주를 "상품(上品)"으로 보았고, 봉건시기의 통치 계급과 법권, 교화, 도덕 등을 적극적으로 옹호하였다. 문학적으로 그는 육조(六朝) 이래 생긴 병우문풍(駢偶文風)을 극력 반대하며 산문체를 제창하였다. 그의 산문은 선진(先秦), 양한(兩漢)을 계승한 고문을 바탕으로 하고 거기에 창의성과 새로운 발전을 더하였으며, 기세가 웅혼하여 '당송팔대가(唐宋八大家)'의 수장으로 분류되었다. 그의 시는 새로움을 추구하여 문장 짓는 법으로 시를 지었으며, 종종 위험하거나 괴상한 흐름을 타기도 하였으나 송대의 시에 큰 영향을 미쳤다. 저서로 《창려선생집(昌黎先生集)》이 있고 〈산석〉, 〈형악〉, 〈8월 15일 장공조에게 주다〉 등 세 수의 시는 그의 문풍을 보여주는 전형적인 대표작들이다.

마오쩌둥은 하나가 나뉘어 둘이 된다는 관점으로 한유를 보았다. 정치적으로 수구사상을 지닌 것에 대해서는 찬성하지 않았으나 문학적인 성취는 조금도 무시하지 않았다.

마오쩌둥의 말을 살펴보면 한유의 시는 풍경과 감정에 대한 묘사는 물론, 사물에 대한 묘사들이 있으며, 꾸밈없이 진솔하게 쓴 곳이 많으나 비, 의(擬), 흥, 차(借) 등의 수법은 적게 사용하여 읽는 사람들로 하여금 완연한 정경을 느끼게 한다. 그런 한유에 대해 마오쩌둥은 "한유는 문장은 괜찮으나 사상성이 부족하다"[57]고 평했던 것이다.

## 시평

| | |
|---|---|
| 하나를 둘로 나눈다는 한유, | 一分爲二說韓愈 |
| 유교를 숭상하고 불교를 낮추고는 기이한 것을 전하네. | 重儒輕佛傳授奇 |
| 군신 사이의 대의를 높이 우러르며, | 君臣大義崇上品 |
| 《삼원》의 문장은 언사가 격렬하네. | 《三原》文章言辭激 |
| 원통한 이에게 설교를 베푸니, | 枉在人前施說教 |
| 복고로 가득한 마음만 약해지네. | 一心復古做派虛 |
| 여러 번 쫓겨나 묘당이 멀어져도, | 屢遭貶黜廟堂遠 |
| 유감은 있으나 뜻만은 변치 않네. | 遺憾留得志不移 |

57) 《毛泽东在上海》, 中共党史出版社 1993, 143쪽.

## 4. 유우석(劉禹錫)의 시구 "부서진 배 옆으로 1천 돛배 지나가네"를 감상하다

1959년 4월 15일 마오쩌둥의 주재로 베이징에서 제16차 최고 국무회의가 열렸다. 회의에서는 국내외 정세와 티베트 문제를 이야기하였다.

4월 24일 마오쩌둥은 보고서에다 아래와 같은 평을 썼다.

당나라 시인들이 말하기를 "부서진 배 옆으로 1천 돛배 지나가고, 늙은 나무 앞에는 1만 나무가 봄일세" 라고 하였다. 한층 더 분발하여 죽음도 두려워하지 않아야 한다. 전 세계가 전쟁 중이니 우리에게는 이러한 기개가 필요하다. [58]

마오쩌둥이 평하며 언급한 이 두 구절의 시구는 당나라 때 대시인 유우석(劉禹錫)의 〈양주에서 백거이를 처음 만나 술자리에서 답하다[酬樂天揚州初逢席上見贈]〉 라는 시에서 가져왔다.

| | |
|---|---|
| 파산과 초나라 강가의 처량한 곳에서, | 巴山楚水悽涼地 |
| 이 몸을 썩힌 지 이삼십 년. | 二十三年棄置身 |
| 옛 일을 그리며 죽은 친구를 기리노니, | 懷舊空吟聞笛賦 |
| 고향에 돌아와도 도리어 옛 생각만 나는구나. | 到鄉翻似爛柯人 |
| 부서진 배 옆으로 1천 돛배 지나가고, | 沈舟側畔千帆過 |
| 늙은 나무 앞에는 1만 나무가 봄일세. | 病樹前頭萬木春 |

---

58) 陈晋主编: 《毛泽东读书笔记解析》, 广东人民出版社 1996, 1288쪽。

| 오늘 그대의 노래를 들으니, | 今日聽君歌一曲 |
| 잠깐이나마 술기운을 빌려 정신을 가다듬네. | 暫憑杯酒長精神 |

유우석(772~842)의 자는 몽득(夢得)으로 낙양(洛陽) 사람이다. 당나라 때의 저명한 문학가이자 철학가, 시인이다. 정원(貞元) 연간 진사(進士)에서 뽑혀 박학굉사과(博學宏詞科)에 합격하였고 감찰어사에 제수되었다. 환관과 번진 세력을 반대한 것으로 인해 낭주사마(郎州司馬)로 좌천되었다가 연주자사(連州刺史)로 옮겨갔다. 훗날 태자빈객(太子賓客)에 임명되었고 검교예부상서(檢校禮部尙書)의 직이 더해졌다. 사람들이 "유빈객(劉賓客)" 이라 불렀다. 그는 통속적이지만 참신한 시를 지었으며, 비(比)나 흥(興)의 수법을 잘 이용하여 정치적인 내용을 담아냈다.

그의 작품인 〈죽지사(竹枝詞)〉, 〈유지사(柳枝詞)〉, 〈삽전가(揷田歌)〉 등의 연작시는 민가적인 특색이 풍부하여 당시 가운데서 새로운 형식을 창조한 작품으로 유명하다. 그가 지은 중요한 철학서 《천론(天論)》 세 편에서 "하늘과 사람이 서로 이기며(天與人交相勝)" "또한 서로 사용하는(還相用)」" 학설을 제기하여 자연의 기능은 "만물을 생장케 하는 것(生萬物)" 에 있고 사람의 기능은 "만물을 다스리는 것(治萬物)"에 있다고 인식하였다. 이는 당시의 불교와 도교에서 내세운 "인과응보론(因果應報論)" 과 "천인감응론(天人感應論)"을 대담하게 비판했던 것이다.

〈죽지사〉를 보면 다음과 같다. (발췌)

| 버드나무는 푸르고 강물은 잔잔한데, | 楊柳青青江水平 |
| 강물 위에는 임의 노랫소리 들려오네. | 聞郎江上唱歌聲 |

동쪽에서 해 뜨고 서쪽에서 비가 오니,　　　　　　　　東邊日出西邊雨

궂은 날씨야말로 오히려 맑은 날씨라네.　　　　　　　道是無晴還有晴


복숭아꽃 붉게 피어 산에 가득하고,　　　　　　　　　山桃紅花滿上頭

촉강의 봄물이 산을 어루만지며 흐르네.　　　　　　　蜀江春水拍山流

붉은 꽃이 쉬이 사그라짐은 임의 마음 닮았고,　　　　花紅易衰似郎意

끝없이 흐르는 물결은 내 근심과 같네.　　　　　　　水流無限似儂愁


구당협의 요란스런 열두 여울,　　　　　　　　　　　瞿唐嘈嘈十二灘

예부터 가기 어렵다고 사람들이 말하네.　　　　　　　人言道路古來難

깊이 한스러운 것은 사람 마음이 물만 못해 그런 것이니　長恨人心不如水

헛되이 평지풍파를 일으키는 것이라네.　　　　　　　等閑平地起波瀾


　마오쩌둥은 유우석의 시를 꽤나 즐겨 읽었다. 마오쩌둥이 즐겨 읽었던 책 《당시별재집(唐詩別裁集)》에 마오쩌둥은 붉은 펜으로 유우석의 이름 아래에 여러 번 명확한 표시를 해 놓았다.

　유우석은 다재다능하고 가슴에 큰 뜻을 품었으나 정치적인 견해로 인해 여러 번 배척당했다. 모함을 받아 처음으로 장안을 떠났을 때가 겨우 23세였고, 10년 후에야 겨우 다시 장안으로 부름을 받았는데, 감개무량한 나머지 〈현도관도화(玄都觀桃花)〉라는 시 한 수를 지었다.


도성 거리의 복잡한 먼지 눈앞에 스치지만,　　　　　紫陌紅塵拂面來

꽃을 보고 돌아왔다 말하지 않는 이 없네.　　　　　　無人不道看花回

현도관 안에 복숭아 천 그루는,　　　　　　　　　　玄都觀裏桃千樹

모두가 유랑이 다녀간 뒤에 심었구나.　　　　　　　盡是劉郎去後栽

오래지 않아 유우석은 다시 좌천되었고 14년 뒤에 장안으로 부름을 받아 돌아와서 〈재유현도관(再遊玄都觀)〉을 썼다.

| | |
|---|---|
| 넓은 현도관 정원에 이끼가 절반이고, | 百畝庭中半是苔 |
| 복숭아꽃 모두 사라지고 채소꽃이 피었구나. | 桃花淨盡菜花開 |
| 복숭아 심은 도사는 어디로 돌아갔는가, | 種桃道士歸何處 |
| 전에 떠난 유랑이 지금 다시 왔는데. | 前度劉郎今又來 |

마오쩌둥은 이 두 수의 시를 매우 좋아하여 직접 종이를 펴고 먹을 묻혀 여러 번 쓴 적이 있다. 이 두 수의 시를 통해서 유우석의 강직하고 굴하지 않는 성품을 엿볼 수 있다.

마오쩌둥은 유우석의 작품을 애독하였다. 마오쩌둥이 즐겨 읽었던 책 《주석 당시 삼백수(注釋唐詩三百首)》에 실려 있는 유우석의 시 〈촉선주묘(蜀先主廟)〉의 한 쪽에다 마오쩌둥은 아래와 같은 평을 썼다.

매우 좋다.[59]

유우석의 〈촉선주묘〉를 보자.

| | |
|---|---|
| 천지 영웅의 기운이, | 天地英雄氣 |
| 천추에 오래토록 늠름하다. | 千秋尚凜然 |
| 세력은 셋으로 나누었으나, | 勢分三足鼎 |
| 공적은 한나라를 회복하였네. | 業復五銖錢 |
| 재상을 얻어 나라를 세웠으나, | 得相能開國 |

---

59) 陈晋主编, 《毛泽东读书笔记解析》, 广东人民出版社 1996, 1290쪽。

낳은 아들이 현명함을 본받지 못했네.　　　　　生兒不象賢

처량하구나 촉나라의 옛 기녀들이여,　　　　　凄涼蜀故妓

위나라 궁전 앞으로 와 춤을 춘다네.　　　　　來舞魏宮前


유우석의 〈오의항(烏衣巷)〉은 지금도 알 수 있듯이 마오쩌둥은 6번이 넘게
권점을 찍었다. 유우석의 〈오의항〉을 보자.


주작교 주변엔 들풀이 무성하고,　　　　　　　朱雀橋邊野草花

오의항 어귀엔 석양이 비스듬하네.　　　　　　烏衣巷口夕陽斜

옛날 왕씨, 사씨네 집에 드나들던 제비,　　　　舊時王謝堂前燕

이제는 백성들 집으로 날아드네.　　　　　　　飛入尋常百姓家


1975년 봄, 마오쩌둥은 이미 82세의 고령의 나이가 되었다. 루디(蘆荻)는 상
부의 명령에 따라 중난하이로 가서 마오쩌둥에게 책을 읽어 주었다. 처음 만났
을 때 그의 이름을 묻고는 마오쩌둥은 느린 말투로 루디에게 물었다. "유우석
의 〈서새산회고(西塞山懷古)〉라는 시를 외울 수 있겠는가?"

루디의 대답을 기다리지도 않고 마오쩌둥은 곧바로 낮은 소리로 유우석의
〈서새산회고〉를 읊기 시작했다. 이 시의 마지막 구절에 마침 '루디'라는 두 글
자가 들어가 있었다.


유우석의 〈서새산회고〉를 보자.


왕준의 누선을 익주에 대어두니,　　　　　　　王濬樓舩下益州

금릉왕의 기운이 흐려졌구나.　　　　　　　　金陵王氣黯然收

천길 깊은 강바닥에 쇠사슬이 가라앉았으니,　　　千尋鐵鎖沈江底

한 조각의 백기가 석두성에 나부끼네.　　　一片降幡出石頭

인세에는 흥망사가 여러 차례이나,　　　人世幾回傷往事

산세는 오래도록 변함이 없구나.　　　山形依舊枕寒流

지금 천하가 가족과 같아도,　　　今逢四海爲家日

옛 군영엔 우수수 가을의 갈대소리만 들리네.　　　故壘蕭蕭蘆荻秋

단지 한 사람의 이름만을 듣고 시 전체의 내용을 연상하니 마오쩌둥의 마음속에는 유우석에 대한 인상이 얼마나 깊이 남아 있었는지를 알 수가 있을 것이다.

## 시평

재주와 생각은 민첩하나 성격이 오만하여,　　　才思敏捷性執傲

여러 번 쫓겨나도 허리를 굽히지 않네.　　　屢次遭貶不彎腰

유람을 핑계 삼아 꽃구경하며,　　　借口遊覽賞花草

현도관 안에서만 툴툴거리네.　　　玄都觀內發牢騷

군주가 재주를 아끼는 것만 믿고,　　　賴得君主惜才重

조정에서 감히 패악질만을 일삼네.　　　朝堂之上敢放刁

60여 년의 고생스런 눈물을,　　　六十餘載艱辛淚

후세사람은 그저 시가 출중하다고만 한다네.　　　致使後人稱詩豪

## 5. 하지장(賀知章)의 "어렸을 때 고향 떠나 늙어서 돌아오니"라고 쓴 시구에 대한 편지와 평가

1958년 2월 상순 마오쩌둥은 중난하이에서 여가를 활용하여 이미 외웠던 영어 단어와 숙어를 복습하면서 여러 번 린커(林克)에게 부탁해 자신의 영어 발음을 교정하였다.…

그 외의 시간에 여러 차례 이녠당(颐年堂)으로 가서 저우언라이(周恩來)와 류샤오치(劉少奇), 천윈(陳雲)을 만나 《공작방법 60조(초안)》에 관해 그들 각각의 의견을 구했다. 그들의 건의사항을 들으며 이야기를 나누던 중 류샤오치가 마오쩌둥에게 시 짓는 법을 가르쳐 달라고 청했다. 그러자 마오쩌둥은

"시 짓는 법에 대해 이야기 해주면, 내 생각을 받아들일 수 있겠지요!"

라고 하였다. 류샤오치가

"최근에 당시 몇 수를 보았는데, 하지장의 '어려서 고향을 떠났다가 늙어서 돌아오니(少小離鄕老大回)' 라는 시구 안에 '아이들(兒童)' 이라는 말이 나오는데, 어떤 주석가들은 이 '아이들'이 그의 자녀라고 고증하였는데, 주석께서는 이러한 관점에 대해 알지 못하십니까?"

라고 말했다.

"헛소리에요!"

라고 마오쩌둥은 말하며

"그렇게 해석한다면 礦천 길을 나르듯 떨어지는 물줄기(飛流直下三千尺)'나 '도화담의 물 깊이가 천 길이나 되네(桃花潭水深千尺))' 라는 시구는 또 어찌 해석해야겠습니까?"

라고 되물었다. 저우언라이가 옆에서

"비유, 의인, 과장, 즉흥적인 것들은 시 안에서 일상적으로 쓰는 수법이지요"

라고 끼어들었다.

"저우언라이도 그렇게 말하고 있지 않습니까!"

마오쩌둥은

"신기한 상상력, 절묘한 구상, 대담한 과장, 엄격한 평측의 격식과 대구가 당시(唐詩)의 특징이고, 동시에 시의 예술적 경지가 존재하는 것이지요…" 라고 말했다.[60]

2월 10일 마오쩌둥은 류샤오치에게 편지 한 통을 보내 하지장의 일화 몇 가지에 관한 견해를 이야기하였고, 아울러 시 속의 '아이들' 이 하지장의 자녀를 지칭하는 것이라는 의견을 분명히 부정하였다.


## 샤오치(少奇) 동지에게

전에 읽은 필기소설이나 다른 시화에도 하지장의 일에 대해 말한 것들이 있습니다. 오늘 우연히 《전당시화(全唐詩話)》를 뒤적이다 하지장의 일을 자세히 말한 것을 발견하였으니 함께 읽어봅시다. 그가 장안에서 사임하고 회계(會稽, 지금의 샤오싱(紹興))로 돌아갈 때는 나이가 이미 86세였으니 아마 아내는 먼저 죽었을 것입니다. 자식들도 명을 받아 회계사마(會稽司馬)가 되었으니 그들 역시 6, 70세는 되었을 것입니다. '아이들이 서로 알아보지 못한다' 라는 구절에서 나는 아이들이 하지장의 자녀가 아니고 하지장의 손주나 증손주 또는 4대 손주나 다른 집의 아이라고 생각합니다.

---

60) 邸延生 : 《历史的真言-毛泽东和他的卫士長》, 新华出版社 2006, 539쪽.

하지장은 장안에서 수십 년 동안 태자빈객 등의 직임을 맡았고, 명황(明皇, 현종)과 군신 관계에 있으면서도 친구처럼 교제했습니다. 그는 명황에게 이백을 추천한 적도 있으니 서로가 잘 어울렸다고 볼 수 있습니다. 장안에서 몇 십년을 있으며 가족과 함께 있지 않았을 리 없습니다. 이것이 제 의견입니다. 그의 부인이 중년에 사망하여 그가 혼자였는지는 알 수가 없습니다. 그는 도교를 믿었기 때문에 어쩌면 가족을 버렸을지도 모릅니다. 그러나 제백석(齊白石)처럼 90이 넘게 오래 산 사람이 가족과 함께 살지 않는다는 것은 상상할 수 없습니다.

그는 시인이자 서예가(그가 초서로 쓴 《효경(孝經)》이 지금도 남아 있다)입니다. 그는 도량이 넓어 대범했던 사람으로 청교도적인 인물은 아니었습니다. 당나라 때 관리들에게 가족들을 함께 데리고 오는 것을 금지했다는 말도 들어본 적이 없고, 전체 역사에서도 이러한 일을 들어본 적은 없습니다.

그러므로 '어려서 고향 떠나(少小離家)'라는 한 편의 시가 고대 관리가 가족들을 데리고 오는 것을 금지했다는 충분한 증거가 될 수는 없습니다. 지난번 동지의 이야기를 듣고 난 뒤 나는 아무래도 타당하지 않다고 생각했습니다.

혹시라도 동지가 맞고 제 생각이 틀리더라도 동지는 다시 한 번 생각해 보시길 바랍니다. 잠이 오지 않다 문득 이 일이 생각나서 이렇게 쓰니 참고하십시오.

《당서·문원·하지장전》(《구당서》〈열전140〉)을 다시 찾아봐도 가족을 데려오지 않았다는 기록은 없습니다.

요즘 문학 주석가들이 '아이들'을 하지장의 "아이"라고 말하는 설이 있는데, 억측인 듯합니다. 확실한 근거가 조금도 없으니까요.

1958년 2월 오전 10시 마오쩌둥

하지장(659~744)의 자는 계진(季眞)이며, 당나라 때의 시인이다. 스스로 '사명광객(四明狂客)'이라고 불렀다. 월주(越州) 영홍(永興)[61] 사람이다. 정성(政聖) 연간에 진사가 된 이래, 국자사문박사(國子四門博士), 태자빈객, 비서감(秘書監) 등의 관직을 역임했다. 천보(天寶) 연간 초기에 고향으로 돌아가 도교의 도사가 되었다.

하지장은 어렸을 때부터 문사로 이름을 떨쳤다. 술을 좋아하며 서예에 뛰어났는데, 특히 초서와 예서에 재주가 뛰어났고 이백과도 친했다. 20수의 시가 남아 있는데 대부분 제사를 지내는데 쓰인 악장(樂章)과 응제시(應制詩)이다. 풍경을 묘사한 작품들은 참신하고 명쾌하며 곡조가 부드러우나 너무 통속적이다. 〈회향우서(回鄕偶書) 2수〉가 사람들에게 널리 알려져 있다.

| | |
|---|---|
| 어려서 고향을 떠나 늙어서 돌아오니, | 少小離家老大回 |
| 사투리 변함없으나 귀밑머리만 세었도다. | 鄕音無改鬢毛衰 |
| 아이들은 서로 보면서도 나를 알지 못했고, | 兒童相見不相識 |
| 어디서 오신 손님이냐고 웃으며 묻네. | 笑問客從何處來 |
| | |
| 고향 떠난 세월이 오래되어, | 離別家鄕歲月多 |
| 근래에 돌아와 보니 사람들 대부분이 사라졌네. | 近來人事半消磨 |
| 문 앞의 호수는 거울과 같아서, | 惟有門前鑑湖水 |
| 봄바람 불어도 옛 물결은 변함없네. | 春風不改舊時波 |

---

61) 월주(越州) 영홍(永興) : 지금의 절강성(浙江省) 소산(蕭山).

## 시평

| | |
|---|---|
| 글을 읽고 역사를 조심스레 평하나, | 讀書閱文愼評史 |
| 함부로 고증하면 화내고 비웃네. | 胡亂考證惹人嗤 |
| '천적한수(千滴汗水)'두 행과, | 千滴汗水兩行字 |
| '만반심혈(萬般心血)'은 한 수의 시라네. | 萬般心血一首詩 |
| 글 사이, 행 사이 모두가 운필이니, | 字裏行間皆運筆 |
| 작가가 미쳤다고 말하지 말게나. | 莫謂作者癲狂時 |
| 책의 바다가 크고 넓다해도, | 浩瀚書海千萬卷 |
| 자질구레한 것가지 다 알아야 한다네. | 點點滴滴盡知識 |

## 6. "길을 잃으면 돌아볼 줄 알아야 한다"는 것처럼 처음과 끝을 관통하려는 구지(丘遲)의 통합욕구를 말하다

1959년 뤼산(廬山)회의에서 펑더화이(彭德懷)의 '의견서' 한 통으로 인해 회의 내용이 뒤바뀌게 되었다. 원본의 '좌(左)'를 바로잡자는 내용이 회의에서 '반우(反右)'로 바뀌었고, 펑더화이는 이 회의로 인해 '반당집단(反黨集團)'의 '주동인물'로 확정되었다. 동시에 중국인민해방군 총참모장인 황커청(黃克誠), 중선부 부장 장원톈(張聞天), 후난성 제1서기인 저우샤오저우(周小舟) 등이 여기에 연루되었다.

이러한 상황에서 마오쩌둥은 원본을 보고 싶어 하지 않았다.

8월 1일 마오쩌둥은 저우샤오저우에게 편지를 보냈다.

# 저우샤오저우 동지에게

"길을 잃었을 때 뒤돌아볼 줄 아는 것은 옛 성현들과 같고, 멀리 가기 전에 다시 돌아올 줄 아는 것은 옛 경전에서 높이 여겼다" 라는 구절은, 구지(丘遲)가 진백지(陳伯之)에게 보낸 편지에서 볼 수 있습니다. 이 글은 한 번 읽어볼 만한 고전작품입니다. '주유(朱鮪)는 친구의 피를 마셨고, 장수(張綉)는 사랑하는 아들을 칼로 베었으며, 한주(漢主)는 의심하지 않았으며, 위군(魏君)은 오랜 친구처럼 기다렸다' 라는 두 개의 고사와 함께 주석들이 볼만할 것입니다.

황커청이 흥미가 있을 수 있으니 그에게 읽어보라고 주십시오.[62]

8월 1일 밤 10시 마오쩌둥


구지(丘遲, 464~508)의 자는 희범(希范)이며, 남조시기 양(梁)나라의 문학가로 절강성 오흥(吳興) 오정(烏程)[63] 사람이었다. 어렸을 때부터 문재로 이름이 나서 제(齊)나라로 처음 출사해서는 전중랑(殿中郎)의 관직에 올랐다. 양나라에 들어서는 사공(司空, 사도) 종사중랑(從事中郎)의 관직에 올랐다. 〈진백지에게 주는 편지[與陳伯之書]〉는 위나라에서 양나라로 귀순하도록 진백지를 설득한 글로 당시 변문 중에서 걸작이라고 할 만하다. 저서로 명나라 사람이 편찬한 《구사공집(丘司空集)》이 있다.

진백지가 제나라에서 강주자사(江州刺史)로 있을 때, 양무제(梁武帝) 소연(蕭衍)에게 저항하고 반격한 적이 있었으나, 양나라로 귀순해서도 여전히 강주자사에 임명되었다. 서기 502년 군대를 이끌고 위나라에 투항하였다. 서기

---

62) 陈晋主编：《毛泽东读书笔记解析》, 广东人民出版社 1996, 1239쪽。
63) 오흥(吳興) 오정(烏程) : 지금의 절강성 오흥.

505년 양나라 군대가 위나라를 공격할 때 구지가 진백지에게 편지를 보내 투항하도록 권했다. 구지는 편지에서 먼저 양나라를 배신하고 위나라로 투항한 배은망덕함을 질책했다. 이어 지나간 잘못을 묻지 않는 양나라의 관대한 정책에 대해 말했고, 아울러 현재 '적군과 아군'의 형세와 쌍방 간의 역량을 비교 진술하여 진백지의 처지가 매우 위급함을 분명히 알려줬다. 5개의 단락으로 이루어진 전체의 내용은 완곡하면서도 상하를 밀접하게 연결시켜 이치를 밝혔다. 또 뜻을 남김없이 드러내 마음을 움직이게 하였다.

뤼산의 회의가 진행될 때 마오쩌둥이 구지의 〈진백지에게 주는 편지〉를 저우샤오저우에게 편지로 써 주는 동시에 이 편지를 황커청에게도 같이 읽어 볼 것을 권한 것은, 매우 원대한 뜻을 담고 있었다.

대약진에 대해 다른 의견을 가진 동지들이 당 내부에서 분열하는 상황에 직면하자 마오쩌둥은 모두 통일된 사상과 인식을 갖기를 원했다. 그래서 황커청과 장원톈, 저우샤오저우 등의 사람들에게 마오쩌둥은 호의를 갖고 비평하고 교육하는 방식을 수용하였고 "대다수 사람을 단결시킨다"라는 바람에 의거하여 사람들의 결점과 잘못을 고치려는 목적에 도달하였다.

마오쩌둥이 편지에서 인용한 "주유(朱鮪)는 친구의 피를 마셨고, 장수(張繡)는 사랑하는 아들을 칼로 베었으며, 한주(漢主)는 의심하지 않았으며, 위군(魏君)은 오랜 친구처럼 기다렸다."라는 구절은, 중국 역사에서의 두 가지 전고를 사용하여 단결의 소망을 설명한 것이다. 그리고 "길을 잃었을 때 뒤돌아볼 줄 아는 것은 옛 성현들과 같고, 멀리 가기 전에 다시 돌아올 줄 아는 것은 옛 경전에서 높이 여겼다"라는 구절은, 마오쩌둥이 저우샤오저우에게 편지를 준 최종 목적이라고 생각된다.

# 시평

| | |
|---|---|
| 뤼산회의 큰 바람 일어나나, | 廬山會議起大風 |
| 지도자의 이름은 없구나. | 致使領袖發無名 |
| 동지에게 붓을 들어 편지를 쓰니, | 提筆惠書諸同志 |
| 앞선 공적을 조근조근 생각하게 한다. | 循循善誘思前功 |
| 길을 잃어도 타일러 돌아갈 줄 알게 하니, | 規勸迷途當知返 |
| 뭉치는 바람은 시종일관 똑같네. | 團結願望貫始終 |
| 글자 안 행간 속 이치를 알게 하니, | 字裏行間曉以理 |
| 대의를 밝혀 진심을 움직이게 하네. | 申明大義動眞情 |

## 7. "단언하기 어려운" 이상은(李商隱), 무제시는 "잠시 고민해 보자"

이상은(李商隱, 813~858)은 당나라 때의 시인으로, 자는 의산(義山), 호는 옥계생(玉谿生), 회주(懷州) 하내(河內)[64] 사람이다. 개성(開成) 연간에 진사가 되었고 현위(縣尉), 비서랑(秘書郎), 동천절도사판관(東天節度使判官) 등의 관직을 역임했다. 당쟁의 영향을 받아 사람들에게 배척당해 죽을 때까지 불우한 생애를 보냈다. 그의 시는 당시 번진 세력들의 등장과 환관들의 권력 농단 및 부패한 상류층을 많이 폭로하였다. 〈행차서교작일백운(行次西郊作一百韻)〉, 〈유감(有感) 2수〉, 〈중유관(重有官)〉, 〈부평소후(富平少侯)〉 등은 모두 유명한 작품이다. "영사(詠史)"[65]시로 전고를 빗대어 당시 정치를 꾸짖었는데, 〈가생(賈生)〉, 〈수궁(隋宮)〉이 뛰어나다. '무제(無題)' 시 또한 기이하나 그 안에 현실을 품고 있기 때문에 역대 여러 학자들의 해석이 다르다. 그의 시는 장률과 절구가 뛰어나고 문학적 재능이 풍부하며, 구상이 치밀하고, 홍취가 은근한 독특한 풍격을 지니고 있다.

1975년 8월 2일 상하이 푸단대학 중문학과 교수 류다제(劉大傑)는 《중국문학발전사(中國文學發展史)》를 수정해 마오쩌둥에게 편지와 함께 보냈다. 류다제는 편지에서 이상은의 '무제' 시를 언급하면서 '정치' 시라고 말하는 사람도 있고 '연애' 시라고 말하는 사람도 있으니 "이 문제를 풀어 달라"는 가르침을 마오쩌둥에게 청했다.

1976년 2월 12일 마오쩌둥은 류다제에게 답신하였다.

---

64) 회주(懷州) 하내(河內) : 지금의 하남(河南) 심양(沁陽)
65) 영사시(詠史詩) : 역사를 읊은 시
66) 《毛泽东论文艺》, 人民文学出版社 1958, 172쪽。

이상은의 무제시는 지금으로서는 딱 잘라 말하기 어려우니 잠시 고민을 해봐야 할 것 같습니다. 오랜만에 답장을 쓰게 되어 무척 미안합니다. 시(詩)와 사(詞)를 함께 논하게 되니 기쁘게 읽어 주신다면 감사하겠습니다.[66]

이상은의 율시는 정교한 대구와 비(比)·흥(興)의 수법을 이용하고 전고를 빌려와 상징과 은유를 사용함으로써, 사람들에게 깊은 뜻을 음미하며 무한한 상상을 하도록 하였다. 시 한 수에도 열정적인 감정이 가득하여 한없는 그리움이 엿보인다. 섬세하게 음미하면 또 그 안에 포함된 많은 의미심장한 '영사'시의 예술적 경지를 느낄 수 있어, 혹 다른 의미는 없을까 하여 사람들에게 감히 무턱대고 단언할 수 없게 한다. 그래서 마오쩌둥은 "잠시 고민을 해 보겠다" 라는 의견을 보냈던 것이다.

1965년 6월 16일 항저우에서 보름 동안 머무르던 마오쩌둥은 항저우를 떠나 전용열차를 타고 상하이로 갔다. 6월 20일 마오쩌둥은 상하이에서 푸단대학의 류다제를 만났다.

류다제와 이상은의 '무제' 시를 이야기하던 중, 마오쩌둥은 "무제시는 하나에서 둘로 나눠짐이 필요할 뿐, 군이 일률적으로 말할 필요는 없다" 라고 했다.

류다제는 그의 말을 듣고는 흥분하며 이상은의 칠언율시 한 수를 자기도 모르게 읊었다.

| | |
|---|---|
| 바다 밖에 또 구주가 있다고 헛되이 들었는데, | 海外徒聞更九州 |
| 다음 생은 점칠 수가 없고 이 생은 끝나버렸네. | 他生未卜此生休 |
| 야경꾼들이 치는 '딱딱'소리만 부질없이 들리고, | 空聞虎旅傳宵柝 |
| 새벽 알리는 닭과 같은 사람은 다시없다네. | 無復雞人報曉籌 |
| 이날 모든 군대가 함께 멈추었지만, | 此日六軍同駐馬 |

당시엔 칠석날의 견우를 비웃었지.                    當時七夕笑牽牛

......


류다제가 이 여섯 구절까지 읊고 뒤에 두 구절이 더 남았으나 전혀 생각나지 않아 머뭇거리자, 마오쩌둥은 그가 난처해하는 것을 보고 뒤의 구절을 이어서 읊었다.


어찌하여 40년간 천자 노릇을 했어도,              如何四紀爲天子
노가에 시집간 막수만도 못 한가.                  不及盧家有莫愁

류다제와 마오쩌둥이 함께 읊은 이 시는 이상은의 〈마외(馬嵬)〉였다.

당나라 사람들이 마외의 변란을 읊은 시는 무척 많다. 예술적인 표현형식에 비록 각기 특색 있다 하더라도 사상적 경향을 훑어보면 대다수가 양귀비에게 '죄과'를 돌렸다. 그러나 이상은의 이 칠언율시는 사상적으로도 예술적으로도 모두 독창적이다. 류다제가 짙은 후난 사투리로 이 시를 읊었을 때 마오쩌둥은 진지하게 들었다. 그리고 류다제가 시 마지막 두 구절인 '미련(尾聯)' 구를 잊었을 때 마오쩌둥이 바로 보충해 주었다. 이를 통해 마오쩌둥 역시 이상은의 시 작품에 대해 익숙한 수준이었음을 엿볼 수 있다.

마오쩌둥은 이상은의 시를 좋아하였다. 마오쩌둥이 즐겨 읽었던 고시집 가운데 이상은의 '영사' 시에는 많은 방점이 많이 찍혀 있었다.

# 시평

| | |
|---|---|
| 일대의 재주꾼 이상은, | 一代才子李商隱 |
| 준걸이 때를 못 만났음을 한탄하네. | 俊傑可歎不逢時 |
| 박학하고 기억력 뛰어나 부지런히 글을 썼고, | 博學強記勤下筆 |
| 장기간 머물며 쓴 무제시 그 얼마나 되는가! | 羈留幾多無題詩 |
| 간혹 영사시와 같아, | 抑或之間似詠史 |
| 어리석고 미혹한 감정 희미하게 볼 수가 있네. | 隱約可現情迷癡 |
| 천 년의 시간이 흘러 다시 묻긴 어려워도, | 時過千年難再問 |
| 사람들은 감히 잘라 말하지 못한다네. | 令人不敢斷言之 |

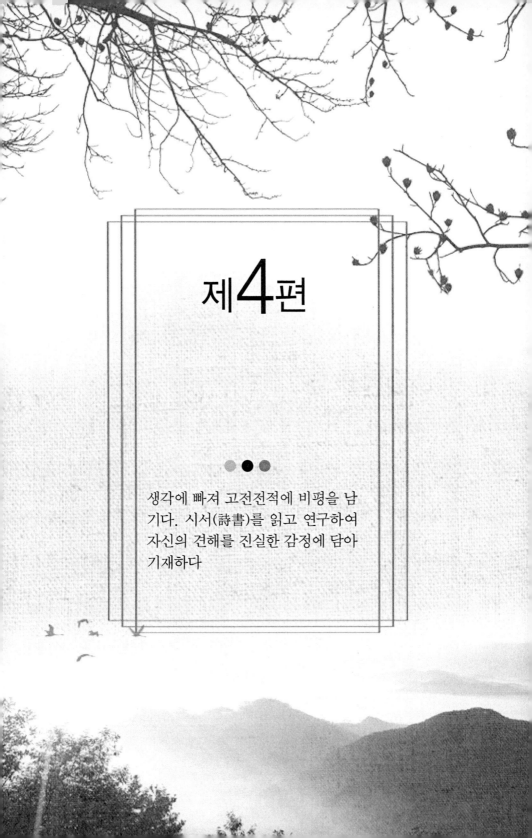

# 제4편

생각에 빠져 고전전적에 비평을 남기다. 시서(詩書)를 읽고 연구하여 자신의 견해를 진실한 감정에 담아 기재하다

생각에 빠져 고전전적에 비평을 남기다
시서(詩書)를 읽고 연구하여 자신의 견해를 진실한 감정에
담아 기재하다

## 1. "수탉이 한번 울자 하늘이 밝아졌네"를 읊은 이하(李賀)를 '천재'라 평하다

1950년 10월 3일 저녁, 당과 국가 지도자들은 중난하이 화이런당(懷仁堂)에서 시난(西南) 각 민족 문화선전공작단, 신장(新疆) 문화선전공작단, 길림성 연변 문화선전공작단, 내몽고 문화선전공작단이 합동하여 연출한 가무를 관람하였다. 마오쩌둥, 주더(朱德), 천이(陳毅), 궈모뤄(郭沫若), 후챠무(胡喬木) 등의 사람들은 모두 즉흥적으로 시를 지어 전하였고, 가무의 연회에 참석하여 관람한 류야즈(류야즈) 선생 역시 〈완계사(浣溪沙)〉 한 수를 지어 마오쩌둥에게 올렸다.

붉은 나무 하얀 꽃으로 밤하늘이 어둡지 않네.   火樹銀花不夜天

형제자매 훨훨 날아 춤추고,   弟兄姊妹舞翩躚

| | |
|---|---|
| 노랫소리 월아원까지 울려 퍼지네. | 歌聲响徹月兒圓 |
| 한 사람이 잘 이끌지 못했다면, | 不是一人能領導 |
| 많은 민족 함께 늘어설 수 있었을까. | 那容百族共騈闐 |
| 아름다운 밤 성대한 연회 전례 없는 기쁨이네! | 良宵盛會喜空前 |

10월 27일 마오쩌둥은 중난하이 펑저원(豊澤園) 쥐샹수옥(菊香書屋)에서 류야즈가 지은 〈완계사〉의 운을 밟아서, 〈완계사〉시문에 따라 〈류야즈 선생에게 화답하여〉를 지었다.

| | |
|---|---|
| 긴 밤 밝히기 어려운데 붉은 빛 하늘에 걸려 있네. | 長夜難明赤縣天 |
| 백년의 마귀 훨훨 나부끼며 춤추니, | 百年魔怪舞翩躚 |
| 5억 인민 한 자리 모이질 않네. | 人民五億不團圓 |
| 수탉 한번 울자 하늘이 밝아지니 | 一唱雄雞天下白 |
| 만방에서 음악 연주하며 위디앤[67] 사람들도 그 속에 있구려, | 萬方樂奏有于闐 |
| 시인들은 끝없이 흥취에 젖어드네. | 詩人興會更無前 |

마오쩌둥이 사(詞)에서 인용한 "수탉 한번 울자 하늘이 밝아졌네" 라는 구절은 당(唐)대의 시인인 이하(李賀)의 〈치주행(致酒行)〉에 나오는 시구이다.

| | |
|---|---|
| 낙담하여 떠돌며 한 잔 술로 시름 달래는데, | 零落栖遲一杯酒 |
| 주인은 잔 따르고 나는 건강하기를 축원하네. | 主人奉觴客長壽 |
| 서쪽으로 떠난 주부언(主父偃) 처지 | |

---

67) 위디앤(于闐) : 옛날 중앙아시아에 있던 국가로 '호탄'이 원명이나 중국 사서(史書)에 나오는 서역(西域) 국가의 한문 명칭이다

| | |
|---|---|
| 어려워 돌아오지 못하자, | 主父西遊困不歸 |
| 집안사람들 문 앞 버드나무 꺾으며 기다이네. | 家人折斷門前柳 |
| 마주가 옛날 신풍에서 빈객으로 있을 때, | 吾聞馬周昔作新豐客 |
| 오래도록 그를 알아주는 사람 없었는데, | 天荒地老無人識 |
| 다만 두 줄 편지 글로, | 空將箋上兩行書 |
| 바로 용안의 은택을 청했다지. | 直犯龍顏請恩澤 |
| 나는 미혹한 혼백을 다시 부를 수 없었는데, | 我有迷魂招不得 |
| 수탉 한번 우니 천하가 밝아졌네. | 雄鳴一聲天下白 |
| 젊은이 마음은 마땅히 구름을 잡아야 하나, | 少年心事當挈雲 |
| 누가 어둡고 차가운 곳 생각하여 울어줄까. | 誰念幽寒坐嗚呃 |

이하(790~816)는 자가 장길(長吉)이고, 부창(福昌)[68] 사람이다. 본래 황실의 먼 친척이었으나 가세가 기울어 생활이 어려웠다. 관직은 봉예랑(奉禮郎)을 지냈다. 부친의 휘(諱)로 인해 피신하게 되어 어쩔 수 없이 진사과 과거 시험에 응시하지 못하자, 한유(韓愈)에게 〈휘변(諱辯)〉을 지어 보냈다. 어려서부터 시에 능하여 한유와 황보식(皇甫湜)에게 인정을 받았으며, 심아지(沈亞之)와도 서로 친하였다. 27세의 나이에 일찍 세상을 떠났는데, 그 짧은 인생에서도 시를 업으로 삼고 살았다. 그의 시는 상층 통치집단의 어리석음과 부패, 환관의 전횡, 군웅의 할거라는 현실의 고통을 폭로하고 풍자하는 것 외에, 동시에 정치에서 뜻을 얻지 못하는 비분의 감정을 무의식적으로 드러냈다.

예술적으로는 시문을 잘 단련하였고 상상력이 자유로웠으며 신화와 전설을 활용하여 신기하고 아름다운 경지를 창조하였으며, 낭만주의정신을 갖추었다.

세상에 전해지는 시 작품은 240수에 달하며, 저서로 《창곡집(昌谷集)》이

있다. 이하는 마오쩌둥이 가장 좋아한 중국 고대 시인 중의 한 사람이다. 마오
쩌둥은 왕발(王勃)의 〈가을날 초주의 학사호(郝司户) 집에서 최사군(崔使君)
을 전별하는 연회 서문(秋日楚州郝司户宅餞崔使君序)〉을 읽던 중 이하를 "재능
이 출중한 천재"라고 평하였다.

1958년 1월 16일 마오쩌둥은 난닝(南寧)에서 열린 중앙공작회의에서 연설을
하면서, 이하에 대해 언급하였다.

현실주의 한 면만을 말하는 것은 좋지 않습니다. 두보(杜甫), 백거이(白居
易)가 하염없이 훌쩍거리는 것을 저는 보기 싫습니다. 이백(李白), 이하(李賀),
이상은(李商隱)은 환상을 말하였습니다.[69]

같은 해 3월 22일, 마오쩌둥은 청두(成都)의 회의에서 미신을 타파하고 대담
하게 창조해야 한다고 말하면서, 재차 이하를 언급하였다.

중국의 유학자들은 공자(孔子)를 맹신하여 감히 공구(孔丘)라고 이름을 부
르지 않았습니다. 그러나 당나라의 이하(李賀)는 그렇지 않아서, 한무제(漢武
帝)의 이름을 직접 유철(劉徹)·유랑(劉郎)이라고 썼고, 위부인(魏夫人)을 위
랑(魏娘)이라 불렀습니다. 맹신하면 우리의 사유가 탄압되고, 범위를 벗어나
서 문제를 사고할 수가 없습니다.[70]

1965년 7월 21일 마오쩌둥은 천이(陳毅)에게 보낸 한 통의 장문의 편지에서
도 이하를 언급하였다.

---

68) 부창(福昌) : 지금의 하남(河南) 의양(宜陽)이다.
69) 陈晋主编, 《毛泽东读书笔记解析》, 广东人民出版社 1996, 1301쪽.
70) 陈晋主编, 《毛泽东读书笔记解析》, 广东人民出版社 1996, 1301쪽.

이하는 오언율시를 몇 수 쓴 것 외에 칠언율시는 한 수도 쓰지 않았습니다. 이하의 시는 한번 읽을 만하니, 그대가 흥미가 있을지 모르겠습니다.[71]

마오쩌둥이 예전에 살았던 집의 서재에는 여러 판본의 이하 시집이 소장되어 있는데, 《이창곡시집(李昌谷詩集)》, 《이창곡시주(李昌谷詩注)》, 《이길가시집(李吉歌詩集)》, 《이장길집(李長吉集)》 등이 그것이다. 이들 이하의 시문집에는 마오쩌둥이 동그라미를 그리며 읽은 시 작품이 83수나 되며, 어떤 시들은 동그라미가 한 번만 표시된 것이 아니다.

마오쩌둥이 가장 동그라미를 많이 친 시는 단연 〈남원(南園) 13수〉와 〈마시(馬詩) 23수〉이다.

〈남원13수〉를 보자.(5수, 6수 발췌)

| | |
|---|---|
| 사나이 어째서 보검을 차고, | 男兒何不帶吳鉤 |
| 관산(關山) 50주를 취하지 않는가? | 收取關山五十州 |
| 청컨대 그대 잠시 능연각에 올라, | 請君暫上凌烟閣 |
| 서생이 만 호 식읍을 먹는 열후에 | |
| 봉해지는 것은 어떻겠는가. | 若個書生萬戶侯 |

| | |
|---|---|
| 장과 구를 찾아도 보잘것없는 재주 가진 채 늙어가고, | 尋章摘句老雕蟲 |
| 새벽 달 옥궁처럼 주렴에 걸려 있네. | 曉月當簾掛玉弓 |
| 해마다 요동 바다 위에서 보지 않았던가, | 不見年年遼海上 |
| 가을바람 같은 슬픈 문장은 어디에 써먹을까. | 文章何處哭秋風 |

〈마시 23수〉를 보자.(4수, 5수, 23수 발췌)

| 이 말은 보통의 말이 아니고, | 此馬非凡馬 |
|---|---|
| 방성 별자리 아래 있던 말이네. | 房星本是星 |
| 앞으로 다가가 파리하게 여윈 기골 두드려 봤더니, | 向前敲瘦骨 |
| 쟁쟁 구리 소리 들리는 듯하네. | 猶自帶銅聲 |

| 고비사막의 모래는 눈과 같고, | 大漠沙如雪 |
|---|---|
| 연산의 달은 갈고리와 같네. | 燕山月似鉤 |
| 어느 때 황금장식 말굴레를 씌워, | 何當金絡腦 |
| 맑은 가을 질주할 수 있을까. | 快走踏清秋 |
| 무제는 신선을 사랑하여, | 武帝愛神仙 |
| 황금을 태웠지만 자주빛 연기만 얻었네. | 燒金得紫烟 |
| 마구간에는 모두 살찐 말들이라, | 廐中皆肉馬 |
| 푸른 하늘 날아오르지 못하네. | 不解上青天 |

이하의 〈금동선인이 한나라를 떠나며 읊다[金銅仙人辭漢歌]〉시는 의인화의 수법을 사용하여 시 안에서 "선인(仙人)"이 장안(長安)을 떠날 때의 슬픔과 분노를 힘써 형상화하였으며 시의 정취가 심오하다. 그중에 "하늘이 만약 정이 있다면 하늘도 또한 늙으리라." 라는 1구는 마오쩌둥의 〈인민해방군이 남경을 점령하다[人民解放軍占領南京]〉라는 시 안에 활용되었다.

금동선인이 한나라를 떠나며 읊다[金銅仙人辭漢歌]

---

71) 邸延生：《历史的真知-"文革"前夜的毛泽东》，新华出版社 2006, 445쪽。

무릉(茂陵)의 한 무제는 쓸쓸한 가을바람 슬퍼하였는데,　茂陵劉郎秋風客

밤사이 말 타는 소리 들렸으나 새벽 되니 흔적도 없네.　夜聞馬嘶曉無跡

난간 옆 계수나무 그리니 가을 향기 풍겨오고,　畫欄桂樹懸秋香

장안성 36궁에는 이끼가 푸르네.　三十六宮土花碧

위(魏)나라 관리 수레 이끌고 천리 길 가리키며,　魏官率車指千里

동관에는 쓸쓸한 바람 선인의 눈동자로 쏘인다.　東闌酸風射眸子

다만 한나라 달만 그와 함께 궁궐문을 나서고,　空將漢月出宮門

임금을 그리는 애절한 눈물은 맺힌다.　憶君清淚如鉛水

시든 난초는 함양 길로 객을 배웅하니,　衰蘭送客咸陽道

하늘이 만약 정이 있다면 하늘도 또한 늙으리라.　天若有情天亦老

소반을 받쳐 들고 황량한 달 아래로 나오고,　攜盤獨出月荒凉

위성은 이미 멀어져 물결 소리 작아지네.　渭城已遠波聲小

마오쩌둥의 〈인민해방군이 남경을 점령하다〉를 보자. (1949년 4월)

중산에는 비바람 변화무쌍하게 일고,　鍾山風雨起蒼黃

백만 대군은 장강을 건넌다.　百萬雄師過大江

웅장한 산세는 지금이 옛날보다 낫고,　虎踞龍盤今勝昔

천지가 번복되어 감개가 무량하네.　天翻地覆慨而慷

마땅히 용기 넘치는 혁명군은 궁지에 몰린 적을 쫓아야지,　宜將剩勇追窮寇

명예를 탐내 초패왕을 배워서는 안 되지.　不可沽名學霸王

하늘이 만약 정이 있다면 하늘도 또한 늙으리니,　天若有情天亦老

끊임없이 변하는 것이 인간 사회의 바른 도리라네.　人間正道是滄桑

마오쩌둥은 이하의 시구를 인용하여 입신의 경지에 이르렀고 자연스럽게 활용하였으며 또한 자신의 시경(詩境)과 혼연히 일체가 되었다. 실로 인공적인 기예가 천연의 것보다 낫다고 할 수 있다. 이를 통해 이하의 시 작품에 대한 마오쩌둥의 이해 수준 역시 볼 수 있다.

## 시평

| | |
|---|---|
| 책 읽고 역사 평하니 슬프도다, | 讀書評史事可哀 |
| 황제의 휘를 피하느라 재능 펼치기 어려웠다네. | 因避帝諱難展才 |
| 뛰어난 영웅호걸이었으나 한창때 어린나이였으니, | 英傑雋秀當年少 |
| 화려한 청춘의 나이에 땅에 묻혔네. | 蓬勃青春被掩埋 |
| 뛰어난 능력 갖추었으나 쓰이지 않아 공연히 비통하지만, | 滿腹經綸空悲憤 |
| | |
| 수탉 한번 우니 천하가 밝아졌네. | 雄雞一唱天下白 |
| 뜻을 얻지 못해 울적하고 답답한 심정, | 鬱鬱寡歡不得志 |
| 얼마나 많은 고통을 시름겨운 술잔으로 막았나. | 幾多苦痛鎖愁懷 |

## 2. "열 번을 응시하였으나 과거에 급제하지 못한" 나은(羅隱), "남들만 못하게 되어" 세상의 풍속을 분개하고 미워하다

나은(羅隱, 833~909)의 본명은 횡(橫)이고, 자는 소간(昭諫), 호는 강동생(江東生)이다. 여항(餘杭) 사람이고, 일설에는 절강(浙江) 신등(新登)[72] 사람이라고 한다. 높은 가문 출신에 타고난 자질이 총명하였고 어려서부터 시명(詩名)을 떨쳤다. 산문 소품의 필치가 예리하였다.

여러 차례 시정을 풍자한 것으로 인해 10번이나 진사 시험에 급제하지 못하자 이름을 은(隱)으로 개명하였다. 광계(光啟) 연간에 진해군 절도사(鎮海軍節度使) 전류(錢鏐)의 막부에 들어갔고 이후 전당령(錢塘令), 절도판관(節度判官), 사훈낭중(司勳郎中) 등의 관직을 역임하였다. 당(唐)이 멸망하자 후량(後梁)에서 간의대부(諫議大夫)로 불러 조정에 들어오게 하였으나 나가지 않았다. 일생이 불우하였고 뜻을 얻지 못해 울적했으며, 세상의 불합리에 분개한 작품들이 많다.

마오쩌둥 고택의 서재에 나은의 시집 《나소간집(羅昭諫集)》과 《갑을집(甲乙集)》 두 권이 있다.

마오쩌둥은 나은의 시 〈기생 운영에게 보내다[贈妓雲英]〉를 읽고 비평하였다.

열 번을 응시하였으나 과거에 급제하지 못하였다.[十上不中] [73]

나은의 시 〈기생 운영에게 보내다〉를 보자.

종릉에서 취하여 이별한 지 십여 년 전인데,　　　　鍾陵醉別十餘春

여전히 아름다운 운영을 다시 만났네.　　　　重見雲英掌上身

나도 아직 급제하지 못하였고

그대도 아직 배필을 못 만났으니,　　　　　　　　我未成名君未嫁

우리가 남들만 못하다는 것이 있을 수 있는 일인가.　　可能俱是不如人

이〈기생 운영에게 보내다〉라는 시는, 나은이 과거에 처음 응시했을 때 종릉 (鍾陵)의 주연(酒宴)에서 가기(歌妓) 운영(雲英)을 알게 되었는데, 12년 뒤에 나은이 여전히 합격하지 못한 채로 다시 운영과 서로 만나게 되었고 운영이 농담으로 일개 옹색한 선비라고 하자 그가 이 시를 써서 운영에게 준 것이라 전해진다. 이 시는 또한 〈우제(偶題)〉 혹은 〈종릉의 기생 운영을 조롱하다[嘲鍾陵妓雲英]〉라고도 하며, 운영에게 "동병상련"의 "자조"적인 작품을 준 것이라 할 수 있다.

나은에 관해, 마오쩌둥은 원추(袁樞)의 《통감기사본말(通鑑紀事本末)》제39 권 〈전씨거오월(錢氏據吳越)〉 뒤에 다음과 같은 비평을 남겼다.

소간(昭諫)에게도 전쟁의 지략이 있었다.[74]

《통감기사본말》제39권 〈전씨거오월〉을 보자.(발췌)

호주 자사(湖州刺史) 고언(高彦)이 반란 소식을 듣고서 자신의 아들 고위(高渭)를 보내 군대를 거느리고 항저우(항저우)로 들어가 돕게 하였는데, 영은산 (靈隱山)에 이르러 서관이(徐綰) 병사를 매복시켰다가 고위를 공격해 죽였다.

---

72) 절강(浙江) 신등(新登) : 지금의 절강 동려(桐廬)

73) 中央文献研究室编, 《毛泽东读文史古籍批语集》, 中央文献出版社 1993, 17쪽.

74) 中央文献研究室编, 《毛泽东读文史古籍批语集》, 中央文献出版社 1993, 306쪽.

예전에, 전류가 항저우 나성(羅城)을 쌓으며 속관들에게 말하기를 "열 걸음 마다 망루가 하나씩 있으니, 견고하다 할 수 있겠구나." 하자, 장서기(掌書記) 인 여항 사람 나은(羅隱)이 "망루는 모두 안으로 향하는 것만 못합니다." 라고 했는데, 이때에 이르러 사람들은 모두 나은의 말이 증험되었다고 여겼다.

이 외에 마오쩌둥은 특히 나은의 "역사에 가탁하여 마음에 품은 생각을 시로 읊은" 작품들을 좋아하였다. 예를 들어 〈주필역(籌筆驛)〉이 있다.

| | |
|---|---|
| 제갈량이 남양을 떠나는 것은 주인의 근심 때문이니, | 拋擲南陽爲主憂 |
| 북으로 조조를 공격하고 남으로 손권을 공격하니 모두 좋은 계획이라. | |
| | 北征東討盡良籌 |
| 때가 되어 천지가 모두 힘을 합하고, | 時來天地皆同力 |
| 대운이 지나 영웅이 자유롭지 못하네. | 運去英雄不自由 |
| 천리의 산하가 어린아이(유선(劉禪))를 업신여겨, | 千里山河輕孺子 |
| 두 조정의 문신과 무장이 초주(譙周)를 한스러워 하네. | 兩朝冠劍恨譙周 |
| 오직 바위 아래 다정한 물만 남아, | 唯餘巖下多情水 |
| 지난 일 기억하며 역참 곁으로 흐른다. | 猶解年年傍驛流 |

또 〈서시(西施)〉가 있다.

| | |
|---|---|
| 집안과 나라의 흥망은 절로 시세에 따르니, | 家國興亡自有時 |
| 오나라 사람들 어찌 서시를 심히 원망하는가. | 吳人何苦怨西施 |
| 서시가 만약 오나라를 망하게 했다면, | 西施若解傾吳國 |
| 월나라가 망한 것은 또 누구 때문인가? | 越國亡來又是誰 |

이 시들에 대하여, 마오쩌둥은 여러 번 동그라미를 그렸다. 세상의 불합리함에 분개하며 소극적이며 의기소침한 나은의 작품들에 대해서도 마오쩌둥은 역시 진지하게 동그라미를 쳤던 것이다.


## 시평

| | |
|---|---|
| 난세를 만나 뜻을 보답받기 어려웠으니, | 時逢亂世志難酬 |
| 열 번을 응시하였으나 급제하지 | |
| 못해 스스로 근심 보태었지. | 十考不中自添憂 |
| 재능이 뛰어났어도 훌륭한 임금 만나지 못해, | 懷才不遇英明主 |
| 세상의 풍속을 분개하고 미워하여 무수히 원망하네. | 憤世嫉俗恨悠悠 |
| 기세 하늘로 치솟고 뜻은 원대하였으나, | 縱有沖天淩雲志 |
| 사람들 사이 유랑하며 붓 한 자루로 묘사하였네. | 淪落人下一筆勾 |
| "오늘 아침 술 생기면 오늘 아침 취하고, | 今朝有酒今朝醉 |
| 내일 근심 닥쳐오면 내일 근심하자꾸나." | 明日愁來明日愁 |

## 3. 비서가 장제(章碣)를 조사하여 비평하다, "유방(劉邦)과 항우(項羽)는 원래 책을 읽지도 않았다네."

1959년 12월 8일, 캉성(康生)은 항저우(항저우)에 있는 마오쩌둥에게 보고서를 제출하였다.

주석님께

장제(章碣)의 생애에 관한 자료가 너무 적어서 몇 차례 조사했는데도《중국문학가 대사전》에 기록된 것과 큰 차이가 없습니다. 올려보내니 살펴주십시오.

캉성의 편지에서 언급된 장제(章碣)의 본적은 저장(浙江)성 통뤼(桐廬)이며, 이후 쳰탕(錢塘)으로 이주하였다. 장제는 가정환경이 빈곤하였고, 그 형편이 "열 번을 응시하였으나 급제하지 못한" 당 말의 시인(詩人) 나은(羅隱)과 비슷하여, 여러 번 과거에 응시하였지만 합격하지 못하였다. 장제와 나은은 서로 사이가 좋았다. 시 작품〈분서갱(焚書坑)〉이 유명하다.

마오쩌둥은 장제가 쓴 이 시를 매우 좋아하였다. 이 시는 진시황(秦始皇)의 분서갱유에 대해 매우 강하게 논평하였기 때문에, 마오쩌둥은 캉성에게 장제의 생애에서 중요한 요소를 성실하게 조사토록 하였던 것이다.

12월 10일, 마오쩌둥은 시후(西湖) 주변에서 천바이다(陳伯達), 후성(胡繩), 덩리췬(鄧力群), 톈쟈잉(田家英) 등과 함께 독서 모임을 결성하였다. 장과 단락을 읽으면서 논평하는 토론 방법을 취하여, 소련의《정치경제학(교과서)》 사회주의 부분을 숙독하였다. 마오쩌둥은 중국 사회주의 혁명과 건설의 실제에 결부시켜 어떻게 중국의 국가 정세에 부합하는 사회주의를 건설할 것인지에 대해 더 깊이 탐색하기 시작하였다.…

12월 11일 마오쩌둥은 캉성이 올린 그 보고서를 비서 린커(林克)에게 주고 편지를 한 통 썼다.

## 린커(林克)에게

〈분서갱〉이라는 시를 조사해 주게. 저장 사람 장졔(당 말 사람)가 쓴 것인가? 시에서 "대나무와 비단 연기 사라지자 황제의 공업도 공허해지고, 관하는 부질없이 진시황의 거처만 가두고 있을 뿐이네. 구덩이 속의 재가 채 식기도 전에 산둥에서 난이 일어나니, 유방과 항우는 원래 책을 읽지도 않았다네(竹帛烟消帝業虛 關河空鎮祖龍居 坑灰未冷山東亂 劉項元来不讀書)" 라고 하였네.[75]

장졔의 〈분서갱〉 시의 "구덩이 속의 재가 채 식기도 전에 산둥에서 난이 일어나니, 유방과 항우는 원래 책을 읽지도 않았다네" 라는 구절이 마오쩌둥이 이 시를 좋아한 근본적인 원인이었다. 중국 역사상 진시황의 "분서갱유' 에 대한 역대 왕조의 문인 묵객들의 평가는 일정하지는 않지만, 폄하하는 이들이 다수를 차지한다. 마오쩌둥의 관점에서 보자면, 진시황의 실책은 그의 '분서갱유' 에 있지 않고 몇 백 명의 유생과 술사를 '묻어버리고' 는 모든 것이 순조롭다고 여긴 것에 있었다. 결과는 완전히 반대로 되어, "구덩이 속이 재가 채 식기도 전에 산둥에서 난이 일어났던 것" 인데, 진승(陳勝)과 오광(吳廣)이 이끄는 대

---

75) 陈晋主编, 《毛泽东读书笔记解析》, 广东人民出版社 1996, 1318쪽。

규모의 농민봉기가 이어서 일어났고, 계속하여 유방과 항우가 이끄는 군대가 함양(鹹陽)으로 돌진하였으며 마침내, 진 왕조에 의해 통일된 천하를 전복시켰던 것이다.

장제의 시 중에 "유방과 항우는 원래 책을 읽지도 않았다네" 라고 표현한 것에 대해 마오쩌둥이 진심으로 동의했던 것이다.

1964년 1월 7일, 마오쩌둥은 중난하이 이녠당(頤年堂)의 시샤오청(西小廳)에서 중앙정치국 위원회 회의를 주관하여 개최하였다. 회의에 참석한 인원은 천바이다(陳伯達), 후챠무(胡喬木), 우넝시(吳冷西)였다.

회의의 중심의제로, '칠평소공중앙(七評蘇共中央) 공개 서신' 이라는 평론 문장을 어떻게 쓸 것인지에 대한 토론이었다. 담화 중, 마오쩌둥은 갑자기 화제를 돌려 "무식꾼에서 인물이 나옵니다" 라고 하였다. 이어서 한 고조 유방에 대해 말하기 시작하였다. "예로부터 유능한 황제는 무식꾼 출신이 많습니다. 한(漢)나라의 유방은 봉건시대 황제 가운데서 가장 사나운 사람 중의 한 사람입니다. 유경(劉敬)이 그에게 낙양(洛陽)에 도읍을 세우지 말고 장안(長安)에 도읍을 세우라고 권하자, 그는 즉시 장안으로 갔습니다. 홍구(鴻溝)를 경계로 하여 항우는 군사를 끌고 동쪽으로 물러났고, 그 역시 장안에서 쉬고자 하였습니다.

장량(張良)이 조약을 하였든 하지 않았든 공격해야 한다고 하자, 그는 즉각 장량의 말을 따라 동쪽으로 진격하였습니다. 한신(韓信)이 가제왕(假齊王)으로 봉해 줄 것을 요구하자 유방은 행할 수 없다고 말하였고, 장량이 그의 발을 차자 그는 즉시 말을 바꾸고는, '젠장, 진짜 제왕(齊王)에 봉해 줄 것을 요구하지, 하필 가왕을 요구하는가' 라고 하였습니다. ……" 하였다.

같은 해 8월 30일 마오쩌둥은 한창 진행 중인 중앙국 제1서기회의에 참석하였다. 황하 유역의 수리 건설이 화제에 오르자 마오쩌둥은 다시 화제를 바꾸며 말했다. "제환공(齊桓公)은 제후들을 9번 모이게 하여 5항의 조약을 체결하였는데, 그중 수리가 한 조항이었으나 실현하지 못하였습니다.

진시황이 중국을 통일하고서야 비로소 실현할 수 있었습니다. 진시황은 훌륭한 황제였습니다. 분서갱유는 실제로 460인을 묻었으며, 이는 맹부자(孟夫子)의 일파였습니다. 사실 갱광(坑光)은 없었으며 숙손통(叔孫通)은 피살되지도 않았습니다! 맹부자 일파는 선왕(先王)을 본받고 옛것을 중시하고 현재를 경시하며 진시황에 반대할 것을 주장하였습니다. 우리의 많은 일들이 시행되지 않고 있는 것처럼, 진시황의 시대 역시 많은 일들이 시행되지 않았습니다."

마오쩌둥의 말에서 볼 수 있는 것은, 마오쩌둥은 진시황의 '통일대업'과 '무식한 인물'인 유방을 높이 평가하였다는 것이며, 이것과 그가 이전에 장제의 〈분서갱〉시를 높이 평가했던 것의 동기는 동일하다고 볼 수 있다는 것이다.

1973년 8월 5일 마오쩌둥은 장칭(江青)에게 그가 방금 쓴 시 한 수를 읽어 주었다.[76]

| | |
|---|---|
| 그대에게 권하노니 진시황을 조금만 질책하게, | 勸君少罵秦始皇 |
| 분서갱유의 일은 헤아려야만 하네. | 焚坑之事要商量 |
| 진시황의 혼은 죽었어도 진나라는 여전히 있으니, | 祖龍魂死秦猶在 |
| 공자의 학문 명성 높다하나 실정은 쭉정이였고. | 孔學名高實批糠 |
| 백대는 모두 진나라의 정치 방법을 행하고 있다네. | 百代都行秦政法 |
| 《십비판서》이거 좋은 글 아닌가. | 《十批》不是好文章 |

76) 邸延生 :《历史的借鉴-毛泽东评述中国历代帝王》, 新华出版社 2009, 27쪽。

| 당나라 사람들이 〈봉건론〉을 열심히 읽었으나 | 熟讀唐人《封建論》 |
| 유종원을 따라 문왕으로 되돌아가지는 않았다네. | 莫從子厚返文王 |

마오쩌둥의 이 시는 궈모뤄(郭沫若)에게 써 준 것이다. 시에서《십비(十批)》는 궈모뤄의 《십비판서(十批判書》를 가리킨다. 마오쩌둥의 이 시에서 볼 수 있는 것은, 이 시와 그가 앞에서 장제의〈분서갱〉을 높이 평가하였던 관점이 일치한다는 것이다.


## 시평

| 장제의 시구로 화제를 일으켰으니, | 章碣詩句引話題 |
| 분서갱유를 거듭 새롭게 제기하였네. | 坑儒焚書重新提 |
| 부질없이 가두어진 진시황 관하구, | 祖龍空鎖關河口 |
| 대나무와 비단 연기 사라지자 황제의 공업도 공허해지네. | 竹帛煙銷帝業虛 |
| 구덩이 속의 재가 채 식기도 전에 산동에서 난이 일어나니, | 坑灰未涼山東亂 |
| 진승과 오광은 의병을 일으켰네. | 陳勝吳廣擧義旗 |
| 시비와 공과는 역사에 기록될 것이니, | 是非功過標青史 |
| 만리강산은 통일해야 한다네. | 萬里江山要統一 |

## 4. 백거이(白居易)의 〈방언(放言) 5수〉, 〈비파행(琵琶行)〉과 "동일한 심정"

1939년 5월 30일, 마오쩌둥은 옌안경하모범청년대회(延安慶賀模範青年大會)에서 〈영구분투(永久奮鬪)〉라는 제목의 강연을 하였는데, 그중에는 다음과 같은 내용이 있다.

끝까지 분투해야 하니, 죽지 않는 한 영구히 분투할 목표에는 도달하지 못합니다. 옛날에 다음과 같은 시가 있었습니다. "주공은 유언비어가 퍼지는 것을 두려워하였고, 왕망은 찬탈하기 전에는 공손하였지. 처음부터 내 몸 편한 죽음 바랐는데, 일생의 참 거짓을 다시 누가 알리오." 이는 우리의 역사가들이 "한 사람의 일생의 공과(功過)와 시비(是非)는 그 사람이 죽은 후에야 최종 평가를 내릴 수 있다"고 말하는 것으로, 즉 사람은 죽어서야 겨우 그가 좋은지 나쁜지 판단할 수 있다는 것입니다. 예를 들어 주공(周公)은 소문이 떠돌던 시기에 죽었는데, 사람들은 기어코 그에게 '간신(奸臣)' 이라는 칭호를 붙여주었고, 또 왕망(王莽)은 공손하게 사양하던 시기에 죽었는데 후대의 사람들이 기필코 그를 찬양하였습니다. 그러나 현재 우리는 역사를 말하지 않으며 이 두 사람 가운데 도대체 누가 좋고 누가 나쁜지 우리는 논하지 않습니다. 그러나 이는 사람은 죽은 뒤에야 그의 공로와 죄과, 시비를 논하여 정할 수 있다는 것을 설명해줍니다.[77]

---

77) 《毛泽东文集》 二卷, 人民出版社 1993, 191쪽。

마오쩌둥이 강연에서 언급한 시는 당(唐) 대의 대시인인 백거이(白居易)의 〈방언(放言) 5수〉에서 나왔다.(1수, 3수 발췌)

| 아침에는 참되다가 저녁에 거짓되면 누가 분별하랴, | 朝眞暮僞何人辨 |
|---|---|
| 고금에 이르도록 해괴한 일 없던 적 있었던가 | 古徃今來底事無 |
| 장생이 성인으로 사칭한 것만 사랑하였지, | 但愛臧生能詐聖 |
| 영자가 어리석은 척한 것은 모르네. | 可知寧子解佯愚 |
| 반딧불은 아무리 빛나도 불이 아니고, | 草螢有耀終非火 |
| 연잎의 이슬이 아무리 둥글어도 어찌 구슬이겠는가. | 荷露雖團豈是珠 |
| 반딧불로는 불을 때지 못하고 | |
| 이슬로는 수레를 비추지 못하네. | 不取燔柴兼照乘 |
| 가련하도자, 그 광채를 어찌 뛰어나다 하겠는가. | 可憐光彩亦何殊 |

| 그대에게 법을 주노니 여우처럼 의심하여 해결하게나, | 贈君一法決狐疑 |
|---|---|
| 거북 껍질을 뚫거나 시초에 기원할 필요가 없네 | 不用鑽龜與祝蓍 |
| 옥돌을 시험하려면 꼬박 삼 일을 태워야 하고, | 試玉要燒三日滿 |
| 인재를 판별하려면 모름지기 칠 년은 기다려야 하지. | 辨材須待七年期 |
| 주공은 유언비어가 퍼지는 것을 두려워하였고, | 周公恐懼流言日 |
| 왕망은 찬탈하기 전에는 공손하였지. | 王莽謙恭未簒時 |
| 처음부터 내 몸 편한 죽음 바랐는데, | 向使當初身便死 |
| 일생의 참 거짓을 다시 누가 알리오. | 一生眞僞復誰知 |

백거이(772~846)는 자는 낙천(樂天)이고, 만년의 호는 향산거사(香山居士)이며, 당(唐) 대의 저명한 시인이다. 처음에는 태원(太原)에서 거주하였으나 이후 하규(下邽)[78]로 거처를 옮겼다. 어렸을 때 가정 형편이 어려워 하층사회

에 대한 접촉과 이해가 많았다. 29세에 진사에 급제하여 비서성 교서랑(秘書省校書郎)에 제수되었다. 원화(元和) 연간에 좌습유(左拾遺)와 좌찬선대부(左贊善大夫)에 임명되었고 36세에 한림학사(翰林學士)에 제수되었다. 이후 세도가들의 노여움을 사 강주 사마(江州司馬)로 좌천되었다.

장경(長慶) 초기에 항저우자사(항저우刺史)로 부임하였고 보력(寶曆) 1년(825)에 소주자사(蘇州刺史)로 부임하였으며, 이후 관직이 형부서(刑部尚書), 태자소부(太子少傅)에까지 이르렀다. 문학을 중시하여 신악부(新樂府) 운동을 적극적으로 제창하였고, "문장은 시대를 반영하기 위해서 써야 하며, 시는 사실을 반영하기 위해서 지어야 한다" 라는 주장을 하였으며, 《시경(詩經)》의 '풍(風)·아(雅)·비(比)·흥(興)'전통을 강조하여 계승하였으며, "풍설과 화초를 지으며 즐겁게 놀며(嘲風雪弄花草)" 기탁하는 바가 없는 작품을 반대하였다.

〈여원구서(與元九書)〉는 그 시론의 강령이자 중국 문학비평사에서 중요한 작품이다. 초기 작품은 당시 정치의 어두운 현실을 비교적 광범위하게 폭로하였지만, 폄적(貶謫)을 당한 이후 변하여 풀이 죽었다. 만년에는 향산(香山)에 은거하였는데 18년의 은거 생활 동안 지은 시문에는 마음이 편안하고 유쾌한 작품들이 많았다.

그 시어는 통속적이어서 부녀자와 아이들도 모두 그 뜻을 이해하였다.〈장한가(長恨歌)〉,〈비파행(琵琶行)〉 등이 유명하다. 만년에는 유우석(劉禹錫)과 서로의 시에 운을 맞추어 시를 많이 지어, 사람들이 '유백(劉白)' 이라 칭하였다. 후세에 전하는 작품으로는 《백씨장경집(白氏長慶集)》 이 있다.

마오쩌둥은 강연 중 백거이의〈방언 5수〉시구를 인용하였는데, 그 의도는 한

---

78) 하규(下邽) : 지금의 섬서성 위남시(渭南市) 동북.

사람을 이해하는 것은 전면적이어야 하며, 전체의 역사 과정을 통해 보면서 해하지, 단순히 일시적인 한 사건에만 근거하거나 한 사람의 행위나 공과에 기대어 함부로 결론을 내려서는 안 된다는 것을 설명하는 것에 있었던 것이다.

1972년 역사적으로 드러난 수많은 가면을 최종적으로 폭로하며 린뱌오(林彪)를 비판할 때, 마오쩌둥은 또한 백거이의 이 시를 언급하였다.

마오쩌둥은 백거이의 〈비파행〉을 숙독하면서 다음과 같은 비평을 하였다.

강주사마(江州司馬) 푸른 적삼 눈물로 적시고 함께 하늘가에 있다. 작자는 비파 연주자와 동일한 심정을 가지고 있다. 백거이 시의 높은 경지는 여기에 있지 다른 곳에 있지 않다. 그것이 어찌 그러하겠는가! [79)]

"백거이 시의 높은 경지는 여기에 있다"라는 마오쩌둥의 평은 〈비파행〉 시가 함축하는 전반적인 시의 경지를 한마디로 간파하여 말한 것이고, "작자는 비파 연주자와 동일한 심정을 가지고 있다"라는 평에서, 마오쩌둥이 시인 백거이의 〈비파행〉의 '지음(知音)' [80)]이라고 할 수 있다.

79) 中央文献研究室编, 《毛泽东读文史古籍批语集》, 中央文献出版社, 1993, 21쪽.
80) 지음(知音) : 마음이 서로 통하는 것

# 시평

| 세상에 처하여 사람을 보는 데 있어서 권형<sup>81)</sup>을 삼가니, | 處世看人愼權衡 |
|---|---|

세상에 처하여 사람을 보는 데 있어서 권형[81]을 삼가니,　　處世看人愼權衡

한 사람 일생의 공과는 죽은 뒤에야 설명할 수 있지.　　蓋棺論定說一生

정확하게 인식하기 위해 전체를 봐야 하니,　　正確認識須全面

일시의 한 사건에만 맹종해서는 안 되네.　　一時一事莫盲從

시인 백낙천은 산중에 은거하여,　　詩人樂天山中隱

만년에 자유롭게 노래하며 성정을 도야하였네.　　暮年放歌陶性情

심양의 강가에서 한 곡조 노래하였으니,　　潯陽江上歌一曲

천년이 흘러도 만나기 어려운 〈비파행〉일세.　　千載難逢《琵琶行》

---

81) 권형(權衡) : 사람을 저울질 하는 것.

## 5. 행군 도중 이익(李益)을 말하다, 골짜기같이 회한 깊은 지도자의 정

1949년 3월 23일 오전, 마오쩌둥은 중앙 조직을 이끌고 시바이포(西柏坡)를 떠나 베이핑(北平)을 향해 출발하여, 저녁 무렵 허베이성(河北省) 타이항산(太行山) 기슭의 수뤼(淑閭村)에서 야영하였다.

저녁 식사 후, 마오쩌둥은 수행원 한 사람의 동행 하에 딸 리나(李訥)의 작은 손을 잡고 마을 밖으로 산보를 나갔다. 산보를 하면서 나지막한 말투로 딸을 위해 당(唐) 대의 대시인 두보(杜甫)의 오율시 〈달밤에 동생을 생각하다[月夜憶舍弟]〉를 읊었다.

| | |
|---|---|
| 수자리 서는 곳 북소리에 다니는 사람 끊기고, | 戍鼓斷人行 |
| 변방 가을에는 외기러기만 우네. | 邊秋一雁聲 |
| 백로 절기라 이슬은 오늘밤부터 하얗고, | 露從今夜白 |
| 달은 바로 고향의 달로 밝구나. | 月是故鄕明 |
| 아우들 모두 뿔뿔이 흩어져, | 有弟皆分散 |
| 생사를 물을 집조차 모르네. | 無家問死生 |
| 부치는 편지마다 이르지 못하는데, | 寄書長不達 |
| 하물며 전쟁 아직 끝나지 않았음에랴. | 況乃未休兵 |

이어서 다시 당 대 시인 이익(李益)의 오율시 〈외사촌 동생을 반갑게 만났다가 또 이별하다(喜見外弟又言別)〉을 읊었다.

| 십 년 난리 이후, | 十年離亂後 |
| 다 커서 한 번 만났지. | 長大一相逢 |
| 성을 묻고 처음 본 이 같아 놀랐지만, | 問姓驚初見 |
| 이름 들으니 옛 모습 떠오르네. | 稱名憶舊容 |
| 이별한 뒤 상전벽해의 일 겪어, | 別來滄海事 |
| 말 끝나니 저녁 종소리 들리네. | 語罷暮天鐘 |
| 내일 파릉 가는 길은, | 明日巴陵道 |
| 가을 산이 또 첩첩산중이리. | 秋山又幾重 |

수행원은 마오쩌둥이 '동생' 과 관련된 시구를 거듭 읊는 것을 보고서, 마오쩌둥의 두 동생 마오쩌민(毛澤民)·마오쩌탄(毛澤覃)이 모두 혁명전쟁 중에 일찍 희생되었던 일을 떠올리고 있다는 것을 알고는 자신도 모르게 긴장하기 시작했다고 하였다. 마오쩌둥은 수행원의 표정이 변한 것을 발견하고는 바로 손을 내밀어 딸을 자신의 품으로 끌어안고, 화제를 돌려 자신이 쓴 시 두 구를 큰 소리로 읊었다.

| 홍군은 원정의 고됨을 두려워하지 않으니, | 紅軍不怕遠征難 |
| 일만 시냇물 일천 산 오직 예사로 여기네. | 萬水千山只等閑 |

이어서 다시 한 고조(漢高祖) 유방(劉邦)의 〈대풍가(大風歌)〉의 두 시구를 읊었다.

| 큰 바람 일어나니 구름이 날리는구나, | 大風起兮雲飛揚 |
| 어디선가 용맹한 인물 얻어 사방 지키리오. | 安得猛士兮守四方 |

마오쩌둥을 마주보면서 수행원이 말했다. "주석, 저는 앞의 두 시구는 주석께서 쓴 것임을 알고 있는데, 뒤의 두 시구는 누가 쓴 것인지 모르겠고, 이해가 되지도 않습니다."

이때 리나이 말했다. "저도 아버지의 시를 외울 수 있어요!"

마오쩌둥은 웃었고 딸의 머리를 쓰다듬으면서 수행원을 향해 말했다. "뒤의 두 시구는 한 고조 유방이 초패왕 항우를 이긴 뒤 고향 패현(沛縣)으로 돌아가면서 읊은 〈대풍가〉이다. 그 역시 국가가 안정되고 다시 전쟁이 발생하지 말기를 바랐던 거지!"

수행원은 마오쩌둥의 말을 듣고 마오쩌둥의 학식이 풍부한 것에 다시 한번 탄복하였다. 또 마오쩌둥의 넓은 포부에 대해서도 감탄하였고, 이로 인해 마오쩌둥에 대한 무한한 흠모의 감정이 더해져 마음 속으로 그는 진정으로 "전 중국 인민의 위대한 지도자다!" 라고 다시 한번 생각했다고 한다.

이익(李益)의 〈외사촌 동생을 반갑게 만났다가 또 이별하다〉는 사람들의 입에 널리 회자되는 정감시(情感詩)로, 시인이 사촌동생(외사촌동생)과 오랫동안 헤어져 있다가 다시 만나 또 급히 이별의 말을 나누는 감동의 장면을 재현하여, 읽으면 사람에게 더욱더 친밀감을 느끼게 한다.

이익(748~827)은 당나라의 시인으로 자는 군우(君虞)이며, 농서(隴西) 고장(姑臧)[82] 사람이다. 대력(大曆) 연간에 진사에 급제하여 이후 관직이 예부상서(禮部尚書)에까지 이르렀다. 시 작품은 칠언절구가 뛰어나며, 변새시(邊塞詩)로 이름이 알려졌다. 《이익집(李益集)》이 세상에 전해지고 있다. 그는 〈강남곡(江南曲)〉으로 세상에 잘 알려졌다.

---

82) 농서(隴西) 고장(姑臧) : 지금의 감숙성(甘肅省) 무위(武威).

구당의 창사꾼에게 시집을 갔더니,                               嫁得瞿塘賈

날이면 날마다 내 믿음과는 어긋나고 마네.                      朝朝誤妾期

진작 저 밀물 썰물이 믿을 수 있음을 알았더라면,                早知潮有信

뱃사공에게 시집갔을 것을.                                     嫁與弄潮兒

마오쩌둥은 행군 도중 두보와 이익의 시를 읊었는데, 이는 일종의 감정 방출이자 일종의 심정의 의탁이라고 할 수 있을 것이다!

## 시평

행군 도중 고시를 읊으니,                                     行軍途中吟古詩

골짜기같이 깊은 마음속 회한이 풀려갈 때이네.                  胸懷若谷釋放時

상전벽해로 변한 길 소리 높여 노래 부르며

용감하게 전진하고,                                           高歌猛進滄桑道

느릿느릿 북쪽으로 행진하여 경사에 다다랐네.                  迤邐北行赴京師

경치를 보고서 감정이 이는 것은 누구나 다 그러하니,           觸景生情人皆有

형제에게까지 그리움 미치는 것 또한 알 수가 있네.             念及手足亦可知

승리의 날 눈앞에 임박하니,                                   勝利在即當有日

봄바람 알맞게 내리는 비 더디다 하지 말게.                    莫謂春風化雨遲

## 6. 편지에서 언급한 왕창령(王昌齡), 《종군행(從軍行)》의 뜻을 체현하다

1958년 2월 초, 마오쩌둥의 막내딸 리나이 병이 나 병원에 입원하여 연속으로 두 번의 외과 수술을 하였는데 수술이 끝난 뒤에 상처가 감염되어 발열이 일어났다. 마오쩌둥은 병원에 딸을 병문안하러 갈 시간이 없어서, 딸에게 편지를 한 통 써서 보내었다.[83]

병이 위중할 때 마음이 흔들리고 비관적인 마음이 엄습하여 믿음이 동요된단다. 이는 의지가 단호하지 않기 때문인데, 나 역시 언제나 그렇다. 병세가 호전되면 기분도 호전되고 세계관 역시 달라져서 갑자기 앞이 확 트여보인단다. 즉 의지로써 병세를 극복할 수 있다는 말이다. 반드시 의지를 단련시켜야 한다. 너는 어떻게 생각하느냐? 엄마는 매우 걱정하고 있으며 나 역시 또한 그렇다. 원장 지수화(計蘇華), 주치의 왕리경(王曆耕), 내과 의사 오제주(吳潔諸) 동지들이 방문하여 오늘 오전 잠깐 만나보았는데, 모두 크게 호전되었다고 입을 모았다. 너는 어젯밤 9시간을 잤고, 방문을 열고 달려 나가 작은 복도에서 그림 잡지를 보았다더구나. 백혈구는 내려갔고, 특이한 것은 중성 혈구인데 이미 정상으로 회복되었다는 구나. 그들이 문제 될 것이 없고 확실히 파악하였다고 하니, 너는 안심하고 지내거라. 이 정도 열이 나는 것은 당연히 있는 일이고 완전히 정상이라고 할 수 있다. 엄마가 걱정을 많이 하고 있어서 전화를 했더니 엄마도 마음을 놓았다고 하는구나. 리나아, 다시 며칠을 참으면 완전히 병이 나을 것이니 무엇이 두려우겠냐?. 내가 하는 말에는 근거가 있단다. 네 걱정에 이 시각까지 잠을 못 이루다가 지금에야 잘 것인데, 마음이 아주 상쾌하구나. 시 1수 써서 보내마.

청해호 건너 긴 구름 속으로 설산이 희미한데,　　　　青海長雲暗雪山

외로운 성에서 멀리 옥문관을 바라본다.　　　　　　孤城遙望玉門關

사막에서 백번 싸워 갑옷이 헤졌지만,　　　　　　　黃沙百戰穿金甲

누란을 쳐부수지 않고는 돌아가지 않으리라 맹세하였네.　不破樓蘭誓不還

　여기에 의지가 들어 있는데, 이해하였니? 너는 대략 10일 후 구정을 쇠러 광둥(廣東)으로 떠날 준비를 할 것이다. 그러길 바라지? 거기 도착해서 10여 일간 휴양할 것인데, 엄마도 동행할 것이란다. 사랑을 담아, 너의 승리를 축하한다. 내 딸아!

　마오쩌둥의 편지에서 인용한 시구는 당 대 시인인 왕창령(王昌齡)의 〈종군행(從軍行)〉(7수) 중의 1수에서 인용한 것이다. 마오쩌둥이 편지에서 말한 "여기에 의지가 들어 있다" 라는 것은 딸이 자신감을 가지고 의지를 단련하여 질병과 싸워 이기도록 격려하는 데 뜻이 있는 것이다.

　왕창령(698~757)의 자는 소백(少伯)이고, 경조(京兆) 장안(長安) 사람으로 당(唐)나라의 변새시인[84]이다. 개원(開元) 15년(727) 진사에 오르고 사수위(汜水尉)에 제수되었고 이후 관직은 교서랑(校書郎)에서 강녕승(江寧丞)으로 옮겼으며, 만년에는 용표위(龍標尉)[85]로 좌천되었다. 박주(亳州)를 지나다가 자사 여구효(閭丘曉)에게 살해당했다.

---

83) 中共中央文献研究室编, 《老一代革命家家书选》, 中央文献出版社 1990, 55~56쪽.
84) 변새시인 : 전쟁과 변경지방에서의 생활 모습을 소재로 하여 쓰던 시인을 말함.
85) 용표(龍標) : 지금 후난(湖南) 검양(黔陽)

그의 시는 칠언절구가 뛰어나며 당시 변경에서의 군대 생활에 대해 많이 썼으며 기세가 웅장하고 격조가 높다. 〈종군행〉7수, 〈출새(出塞)〉 2수가 모두 유명하다.

왕창령의 〈종군행〉 7수를 보자.(1수, 2수 발췌)

| | |
|---|---|
| 봉화성 서쪽 백 척 누대에, | 烽火城西百尺樓 |
| 바닷바람 부는 가을 황혼에 홀로 앉아 있네. | 黃昏獨坐海風秋 |
| 관산의 달 아래서 오랑캐 피리 다시 부니, | 更吹羌笛關山月 |
| 안방에서의 만 리 근심 어찌할까나. | 無那金閨萬裏愁 |
| | |
| 비파 연주에 춤추다 새로운 곡조로 바뀌어도, | 琵琶起舞換新聲 |
| 언제나 관산에서는 옛 이별의 정이 생각나네. | 總是關山舊別情 |
| 마음이 어지러워 수심에 노랫가락 끊기고, | 撩亂邊愁聽不盡 |
| 높디높은 가을달만 장성을 비추네. | 高高秋月照長城 |

〈출새〉 2수를 보자.(1수 발췌)

| | |
|---|---|
| 진나라 때이 밝은 달과 한나라 때의 관문, | 秦時明月漢時關 |
| 만리 먼 길 원정 나와 돌아가지 못하네. | 萬裏長征人未還 |
| 단지 용성의 날랜 장군만 있다면, | 但使龍城飛將在 |
| 오랑캐 말들이 음산하게 넘어오지는 않을 것을. | 不教胡馬皮陰山 |

마오쩌둥은 당시(唐詩)를 좋아하였고 만년에는 당송시기의 변새시를 더욱 애독하였다. 이들 작품의 가장 두드러진 특징은 변새시인의 확고 불변한 의지와 진취적인 인생 이념을 집중적으로 구현하고 사람들에게 열정을 주고 힘을 북돋우는 데 있었다.

## 시평

| | |
|---|---|
| 서리와 안개 내리고 총총한 별은 하늘 에워쌓고, | 霜浸迷霧籠星空 |
| 끝없는 관산의 달은 밝기만 하네. | 漫漫關山明月中 |
| 넓은 사막 모래 바람을 여행객은 멀리하지만, | 大漠荒沙遊人遠 |
| 변방의 전사는 모두 받아들인다네. | 戌邊戰士盡從容 |
| 망망한 바닷가 거친 파도 들어올리고, | 茫茫海疆掀巨浪 |
| 얼음 가득한 하늘 눈 덮인 땅에서 찬바람 막네. | 冰天雪地禦寒風 |
| 강산에는 모두 사람들의 보위 필요하니, | 江山總需人保衛 |
| 만 리 변방에서 만 가지 정이 피어나네. | 萬里邊塞萬里情 |

## 7. 사부(辭賦)를 읊으며 왕발(王勃)을 칭찬하다, 부강을 위해 분발하며 산하를 애도하다

왕발(王勃, 649~676)은 당(唐) 대 문학가로, 자는 자안이고, 강주(絳州) 용문[86](龍門) 사람이다. 14세 때 과거에 응시하여 급제하였고 조산랑(朝散郞)에 제수되었으며, 이후 괵주 참군(虢州參軍)에 부임하였다. 관노를 함부로 죽여 사형죄를 범하였다가 사면된 뒤 해남(海南)으로 아버지를 방문하러 가다가 물에 빠져서 죽었다. 나이가 30이 되지 않았던 때였다. 왕발은 어렸을 때부터 재능을 발휘하여 양형(楊炯), 노조린(盧照鄰), 낙빈왕(駱賓王)과 함께 문장으로 유

---

86) 강주(絳州) 용문(龍門): 지금의 산서성(山西省) 하진(河津).

명하여 '초당사걸(初唐四傑)' 로 알려졌다. 그의 시는 개인의 생활을 묘사하는 데 치우쳤지만 정치적 감정을 토로하고 권문세족에 대한 불만의 정서를 은유적로 나타낸 것도 적지 않으며, 풍격이 맑고 새롭다.

저서는 꽤 많으며, 〈등왕각서(滕王閣序)〉가 명성을 떨쳤다. 명(明)나라 사람이 편집한 《왕자안집(王子安集)》16권이 있다.

1960년 8월은 국가 경제가 어려운 시기여서 중앙은 전국인민대표대회 상무위원회 부위원장, 국무원(國務院) 부총리, 중앙군사위원회 부주석, 중국인민정치협상회의 전국위원회 부주석, 최고인민법원 원장, 최고인민검찰원 검찰장 등 고급 간부들에 대해 식량 특별 공급을 시행하기로 결정하였다.

이 시기 마오쩌둥의 생활은 더욱 검소하였고 평상시 먹는 음식 역시 더욱 간소하였다. 업무 외의 시간에 마오쩌둥은 독서를 하였다. 그는 독서를 하며 항상 손에서 책을 놓지 않았으며 침식을 잊었다. 독서를 하는 중에는 중국 역사에서의 젊고 유망한 시인과 그 작품에 대해 언제나 열정적으로 칭찬하였고 높은 평가를 했다. 그는 당나라 때의 청년 시인 왕발의 〈추일등홍부등왕각전별서(秋日登洪府滕王閣錢別序)〉에 대해 진심에서 우러나온 호감을 표시한 적이 있다.

이때는 바로 학교의 여름 방학기간이었다. 하루는 마오쩌둥이 펑져원(豐澤園) 안의 쥐샹서옥(菊香書屋)의 즈윈헌(紫雲軒)의 서재에서 딸 리민(李敏)과 리나(李讷), 조카 마오위안(毛遠新)과 장칭(江青)의 아들 왕보어원(王博文)과 함께 이야기하면서 모두에게 배불리 먹었는지를 물었다.

두 딸은 말하지 않았고, 나이가 약간 많은 왕보어원 역시 뭐라 말하지 않았다. 나이가 조금 적은 마오원안신만이 거리낌 없이 말했다. "배불리 먹지 못했습니다. 모두 누나들이 저에게 먹게 하였습니다. …"

그러자 마오쩌둥은 가엽다는 듯이 마오위안신의 손을 잡고서 말했다. "지금은 국가가 바로 어려운 시기에 처해 있다. 우리는 전국의 인민과 호흡을 같이하고 운명을 함께하며 난관을 함께 극복해야 한다. 위기는 일시적인 것이며 한때의 구름이 영원히 태양을 가릴 수 없다는 것을 보아야 한다.…"

이때 리나가 말했다.

"아버지, 우리는 이를 알고 있어요."

리민도 말했다.

"아버지, 모든 위기를 우리는 극복할 수 있어요."

"그래. 좋구나!"

마오쩌둥이 말했다.

"너희들 모두가 위기를 극복할 수 있다는 것을 이해하니 좋구나!"

그러면서 또 말했다.

"이렇게 하자. 지금부터 우리는 문장을 외우자. 누가 가장 능숙하고 가장 빠른지 보자."

마오쩌둥의 '제안' 아래 모두 함께 왕발의 〈추일등홍부등왕각전별서〉를 외우기 시작하였다. 마오쩌둥은 또 말했다.

"내가 나이가 많으니 먼저 외우겠다. 이 역시 '앞장서서 모범이 되어 솔선수범 하는 것이다'라고 하는 것이지!"

그러면서 솔선하여 왕발의 〈추일등홍부등왕각전별서〉를 외우기 시작하였다.

남창(南昌)은 옛 고을의 이름이고, 홍도(洪都)는 새로운 부(府)의 명칭이다. 별로는 익수(翼宿)와 진수(軫宿)에 해당하고, 땅은 형산(衡山)과 뤼산(廬山)에

접해 있으며, 삼강(三江)을 옷깃으로 하고 오호(五湖)를 띠로 둘렀으며, 형초(荊楚)를 끌어들이고 구월(歐越)을 당기고 있다. 만물의 화려함은 자연의 보배로서 용천검(龍泉劍)의 광채가 견우성과 남두성의 자리를 쏘았고, 사람의 걸출함은 땅의 영험(靈驗)함으로 서유(徐孺)가 진번(陳蕃)의 걸상을 내리게 하였다. 큰 고을이 빽빽하게 이어졌고 뛰어난 인물들이 별처럼 치달리며, 누대와 해자는 오랑캐와 중국 사이에 걸쳐있고, 손님과 주인은 모두 동남(東南) 지방의 훌륭한 이들이다.

한 단락을 다 읊은 뒤에도 마오쩌둥은 흥이 다하지 않아 연이어 두 번째 단락을 읊었다.

때는 9월이고 계절은 가을로, 장마물이 마르니 차가운 못은 맑으며, 노을빛이 엉기니 저녁 산은 자줏빛이다. 큰 길에 말들을 정돈시키고 높은 언덕에서 경치를 살피다가, 등왕(滕王)이 노닐던 긴 모래섬을 대하고 선인(仙人)이 전에 머물던 곳을 만나게 되었다. 중첩된 산봉우리는 푸르게 솟아서 위로 하늘을 찌르고, 나는 듯한 누각은 단청이 물결에 흘러 아래로 굽어보니 땅이 보이지 않는다. 학이 노니는 언덕과 오리가 헤엄치는 물가는 섬들을 모두 둘러쌌고, 계수나무 전각과 목란 궁궐은 산세에 따라 펼쳐져 있다. 화려한 문을 밀치고 조각한 수키와를 굽어보니, 산과 들은 아스라이 시야에 가득하고 내천과 못은 멀리 보니 눈을 놀라게 한다. 여염(閭閻) 집이 땅에 가득하니 종을 울리고 보정(寶鼎)을 늘어놓고 먹는 집들이며, 큰 배들이 나루에 혼잡하니 청작(靑雀)과 황룡(黃龍)을 그린 배들이다.

마오쩌둥이 여기까지 읊자 작은 딸 리나가 이어서 읊었다.

무지개 사라지고 비가 개이니 햇볕은 하늘을 뚫는데, 지는 노을은 한 마리 따오기와 나란히 날고 가을 강물은 긴 하늘과 한 빛이다. 고깃배에서 저녁에 노래 부르니 울림이 팽려(彭蠡)의 물가에까지 다 이르고, 기러기 떼가 추위에 놀라니 소리가 형산(衡山) 남쪽의 포구에서 그친다.

길게 읊조리고 머리 숙여 읊으니, 멋진 흥취가 갑자기 일어난다. 상쾌한 퉁소 소리가 울리자 맑은 바람이 생기고, 고운 노래 소리가 모이자 흰 구름이 멈춘다. 수원(睢園)의 푸른 대나무는 기상이 도연명(陶淵明)의 술잔을 능가하고, 업수(鄴水)의 붉은 연꽃은 빛이 왕희지(王羲之)의 붓을 비춘다. 네 가지 아름다움이 모두 갖추어졌고 두 가지 어려움도 함께 이루어졌으니, 중천(中天)에까지 눈길을 보내고 휴가의 날에 즐거운 노닒을 만끽한다. 하늘은 높고 땅은 아득하니 우주가 무궁함을 깨닫겠고, 흥이 다하자 슬픔이 오니 성쇠(盛衰)가 운수(運數)가 있음을 알겠다. 태양 아래에 있는 장안(長安)을 바라보고 구름 사이에 있는 오군(吳郡)의 도회지를 가리킨다. 지세가 다하여 남쪽 바다는 깊고, 하늘을 받치는 기둥이 높으니 북극성(北極星)은 멀다. 관문(觀門)과 산을 넘기 어려우니 누가 길 잃은 사람을 슬퍼해 주겠으며, 물에 뜬 부평초가 서로 만나니 모두 타향의 나그네들이다.

이때 마오쩌둥이 큰딸 이민에게 이어서 읊도록 했다.

황제의 궁궐을 그리워하나 보이지 않고, 선실(宣室)에서 황제를 모시는 것은 언제쯤이나 될까. 아아! 시운(時運)이 고르지 않고 운명은 어긋남이 많아, 풍당(馮唐)은 쉽게 늙었고 이광(李廣)은 봉해지기 어려웠다. 창사(長沙)에서 가의(賈誼)를 좌절하게 하였으나 훌륭한 군주가 없어서가 아니요, 바닷가로 양홍(梁鴻)을 숨게 하였으나 어찌 좋은 세상이 없어서였겠는가. 믿는 것은, 군자(君子)는 가난을 편안하게 여기고 통달한 사람은 천명을 아는 것이다. 늙을수록 더욱 굳세어야 하니 어찌 노인의 마음을 알 것이며, 곤궁할수록 더욱 꿋꿋해야 하니 청운(靑雲)의 뜻을 버리지 않는다. 탐천(貪泉)을 떠서 마셔도 상쾌함을 느끼고, 곤경에 처해 있어도 오히려 기뻐한다. 북해가 비록 머나 회오리바람으로 이를 수 있고, 젊은 시절은 이미 가버렸으나 노년이라도 아직 늦지는 않았다. 맹상(孟嘗)은 고결하였으니 그저 나라에 보답하려는 마음만 지녔고, 완적(阮籍)은 제멋대로였으니 어찌 길이 끝난 곳에서 울었던 것을 본받으리오.

여기까지 읊자 남에게 지는 것을 싫어하는 마오위안신이 머리를 들고 크게 읊었다.

나는 삼척(三尺) 띠의 낮은 관리였고, 일개 서생(書生)이라서 밧줄을 청할 길이 없으나 종군(終軍)의 약관(弱冠)의 나이와 같고, 붓을 던질 생각이 있으니 종각(宗慤)이 긴 바람을 타고자 한 일을 사모한다. 백 살까지 벼슬을 버리고 만리에 계신 부모님을 아침저녁으로 모시고자 하는데 …

"보어원이 아직 외우지를 않았구나. 몇 구절을 남겨서 보어원이 외우도록 하자. …"

그러다가 그가 멈칫하는 것을 보더니 마오쩌둥이 미소를 띠며 말했다.

"위안신은 외우지 말거라. 큰아버지는 네가 외울 수 있다는 것을 안다."

그러다 왕보원이 즉시 이어서 외우기 시작했다.

사현(謝玄)의 보배로운 나무는 아니나 맹자(孟子)의 좋은 이웃을 만났도다. 훗날 정원을 지나면서 공리(孔鯉)의 대답으로 받들고자 하는데, 오늘 아침에 소매를 받들고 용문(龍門)에 의탁하였음을 기뻐한다. 양득의(楊得意)를 만나지 못하여 구름 위로 솟는 기상의 〈대인부(大人賦)〉를 어루만지며 홀로 애석해하다가, 종자기(鍾子期)를 이미 만나니 흐르는 물[유수곡(流水曲)]을 연주한들 어찌 부끄럽겠는가. 아아! 명승지는 항상 있는 것이 아니고 성대한 잔치는 다시 만나기 어려우니, 난정(蘭亭)의 모임은 이미 끝났고 금곡원은 빈터가 되었다. 작별할 때가 되어 글을 올리는 것은 성대한 송별연에서 은혜를 받았음을 행운으로 여김이요, 높은 곳에 올라 부(賦)를 짓는 것은 바로 여러 공(公)들에게 바라는 바이다. 감히 비천한 정성을 다하여 공손히 짧은 서문을 짓는다. 같은 운자로 함께 시를 지으니 사운시(四韻詩)가 모두 이루어졌다. 여기 모인 반악과 육기 같은 분들, 모두 아름다운 시 한 편 지어보기를 청한다.

"좋구나! 좋아!"

마오쩌둥이 칭찬하며 말했다.

"너희들 모두 잘 외웠다. 내가 너희들의 나이였을 때 왕발의 시문을 매우 좋아하였지!"

그러면서 계속하여 말했다.

"내가 너희들의 나이였을 때 창사(長沙)에서 책을 읽었는데 항상 배를 곯았어. 그때는 차이허선(蔡和森), 수즈성(蕭子升), 저우스자오(周世釗) 등이 있었는데 모두 가난한 학생이었단다. 그러니 어떻게 하였겠니? 모두들 책을 읽고 시문을 외우면서 완전히 굶주림을 잊고 시간을 잊었단다.···"

마오쩌둥의 말은 그가 젊었던 시절로 아이들을 이끌어서 모두 그의 한마디 한마디를 조용하게 듣게 했던 것이다. 이때 마오쩌둥이 다시 말했다.

"왕발이라는 사람은 전혀 간단하지가 않아! 20여 세에 불과한 사람이 16권의 시문작품을 썼어. 왕필(王弼)[87]의 철학과 가의(賈誼)의 역사학·정치학과 어깨를 나란히 할 수 있으니, 이들 모두는 소년 시절에 재기가 발랄했었지. …"

이 말을 한 뒤에, 마오쩌둥은 책상 앞으로 걸어가 흔쾌히 붓을 들어 왕발의 시 구절 중 "천고(千古)의 명문"이라 칭할 만한 두 구절을 썼다.

지는 노을은 외로운 따오기와 함께 날고,　　　　　　落霞與孤鶩齊飛
가을 강물과 하늘은 푸른빛 한가지로 끝없이 펼쳐 있구나.　秋水共長天一色

이어서 마오쩌둥은 또 아이들에게 청년들에 대한 그의 견해를 말했다.

"청년들은 노인들에 비해 강하다. 가난한 사람, 천한 사람, 사람들에게 멸시받는 사람들, 지위가 낮은 사람들 그들에 의해 대부분의 발명과 창조가 이루어졌으니, 백에 칠십 이상이 모두 그들이 한 일이다. 백에 삼십의 중·노년은 열정을 가지고 있어 역시 발명하고 창조를 한단다. 이런 삼칠의 비율은 어째서이러할까? 너희들이 한번 깊이 생각해 볼 의미가 있다. 결론은 그들이 빈천하고 미천해서이며, 생명력이 왕성하고 미신을 덜 믿으며 걱정이 적으며 하늘도 땅도 두려워하지 않으며 대담하게 생각하고 거리낌 없이 말하고 용감하게 행

---

87) 왕필(王弼) : 226~249. 자는 보사(輔嗣), 산양(山陽, 지금 하남(河南) 초작(焦作)) 사람이고, 위진 현 학의 학풍을 개창한 철학자이다. 어려서 총명하고 변론에 능통하였으며,《노자(老子)》를 잘 외워 대답 하는데 물 흐르듯 유창하였다. 관직은 상서랑(尚書郎)에 이르렀다. 병으로 24세에 죽었다.

88) 邸延生 :《历史的真知-"文革"前夜的毛泽东》, 新华出版社 2006, 83-87쪽。

동해서란다.

만약 당이 거듭 그들에게 실패를 두려워하지 않고 찬물을 끼얹지 않도록 격려해 주며 세계의 주역이 그들이라는 것을 인정해 준다면 많은 발명과 창조가 가능할 것이다.…"[88]

1966년 10월 25일 마오쩌둥은 알바니아 노동당 제5차 대표대회에 보내는 중국공산당 중앙 위원회의 축전에서 이렇게 말했다.

"이 세상에 나를 알아주는 벗이 있는 한, 아득한 하늘 끝에 있어도 이웃과 같다네.[海內存知己 天涯若比鄰]" 중국과 알바니아 양국은 수많은 산과 강을 사이에 두고 멀리 떨어져 있지만 우리의 마음은 한데 이어져 있습니다.

우리는 그대들의 진정한 친구이자 동지이며, 그대들 역시 우리의 진정한 친구이자 동지입니다. 우리와 당신은 모두 저런 구밀복검(口蜜腹劍)의 거짓 친구가 아니며 기회주의자도 아닙니다. 우리 사이의 혁명 전투의 우정은 사나운 비바람의 시험을 견뎌냈습니다.[89]

마오쩌둥이 축전에서 인용한 "이 세상에 나를 알아주는 벗이 있는 한, 아득한 하늘 끝에 있어도 이웃과 같다네(海內存知己 天涯若比鄰)"라는 구절은, 왕발의 시 〈두 소부가 촉주 임지로 가다(杜少府之任蜀州)〉에서 인용한 것이다.

| | |
|---|---|
| 장안의 성궐은 삼진의 도움을 받고 있기에, | 城闕輔三秦 |
| 그대가 가는 촉주의 다섯 나루 풍연 속에 바라보이네. | 風煙望五津 |

---

89) 《人民日报》 1966年 10月 25日

| | |
|---|---|
| 그대와 이별해야 하는 이 마음 쓰리나, | **與君離別意** |
| 우리 모두 타향을 떠돌아야 하는 벼슬살이 신세 아닌가. | **同是宦遊人** |
| 이 세상에 나를 알아주는 벗이 있는 한, | **海內存知己** |
| 아득한 하늘 끝에 있어도 이웃과 같네. | **天涯若比鄰** |
| 그러니 지금 헤어지는 마당에, | **無爲在岐路** |
| 아녀자들처럼 눈물은 흘리지 마세나. | **兒女共沾巾** |

이 시는 왕발의 〈추일초주학사호댁전최사군서(秋日楚州郝司户宅餞崔使君序)〉인데, 마오쩌둥은 이 시 뒤에다 다음과 같이 평하였다.

이것은 교지(交趾, 안남(安南))으로 가는 길에 지은 것으로, 그 지역은 회남(淮南)이나 수주(壽州), 혹은 강도(江都)이다. 시기는 상원(上元)[90] 2년(675)으로 왕발의 나이는 23, 4세였다. 그는 남창(南昌)을 지나며 〈등왕각시서(滕王阁诗序)〉를 지었는데, "약관에 중군에 올랐다." 약관은 《예기》 〈곡례(曲禮)〉에 근거하면 20세이다. 왕발은 교지로 가는 도중에 바다에서 죽었는데, 《구당서(舊唐書)》에서는 28세라고 하고 《신당서(新唐書)》에서는 29세라고 한다. 회남, 남창에서 〈등왕각서〉를 지었을 시기가 바로 24, 5, 6세이다.

《왕자안집(王子安集)》에 실린 시문의 90%가 모두 북방-강주(絳州)·장안(長安)사천(四川)의 재주(梓州) 일대에서 쓴 것이다. 하남(河南)의 괵주(虢州)에서 쓴 것도 있다. 남방에서 쓴 작품은 소수의 몇 수로, 회남·남창·광주(廣州)의 세 지역뿐이다. 광주에서 지은 것이 비교적 많기는 하지만 몇 수일뿐이다. 교지에서 지은 것은 한 수도 없는데, 여기서 그가 결코 교지에 도착한 뒤

---

90) 당 고종(唐高宗) 이치(李治)의 일곱 번째 연호로 674.8~676.11 기간 동안 사용되었다. (역)

배가 뒤집혀 바다에 빠져 죽은 것이 아님을 알 수 있다. 어떤 이는 《당척언(唐摭言)》, 《태평광기(太平廣記)》 두 책에 근거하여, 남창에서 〈등왕각서〉를 지었을 시기가 13세나 14세라고 단정하기도 한다.

그가 패왕(沛王) 이현(李賢)의 막료에 있으며 "수찬(修撰)"의 관직을 지녔지만 고종(高宗) 이치(李治)의 명령으로 쫓겨난 것은 제왕의 투계(鬪鷄)를 위해 〈격영왕계(檄英王雞)〉라는 글을 썼기 때문이다. 괵주에서 죄를 저질러 사형판결을 받았지만 사면을 받았다. 이 사람은 재주가 뛰어나고 박학하고, 문장은 광명하고 창대하며 유창하고 화려하고 당시 봉건 성세(盛世)의 사회 변동을 반영하고 있으므로 읽을 가치가 많다. 이 사람의 일생은 불운하여 가는 곳마다 처벌을 받았고, 괵주에서는 사형의 명을 받을 뻔하였다. 그래서 그의 문장은 광명창대하며 유창하고 화려함 외에도, 한편으로는 불평과 불만이 가득하다.

두보(杜甫)는 "왕발·양형(楊炯)·노조린(盧照鄰)·낙빈왕(駱賓王)의 그 당시 문체를 두고(王楊盧駱當時體)", "이 네 호걸들은 강물 같아 끊임없이 만고에 흐르리라(不廢江河萬古流)"라고 하였는데, 이 말이 옳다. 문장은 변려문을 숭상하였으나, 당(唐) 대 초기 왕발 등의 독창적인 신변(新駢)·활변(活駢)은 육조 시대의 구변(舊駢)·사변(死駢)과는 차이가 매우 크다. 그는 7세기 인물로 천여 년이 지나도 많은 문인들이 모두 초당사걸(初唐四杰)이라 인정하고 있으며, 반대하는 이들은 매우 적다.[91]

일개 28세의 젊은이가 16권의 시작품을 썼으니, 왕필의 철학(주관유심주의)과 가의의 역사학·정치학과 어깨를 나란히 할 수 있으니, 모두 소년 시절에 재기가 발랄하였던 사람들이다. 가의는 30여 세에, 왕필은 24세에 죽었다. 또 이

---

91) 中央文献研究室编, 《毛泽东读文史古籍批语集》, 中央文献出版社 1993, 7-10쪽。

하(李賀)는 27세에 죽었고, 하완순(夏完淳)[92]은 17세에 죽었다. 모두 재능이 출중한 천재들인데, 너무 일찍 죽었으니 안타깝기 그지없다.[93]

마오쩌둥의 평에서 보자면, 마오쩌둥은 왕발의 문학적 성취를 매우 좋아했을 뿐만이 아니라 또한 왕발의 불행한 처지에 대해서도 매우 동정했음을 알 수 있다.


## 시평

| | |
|---|---|
| 〈등왕각서〉는 많은 명예 누리니, | 《滕王閣序》享譽多 |
| 소년 시절 재기 발랄하다고 왕발을 칭찬하네. | 少年英發贊王勃 |
| 스스로 힘쓰도록 격려하여 용기 북돋고, | 激勵自强爭奮勇 |
| 가슴에 품은 큰 뜻으로 산하를 이끄네. | 胸懷大志挽山河 |
| 사람들은 초당사걸이라 칭송하였으나, | 初唐四傑人稱頌 |
| 남해에서 익사하였으니 요절한 것이 한스럽네. | 溺於南海歎夭折 |
| 높은 학식과 경륜이 부질없이 여한으로 남아, | 滿復經綸徒遺恨 |
| 후세사람들은 천고의 절창을 말하네. | 千古絶唱後人說 |

---

92) 하완순(夏完淳): 1631~1647. 명말(明末) 시인, 청(淸)에 저항한 장령(將領)이다. 자는 존고(存古), 호 는 소은(小隱)·영수(靈首)이고, 송강(松江) 화정(華亭, 지금의 상하이(上海) 송강현(松江縣) 사람이다. 어려서 총명하여 5세에 서사(書史)를 알았고 7세에 시문에 능하였으며 14세에 아버지를 따라 태호(太 湖)에서 군대를 일으켜 청나라 군대에 항거하였다. 물러나 남방의 명말(明末) 노왕(魯王)을 지켜, 중서 사인으로 봉해졌다. 패하여 포로로 잡혔는데 겨우 17세의 나이로 죽었다. 저작에 부(賦) 12편, 시 337수, 사(詞) 41수, 곡(曲) 4수, 문(文) 12편이 있다. 작품의 풍격은 우렁차고 비장하며, 강개하고 격 앙되었다. 임종하기 전에 쓴 시 〈상관초(商冠草)〉, 문〈옥중상모서(獄中上母書)〉등은 모두 피눈물 서린 정기(正氣)가 맺힌 글이다.

93) 中央文献研究室编, 《毛泽东读文史古籍批语集》, 中央文献出版社 1993, 10쪽.

# 제5편

• • •

넘쳐나는 재능과 독자적인 해석으
로 천고에 남기다
문장을 논평하고 사부(詞賦)를 읊
으며, 즉흥적으로
사시(史詩)를 분석하다

제5편

넘쳐나는 재능과 독자적인 해석으로 천고에 남기다
문장을 논평하고 사부(詞賦)를 읊으며, 즉흥적으로
사시(史詩)를 분석하다

## 1. 술 마시며 백 편의 시를 쓴 이백(李白), 소련을 방문하여
〈촉도난(蜀道難)〉을 읊다

이백(李白)의 자는 태백(太白)이고, 호는 청련거사(青蓮居士)이며, 본적은
농서현(隴西縣) 성기(成紀)[94]로, 중국 대다수의 민중들이 익히 알고 있는 당
(唐) 대의 유명한 시인이다. 안서도호부(安西都護府)에 속한 쇄엽(碎葉)[95]에서
태어났고, 그 선조가 서역(西域)의 타향에 머문 적이 있다.

5세에 아버지를 따라 면주(綿州) 창명(彰明)[96] 청련향(青蓮鄉)으로 거처를
옮겼다. 어려서 재능과 학문이 뛰어나 10세에 이미 백가(百家)의 책을 볼 수 있
었다. 성정은 활달하고 우아하였고, 의지가 높고 심원하였다. 20세가 되어 이
미 촉(蜀) 지역을 주유하였고, 25세에는 "검을 들고 나라를 떠나고자 어버이께
인사하고 먼 곳을 유람하였다."

이후 10년 동안 창장(長江) 남북의 여러 지방을 돌아다녔고, 많은 문인 묵객과 교제하였다. 천보(天寶) 원년(742)에 천자의 명령을 받고 장안(長安)으로 들어가 한림공봉(翰林供奉)을 하사받았다. 성정이 솔직하였기 때문에 조정의 실력자들에게 받아들여지지 않았고, 마침내 글을 올려 돌아가기를 청하여 천보 3년에 "사금환산(賜金還山, 도사에게 돈을 주어 산으로 돌려보내는 것)"을 허락받았다. 천보 14년(755) '안사(安史)의 난'이 발생하자 영왕(永王) 이인(李璘)의 막료에 발탁되었고, 이후 이인이 모반을 일으켰다 패하자 '연좌'되어 처형당하게 되었으나 곽자의(郭子儀)에게 구조되어 야랑(夜郎)으로 유배 가는 도중에 사면되어 동쪽으로 돌아올 수 있었는데 이때 나이가 59세였다.

이백은 본래 큰 뜻을 품고 있었다. 비록 생활이 어려워 일생을 떠돌며 살았지만, 시종일관 백성과 나라에 공훈을 세우고 업적을 쌓기를 희망했다. 만년까지도 〈재수군연(在水軍宴)〉이라는 시를 지어 "다만 동산의 사안석을 쓰기만 한다면, 임금 위해 웃으면서 오랑캐 평정하리라(但用東山謝安石 爲君談笑靜胡沙)"고 하여 강자아(姜子牙)가 주문왕(周文王)의 우대에 감격했던 것을 갈망하는 심정을 표현하였다. 일생 동안 1천 수에 가까운 시를 남겼고, 송(宋), 명(明), 청(淸) 대 사람들이 모두 시선(詩選), 시집(詩集)이나 문집을 편집하였다.

마오쩌둥은 이백의 시를 좋아했을 뿐만 아니라, 이백의 호방한 성격과 이백의 시에서 표현된 기이한 색채와 세속을 초월한 광대한 기세를 좋아하였다.

1942년 4월 옌안(延安) 문예 관계자 좌담회 전날 밤, 마오쩌둥은 옌안(延安)의 문예 관계자 몇 명을 양쟈령(楊家嶺)에서 열린 좌담에 초청하여, 혁명문예

---

94) 성기(成紀) : 지금의 감숙성(甘肅省) 태안(泰安) 동쪽
95) 쇄엽(碎葉) : 지금의 키르기스스탄 국경 안
96) 창명(彰明) : 지금의 사천(四川) 강유(江油)

공작과정에서의 여러 문제들을 토론하였다. 그중에는 《해방일보(解放日報)》의 기자, 편집자와 많은 기고가들도 포함되었는데, 루쉰 예술학원(루쉰藝術學院)의 일부 선생과 학생, 중앙연구원 문예연구실 주임 어우양산(歐陽山)·연구원 차오밍(草明) 및 커중핑(柯仲平)·수췬(舒群)·허치팡(何其芳)·앤원징(嚴文井)·저우리보(周立波) 등이 있었다.…

4월 13일, 마오쩌둥은 양쟈령에서 일부 문예 관계자와 이야기를 나누었다. 당 대의 대시인인 이백과 두보(杜甫)에 대해 언급할 때, 마오쩌둥이 말했다.

나는 이백을 좋아하는데, 다만 이백에게는 도사의 기질이 있고, 두보는 소지주의 입장에 서 있어요.[97)]

1947년 10월 중순 어느 날, 산베이(陝北)를 옮겨 다니며 싸우던 도중 마오쩌둥은 쟈현(葭縣)의 황허 기슭에 도착하였다. 도도히 흐르는 황허를 대면하고 마오쩌둥은 불쑥 이백의 〈술을 권하다[將進酒]〉의 시구를 읊었다.

그대 보지 않았는가, 황하 물이 하늘 위에서 내려와,　　　君不見黃河之水天上來
기운차게 흘러 바다에 이르고는
다시 돌아오지 못하는 것을.　　　　　　　　　　　　奔流到海不復回

……

---

97) 何其芳: 《毛泽东之歌》, 《时代的报告》 1978年2期。

1950년 2월 10일, 〈중소 우호 동맹 상호 원조조약〉의 정식 서명이 임박하자 중국과 소련 양국은 중장철로(中長鐵路)의 '임대'와 '관리', 다롄(大連)과 뤼(旅順)의 소련 군사시설 및 중국 동북지구와 베이징에서 통제하는 소련과 관계된 각종 자산 등에 관한 문제를 여러 차례의 협상을 통해 최종적으로 각각 합의를 이루었다.

이 외에 중소 양국은 또한 한 건의 차관 합의를 보았다. 소련은 중국에게 연리 100/1로 3억 달러의 신용대출을 제공하고 소련의 기계와 설비를 구매하게 하였다. 3억 달러라는 숫자는 마오쩌둥이 대출하기 바란 액수의 10/1에 불과하였기에, 마오쩌둥은 스탈린에게 크게 실망하였다.…

이 일로 인해, 모스크바에 있던 마오쩌둥은 마음이 초초하고 정신이 산란하였다. 중국이 소련에 대해 매번 양보를 할 때마다 그는 밥을 먹지 못하고 잠도 제대로 자지 못하였으며 음식을 먹어도 맛을 몰랐다. 양보를 할 때마다 그의 대뇌 깊은 곳의 신경 중추 세포를 건드렸고 그의 민족 자존심과 민족 자긍심이 크게 상처 입었다. 그러나 그는 별다른 방법이 없었다. 그는 중국공산당과 중국 인민을 이끌고 국민당의 반혁명 군대에 저항하고 반격하며 격퇴시키는 전쟁을 치르는 와중에 이미 미국을 '잃었으며', 중국공산당과 중국 인민을 이끌고 사회주의 건설 진행을 시작하는 단계에서 다시 소련을 '잃을 수는 없었다'.…

며칠 동안 대표단의 인원 누구도 감히 어떠한 일로도 마오쩌둥의 사유를 방해하거나 영향을 끼칠 수 없었다. 사람들은 다만 마오쩌둥이 홀로 이백의 〈촉도난(蜀道難)〉의 시구를 여러 번 읊는 것을 들을 뿐이었다.

| | |
|---|---|
| 어허라. 험하고도 높구나, | 噫吁嚱 危乎高哉 |
| 촉도의 험난함이여, | 蜀道之難 |
| 하늘 오르기보다 어려워라. | 難於上青天 |

| 잠총과 어부 시절, | 蠶叢[98]及魚鳧 |
|---|---|
| 나라 열던 때 아득도 한데, | 開國何茫然 |
| 그 뒤로 사만 팔천 년, | 爾來四萬八千歲 |
| 진나라 땅과는 인적이 끊겼네. | 不與秦塞通人煙 |
| 서쪽 태백산(太白山)으로 난 조도로만, | 西當太白有鳥道 |
| 아미산(峨眉山) 꼭대기를 질러갈 수 있노라. | 可以橫絶峨眉巓 |
| 땅 꺼지고 산 무너져 창사들이 죽은 뒤, | 地崩山摧壯士死 |
| 하늘 사다리, 잔도(棧道)가 꼬리를 물고 엮였도다. | 然後天梯石棧方鉤連 |
| 위로는 여섯 용이 해를 돌아 세우는 천길 벼랑이요, | 上有六龍回日之高標 |
| 아래는 거센 물결 꺾어 도는 계류이네. | 下有衝波逆折之回川 |
| 누런 학조차도 날아 지나지 못하고, | 黃鶴之飛尚不得 |
| 날쌔다는 원숭이도 오르자니 걱정이라. | 猿猱欲度愁攀緣 |
| 청니봉(靑泥峯)은 어이 그리 돌고 도나. | 靑泥何盤盤 |
| 백 걸음에 아홉 구비 바위산을 휘감누나. | 百步九折縈巖巒 |
| 삼성(參星) 쓰다듬고 정성(井星)을 지나 고개 젖혀 헐떡이니 | 捫參歷井仰脅息 |
| 숨찬 가슴 부여안고 주저앉아 한숨을 쉬네. | 以手撫膺坐長歎 |
| 묻노니, 그대 서쪽 길 떠나 어느 때 돌아오나. | 問君西遊何時還 |
| 까마득히 가파른 길 못 오를까 무서우이. | 畏途巉巖不可攀 |
| 오로지 보이는 건 고목에서 구슬피 우는 새 | 但見悲鳥號古木 |
| 암수 한 쌍 다정하게 수풀 사이 누벼 날고, | 雄飛雌從遠林間 |
| 또 달빛 속 두견새 소리에 | 又聞子規啼夜月 |
| 텅 빈 산은 수심 겨워라. | 愁空山 |
| 촉도의 험난함이여. | 蜀道之難 |

---

98) 잠총(蠶叢) : 촉나라를 처음 세운 영웅으로 누에를 잘쳤던 인물이었다.

| 하늘 오르기보다 어렵나니 | 難於上靑天 |
| 말만 듣고도 얼굴빛이 시드노라. | 使人聽此凋朱顔 |
| 잇단 봉우리 하늘에서 지척이요, | 連峯去天不盈尺 |
| 벼랑 우엔 거꾸러질 듯 마른 소나무 걸려 있다. | 枯松倒挂倚絶壁 |
| 빠른 여울 내지르는 폭포, 앞 다투어 소리치고 | 飛湍暴流爭喧豗 |
| 급류에 부딪혀 구르는 돌, 일만 골 천둥친다. | 砯崖轉石萬壑雷 |
| 그 험함이 이 같거늘 | 其嶮也若此 |
| 아아, 먼 곳의 사람이 | 嗟爾遠道之人 |
| 어쩌자고 예 왔는가. | 胡爲乎來哉 |
| 검각은 삐죽삐죽 높기도 하여 | 劒閣崢嶸而崔嵬 |
| 한 명이 관문(關門)을 지키면 | 一夫當關 |
| 만 명도 못 당하고 | 萬人莫開 |
| 수문장이 친하지 않다면 | 所守或匪親 |
| 승냥이와 다를 바 없다. | 化爲狼與豺 |
| 아침엔 호랑이 피하고 | 朝避猛虎 |
| 저녁엔 구렁이 피하니 | 夕避長蛇 |
| 이로 으깨고 피를 빨아 | 磨牙吮血 |
| 사람 잡아 낭자하다. | 殺人如麻 |
| 금관성(錦官城)이 좋다고 해도 | 錦城雖云樂 |
| 일찌감치 집으로 가느니만 못하리라. | 不如早還家 |
| 촉도의 험난함이여 | 蜀道之難 |
| 하늘 오르기보다 어려워라. | 難於上靑天 |
| 몸 기울여 서쪽 향해 긴 한숨만 쉬노라. | 側身西望長咨嗟 |

마오쩌둥이 〈촉도난〉을 읊은 것을 통해, 당시 중소 양국 사이의 우호동맹의 상호 원조 조약이 얼마나 어려웠는지 그 정도를 상상할 수가 있다.

1957년 2월 27일에서 3월 1일까지, 마오쩌둥은 베이징 중난하이에서 제11차 최고국무회의를 주재하여 소집하였다.

2월 27일 오후 마오쩌둥은 회의에서 〈인민 내부 모순의 정확한 처리에 관한 문제〉라는 중요한 연설을 하였다. 3월 6일, 중국공산당 중앙위원회는 수도에서 당 외 인사가 참가하는 전국 선전공작 회의를 개최하였고, 마오쩌둥의 〈인민 내부모순의 정확한 처리에 관한 문제〉라는 연설을 전달하고 시론을 하였다. 회의기간 동안 마오쩌둥은 선전·교육·문예·신문·출판·고등학교·과학 등 여러 분야의 당 안팎의 수십 명의 동지들과 함께 6차 좌담을 진행하였다.

좌담 중 마오쩌둥은 문학 과목은 각 지방에서는 그 지역 작가의 작품에 대해 강의하였는데, 사천에서는 이백(李白)과 두보(杜甫)의 작품을 강의할 것을 제의하였다.[99]

1959년 8월 6일, 마오쩌둥은 뤼산(廬山)에서 며느리 류송린(劉松林)에게 편지를 보냈다.[100]

## 며늘아기에게

몸의 건강은 어떠하냐? 여동생은 학교에 합격하였느냐? 나는 그런 대로 괜찮고, 베이징에 있던 때와 비하면 꽤 괜찮다. "높은 곳에 올라 장엄한 천지간을

99) 陈晋主编,《毛泽东读书笔记解析》, 广东人民出版社 1996,1262쪽。
100) 中共中央文献研究室编,《老一代革命家书选》, 中央文献出版社1990, 57쪽。
101)《毛泽东手书古诗词选》, 文物出版社、档案出版社1984年版。

바라보니, 큰 강은 까마득하여 흘러서는 돌아오지 않네. 만리의 노란 구름 일자 풍경 변하고, 하얀 파도 아홉 길로 설산을 흐른다.[登高壯觀天地間 大江茫茫去不還 黃雲萬里動風色 白波九道流雪山]" 이는 이백의 시 구절이다. 걱정이 있을 때 고전문학을 본다면 걱정이 사라질 것이다. 오랫동안 보지 못해 더욱 그립구나.

시아버지가
8월 6일

마오쩌둥이 편지에서 인용한 시구는 이백의 〈뤼산의 노래를 지어 노허주 시어에게 부치다(廬山謠寄盧侍御虛舟)〉에서 나온 것이다.

1961년 9월 16일 마오쩌둥은 뤼산 미려(美廬)의 별장에서 이백의 〈뤼산의 노래를 지어 노허주 시어에게 부치다〉라는 시를 직접 써서 뤼산에 초대한 당 위원회 상무위원회 여러 동지들에게 주었다.[101]

| | |
|---|---|
| 높은 곳에 올라 장엄한 천지간을 바라보니, | 登高壯觀天地間 |
| 큰 강은 까마득하여 흘러서는 돌아오지 않네. | 大江茫茫去不還 |
| 만 리의 노란 구름 일자 풍경 변하고, | 黃雲萬里動風色 |
| 하얀 파도 아홉 길로 설산을 흐른다. | 白波九道流雪山 |

이백의 〈뤼산의 노래〉라는 시 중의 4구입니다. 뤼산에 올라 장강(長江)을 바라보며 이 시를 써서 뤼산의 상무위원회 여러 동지들에게 드립니다.

마오쩌둥
1961년 9월 16일

1973년 7월 4일 마오쩌둥은 왕홍원(王洪文), 장천챠오(張春橋)와 담화하였다.

지난 몇 십 년간 중국의 국어교과서는 진시황(秦始皇)이 수레바퀴, 문자, 도량형을 통일한 것에 대해 호의적으로 기술하였다. 이는 이백이 진시황에 대해 말하면서 대단하다고 한 것에서 시작하였다. "진시황이 여섯 나라의 합종을 쓸어버리니, 위세 얼마나 웅대한가. 검 휘둘러 떠다니는 구름 자르고, 멸망당한 제후들은 모두 서쪽 진나라로 불려왔네(秦王掃六合 虎視何雄哉 揮劍決浮雲 諸侯盡西來)"라고 한 대작의 끄트머리의 두 구에서 "다만 깊고도 깊은 진시황 무덤 아래서, 구리로 만든 관 차가운 재를 창사 지내는 것을 보았을 뿐이네(但見三泉下 金棺葬寒灰)"라고 한 것은 그가 여전히 죽어 있다는 것을 말한 것이다. [102]

그대 이백이여, 줄곧 관리가 되고자 하였으나, 결과는 귀주(貴州)로 유배를 가고 말았는데 백제성(白帝城)에 도착하여 사면령이 내려왔다. 이에 "아침 노을 속에서 백제성을 떠났다.[朝辭白帝彩雲間]" 사실, 그는 줄곧 관리가 되고자 하였다. 〈양보음(梁甫吟)〉은 현재는 실행되지 않지만 장래에는 희망이 있음을 말한다. "그대 보지 못했는가. 고양의 술꾼 역이기가 초야에서 일어나[君不見 高陽酒徒起草中]", "초나라 한나라 지휘하니 날리는 쑥대 같네.[指揮楚漢如旋蓬]"그때는 득의양양하고 자신만만했다. 나는 몇 구절 더하여 비교적 완전하게 하겠다. "한신이 말을 듣지 않으리라는 것을 헤아리지 못하여, 십만 대군 내려와 성을 지나네. 제왕 머리끝까지 노하여, 술꾼 역이기를 잡아 끓는 솥에 던졌네.[不料韓信不聽話 十萬大軍下歷城 齊王火冒三千丈 抓了酒徒付鼎烹]" 그를 기

---

102) 陈晋主编, 《毛泽东读书笔记解析》, 广东人民出版社1996, 1271~1272쪽.

름 솥에 집어넣었던 것이다.

마오쩌둥이 담화 중에서 말한 "고양의 술꾼 역이기[高阳酒徒]"는 한고조(漢高祖) 유방(劉邦)에게 등용된 모사 역이기(酈食其)를 가리킨다. 초한(楚漢)의 전쟁에서 역이기는 제왕(齊王)에게 항복을 권하면서 한왕 유방이 더 이상 그를 공격하지 않을 것이라 말하였는데, 뜻밖에도 한신(韓信)이 계속 군사를 이끌고 제를 공격하여 연달아 72개의 성을 함락하였다. 제왕은 역이기에게 속았다고 분노하며 역이기를 기름 솥에 던져 버렸던 것이다. 마오쩌둥이 이 말을 한 의도는, 무릇 서생 티를 심하게 내거나 스스로 과대평가하는 사람은 최후에는 어떠한 좋은 결과도 낼 수 없다는 것을 말하고자 했던 것이다.

마오쩌둥은 생전에〈꿈에 천모산에서 노닐며 이별을 노래하다(夢遊天姥吟留別)〉·〈황학루에서 광릉으로 가는 맹호연을 전송하며(黃鶴樓送孟浩然之廣陵)〉·〈선주의 사조루에서 숙부 이운 교서를 전별하다(宣州謝朓樓餞別校書叔雲)〉·〈뤼산의 폭포를 바라보다(望廬山瀑布)〉·〈아침에 백제성을 출발하며(早發白帝城)〉·〈앵무주를 바라보며 예형을 그리워하다(望鸚鵡洲懷禰衡)〉·〈월하독작(月下獨酌)〉 등과 같은 이백의 시를 언제나 읽곤했다. 마오쩌둥은 모든 시에 동그라미를 표시하였는데 어떤 시구들은 동그라미가 한 번에 그치지 않고 여러번 친 것도 있었다.

요약하자면, 마오쩌둥은 이백의 시를 읽는 것을 좋아하였고, 이백 시의 품위 있는 낭만을 좋아하였으며, 시의 매혹적인 정서를 좋아하였다. 그러나 마오쩌둥은 동시에 이백의 시 가운데서 현실을 초탈하고 객관성을 초월하는 감탄의 심정에는 반대하였고, 또한 이백의 시에서 표출된 강렬한 야심과 그의 현실 삶에서 처해 있는 곤란한 처지 사이의 모순에 대해서 바로잡으면서 논평하였다.

## 시평

술 마시며 백 편의 시를 쓴 이백,  李白斗酒詩百篇

산수 유람하고 큰 강을 지났네.  遊山玩水歷大川

이때는 임금 탄 수레 모시기도 하였는데,  時年也曾伴聖駕

권세가들을 업신여겨 사금환산 하였네.  藐視權貴賜金還

나라에 보답할 뜻으로 온 마음 가득 찼지만,  徒懷滿腔報國志

실망하여 아침노을 사이로 나는 듯 내려왔네.  恨然飄逸彩雲間

금 술잔 손에 쥐고 달과 대작하여 비우고,  挽攬金樽空對月

근심 있어 술을 들어 하늘에 묻네.  憂愁把酒問青天

문장은 수놓은 비단 같고 시는 바다 같았으나,  文章錦繡詩如海

떠벌리기 좋아하는 성품이라 행보가 어려웠네.  個性張揚步履艱

정처 없이 떠돌아다니는 고달픈 생활,  顛沛流離無定所

시와 부를 읊어 마음 위로하니 넉넉하구나.  吟成詩賦慰心寬

쟁쟁하고 강직한 성품 갖춘 듯하였으나,  貌似錚錚存傲骨

절절한 슬픔에 붉은 얼굴 시들었네.  悲悲切切凋朱顏

그대 일생 무엇과 닮았나 묻노니,  問君一生何所似

〈촉도난〉과 흡사하다네.  恰似詩賦《蜀道難》

## 2. "끝내 실패한 것은 두루 알지 못하였기 때문이다", 편지에서 왕안석 (王安石)을 논평하다

마오쩌둥은 한 통의 편지에서 송(宋)대의 대정치가이자 사상가, 문학가, 역사학자인 왕안석(王安石)에 대해 논평하였다.

왕안석은 그 의지를 실행하고자 하여 고전에 의탁하여 《주례(周禮)》를 주석하고 《자설(字說)》을 지었으며 그의 문장은 한당(漢唐)을 우습게 여겼다. 이와 같으니 전문적인 학자라고 할 수 있다. 그러나 끝내 실패한 것은 두루 알지 못하였고, 또 사회를 알지 못하였기 때문이다. 그래서 편치 않은 정책을 시행하였다.[103]

왕안석(1021~1086)의 자는 개보(介甫), 만년의 호는 반산노인(半山老人)이고, 북송의 대정치가이자 사상가, 문학가로, '당송팔대가(唐宋八大家)'중의 한 사람이다. 무주(撫州) 임천(臨川)[104] 사람으로, 경력(慶曆, 송 인종 연호)에 진사가 되어 은현(鄞縣)·서주(舒州)·상주(常州) 등지에 지방관리로 부임하였다. 가우(嘉祐) 1년에 인종(仁宗)에게 만언소를 올려, 조정을 개혁할 것을 주장하였다. 신종(神宗) 희녕(熙寧) 2년(1069)에 참지정사(參知政事)로 신정(新政)을 추진하기 시작하였고, 관료·지주·부호 등 특권층에 대한 억제에 힘쓰면서 생산력을 증대하고 부국강병을 이루며 북송 왕조의 '오랫동안 누적된 빈약한 형세'를 개혁하고자 하였다.

---

103) 邓振字等编, 《毛泽东评点二十四史》, 时事出版社1997, 1500쪽.
104) 무주(撫州) 임천(臨川) : 지금의 강서성(江西省) 무주(撫州)

희녕 3년(1070)에 재상에 임명되었다. 신법을 추진하는 과정에서 조정 중신 사마광(司馬光)을 필두로 한 완고한 보수세력의 극심한 저항과 반대에 부딪혀 두 번이나 재상 자리에서 쫓겨났고 만년에는 강녕(江寧)[105]에 물러나 거하였다. 사후에는 형국공(荊國公)에 봉해졌다. 왕안석은 시사(詩詞)에 능했는데, 그가 지은 문장은 웅건하고 신랄하며, 시폐(時弊)를 폭로하였으며, 간결하고 세련되면서도 막힘이 없었다. 그의 시 작품은 공적이 풍부하고, 사 작품 역시 품격이 고준(高峻)하였다.

마오쩌둥은 왕안석의 문장이 "한당(漢唐)을 우습게 여겼다"고 말하면서 진정한 '전문적인 학자'라고 평하였다. 다만 그가 변법의 추진을 강행하였으나 최후에 실패한 원인을 "두루 알지 못하였고" "또 사회를 알지 못하였기 때문"이라고 비평하였다.

왜냐하면 왕안석의 변법은 비록 황제의 지지를 받았지만 조야(朝野)의 반대가 너무 심하였고, 신법의 추진 과정 중에 또한 여러 가지 곤란을 겪어야 했으며, 마침내는 완고한 보수 세력이 자연재해를 왕안석에게 덮어씌우는 바람에 재상에서 파직되어 귀향하게 되고 말았던 것이다.

1964년 이후 마오쩌둥은 왕안석의 〈금릉회고(金陵懷古)〉의 앞 구절만을 여러 차례 읊어 대곤하였다.

| 패왕 홀몸으로 강남을 얻었으나, | 霸祖孤身取二江 |
| 자손들은 많은 땅을 빼앗겼네. | 子孫多以百城降 |
| 공을 세운 뒤 호화로운 삶 즐겼으나, | 豪華盡出成功後 |
| 안락은 재앙과 함께 온다는 것을 어찌 알았겠는가? | 逸樂安知與禍雙 |

〈금릉회고〉 전체는 다음과 같다.


| 패왕 홀몸으로 강남을 얻었으나, | 霸祖孤身取二江 |
| 자손들은 많은 땅을 빼앗겼네. | 子孫多以百城降 |
| 공을 세운 뒤 호화로운 삶 즐겼으나, | 豪華盡出成功後 |
| 안락은 재앙과 함께 오는 것 어찌 알았겠는가? | 逸樂安知與禍雙 |
| 동부의 옛터에는 사찰이 들어서고, | 東府舊基留佛刹 |
| 〈옥수후정화(玉樹後庭花)〉 소리의 여운이 뱃전에 지네. | 後庭餘唱落船窗 |
| 〈서리〉와 〈맥수가〉[106]도 옛일 노래하니, | 黍離麥秀從來事 |
| 흥망을 술독 옆에 두었네. | 且置興亡近酒缸 |


왕안석의 〈금릉회고〉는 역사의 교체와 국가 흥망의 감회에 젖어 지은 작품
이다. 마오쩌둥은 1964년 이후 여러 차례 이 시를 읊었다. 사람들을 일깨워 우
환의식을 증대시키고, 구세대 프롤레타리아 혁명가가 시작한 혁명 사업을 끝
까지 진행하고자 하는데 그 뜻이 있었다.

---

105) 강녕(江寧) : 지금 강소성(江蘇省) 남경(南京)
106) 〈서리〉와 〈맥수가〉 : 동주(東周)의 대부와 은(殷)왕조의 옛 신하들이 멸망한 고국을 슬퍼
　　하고 옛 도읍을 그리워하며 〈서리(黍離)〉와 〈맥수가(麥秀歌)〉를 지었다.

시평

| | |
|---|---|
| 변법으로 부국강병 도모하여 흥망에 관여하니, | 變法圖强關興亡 |
| 저항에 맞닥뜨려도 정상적이네. | 遭逢阻力亦正常 |
| 역대 왕조의 영명한 군주, | 曆朝曆代英明主 |
| 흥망성쇠로 조당을 설명하네. | 得以盛衰說朝堂 |
| 낡은 방법 답습하면 실망스러운 일 많고, | 因循守舊多憾事 |
| 진취적 방법 개척하면 방황이 적지. | 開拓進取少彷徨 |
| 재상에서 파직되어 고향 돌아와 천하를 근심하니, | 罷相歸寧憂天下 |
| 금릉회고의 뜻 오래리라. | 金陵懷古寓意長 |

## 3. '완곡하고 함축적'이거나 '호방함' 두 가지 사이의 《범중엄 (范仲淹)》 을 한가한 시간에 읊조리다

1916년 여름방학 후난성(湖南省)에 설립된 제1사범학교를 다니던 마오쩌둥 과 차이허선(蔡和森)은 창사(長沙)를 떠나 외지로 유학을 가기로 약속하였다.

두 사람은 고학생으로 아무도 돈을 가지고 있지 않았지만, 조국의 아름다운 강산을 열렬히 사랑하고 풍속과 민심의 기상과 염원이 무엇인지를 알았기에 큰 포부를 품고 각자 책과 우산을 짊어지고 유채꽃이 노랗게 피고 벼가 파랗게 자라는 들판과 마을을 성큼성큼 내디디며 여행길에 올랐다.…

여행 중 그들은 도보로 류양(瀏陽)·상인(湘陰)·위에양(岳陽)을 두루 돌아 다니며 통팅호(洞庭湖) 남부를 반이나 돌았다. 통팅호 주변의 위에양성(岳陽

城) 안에 도착했을 때 두 사람은 분주히 돌아다닌 피로도 잊은 채 서문 성벽 위에 우뚝 솟아 있는 위에양루에 올라 높은 곳에서 멀리 떨어진 통팅호 쪽을 바라보았다. 눈에 보이는 드문드문 있는 고기잡이배와 하늘에 맞닿아 있는 푸른 물결에 마음은 탁 트이고 기분은 상쾌하였다. 두 사람은 매우 감격하며 바라보았다.…

감격한 와중에 차이허선이 광활한 호수를 가리키며 말했다.

"이것이 바로 '먼 산을 머금고 긴 강을 삼켰으니, 드넓고 넘실거려 횡으로 끝이 없으며, 아침 햇살과 저녁 그늘에 기상이 천태만상이로다(銜遠山 呑長江 浩浩湯湯 橫無際涯 朝暉夕陰 氣象萬千)'라는 동정호구나!"

마오쩌둥 역시 유쾌하게 말했다.

"봄날이 화창하고 햇빛이 맑으며, 물결이 일지 않아 위아래의 하늘빛이 만경(萬頃)에 달하도록 온통 푸르며(春和景明 波瀾不驚 上下天光 一碧萬頃 沙鷗翔集 錦鱗游泳 岸芷汀蘭 郁郁青青)…"

두 사람이 감격해 하고 있을 때 차이허선이 다시 한 수 읊어댔다.

"조정의 높은 자리에 있으면 그 백성들을 걱정하였고, 강호(江湖)의 먼 곳에 머물면 그 임금을 근심하였으니, 이것은 나아가서도 걱정하고 물러나서도 걱정만 하는 것이다. 그렇다면 어느 때 즐거워할 수 있겠는가!(居廟堂之高 則憂其民 處江湖之遠 則憂其君 是進亦憂 退亦憂 然則何時而樂耶)'…"

그러자 마오쩌둥도 큰 소리로

"천하 사람들의 근심에 앞서서 근심하고, 천하 사람들의 즐거움에 뒤따라 즐거워하네. 아! 이런 사람들이 없었다면 나는 누구를 따랐을까?(其必曰, 先天下之憂而憂, 後天下之樂而樂乎 噫, 微斯人, 吾誰與歸)' 오직 '마오 씨 쩌둥'과 '차이 군 허선'뿐이도다. 민국 5년 8월 12일의 날이다!"[107]

마오쩌둥과 차이허선이 위에양루에서 읊은 사(詞)는 북송의 대문학가 범중엄(范仲淹)의〈악양루기(嶽陽樓記)〉에서 나온 것이다.

범중엄(989~1052)은 북송의 정치가이자 문학자이다. 자는 희문(希文)이고 소주(蘇州) 오현(吳縣) 사람이다. 태중상부(太中祥符)에 진사가 되었다. 어렸을 때 가난하였으나 학문에 힘썼고 출사한 뒤 격의 없는 말로 이름이 났다. 인종(仁宗) 천성(天聖) 시기에 서계(西溪)의 염관(鹽官)에 부임하였는데, 태주 지주(泰州知州) 장윤(張綸)이 그의 의견을 따라 바다에 단단한 제방을 쌓아 대량의 토지가 바닷물에 잠기지 않도록 하였다.

보원(寶元) 3년(1040) 서하(西夏)가 연천(延川)을 공격하자, 그는 한기(韓琦)와 함께 섬서 경략부사(陜西經略副使)에 부임하여 군사 제도를 개혁하고 국경 수비를 견고하게 하였다. 경력(慶曆) 3년(1043) 참정지사(參政知事)에 부임하여 십사(十事)를 건의하여 엄격한 임관제도를 마련하였고, 농업과 양잠업을 중시하였으며, 군사시설의 정비, 법제의 보급, 노역의 경감 등을 주장하였으나, 보수 세력의 반대로 섬서 사로선무사(陜西四路宣撫使)로 좌천되었다. 이후 영주(潁州)로 부임하던 중 병사하였다. 범중엄은 시사(詩詞)와 산문(散文)에 능통하였는데, 문자에는 정치적 내용이 풍부하였다.〈악양루기〉는 사물에 대한 묘사와 감정을 토로하는 바가 잘 융합되었기에 명성이 널리 알려졌다.《범문정공집(范文正公集)》이 전해진다.

〈악양루기〉를 보면 다음과 같다.(발췌) :

경력(慶曆) 4년 봄에 등자경(滕子京)이 좌천되어 파릉군(巴陵郡)을 다스리

---

107) 邸延生:《历史的真迹-毛泽东风雨沉浮五十年》, 新华出版社 2002, 68—69쪽.

니, 다음 해에 정사가 잘 되고 인심이 화합하여 온갖 폐지되었던 것들이 모두 복구되었다. 이에 악양루(岳陽樓)를 중수하여 옛 체제를 증가시키고, 그 위에 당(唐)나라의 뛰어난 이들과 지금 사람들의 시부(詩賦)를 새기고 나에게 글을 지어 기록해 줄 것을 부탁하였다.

내가 보건대 파릉(巴陵)의 훌륭한 경치는 동정호(洞庭湖) 하나에 달려 있어 먼 산을 머금고 긴 강을 삼켰으니 드넓고 넘실거려 횡으로 끝이 없으며 아침 햇살과 저녁 그늘에 기상이 천태만상이니, 이것이 바로 악양루(岳陽樓)의 장관으로 옛사람들의 서술(敍述)에 갖추어져 있다. 그러니 북쪽으로는 무협(巫峽)과 통하고 남쪽으로는 소수(瀟水)와 상수(湘水)에 닿아, 좌천되는 나그네와 글을 짓는 이들이 이곳에 많이 모였으니 경물(景物)을 보는 심정이 다름이 없을 수 있겠는가.

만약 장맛비가 계속 내려 여러 달 동안 개이지 않고 음산한 바람이 세차게 불어 탁한 물결이 허공을 치며, 해와 별이 빛을 숨기고 산악이 모습을 감추며, 장사꾼과 나그네가 다니지 않아 돛이 기울고 노가 부러지며, 저물녘에 어둑어둑해지자 호랑이가 소리치고 원숭이가 울어대는 때에, 이 누대에 오르면 도성을 떠나서 고향을 생각하며 참소에 근심하고 비난을 두려워하면서, 눈에 들어오는 모든 것이 쓸쓸하여 감정이 지극해져서 슬퍼하는 경우가 있을 것이다.

만약 봄날이 화창하고 햇빛이 맑으며, 물결이 일지 않아 위아래의 하늘빛이 만경(萬頃)에 달하도록 온통 푸르며 모래밭의 갈매기들은 날아와 모여들고 번쩍이는 물고기들은 헤엄치며, 언덕의 지초와 물가의 난초가 향기롭고 푸르며, 혹은 길게 퍼진 안개가 한번 개이고 밝은 달이 천리를 비추며 물에 뜬 달빛은 금빛으로 빛나고 고요한 달그림자는 마치 구슬을 가라앉힌 듯하며, 어부들의 노래 소리가 서로 화답하니 이 즐거움이 얼마나 지극한가. 이때에 이 누대에 오르면 가슴이 트이고 마음이 즐거워져 영광과 모욕을 모두 잊고 술잔을 잡고 바람을 대하고서 그 기쁨이 넘치는 경우도 있을 것이다.

아아! 내가 일찍이 옛 어진 이들의 마음가짐을 추구해 보니, 간혹 이 두 가지 경우의 행위와 다른 것은 어째서인가? 외물(外物) 때문에 기뻐하지도 않고 자신의 처지 때문에 슬퍼하지도 않아서, 조정의 높은 자리에 있으면 그 백성들을 걱정하였고 강호(江湖)의 먼 곳에 머물면 그 임금을 근심하였으니, 이것은 나아가서도 걱정하고 물러나서도 걱정한 것이다. 그렇다면 어느 때에나 즐거워할 수 있었겠는가? 그들은 반드시 말하기를, "천하 사람들의 근심에 앞서서 근심하고 천하 사람들의 즐거움에 뒤미처 즐거워한다." 라고 하였으리라. 아! 이런 사람들이 없었더라면 나는 누구를 따르겠는가.

6월 9일 15일

1957년 7월 12일 오전 8시 30분, 마오쩌둥은 비행기를 타고 난징(南京)을 떠나 산둥성(山東省)의 해안 도시인 칭다오(青島)에 도착하였다.

7월 17일 마오쩌둥은 칭다오에서 전국 시위원회 서기 회의를 주관하여 개최하였다.

8월 1일 마오쩌둥은 칭다오에서 〈해방군보(解放軍報)〉의 서문을 썼다.

강대한 국방군을 건설하기 위해 분투하자!

바닷바람이 솔솔 불어오고 파도가 높게 부서졌다. 마오쩌둥은 밤에 범중엄의 사(詞) 〈소막차(蘇幕遮)〉와 〈어가오(漁家傲)〉두 편을 읽고서 이에 대한 평을 썼다.

사(詞)에는 완곡하고 함축적이거나 호방한 두 부류가 있는데 각각 흥취가 있으므로 함께 읽어야 한다. 완곡하고 함축적인 부류를 오랫동안 읽으면 도리어 지치게 되므로, 호방한 부류로 바꾸어서 읽어야 한다. 호방한 부류를 오랫동안 읽으면 또 도리어 지치므로 완곡하고 함축적인 부류로 바꾸어서 읽어야 한다.

나는 호방한 부류에 흥미가 치우쳐 있지만 완곡하고 함축적인 부류도 그만두지 않고 읽었다. 완곡하고 함축적인 부류 중에는 예술적 경지가 처량하면서도 아름다운 사(詞)가 많이 있다. 범중엄의 이 두 수는 완곡하고 함축적인 부류와 호방한 부류 사이에 있어 중간 부류라고 할 수 있다. 다만 기본적으로는 완곡하고 함축적인 것에 속하여 처량하면서도 아름다워 사람으로 하여금 반복하여 읽게 한다.

완곡하고 함축적인 부류 중에 단순히 남녀 간의 사랑을 노래하거나 호방한 부류 중에 단순히 호방하고 격조가 높은 것은 오래 읽으면 모두 사람들로 하여금 도리어 싫증나게 만든다. 사람의 심정은 복잡하여, 다소 편애하는 것이 있지만 복잡하다. 복잡하다는 것은 대립하여 통일하는 것이다.

사람의 심정은 언제나 대립하는 요소가 있어 단일하지 않지만 분석할 수 있다. 사(詞)의 완곡하고 함축적이거나 호방한 두 부류를 사람이 읽을 때, 어떨 때는 전자를 좋아하고 어떨 때는 후자를 좋아하는 것이 그 일례이다. 잠 못 이루고 범중엄의 사(詞)를 읊조리며, 이렇게 쓴다.[108]

마오쩌둥이 자신은 "호방한 부류에 흥미가 치우쳤지만 완곡하고 함축적인 부류도 그만두지 않았다"고 설명한 것에서, 마오쩌둥이 시사 작품에서 이 점

---

108) 中央文献研究室编,《毛泽东读文史古籍批语集》,中央文献出版社1993, 27~28쪽。

을 체득하였다는 것을 알 수 있다.

## 시평

| | |
|---|---|
| 칭다오의 해변 물결 일렁이는 밤, | 靑島海濱波泛波 |
| 시부를 읽고 평가를 내린다. | 夜讀詩賦寫評說 |
| 흥취는 호방하여 감정은 물과 같으나, | 興趣豪放情如水 |
| 두 가지 겸비한 것이 성격이라. | 二者兼備是性格 |
| 땅에 앉아 하루에 팔만 리나 가고, | 坐地日行八萬里 |
| 하늘을 순시하여 일천 개의 강을 멀리 보네. | 巡天遙看一千河 |
| 붓 휘둘러 발묵하여 천하를 드러내고, | 揮毫潑墨著天下 |
| 독보적인 풍소(風騷)로 큰 노래 부르네. | 獨領風騷唱大歌 |

## 4. 《주자어류(朱子語類)》를 이야기하며 "천하의 일은 모두 할 수 있다"는 것을 체득하다

1917년 8월 23일 마오쩌둥은 리진시(黎錦熙)에게 편지를 보냈다.

천하를 움직이고자 하는 자는 마땅히 천하의 마음을 움직여야 하지만, 분명하게 드러나는 것은 아닙니다. 그 마음을 움직이는 것은 큰 본원을 갖추어야 합니다. 오늘날 변법은 모두 지엽적(枝葉的)인 것에서 착수하니, 의회, 헌법, 총통, 내각, 군사, 실업, 교육과 같은 것들은 모두 지엽적인 것입니다. 지엽적인 것 또한 없어서는 안 되지만, 이러한 지엽적인 것에는 반드시 본원(本原)이 있습니다.

본원을 얻지 못하면 이러한 지엽적인 것은 쓸데없게 되고, 지리멸렬해집니다. 본원과 조금이라도 가깝다면 다행이지만 그렇지 않으면 완전히 정반대가 됩니다. 본원과 완전히 정반대되는 것으로 백성을 다스릴 도구로 삼는다면, 그릇된 학설이 퍼져 나가 한 시대 한 나라가 패망으로 어찌 빠지지 않겠습니까. 어찌 터럭과 같은 말단의 부강과 행복을 말하겠습니까? 본원이란 우주의 진리를 말합니다. 천하가 백성을 낳음에 각각 우주와 일체로 삼으니, 우주의 진리는 사람들의 마음에 각각 갖추어져 있습니다. 비록 치우쳐져 있는지 온전한지는 서로 다르지만, 모두 나누어 가진 존재입니다. 지금 제가 큰 본원으로써 호소한다면 천하의 마음이 움직이지 않겠습니까? 천하의 마음이 모두 움직인다면 천하의 일에 할 수 없는 것이 있겠습니까? 천하의 일을 할 수 있다면 국가가 부강하고 행복해지지 않겠습니까?[109]

다만 전폭적으로 노력하여 큰 본원이 있는 곳을 탐구하고, 탐구한 것을 얻는다면 자연히 모든 것을 설명할 수 있을 것이니, 나뭇가지와 잎이 무성하더라도 장단을 망령되이 논하고 과거를 점치는 것은 적당하지 않습니다.

성인(聖人)이란 대본(大本)을 얻은 자이고, 현인(賢人)이란 대본을 대략 얻은 자이며, 어리석은 사람은 대본을 얻지 못한 자입니다. 성인은 천지에 통달하고 과거·현재·미래를 꿰뚫고 있으며, 삼계(三界)의 현상을 통찰하니, 공자(孔子)가 "백세를 알 수 있다" 라고 한 것과 맹자(孟子)가 "성인이 다시 나타난다 하더라도 내 말을 바꾸지 않을 것이다." 라고 한 것과 같습니다. 공자와 맹

---

109) 《毛泽东早期文稿》, 湖南出版社 1995, 85-87쪽.

자가 제자들의 질문에 답할 때 일찍이 어려울 수 없었으니, 어리석은 사람은 간혹 신기하여 놀라기도 하여 오류와 교묘함이 없음을 알지 못했으니, 오직 하나의 대본을 얻는 것에 달려 있을 뿐입니다. 이것을 가지고 백가지 분쟁에 대처하고 동정을 관리하고 거론하여 도망하지 않는다면, 어찌 오류와 교묘함이 있겠습니까?

마오쩌둥이 이 편지를 썼을 시기는 아직 창사(長沙)에서 후난성(湖南省)에 설립된 제1사범학교를 다니고 있을 때로, 리진시는 이미 베이핑(北平)에서 교편을 잡고 있었다. 주고받은 편지의 내용을 봤을 때 이는 마오쩌둥이 《주자어류(朱子語類)》·《사서집주(四書集注)》 등의 책을 읽은 후의 사상, 인식 혹은 그것의 총체로 간주할 수 있다.

《주자어류》는 송(宋) 대 대사상가인 주희(朱熹, 1130~1200)의 언론을 기술한 성리학 전문서적이다. 주희는 자는 원회(元晦), 호는 회암(晦庵), 휘주(徽州) 무원(婺源)[110] 사람이다. 소흥(紹興) 18년(1148) 진사에 합격하였다. 생애 대부분의 기간 동안 교육과 학술 연구에 종사하였고 유가사상의 전범(典範)이자 전승자가 되었다. 그의 철학사상은, 일원론적 객관 유심주의를 형성하고 "격물(格物) 궁리(窮理)"의 유심주의 선험론을 주장하여, 봉건 윤리학의 집대성자가 되었다. 정치사상의 측면에서는 "덕으로 다스리고" "인의(仁義)를 우선으로 하였으며", 사회경제적 측면에서는 유가의 전통 경제관념을 계승하여 '경계론(經界論)'을 제기하였다. 법률제도 측면에서는 비록 제왕이라도 '이(理)'를 국가와 법률제도의 주재자이자 근본이라고 여겨야 한다고 주장하였다. 그는 게다가 '미(美)'는 반드시 형식과 도덕의 통일, 즉 외표와 내심세계의 통일이라

---

110) 휘주(徽州) 무원(婺源) : 지금 강서(江西)에 속함.

고 여겼다. 동시에 그는 또 학습의 목적은 바로 '궁리(窮理)'이며, 반드시 순서를 따른 점진적인 방법으로 학습해야 한다고 주장하였다. 사회도덕 측면에서 인(仁)·의(義)·예(禮)·지(智)·신(信)과 충(忠)·효(孝)·제(悌) 모두가 마땅히 '충군(忠君)'과 '존장(尊長)'을 우선으로 삼아야 한다고 주장하였다. 그는 심지어 자연계 변화의 우주진화론까지 제기하였는데, 세계의 일체 사물은 모두 '음양(陰陽)'과 '이기(理氣)'에서 벗어날 수 없다고 여겼다. 말하자면 주희는 중국 봉건사회에서 공자를 계승한 이후 가장 영향력 있는 사상가였다고 할 수 있다. 그의 주요 저작으로는 《사서장구집주(四書章句集注)》·《주역본의(周易本義)》 및 후인들이 편집한 《주자어류(朱子語類)》와 《회암선생주문공문집(晦庵先生朱文公文集)》 등이 있다.

## 시평

| | |
|---|---|
| 정주(程朱)의 성리학 오랫동안 전해져, | 程朱理學久流傳 |
| 천 년 넘게 뿌리 깊이 박혔네. | 根深蒂固逾千年 |
| 공맹 계승하여 집대성하고, | 秉承孔孟集大道 |
| 중용의 학설로 밝은 도리 이르게 했네. | 中庸學說致明言 |
| 온화하고 우아한 거동으로 충효를 강학하고, | 溫文爾雅講忠孝 |
| 공경히 예의를 갖추어 성현을 높였네. | 恭敬禮讓尊聖賢 |
| 마땅히 전통사상을 참고로 해야 하나, | 傳統理念當借鑒 |
| 대략 알아도 괜찮으니 근원만은 탐구치 말게나. | 略知即可毋究源 |

## 5. "천하를 널리 유람하고자 하나" 유감이 많다고한 서하객(徐霞客)을 특히 좋아하다

1958년 1월 25일 마오쩌둥은 비행기를 타고 광저우(廣州)에서 베이징으로 돌아 왔다.

1월 28일 마오쩌둥은 중난하이 화이런탕(懷仁堂)에서 제14차 최고국무회의를 주관하여 개최하였다. 회의 중에 마오쩌둥은 명(明) 대의 여행가 서하객(徐霞客)을 언급하였다.

명조(明朝)의 강소(江蘇) 사람이 《서하객유기(徐霞客遊記)》를 썼는데, 그 사람은 관료 근성이 없었습니다. 그는 많은 곳을 돌아다니다가, 금사강(金沙江)에서 장강(長江)이 발원한다는 것을 찾아냈습니다. "아산이 강을 이끈다(峨山導江)"는 것은 경서(經書)에서 말한 것이지만, 그는 이것이 오류라고 하였고 "금사강이 강을 이끈다(金沙江導江)"라고 하였습니다.[111]

서하객(1586~1641)의 이름은 홍조(弘祖)이고, 자는 진지(振之), 호는 하객(霞客)으로 남직례(南直隸)[112] 사람이다. 어렸을 때부터 학문을 좋아하였는데, 특히 역사책·도경(圖經)·지리지·여행기·탐험기와 같은 종류의 책을 좋아하였다. 이러한 책들에 감화를 받아 명산대천(名山大川)을 유력할 뜻을 세웠다.

만력(萬曆) 35년(1607)부터 여행을 다니기 시작하여 22세부터 56세까지 줄곧 해마다 장강 남북의 16개성과 자치구에까지 발자취가 미쳤고, 산을 오르고

---

111) 龔育知等: 《毛泽东读书的生活》, 三联书店 1986, 270쪽.
112) 남직례(南直隸): 지금 강소(江蘇) 강음(江陰).

명승지를 유람하여 기이한 일을 탐험하고 그 일을 기록하였다. 만년에 책을 쓰기 시작하여 그가 유람하여 본 것을 일일이 문서에 기록하였다. 후인들이 보존되어 온 원고를 정리하여 《서하객유기(徐霞客遊記)》를 완성하였고, 세인들에게 "천고기서(千古奇書)"라 칭해졌다. 책은 일기체 산문이며 많은 분량에 내용이 풍부하고, 문장은 참신하며 신기하고 아름답다. 매우 탁월한 지리학 저서일 뿐만 아니라 동시에 가치가 뛰어난 문학작품이기도 하다.

1959년 4월 2일 마오쩌둥은 상하이(上海) 진장반점(錦江飯店)에서 중국공산당 제8회 중앙위원회 제7차 전체회의를 주관하여 개최하며 연설하였다. 먼저 공작방법의 문제를 설명하며 "권력은 정치국 상무위원 중앙서기처에 집중되어야 하며, 내가 지휘권을 가진다"는 것을 강조하였고, 아울러 "진리는 종종 소수의 사람들에게 있으며, 따라서 진리를 견지하기 위해서는 반드시 시대의 흐름에 역행하는 정신을 가져야 한다"고 하였다.

4월 5일 마오쩌둥이 회의에서 말했다.

만약 가능하다면, 저는 황하와 장강을 유람할 것입니다. 황하의 연안을 따라 올라가며, 지질학자·생물학자·문학가 등 한 무리의 사람들과 함께할 것입니다. 자동차는 타지 않고 오로지 말을 탈 것인데, 말 타는 것은 신체에 정말 좋습니다. 곧장 곤륜산(崑崙山)으로 갔다가 저팔계의 통천하(通天河)까지 가서 장강 상류로 넘어간 뒤, 강을 끼고 내려와 금사강에서 숭명도(崇明島)까지 갈 것입니다. 저는 이러한 포부가 있습니다.…

저는 서하객을 배우고 싶습니다. 서하객은 명말(明末) 숭정(崇禎)시기 강소 강음 사람입니다. 그는 걸어서 한평생 이렇게 두루 돌아다녔는데 주로 장강에 주력하였습니다.

《서하객유기》에서 볼 수 있는 것은 …[113]

말을 달려 황하를 유람하고 싶다는 마오쩌둥의 희망을 실현하기 위해서, 중앙경위국(中央警衛局)은 특별히 베이징 시산(西山)에다 비밀 기병대대 일개 대대를 조직하였다.

1958년 8월 16일부터 9월 3일까지 마오쩌둥은 베이다이허(北戴河)에서 중앙정치국 확대회의를 주관하여 개최하였다. 회의기간에 중앙경위국은 명에 따라 기병대대를 베이다이허로 파견하였다. 기병대대는 마오쩌둥을 위해 말 4필을 준비하였고, 매일 회의가 끝난 뒤 마오쩌둥은 말을 타고 달리고자 하였고, 곧 시작된 장기간의 "말 위에서의 생활"에 오래지 않아 적응하였다. 그러나 마침 이 시기 미국 태평양 제7함대가 대만 해협으로 들어와 국제 형세에 급격한 변화가 발생하여, 말을 달려 황하를 거슬러 올라가려고 한 마오쩌둥의 원래 계획을 망쳐 버렸다.

만년까지 마오쩌둥은 여전히 말을 달려 황하를 거슬러 올라가고자 하는 생각을 잊지 않았고, 동시에 시장(西藏)에 가지 못한 것을 유감으로 생각하였다. 마오쩌둥은 이셴녠(李先念)과 지덩퀘이(紀登奎)에게 이야기한 적이 있다. "자네들은 언제 라사까지 도로를 닦을 것인가? 만약 내가 80세가 될 때까지도 닦지 않으면 나는 당나귀를 타고서라도 가겠네."[114]

그러나 1976년 9월 9일 마오쩌둥이 서거할 때까지 여러 원인으로 인해 마오쩌둥의 이러한 희망은 끝내 실현되지 못했다.

---

113) 陈晋主编, 《毛泽东读书笔记解析》, 广东人民出版社 1996, 1124-1125쪽.
114) 1978년 지은이가 전 철도병 문화선전공작단 단장 호영(蘆永)의 기록을 취재하였다.

# 시평

| | |
|---|---|
| 천하를 널리 유람하고자 하나 유감이 많으니, | 壯遊天下遺憾多 |
| 말을 타고 황하를 달릴 수 없었네. | 未能跨馬走黃河 |
| 또한 일찍이 곤륜산에 가고자 생각하여, | 也曾設想赴崑崙 |
| 당나귀 타고 은하수를 건너려 했네. | 騎乘毛驢涉天河 |
| 계절이 바뀌고 세월이 흘러 천지가 바뀌니, | 星轉鬥移天地旋 |
| 시대와 함께 전진하여 새로운 노래 작곡하네. | 與時俱進譜新歌 |
| 위인들의 영령 마땅히 위로가 됐을 것이고, | 偉人英靈當慰藉 |
| 라사로 가는 철길 이미 개통되었다네. | 拉薩鐵路已通車 |

## 6. "지조가 굳세어 굴하지 않은" 양계업(楊繼業)을 대상으로 한 경극 《이릉비(李陵碑)》를 노래하다,

1960년 11월 25일은 마오쩌둥의 장자 마오안잉(毛岸英)이 한국전쟁에서 전사한 지 10주년이 되는 날이다. - 이날 오후 마오쩌둥은 중난하이 펑저원(豐澤園)의 쥐샹수옥(菊香書屋)으로 갔는데, 먼저 정원에 있는 몇 그루 큰 소나무 아래를 산책한 뒤 걸음을 멈추고 경극 《이릉비(李陵碑)》 중 양계업(楊繼業)의 몇 구절을 입에서 나오는 대로 불렀다.

| | |
|---|---|
| 금까마귀 떨어지고 옥토끼 올라가는 해질 무렵, | 金烏墜玉兔升黃昏時候 |
| 사랑스런 아들만 바라보고 다른 이는 따르지 않으니, | |
| 구슬처럼 떨어지는 두 줄기 눈물. | 盼嬌兒不由人珠淚雙流 |
| 일곱 사내아이 안문에서 돌아와 | |
| 군사를 옮겨 도움을 구하였네. | 七郎兒回雁門搬兵求救 |
| 왜 한 번 떠난 뒤로 돌아오는 것을 볼 수가 없나. | 爲什麼此一去不見回頭 |

......

마오쩌둥은 경극을 좋아하여 여가가 생기면 늘 《석동풍(借東風)》과 《실가정(失街亭)》 중 제갈량(諸葛亮)의 단락, 《타어살가(打漁殺家)》 중 소은(蕭恩)의 단락, 또 《이릉비》 중 양업(楊業)의 단락과 《원문참자(轅門斬子)》 중 양연소(楊延昭)의 단락 등과 같은 전통 경극 몇 구절을 애창하였다.

《원문참자》라는 경극의 주요 내용은 다음과 같다. 양연소의 아들 양종보(楊宗保)가 목가채(穆柯寨)에서 목계영(穆桂英)과 "사사로이 혼인 대사를 정하여", "전쟁에 나가 몰래 결혼하면 참형에 처한다" 는 군령을 어겼다. 양정소가 분노하여 아들을 원문(轅門) 밖으로 내보내 참수하고자 하였다. 때마침 전선에서 호군(犒軍, 군사들에게 음식을 주어 위로하는 것)하고 있는 팔현왕(八賢王) 조덕방(趙德芳)을 만났는데, 장수의 막사로 들어와 양종보를 용서해 줄 것을 청하였다. 이는 양정소의 불평을 한 가득 이끌어 내었다.…

마오쩌둥은 이에 대해 말했다.

양노령(楊老令) 공(公)은 여덟 명의 아들 중 4명의 아들이 죽었다. 불평을 표하는 것은 가하지만, 총괄하여 말하자면 그는 충심으로 나라에 보답했을 뿐만 아니라 지조가 굳세어 굴하지 않은 장수였다.[115]

중국 역사에서 양노령(楊老令) 공(公)이라는 사람은 확실히 존재하였다. 양업(楊業, ?~986)은 양계업(楊繼業)이라고도 하며, 병주(並州) 태원(太原)[116] 사람이다. 원래 북한(北漢)의 장령(將領)이었으나 이후 송(宋)에 투항하여 북송의 명장이 되었다. 그는 자루가 한 길이나 되는 대도(大刀)를 소지하고 있었으며, 용맹하여 싸움을 잘하였기에 대적할 자가 없어서 사람들이 '양무적(楊無敵)' 이라고 불렀다. 옹희(雍熙) 3년(986) 송나라 군대가 출병하여 거란을 공격하였는데, 반인미(潘仁美)가 총사령관을 맡았고 양업이 부사령관 겸 선봉을 맡았다. 잇달아 운(雲)·응(應)·환(寰)·삭(朔)의 네 개 주(州)를 수복하였으나 이후 동로군(東路軍)이 패배하자 명(命)을 받들어 네 개 주의 백성이 내륙으로

---

115) 邓振宇等编,《毛泽东评点二十四史》, 时事出版社 1997, 1477쪽.
116) 병주(並州) 태원(太原) : 지금의 서태원(西太原)

이주하는 것을 엄호하였고, 진가곡(陳家谷) 입구에서 거란병의 포위에 둘러싸였다.

　반인미 등이 전에 한 약속을 지키지 않고 철수를 앞당겼기 때문에 양업 홀로 고군분투하게 되었고, 힘이 다해 포로로 잡혔으나 3일 동안 단식을 하다 죽었다.


## 시평

| | |
|---|---|
| 금도 영공 양계업, | 金刀令公楊繼業 |
| 적진으로 돌격하여 함락시키니 적이 없었네. | 冲鋒陷陣至無敵 |
| 앞장서 군사들을 이끌고 용감히 목숨 걸고 싸웠으나, | 身先士卒拼殺勇 |
| 위험에 이르자 다른 자들은 | |
| 명령을 어기고 뿔뿔이 달아났네. | 臨危舍命敢披靡 |
| 그는 고군분투하였으나 원조가 이어지지 않아, | 孤軍奮戰援無繼 |
| 겹겹의 포위 속에 위세가 다했네. | 重重包圍勢所逼 |
| 포로로 잡히자 단식하며 남쪽 조정을 향해 눈물 흘리면서, | 被俘絶食朝南泣 |
| 뜨거운 피 흘려 옷 물들이는 것 달게 여겼다네. | 甘灑熱血染征衣 |

# 제편

민족영웅의 호연지기, 오래도록 맹
렬히 보존되고, 책 읽고 역사 읊으
며 심정을 토로하는 노래를 하다

# 제6편

민족영웅의 호연지기, 오래도록 맹렬히 보존되고,
책 읽고 역사 읊으며 심정을 토로하는 노래를 하다

### 1. 순방 기간 악비(岳飛)를 말하며 "죽음을 두려워하지 말라"는 정신을 강조하다

1949년 12월 22일 마오쩌둥은 중국당정대표단을 이끌고, 크렘린 궁전에서 스탈린의 70세 생일을 축하하기 위해 거행된 성대한 연회인 소련공산당 중앙과 소비에트 최고 장관회의에 참석하였다.

스탈린과 각 형제당과 국가대표는 모두 본부석에 앉았다. 마오쩌둥은 귀빈으로 모셔져 그의 좌석은 스탈린의 좌석 근처에 배정되었다. 스탈린과 마오쩌둥의 좌석 뒤쪽에는 따로 등받이 의자가 하나 있었는데, 이는 중국어·러시아어 통역을 책임진 스저(師哲)를 위해 마련된 자리였다.

연회는 시종일관 유쾌하고 열렬한 분위기 속에서 진행되었다. 연회가 진행되고 술잔이 오가며, 사람들은 소련의 주 요리와 스탈린이 즐겨 마신 그루지아 포도주를 마음껏 즐기며 음미하였다. 스탈린은 여러 차례 몸을 옆으로 돌려 마오쩌둥과 잔을 들어 이야기를 나누었고, 스저는 매우 유창하게 통역을 하였으며 소련 측 통역가 페이더린(费德林, Николай Трофимович Федоренко) 역시 스탈린 근처에 배정되었다.…

두 위인이 이야기를 나누던 중, 마오쩌둥이 중국의 군대에 대해 언급하였고, 발발한 지 오래되지 않은 중국해방전쟁 중 일찍이 국내외를 놀라게 했던 '삼대 전투'에 대해 언급하자, 스탈린은 이에 대해 큰 관심을 표하였다. 이야기가 화이하이전투(淮海戰鬪)에 이르자 마오쩌둥은 1차 해방군의 2개 종대와 국민당의 2개 병단이 서로 포위하였던 '조우전(遭遇戰)'에서 적군과 아군의 쌍방의 부대가 매우 좁은 지역 범위 안에서 서로 함께 뒤엉켜 있어 피차간에 전투를 전개하기가 매우 어려웠고, 매우 위험했던 상황을 매우 유머러스하고 생동감 있게 말하기 시작했다.

해방군의 전장 지휘관은 위험에 직면해서도 두려워하지 않고 전사들에게 "위험을 두려워하지 말고 죽음을 두려워하지 말라(不畏艱險 視死如歸)"고 호소하였다. 페이더린은 마오쩌둥의 이 두 구절을 번역하기가 쉽지 않다고 여겨 바로 마오쩌둥에게 "위험을 두려워하지 말고 죽음을 두려워하지 말라"는 구체적인 의미를 다시 한 번 해석해 줄 것을 요청하였다. 이에 마오쩌둥이 이 두 구절의 말은 중국 역사에서 송(宋) 대의 민족 영웅 악비(岳飛)가 적군과 전쟁을 할 때 적을 용감히 무찌르라고 장졸들을 격려하기 위해 늘 사용하였던 구절이며, 그 뜻은 "전투 중 어떠한 곤란한 일에 부딪치더라도 두려워하지 말고 어떠한 희생이라도 두려워하지 말라"는 의미라고 알려주었다.

스저는 한쪽에서 보충 설명을 하였다. '시사여귀(視死如歸)'라는 말은 "죽음을 고향으로 돌아가는 것처럼 여긴다는 뜻으로, 즉 죽는 것을 조금도 두려워하지 않음을 이르는 말입니다…"라고 말해주었다.

페이더린은 스탈린에게 마오쩌둥과 스저의 말을 통역하였고, 아울러 마오쩌둥과 스저의 말의 뜻과 이 두 구절의 출처에 대해서도 설명하였다. 스탈린이 다 듣고 난 뒤 "그는 얻기 어려운 천재 군사가이며, 조금도 두려워하지 않는 정신과 뛰어난 재능과 원대한 계략을 보여주었다!" 면서 악비를 끊임없이 칭찬하였다.

그러자 마오쩌둥이 활달하게 웃었다.…[117]

악비는 대다수 중국인들이 모두 아는 민족 영웅이다. 악비의 〈만강홍(滿江紅)〉이라는 사(詞)는 마오쩌둥이 매우 좋아하는 사일 뿐만 아니라 동시에 대다수의 중국인이 좋아하는 사이기도 하다.

악비의 〈만강홍〉을 보면 다음과 같다.


성난 머리칼은 관을 뚫을 정도인데 난간에 기대어 바라보니 쓸쓸히 내리는 비 그치네. 눈을 들어 하늘을 바라보며 크게 소리 지르니 창사의 감회가 맹렬하다. 30년간 쌓은 공적은 먼지에 불과하고, 8천 리 달려온 길도 구름과 달처럼 흔적이 없구나. 더 이상 기다릴 수 없으니, 젊었을 때의 머리카락은 어느새 희어졌으니 그저 비감한 마음만 애절할 뿐이네.

정강의 치욕은 아직 설욕하지 못했으니, 신하로서의 한을 어느 때나 없앨 수 있을까? 전차를 몰고 하란산 짓밟아 무너뜨리리라. 배고프면 오랑캐의 살로 배를 채우고, 목이 마르면 흉노의 피를 마시리라. 옛 산하를 다시 되찾은 후에 황제를 만나러 가려하네.[118]

## 시평

| | |
|---|---|
| 악비 군대의 위세가 금군을 위협하니, | 岳家軍威懾金兵 |
| 머지않아 변주성을 수복할 수 있을 것이네. | 指日可復汴州城 |
| 고종의 금편 12도, | 高宗金牌十二道 |
| 칙령으로 말 돌려 천자의 도읍으로 돌아왔네. | 勒令回馬返帝京 |
| 십년의 노력이 하루아침에 무너지니, | 十年之力一旦毁 |
| 정강의 치욕 씻어내는 것은 꿈에서나 헛되이 이루어지네. | 雪恥靖康夢成空 |
| 순수한 충정으로 나라에 보답하였으나 한갓 회한만 남으니, | 精忠報國徒遺恨 |
| 영웅의 피 풍파정을 물들이네. | 英雄血染風波亭 |

---

117) 邸延生：《历史的真情-毛泽东两访莫斯科》, 新华出版社 2006, 108-109 쪽.
118) 怒髮衝冠,凭欄處,瀟瀟雨歇。擡望眼,仰天長嘯,壯懷激烈。三十功名塵與土,八千里路雲和月。莫等閒,白了少年頭,空悲切。靖康恥,猶未雪。臣子恨,何時滅。駕長車,踏破賀蘭山缺。壯志饑,飱狼虎肉,笑談渴飲匈奴血。待從頭 收拾舊山河,朝天闕。

## 2. 육방옹(陸放翁)의 시를 읊으며 "다만 구주가 통일되는 것을 보지 못하는 것이 슬프구나!"라는 시구를 평하다.

1958년 12월 21일 마오쩌둥은 문물출판사(文物出版社)에서 각인한 대형 활자본 《마오쩌둥 시사(毛澤東詩詞) 19수》의 책 위쪽 여백에다 시평을 썼다.

혁명은 아직 완전히 완성되지 않았으니, 동지들은 여전히 노력해야 한다. 홍콩과 대만 일대에는 탐욕스러운 모기가 여전히 많으며, 서방 세계의 탐욕스런 모기는 진영을 이루었다. 전 세계 각 민족 수천 수백만 우공(愚公)이 일어나 그들 나름의 산을 옮기는 방법을 사용하여 이들 모기들의 진영을 일소할 것이니, 어찌 위대하지 않다고 하겠는가! 시험 삼아 육방옹(陸放翁)을 모방하여 말하겠다. "인류가 지금 한가로운 것은 아무 소용없지만, 다만 오주(五洲)가 통일되는 것을 보지 못하는 것이 슬프구나. 우공이 탐욕스러운 모기들을 다 쓸어버리는 날, 추모식 때 잊지 말고 마옹에게 알려주게(人類今閑上太空 但悲不見五洲同 愚公盡掃養蚊日 公祭無忘告馬翁)" [119]

마오쩌둥이 시평에서 말한 육방옹(陸放翁)은 남송(南宋)의 육유(陸遊)를 가리킨다. 육유(1125~1210)의 자는 무관(務觀)이고, 호는 방옹(放翁)이며, 월주(越州) 산음(山陰) [120] 사람으로, 남송의 걸출한 애국 장수이자 시인이다.

어렸을 때 나라에 충성하겠다는 뜻을 세웠고, 성년이 된 후에 여러 차례 투항파의 배척과 공격을 당하였지만 한마음으로 중원을 회복하려는 웅대한 포부는 조금도 줄어들지 않았고, 죽음에 직면해서는 〈아이들에게 보여주다(示兒)〉라는 시를 남겼다.

| 죽으면 만사가 아무 소용없다는 것을 알지만, | 死去元知萬事空 |
| 다만 구주가 통일되는 것을 보지 못하는 것이 슬프구나. | 但悲不見九州同 |
| 왕의 군대가 북쪽 중원을 평정하는 날, | 王師北定中原日 |
| 제사 때 잊지 말고 이 늙은이에게 알려주게나. | 家祭無忘告乃翁 |

육유는 생전에 거의 만 수에 이르는 시와 사를 지었고, 우포(尤褒)·양만리(楊萬里)·범성대(範成大)와 함께 "남송사대가(南宋四大家)"라고 불렀다. 그의 시와 사는 소재가 다양하고, 현실성이 풍부하였으며, 강렬한 전투 기백과 비분에 찬 격정이 넘쳐흘렀다. 시사 작품의 풍격은 다양하여, 호방함을 위주로 하고 상상력이 풍부하며 언어가 명쾌하여 여러 편의 시와 사가 후인들에게 널리 전해지며 읊어졌다. 〈황주(黃州)〉〈금착도행(金錯刀行)〉〈한중으로 돌아가는 길에서(歸次漢충칭上)〉〈장가행(長歌行)〉〈관산월(關山月)〉〈서분(書憤)〉〈가을 밤 동 트려 할 때 울타리 문을 나서며 서늘한 바람 쐬자 감회가 일어(秋夜將曉出籬門迎涼有感) 2수〉〈11월 4일 비바람이 세차게 몰아치다(十一月四日風雨大作) 2수〉 등과 같은 시와 〈채두봉(釵頭鳳)·홍소수(紅酥手)〉〈복산자(卜算子)·영매(詠梅)〉〈소충정·당년만리멱봉후(訴衷情·當年萬裏覓封侯)〉〈사지춘·장세종융(謝池春·壯歲從戎)〉 등과 같은 사가 있다.

마오쩌둥은 육유의 시사 작품을 읊는 것을 매우 좋아하였고, 또한 육유의 많은 시사를 유창하게 암송할 수 있었다.

1961년 12월 마오쩌둥은 육유의 사 〈영매(詠梅)〉를 읽고 그 뜻을 돌이켜 〈복산자·영매〉라는 사를 한 수 지었다.

---

119) 邓振宇等编, 《毛泽东评点二十四史》, 时事出版社 1997, 1577쪽.
120) 월주(越州) 산음(山陰) : 지금의 절강(浙江) 소흥(紹興)

비바람은 돌아온 봄을 헛되이 보냈지만    風雨送春歸

휘날리는 눈은 봄을 맞아들였네.    飛雪迎春到

이렇게 벼랑에 백 길 되는 얼음 달렸을 때  已是懸崖百丈冰

꽃망울 맺은 매화 가지는 아름다움을 품고 있네. 猶有花枝悄

아름다우면 봄을 두고 다투지 않아도   悄也不爭春

봄이 온다는 소식을 알릴 수가 있네.   只把春來報

산꽃 들꽃 만발한 때가 되기를 기다려,  待到山花爛漫時

그녀는 꽃 더미 속에서 웃고 있다네.   她在叢中笑


육유의 〈복산자 · 영매〉는 다음과 같다.


역 밖 단교 옆에       驛外斷橋邊

주인 없는 매화가 고적하게 피었네.   寂寞開無主

이미 황혼이 지는데 홀로 수심에 차 있으니, 已是黃昏獨自愁

더욱 비바람만 치는구나.     更著風和雨

홀로 애써 봄을 차지할 생각은 없다네,  無意苦爭春

다만 많은 꽃들로 하여 다투어 피게 할 뿐. 一任羣芳妒

꽃이 떨어져 진흙이 되고 다시 티끌이 되어도, 零落成泥碾作塵

오직 그 맑은 향은 변함이 없구나.   只有香如故

시평

| 비바람에 흔들려 일은 이루기 어려우니, | 風雨飄搖事難成 |
| 재지와 무공 헛되이 지녔네. | 空懷才智與武功 |
| 임금은 편히 누리며 편안한 꿈에 치우치고, | 君王安享偏安夢 |
| 지사들은 헛되이 명을 다투네. | 志士徒勞以命爭 |
| 세월은 유수 같이 흐르고, | 時光歲月如流水 |
| 늙은이 와서 아이를 보며 늙은이에게 알려주네. | 老來示兒告乃翁 |
| 왕의 군대가 북쪽 중원 평정하는 날, | 王師北定中原日 |
| 제사 때 분향하며 죽은 혼령 구실 삼네. | 祭祀焚香藉亡靈 |

## 3. "대호(帶湖)를 매우 사랑하노라"라는 신기질(辛棄疾)의 시를 여러 차례 찬탄하다

1950년 2월 16일 〈중소우호동맹 상호원조조약〉 조인의 사명을 완수한 중국 당정대표단 대표들은 모스크바에서 여장을 꾸리며 귀국할 준비를 하고 있었다. 저우언라이(周恩來)와 왕쟈샹(王稼祥)은 마오쩌둥이 머무르는 귀빈실로 가서 머지않아 모스크바를 떠날 구체적인 일정에 대해 마오쩌둥과 이야기를 나누었다. 왕쟈샹이 마오쩌둥을 향해 보고하였다.

"소련 측에서 이미 좋은 기차를 준비하였습니다. 스탈린 동지의 배려 덕에 스탈린 동지의 전용 열차를 계속 사용하게 됐습니다."

마오쩌둥이 말했다.

"그래요, 잘 알겠소."

저우언라이와 왕가상이 떠난 뒤 마오쩌둥은 유리창 앞에 오랫동안 서 있으면서, 남송(南宋)의 애국 사인(詞人)인 신기질(辛棄疾)의 〈수조가두(水調歌頭)·맹구(盟鷗)〉를 읊었다.

대호를 매우 사랑하노니, 천 장의 비취빛 거울이 열렸구나. 선생은 지팡이 짚신 차림으로 할 일 없어 하루에도 천 번을 돌며 다닌다. 나와 맹세한 갈매기와 백로들아 오늘 맹세한 후에는 왕래하면서 서로 의심을 말자구나. 백학은 어디에 있는가? 모두 함께 와 보게나.

푸른 개구리밥 수초를 헤치고, 초록색 마름 풀을 밀어 헤치며 이끼 낀 물가에 섰다. 우습구나, 고기를 엿보려는 어리석은 꾀, 내 술잔을 들 줄 모른다. 예전엔 황폐한 못과 산언덕이었더니, 오늘 밤엔 밝은 달과 맑은 바람이 있네. 일생에 애환은 얼마나 될까? 동쪽 바위 기슭에 녹음이 성기니 버드나무를 또 심어야겠다.[121]

마침 마오쩌둥이 온 정신을 기울여 신기질의 사를 읊고 있을 때, 통역인 스저(師哲)가 마오쩌둥과 차를 마시기 위해 방으로 왔다. 마오쩌둥이 스저를 발견하지 못하자 스저가 낮은 목소리로 마오쩌둥을 불렀다.

"주석 님…"

"아…"

---

121) 帶湖吾甚愛,千丈翠奩開。先生杖履無事,一日走千回。凡我同盟鷗鳥,今日既盟之後,來往莫相猜。白鶴在何處,嘗試與偕來。
破青萍,排翠藻,立蒼苔。窺魚笑汝痴計,不解舉吾杯。廢沼荒丘疇昔,明月清風此夜,
人世幾歡哀。東岸綠蔭少,楊柳更須栽。

마오쩌둥이 몸을 돌려 스저를 한번 보고 소파 위에 앉도록 손을 들어 불렀다.

"여기 앉게나!"

그 뒤 아직 흥이 다하지 않아 계속하여 신기질의 다른 사 〈심원춘(沁園春)·
장지주(將止酒) 계주배사물근(戒酒杯使勿近)〉을 한 수 더 읊었다.

술잔아, 너 이리 오너라. 이 늙은이 오늘 아침 내 몸을 점검해 보았다.

언제나 술에 대한 갈증이 심하여 목구멍은 타는 솥같이 바싹 마르고, 요새는
졸리기만 해서 코 고는 소리는 우레가 치는 듯하다.

너는 말하기를 '유령은 고금에 통달한 사람이고 취한 후 아무데나 죽어 묻힌
들 무슨 거리낌이 있으랴' 하네.

게다가 노래와 춤으로 중개자 삼아 술 먹이니

생각건대 인간에게 독주와 같거늘

하물며 원한은 크고 작고 간에 좋아하는 데에서 생겨나고 사물은 본래 선함
과 악함이 없으나 지나치면 재앙이 되는 법.

내 너와 말로 약속하노니 머뭇거리지 말고 빨리 물러가라, 내 힘은 너의 술
잔을 마음대로 할 수 있다.

술잔은 재배하고 말하기를 '손을 내저으면 물러가고 부르시면 또 올 것입니
다'라고 하네.[122]

걸쭉한 후난 사투리로 읊는 것을 듣고서, 소파에 앉아 있던 스저가 말했다.

---

[122] 杯汝來前 老子今朝 點檢形骸 甚長年抱渴 咽如焦釜 於今喜睡 氣似奔雷 汝說劉伶 古今
達者 醉後何妨死便埋 渾如此 嘆汝於知己 真少恩哉乃憑歌舞為媒 算合作平居鴆毒猜 況怨
無大小 生於所愛 物無美惡 過則為災 與汝成言 勿留巫退 吾力猶能 肆汝杯 杯再拜 道麾之
即去 招則須來

"저는 주석께서 왜 술 마시는 것을 좋아하지 않는지를 알겠습니다.…"

"자네는 하나만 알고 둘은 모르는 것 같네!"

마오쩌둥이 웃으며 스저에게 말했다.

"자네도 알다시피 나는 정말 술을 마시지 못하지…"

그러면서 바로 화제를 바꾸어 말했다.

"신기질은 한 시대의 시옹(詩翁)에 넣을 수 있다. 대가다운 품격이 있는데 평생 한을 품었으니 애석하구나.…"

스저가 몸을 일으키면서 말했다.

"시대는 같지 않지만, 우리는 옛사람들 누구보다도 잘 할 것입니다!"

"자네 말이 맞네."

마오쩌둥이 말했다.

"새로운 중국이 건립된 것은 하나의 대 사건이며, 〈중소우호동맹 상호원조 조약〉에 조인한 것 역시 하나의 대 사건이네. 이 두 가지 대 사건을 합하면 중국혁명의 여정에서 앞으로 두 걸음 나아간 셈이라 할 수 있지. 이후의 걸음은 더 어려울 것이고 더 걷기 힘들 것이지만 말이네…"

"대장정을 우리 모두 걸어 왔는데 아직도 뭐를 두려워하십니까!"

스저가 자신만만해 하면서 다시 말했다.

"공산당 지도자가 있으니, 중국은 빨리 좋아질 것입니다."

그러자 마오쩌둥은

"자네는 절반만 맞췄네…"

하고 힐난하듯 말했다.

"공산당 지도자가 있어도 이는 모든 일의 근본적인 토대를 잘 처리하는 것일 뿐일세. 빨리 좋아질 것이라 말하지만 나는 아니라고 보네. 빨리 될 수가 없으

며 적어도 우리 시대와 다음 세대의 공동 노력이 필요하다고 보네…" [123)]

마오쩌둥은 신기질의 시사를 매우 좋아하여 항상 신기질의 사 작품을 읊었다. 신기질(1140~1207)의 자는 유안(幼安)이고, 호는 가헌(稼軒)이며, 역성(歷城)[124)] 사람이다. 남송의 애국 장령이자 걸출한 애국 사인(詞人)이다. 22세에 의병에 참여하여 금나라 군사에 저항하였고, 이후 남쪽으로 수도를 옮기자 송나라로 돌아갔다. 평생토록 항전을 주장하였고 북벌을 견지하였다. 수복을 위한 대계를 진술하여 여러 차례 올렸으나 신임을 얻지 못하여 채택되지 못했다. 42세 이후 20여 년간은 강남의 농촌에서 한거하면서 울적해하다 죽었다. 600여 수의 시사(詩詞)가 남아 있는데, 그 소재는 광범위하고, 뜻은 심원하며, 기교는 다양하고, 전고(典故) 인용에 능하였다. 사 작품은 웅장하고 기이하며 호기롭고, 처량하고 우울하여 남송의 호방사파(豪放詞派)를 대표한다. 《가헌장단구(稼軒長短句)》가 남아 있다.

마오쩌둥이 동그라미를 표한 신기질의 사 작품에는 〈수룡음(水龍吟)·갑진세수한남간상서(甲辰歲壽韓南澗尙書)〉 〈수룡음·등건강상심정(登建康賞心亭)〉 〈수조가두(水調歌頭)·탕조미사간견화(湯朝美司諫見和), 용운위사(用韻爲謝)〉 〈염노교(念奴嬌)·서동류촌벽(書東流村壁)〉 〈추노아근(醜奴兒近)·박산도중효이역안체(博山道中效李易安體)〉 〈보살만(菩薩蠻)·서강서조구벽(書江西造口壁)〉 〈보살만·금릉상심정위엽승상부(金陵賞心亭爲葉丞相賦)〉 〈청옥안(靑玉案)·동풍야방화천수(東風夜放花千樹)〉 · 〈하신랑(賀新郞)·부비파(賦琵琶)〉 · 〈최고루(最高樓)·오쇠의(吾衰矣)〉 · 〈서강월(西江月)·야행황사도중(夜行黃沙道中)〉 · 〈수조가두·장한부장한(長恨復長恨)〉 · 〈추노아(醜奴兒)〉 ·

123) 邸延生：《历史的真情-毛泽东两访莫斯科》, 新华出版社 2006, 198-199쪽.
124) 역성(歷城)：산동(山東) 제남(濟南)

서박산도중벽(書博山道中壁)〉·〈수조가두·아지재요활(我志在寥闊)〉·〈파진자(破陣子)·위진동보부창사이기(爲陳同甫賦壯詞以寄)〉·〈붕고천(鵬鴣天)·장세정기옹만부(壯歲旌旗擁萬夫)〉·〈서강월·견흥(遣興)〉·〈생사자(生査子)·독유우암(獨遊雨岩)〉·〈영우락(永遇樂)·경구북고정회고(京口北固亭懷古)〉·〈남향자(南鄉子)·등경구북고정유회(登京口北固亭有懷)〉 등이 있다.

1964년 마오쩌둥은 주배원(周培源)·우광원(于光遠)과의 담화 중에서 재차 신기질을 언급하며, 신기질의 사〈목란화만(木蘭花慢)〉에 포함된 '지원설(地圓說)'을 설명하였다.

신기질의 사 〈목란화만·가련금석월(可憐今夕月)〉을 보면 다음과 같다.

추석날에 다음날 아침이 되도록 술을 마셨는데 어떤 손님이 말하기를 이전 사람들의 시와 사에는 달을 기다리는 노래는 있지만 달을 전송하는 것은 없다고 하기에, 《초사》〈천문〉의 체제를 사용하여 짓다[中秋飮酒將旦 客謂前人有賦待月無送月者 因用天問體賦]

사랑스러운 오늘 저녁의 달 어디를 향해 유유히 가는가!

혹시 또 다른 인간세상이 있어 달이 동쪽에 떠 있는 것을 그곳에서는 이제 막 볼 수 있으려나.

아니면 하늘 밖 텅 비고 아득히 넓은 곳으로 세찬 큰 바람이 추석의 달을 보내는 것인가.

하늘을 나는 거울 본래 뿌리 없는데 누가 하늘에 매달았으며 항아는 시집가지 않는데 누가 달에 머무르게 하나.

달이 바다 밑을 지나간다 말하지만 물어볼 데가 없으니 아리송해서 시름에 잠기게 만드네.

두려워하나니, 옥으로 장식한 궁전과 누대를 만 리를 가는 큰 고래가 종횡으로 다니다가 부딪쳐 부수지나 않을까?

두꺼비는 본래 물에서 놀 수 있다지만 물어보세, 옥토끼는 어떻게 물에서 뜨고 가라앉을 줄을 아는지. 만약 이 모든 것이 아무 문제없다면 어째서 둥근달은 점점 갈고리처럼 되는 걸까.[125]

마오쩌둥은 신기질의 이 사를 매우 좋아하였다. 예술로서 좋아했을 뿐만 아니라 변증법적 사유를 좋아하였던 것이다.


## 시평

| | |
|---|---|
| 자고로 영웅은 강개함이 많으니, | 自古英雄多慨慷 |
| 온 마음의 끓는 피는 서리로 응겼네. | 滿腔熱血凝成霜 |
| 충심으로 나라에 보답하고자 하였으나 | |
| 길이 없어 근심하였고, | 忠心報國愁無路 |
| 원대한 포부 실현하기 어려워 풍파를 달렸네. | 壯志難酬走滄桑 |
| 하늘을 찌르는 원망을 품었다 한들, | 縱使懷抱冲天怨 |
| 사람들 만나지 않던 시기에 한갓 공허히 슬퍼하였네. | 人不逢時徒感傷 |

---

125) 可憐今夕月 向何處 去悠悠 是別有人間 那邊才見 光影東頭 是天外空汗漫 但長風 浩浩送
中秋 飛鏡 無根誰系 嫦娥不嫁誰留 謂經海底問無由 恍惚使人愁 怕萬裡長鯨 縱橫觸破 玉
殿瓊樓 蝦蟆故堪浴水 問雲何 玉兔解沉浮 若道都齊 無恙 雲何漸漸如鉤

가헌이 남긴 천여 수의 사,　　　　　　　　　　　　稼軒遺詞千百首

행간에서 차고 더움을 토해 냈네.　　　　　　　　　字里行間吐炎涼


## 4. "국토의 험준함에 의지하여도 지킬 수 없다"고 한 진량(陳亮)의 〈염노교(念奴嬌)〉를 읊다

1975년 8월 초 어느 날, 마오쩌둥은 밤에 잠을 이루지 못하고 감정이 격앙되어 남송의 사인 진량(陳亮)의 〈염노교(念奴嬌)·등다경루(登多景樓)〉를 읊기 시작했다.

높은 누대에서 사방을 둘러보고, 이 마음 탄식하니 예부터 지금까지 몇 사람이나 이해하겠는가?. 귀신이 만든 것 같이 빼어난 경치, 뒤섞여 간주하여 하늘은 남북의 경계가 없네. 한 줄기 물은 가로로 지나 세 면은 산등성이와 맞닿아 있어 전쟁에 나서는 영웅의 형세이다. 육조의 무슨 일인들 성문 호족들의 사사로운 계획일 뿐이라네.

왕사(王謝) 같은 이들을 비웃으며, 높은 곳 올라 멀리 있는 이 위로하고, 영웅의 눈물을 배우네. 장강의 험준함에 의지하여도 지킬 수 없으니, 하낙(河洛)의 비린내 끝이 없다네. 바로 장구하니, 뒤돌아보지 말고, 중류를 찾아 회복하기를 맹세하네. 어린아이가 적을 격파하고, 그 기세 이루었으니 어찌 국경을 묻겠는가.[126)]

진량(1143~1194)의 자는 동보(同甫)이고, 용천선생(龍川先生)이라고도 불렸으며, 무주(婺州) 영강(永康)[127)] 사람이다. 남송의 사상가이자 문학가이다. 광종(光宗)시기에 진사가 되어 1등으로 선발되었고, 첨서건강부판관(簽書建康府判官)에 제수되었으나 부임하지 못하고 죽었다. 그의 사람됨은 재기가 뛰어났고 군사 이야기를 즐겨하였다. 금(金)과의 화의를 반대하고 항전할 것을 강력히 주장하였으며, 여러 차례 주화파들에게 체포되어 투옥되었으나 출옥한 뒤에도 여전히 고치지 않고 항전을 주장하였으며, 일찍이 "일세의 지용을 전복하여 만고의 심흉을 개척한다(推倒一世之智勇 開拓萬古之心胸)"라고 자부하였다. 성리학자들에 대해 주관적인 동기와 '도덕성명(道德性命)'의 공담만 말한다고 비난하였고, 성리학의 대표 인물인 주희(朱熹)와 여러 차례 논쟁을 하여 삼대(三代) 이후 천지의 인심(人心)이 날로 쇠퇴하였다는 주희의 관점을 반대하였다. 그의 논증 저작들은 기세가 종횡무진하고 필치가 날카로우며, 사(詞) 작품 또한 감정이 풍부하여 격앙되어 있으며 풍격이 호방하다. 세상에 《용천문집(龍川文集)》·《용천사(龍川詞)》가 전해진다. 대표작으로 〈염노교·등다경루〉·〈하신랑(賀新郎)·기신유안화견회운(寄辛幼安和見懷韻)〉 등이 있다.

이 시기는 마오쩌둥이 서거하기 겨우 1여 년 전이다. 마오쩌둥의 건강 상태는 매우 좋지 않아 아마 스스로도 '영웅의 말년' 혹은 '남은 날이 많지 않다'라고 생각하였을 것이다. 그러나 일생을 통해 분투해온 조국의 대업이 아직 통일되지 않았고, '문화대혁명'의 불투명한 장래와 많은 상황이 그가 시동을 건 '문화대혁명'의 초심과는 현저히 차이가 나, 그의 마음은 매우 슬펐다. 남송 사인(詞

---

126) 危樓還望,嘆此意、今古幾人曾會。鬼設神施,渾認作、天限南疆北界。一水橫陳,連崗三面,做出爭 雄勢。六朝何事,只成門戶私計。因笑王謝諸人,登高懷遠,也學英雄涕。憑卻長江管不到,河洛腥羶無際。正好長驅,不須反顧,尋取中流 誓。小兒破賊,勢成寧問疆場。

127) 무주(婺州) 영강(永康) : 지금 절강에 속한다.

人)의 강개하고 비장한 작품을 읊는다거나, "한 줄기 물은 가로로 지나 세 면은 산등성이와 맞닿아 있어", "국토의 험준함에 의지하여도 지킬 수 없으니" 등의 구절을 읊은 것은 아마도 마오쩌둥이 마음속 감정을 드러내는 일종의 방식이었거나, 일종의 감정의 발로였을 것이 아닌가 생각된다.

## 시평

| | |
|---|---|
| 대붕이 날개를 펼쳐 힘차게 구름을 오르니, | 大鵬展翅騰雲起 |
| 회오리바람 만 리나 일어나 그 기세에 쓰러지네. | 萬裏扶搖勢披靡 |
| 일찍이 오양의 물을 뒤섞어, | 也曾攪動五洋水 |
| 세력이 물밀 듯 퍼져 나가 그침이 없네. | 倒海翻江無止息 |
| 푸른 하늘 등에 지고서 우주를 보고, | 背負青天觀宇宙 |
| 중국을 굽어보며 홍기를 휘두르네. | 俯瞰神州舞紅旗 |
| 산하의 한 조각 푸름을 어찌 감당하리오, | 何當山河一片綠 |
| 만물의 푸름 속에서 혹 의지할 수는 있을까? | 萬綠叢中或可依 |

## 5. 중앙위원회 전체회의에서 해서(海瑞)를 말하고, 이후 다시 "매우 후회 하다"

1959년 4월 5일, 중국공산당 제8회 중앙위원회 제7차 전체회의가 상하이에서 끝났다. 회의에서 〈인민공사(人民公社)의 18가지 문제에 관하여〉가 채택되었다.

회의가 끝날 즈음 마오쩌둥이 모두에게 호소하였다.

해서(海瑞) 정신을 학습하여, 이 몸이 능지처참을 당하더라도 과감히 황제를 말에서 끌어내릴 것입니다.[128]

회의 뒤, 마오쩌둥은 상하이를 떠나고자 하였다. 호북성위원회 부비서장 메이바이(梅白)가 전용열차로 와서 마오쩌둥을 방문하였다. 그는 마오쩌둥에게 걱정이 있다고 여겨 곧 물었다. "주석, 방금 '팔칠' 회의가 열렸는데, 무슨 일이 해결되지 않았습니까?"

마오쩌둥이 근심이 가득한 얼굴로 말했다.

"해서(海瑞)에 대해 말한 것이 나는 너무 후회스럽다네. 만일 진실로 해서가 나타난다면, 나는 받아들이지 못할 것이네. 소기(少奇) 등은 내 옆에서 오랫동안 함께한 전우이지만 내 면전에서는 아무도 감히 말하지 않으니 말일세."

마이바이가 위로하며 말했다.

---

128) 邸延生: 《历史的真言-毛泽东和他的卫士长》, 新华出版社2006,582쪽。

"주석께서는 너무 많이 생각하시는 것이 아닙니까?"

마오쩌둥이 한숨을 쉬며 말했다.

"후! 내가 (류)샤오치, (저우)언라이에게 문제를 해결하라고 주고 나 자신은 2선으로 물러나도, 잠시 뒤에는 '너무 불안'하여 사실상 여전히 일선에 있는 것 같다네"

라고 했다. 그러면서 또 말했다.

"나는 중국의 중요한 일을 처리하여 정하고자 하였다. 사회주의 건설은 유럽에서 중국까지, 아직 분명하지가 않다. 우리는 남이 구걸한 떡을 구걸할 수는 없다. 살아 있는 동안 더 많이 하는 것이 적게 하는 것보다 좋을 것이다. 나는 자신이 있지만 모두의 생각이 동일할 경우, 나는 염려스럽다 이 말일세!"

7월 1일 마오쩌둥은 장시성(江西省) 뤼산(廬山)에 올랐다.

8월 2일 마오쩌둥은 뤼산에서 중국공산당 제8회 중앙위원회 제8차 전체회의를 주관하여 개최하였다.

8월 16일 마오쩌둥은 중국공산당 제8회 중앙위원회 제8차 전체회의에서 연설하였다. 연설 중에는 다음과 같은 내용이 있었다.

해서(海瑞)는 근거지를 옮겼습니다. 해서는 명조(明朝)의 좌파로, 시민계급과 상인 중 대관료를 대표하였습니다. 현재는 우경(右傾) 사령부(司令部)로 옮겨가 마르크스주의와 투쟁하고 있습니다. 이러한 해서는 우파인 해서입니다. 사람들은 제가 해서를 제창하기도 하고 또 해서를 좋아하지 않는다고도 하는데, 이는 절반만 옳은 것으로 저는 우파 해서의 말을 듣지 않습니다. 저는 치우쳐 듣고 치우쳐 믿으며, 한쪽 말만 곧이들을 뿐입니다. 해서는 예로부터 좌파였고, 저는 좌파 해서를 좋아합니다. 현재 마르크스주의 입장에 서서 결점을 비평하는 것은 옳은 것이며, 저는 좌파 해서를 지지합니다.[129]

마오쩌둥의 연설은 펑더화이(彭德懷)의 '의견서'에서 연유하였다.…

해서(1514~1587)는 회족(回族)으로, 자는 여현(汝賢)이고, 호는 강봉(剛峰)이며, 광둥(廣東) 충산(瓊山) 사람이다. 말단 관료 가문 출신으로 집안 형편은 빈한하였다. 명(明) 가정(嘉靖) 시기에 거인(擧人)에 뽑혔고 처음에는 남평교유(南平敎諭)에 부임하였다가 이후 절강순안지현(浙江淳安知縣)에 올랐다. 가정 45년(1566) 호부상서(戶部尚書)에 부임하였을 때 상소를 올려 세종(世宗)이 도교를 맹신하고 조정에 신경 쓰지 않는다고 비판하여 체포되어 옥에 갇혔다. 세종 사후에 석방되었다. 융경(隆慶) 3년(1569) 응천순무(應天巡撫)가 되었다. 이후 배척당하여 해직되었으며 16년간 한거하였다. 만력(萬曆) 13년(1585) 재기하여 차례로 남경 이부우시랑(南京吏部右侍郎), 남경 우첨도어사(南京右僉都御史)를 지냈고, 탐오한 관리를 엄중히 처벌할 것을 힘써 주장하였다. 2년 뒤 병사하였다. 시호는 충개(忠介)이다.

해서는 평생 청렴하였고, 자신의 몸을 깨끗이 하였으며, 충정심에 불탔으며, 권력자를 등한시하였고, 아첨하지 않았고, 직언으로 간언하였으며, 권세를 믿고 횡포를 부리는 이들을 공격하였고, 탐관오리를 억눌렀으며, 빈곤한 이들을 위로하였고, 백성들의 숭배를 받았다. 사후에 그의 관이 고향으로 돌아오자, 앞으로 와서 제배(祭拜)하는 사람들의 행렬이 100리나 끊어지지 않았다고 한다.

---

129) 李锐: 《庐山会议实录》,湖南教育出版社 1989, 305-306쪽。

# 시평

| 관리 되어 정치함에 처세하기 어려운데, | 爲官從政處世難 |
|---|---|
| 공평하게 법을 집행하여 미담이 정성스럽네. | 執法秉公誠美談 |
| 옷소매 속에는 맑은 바람만 있어 진실함은 바꾸지 않고, | 兩袖淸風實不易 |
| 직언으로 과감히 간하니 진중함이 산과 같다. | 直言敢諫重如山 |
| 일신의 정기에 큰 영예 싣고, | 一身正氣載盛譽 |
| 사욕을 버리고 공정함에 힘쓰니 이치의 당연함이네. | 克己奉公理當然 |
| 마음은 평탄하여 실제의 일을 변론하고, | 胸襟坦蕩辦實事 |
| 구부리지 않고 탐욕스럽지 않아 마음은 절로 너그럽다네. | 不枉不貪心自寬 |

# 제7편

심원하고 다채로운 민족문학
종횡무진 사람을 이끄는 고전소설

## 제7편

### 심원하고 다채로운 민족문학
### 종횡무진 사람을 이끄는 고전소설

**1. 왕실보(王實甫)와 《서상기(西廂記)》, 중국에 '혜명(惠明)'이 나타나기를 바라다**

1958년 3월 4일 마오쩌둥은 청두(成都)에서 중앙공작회의를 주재하여 개최하였다.

회의 기간 중에 마오쩌둥은 수행원에게 원(元) 대 잡극가(雜劇家) 왕실보(王實甫)의 《서상기(西廂記)》를 가져달라고 해서 읽었다.

3월 22일 마오쩌둥은 비서 톈쟈잉(田家英)에게 편지 한 통을 주었다.

사람을 다시 보내 진성탄(金聖歎)의 비평과 주석이 달린 《서상기》를 가져와 달라고 하게. 김성탄이 비평본과 이 판본은 같지를 않네.[130]

같은 날, 마오쩌둥은 청두 회의석상에서 연설하면서 왕실보의 《서상기》 내용을 언급하였다.

손비호(孫飛虎)가 보구사(普救寺)를 둘러싸자 장생(張生)은 그의 친구 백마

장군(白馬將軍)에게 와서 풀어달라는 편지를 보내고 싶었으나 전할 사람이 없었습니다. 이에 사람들이 회의를 열었는데 혜명(惠明)이 선뜻 나서서 편지를 전하고자 했습니다. 이는 혜명이 담대하고 용맹스러우며 꿋꿋한 사람임을 묘사한 것입니다. 중국에서 혜명 같은 사람이 많이 나타나기를 바랍니다.[131]

《서상기》의 완전한 이름은 《최앵앵대월서상기(崔鶯鶯待月西廂記)》이다. 작가는 원대의 잡극가 왕실보로 생몰연대는 자세하지 않지만, 원나라 사람 종사성(鐘嗣成)에 따르면 "이름은 덕신(德信)이고 대도(大都)[132] 사람이다" 라고 하였다. 당나라 원적(元稹)의 전기소설(傳奇小說) 《앵앵전(鶯鶯傳)》(《회진기(會眞記)》라고도 한다) 에서 모티브를 따와 5부 21절로 된 《서상기》 극본을 창작했다.

왕실보의 《서상기》는 서생 장생(張生)이 보구사(普救寺)에서 최상국(崔相國)의 금지옥엽인 최앵앵(崔鶯鶯)을 우연히 만나 놀라고, 최앵앵도 장생에게 한눈에 반해 두 사람 모두 연심을 갖게 됐다는 이야기이다. 마침 도적의 수괴인 손비호(孫飛虎)의 병사들이 보구사를 포위하고 최앵앵을 빼앗으려 하였는데, 긴박한 상황에서 최앵앵의 모친은 병사들을 물리칠 계책을 가진 사람에게 딸을 시집보내겠다고 한다.

이때 장생이 선뜻 나서 친한 친구 백마장군에게 편지를 쓰자 그가 급히 와 도와주어 포위를 풀게 했다. 그러나 일이 해결된 뒤 최앵앵의 모친이 전에 했던 말을 어기고 약혼을 파기하였다. 그러자 최앵앵은 봉건주의 예교의 속박을

---

130) 陈晋主编, 《毛泽东读书笔记解析》, 广东人民出版社1996年版, 1349쪽。
131) 陈晋主编, 《毛泽东读书笔记解析》, 广东人民出版社1996年版, 1347~1348쪽.
132) 대도(大都): 지금의 베이징.

대담히 무너뜨리고 서편의 곁채에서 달을 보며 기다리다가 장생과 몰래 만난다는 깊은 감명을 주는 연애극이다.

1958년 5월 5일부터 23일까지 베이징에서 중국공산당 제8회 중앙위원회 제2차 전체회의를 주관하여 개최하였고, 아울러 8일, 11일, 20일, 23일에 열린 대회와 18일에 열린 대표단 단장회의 석상에서 연설을 하였다.

회의 기간 중 마오쩌둥은 단둥(丹東)의 518 트랙터 부품공장에서 트랙터 시험 제작이 성공했다는 보고를 듣고는 펜을 들어 보고서 위에다 두 구절의 평을 썼다.

비천한 자가 가장 총명하고 고귀한 자가 가장 어리석다.[133]

회의가 진행될 때, 마오쩌둥은 왕실보의《서상기》를 한 번 더 언급했다.

홍랑(紅娘)도 널리 알려져 있습니다. 그녀는 노비이지만 매우 공정하고 용감하여 장생의 일에 도움을 줬습니다. '혼인법(婚姻法)'을 반대하여 치도곤을 40대나 당했음에도 굴하지 않고 노부인을 반대하며 한바탕 꾸짖었습니다. 여러분에게 묻습니다. 홍랑의 학식이 훌륭합니까? 아니면 노부인의 학식이 훌륭합니까?[134]

1961년 12월 27일 마오쩌둥은 베이징에서 열린 중앙 공작회의에서《서상기》제4부 2절 〈고홍(拷紅)〉의 한 절을 선별해 회의에 참가한 전체 동지들에게 나눠주도록 서면으로 지시하였다.

각 동지들에게 《서상기》 제2절을 배포하시오.[135]

1962년 8월 5일 마오쩌둥은 《서상기》의 줄거리를 다시 열거하며 "희극 속의 갈등"의 중요성을 이야기하였다.

《서상기》에서 노부인은 봉건세력을 대표합니다. 대척점에 노부인이 있기에 재미있습니다. 그렇지 않고 오로지 앵앵, 홍랑, 장생 세 사람이 한데 뭉쳐있고 대척점이 없다면 무슨 재미가 있겠습니까?[136]

1970년대 중엽 베이징대학 중문과 강사 루훠(蘆獲)가 해석한 강엄(江淹)의 〈한부(恨賦)〉를 들은 마오쩌둥은 《서상기》 제4부 3절인 〈장정송별(長亭送別)〉의 일부를 읊었다.

하늘 푸르고 국화 가득하여 가을바람 불어오니 북쪽의 기러기 남쪽으로 날아가네.

새벽 어떤 취한 이의 얼굴처럼 단풍나무 숲 붉게 물들었나? 모두 이별하는 사람의 눈물이라네.

이 걱정 누구에게 털어놓을까? 상사병은 나만이 알 뿐, 하늘은 사람이 초췌해지는 것을 상관하지 않네.

눈물을 아홉 구비 황하에 더 보내 넣고, 원한으로 화악산 세 봉우리를 눌러

---

133) 邸延生, 《历史的真言─毛泽东和他的卫士长》, 新华出版社, 2006, 549쪽.
134) 陈晋主编, 《毛泽东读书笔记解析》, 广东人民出版社, 1996, 1349쪽.
135) 위의 책.
136) 위의 책, 1349~1350쪽.

낮추었네.

해질녘이 되자 근심을 서루에 부치고 고도에 비치는 석양을 바라보니 한들거리는 버드나무 길게 제방으로 이어지네.[137]

마오쩌둥은 《서상기》를 읽으면서 극중 인물 혜명의 용감한 정신과 홍랑의 총명한 재지를 칭찬하였는데, 이는 혜명과 홍랑 두 사람이 모두 극중 "보잘것없는 인물" 이었기 때문이었다. 마오쩌둥은 "보잘것없는 인물" 이 "비중 있는 인물" 보다 뛰어나고, "비천한 자가 가장 총명하고, 고귀한 자가 가장 어리석다" 라는 것을 들어 "미신을 타파하고 사상을 해방시키자" 고 사람들을 격려하고 호소하는 출발점으로 삼고자 했다.


## 시평

| | |
|---|---|
| 회의 전후로 《서상기》를 말하고, | 会前会后講《西廂》 |
| 〈교홍〉을 나누어주니 그 경지가 뛰어나다. | 印發《拷紅》意境長 |
| 곤란함을 대하니 용감하고, | 面對困難當勇敢 |
| 모순을 해결하려 상세히 여러 번 상의하네. | 解決矛盾細磋商 |
| 도도한 강물 물결치고, | 滔滔江水浪打浪 |
| 용감히 나아가되 방황하지 않네. | 勇往直前莫彷徨 |
| 총명함과 우둔함은 하늘이 정하지 않으니, | 愚鈍聰明非天定 |
| 인민의 지혜는 비분강개함을 품고 있네. | 人民智慧蘊慨慷 |

---

137) 碧雲天,黃花地,西風緊,北雁南飛。 曉來誰染霜林醉?總是離人淚。
這憂愁訴與誰?相思只自知,老天不管人憔悴。 淚添九曲黃河溢,恨壓三峰華嶽低。
到晚來悶把西樓倚,見了些夕陽古道,衰柳長堤。

## 2. 고계(高啓)의 〈매화(梅花)〉를 여러 번 찾다, "눈바람은 오는 봄을 맞이하네"에 이끌리다

1961년 11월 6일 오전, 마오쩌둥은 비서 톈쟈잉(田家英)에게 세 통의 편지를 잇달아 보냈다.[138]

### 톈쟈잉 동지에게

송나라 사람 임포(林逋, 화정[和靖])의 시문집을 갖다 주게나. 오늘 오후까지 가져다준다면 더욱 좋겠네.

11월 6일 오전 6시, 마오쩌둥

### 톈쟈잉 동지에게

칠언 율시 중 두 구절이 "눈 가득한 설산에 고아한 선비 누웠는데, 달 밝은 숲속에 미인이 찾아오네(雪滿山中高士臥 月明林下美人來)"라고 하여 매화를 읊은 시가 있다네. 여덟 구절의 시 전문을 찾아주시게나. 가능하면 오늘 오후에 심부름꾼을 통하면 더욱 좋겠구려. 언제 누가 썼는지 기억나지 않아 임포의 작품인가 했으나 임포집에서 못 찾았습으니, 그대가 다시 한 번 찾아보시게나.

11월 6일 오전 8시 30분, 마오쩌둥

---

138) 董边等编: 《毛泽东和他的秘书田家英》, 中央文献出版社 1989年版, 108 -110쪽。

## 톈쟈잉 동지에게

다시 생각해 보니 청나라 사람인 고사기(高士奇)의 작품일 수도 있다고 생각되는구려. 앞의 네 구절은 "옥 같은 자태 신선 사는 요대에 마땅한데, 누가 강남 땅 곳곳에 심었단 말인가? 눈 가득한 산 고아한 선비 누웠는데, 달 밝은 숲 속에 미인이 찾아오네(瓊枝只合在瑤台 誰向江南處處載 雪滿山中高士臥 月明林下美人來)"이라네. 뒤의 네 구절을 잊어버렸는데, 문사관(文史館)의 학자들에게 한번 물어보면 쉽게 알 수 있을 거네.

6일 8(9)시, 마오쩌둥

시 한 편을 찾기 위해 세 시간도 안 되는 짧은 시간 동안 세 통의 편지를 연달아 쓴 것에서 당시 마오쩌둥의 급한 심정을 알 수 있다. 마오쩌둥이 편지에 언급한 "칠언 율시"는 사실 명나라 시인인 고계(高啟)의 작품이다. 고계의 〈매화〉 아홉 수 중 1수를 보자

| | |
|---|---|
| 옥 같은 자태 신선이 사는 요대가 마땅한데 | 瓊姿只合在瑤台 |
| 누가 강남 땅 곳곳에 심었단 말인가? | 誰向江南處處載 |
| 눈 가득한 산에 누운 고아한 선비 같고 | 雪滿山中高士臥 |
| 달 밝은 숲 속으로 찾아온 미인 같구려 | 月明林下美人來 |
| 추운 날 핀 매화꽃 대숲에 사그락거리고 | 寒依疏影蕭蕭竹 |
| 남은 향기 봄날 이끼에 아득히 덮였도다 | 春掩殘香漠漠苔 |
| 하랑이 떠난 뒤로는 잘 읊는 이가 없으니 | 自去何郎無好詠 |
| 봄바람 쓸쓸히 피고지기를 몇 번이던가! | 東風愁寂幾回開 |

마오쩌둥은 고계의 시를 좋아했다. 1957년 1월 마오쩌둥은 시인 원수박(袁水拍), 장극가(臧克家)와 함께 이야기하면서 고계를 언급한 적이 있다. 1961년 11월 6일 이날 "매화를 읊은 시" 한 수 때문에 인상 깊은〈매화〉시를 쓴 작자를 한시도 지체하지 않고 찾은 일은 마오쩌둥의 당시 심정을 반영하고, 또 당시에 그가 "매화를 읊은 시"를 정말로 보고 싶어 했음을 설명한다.

마오쩌둥은 고계의 시집을 얻은 뒤에 고계의 시〈매화〉를 초서로 썼을 뿐만 아니라 붓으로 다음과 같이 크게 썼다.

### 고계
자는 기적(寄迪)으로 명나라에서 가장 위대한 시인이다.[139]

고계(1336~1374)의 자는 기적(寄迪), 호는 사헌(槎軒), 장주(長州)[140] 사람이다. 원나라 말기 오송(吳淞) 청구(靑丘)에 은거했기 때문에 스스로 청구자(靑丘子)라고 불렀다. 어렸을 때 재주가 뛰어나 시 짓기로 이름을 떨쳤다. 양기(楊基), 장우(張羽), 서분(徐賁)과 함께 "오중사걸(吳中四杰)"로 유명했다. 명나라 홍무(洪武) 원년(1368)에 《원사(元史)》를 찬수하라는 부름을 받고 한림원국사편수(翰林院國史編修)가 되었다. 호부우시랑(戶部右侍郞)에 제수되었지만 사양하고 금을 하사받고 고향으로 돌아갔다.

사람됨이 솔직하고 허영을 좋아하지 않았다. 그의 시는 풍자하는 성격이 강해서 명나라 태조 주원장(朱元璋)의 불만을 불렀다. 훗날 트집에 잡혀 저잣거리에서 요참(腰斬)당했다. 작품 중에 시는《고태사대전집(高太史大全集)》, 산

---

139) 陈晋主编, 《毛泽东读书笔记解析》, 广东人民出版社, 1996年版, 1398쪽.
140) 장주(長州): 지금의 강소성 소주(蘇州).

문은 《부조집(鳧藻集)》, 사는 《구현집(扣舷集)》이 있다.

《마오쩌둥수서고시사선(毛澤東手書古詩詞選)》을 살펴보면 고계의 칠언 율시인 〈조악왕묘(弔岳王墓)〉가 수록되어 있음을 볼 수 있다.

| | |
|---|---|
| 높게 뻗은 큰 나무에 부는 북풍은 | 大樹無枝向北風 |
| 십 년의 한을 품은 영웅의 눈물이네. | 十年遺恨泣英雄 |
| 조정에선 이미 군대를 돌리라 하였으나 | 班師詔已來三殿 |
| 여전히 사로잡혀 있는 두 임금을 말하였네. | 射虜書猶說兩宮 |
| 매번 누구에게 검을 청해야 할지 떠올리다 | 每憶上方誰請劍 |
| 헛되이 탄식하며 옛 사당에 활을 숨기네. | 空嗟高廟自藏弓 |
| 서하령 위에서 지금 고개 돌아보아도 | 棲霞嶺上今回首 |
| 이슬만 아득할 뿐 여러 능묘는 보이질 않네. | 不見諸陵白露中 |

마오쩌둥이 11월에 찾은 고계의 〈매화〉 시는 12월에 지은 〈복산자(卜算子)· 영매(咏梅)〉라는 사의 내용과 연관이 있다.

마오쩌둥이 1961년 12월에 지은 〈복산자·영매〉를 보자.

| | |
|---|---|
| 비바람은 돌아가는 봄을 전송하고, | 風雨送春歸 |
| 눈바람은 오는 봄을 맞이하네. | 飛雪迎春到 |
| 이미 백 장의 얼음이 절벽에 걸렸으나, | 已是懸崖百丈冰 |
| 꽃가지는 여전히 아름답다. | 猶有花枝俏 |
| 아름다워서 봄과 다투지 않고, | 俏也不爭春 |
| 그저 봄이 옴을 알리네. | 只把春來報 |
| 온 산에 봄꽃이 가득할 때, | 待到山花爛漫時 |

매화는 그 속에서 웃고 있네.                                    她在叢中笑

마오쩌둥은 매화를 사랑했다. 고금의 매화를 읊은 시를 즐겨 읽었고 또 눈
속의 매화를 사랑했다. 마오쩌둥은 매화의 교태와 화려함도 좋아했으나 차갑
고 도도한 성격을 더 좋아했다.


## 시평

추울 때부터 아름답고,                                          俏自寒中來
몸을 바로 세워 비바람을 맞이하네.                              挺身迎風雨
가지 끝에 도도하게 피니,                                       綻放傲枝頭
꼭 요조숙녀 같구나.                                            恰似窈窕女
서리 내리고 눈 자욱한데,                                       霜侵雪彌漫
유연히 홀로 머리 빗고 세수하네.                                悠然自梳洗
더욱 아리따운 몸가짐으로,                                      神態猶婀娜
봄바람 속에 웃고 있네.                                         笑在春風里

## 3. 《동주 열국지(東周列國志)》를 읽어, 경계심을 높여 뒤엎으려는 세력을 막자

1959년 12월부터 1960년 2월까지 마오쩌둥은 소련의 《정치경제학(교과서)》을 읽는 모임을 만들었다. 연설 중에 마오쩌둥은 풍몽룡(馮夢龍), 채원방(蔡元放)이 지은 《동주열국지(東周列國志)》를 언급하였다.

《동주 열국지》는 읽어 볼만한 가치가 있다. 이 책은 많은 국내외의 투쟁에 대한 고사와 적국을 뒤엎으려는 다양한 고사를 이야기하는데, 이는 격렬한 변화가 있었던 당시 사회의 상류계층을 반영한다.

이 책은 당시 상류계층의 반복적이고 첨예한 투쟁은 기록하였으나 당시 경제 기반과 사회경제에서 일어난 극심한 변화에 대해서는 쓰지 않은 것이 단점이다.

춘추시대에 정장공(鄭莊公)이라는 무척 뛰어난 사람이 있었다. 그는 국내외 투쟁 모든 부분에서 책략을 이해하였다.[141]

《동주열국지》는 장회체 소설인 동시에 춘추전국시대의 수많은 역사적 사건의 서사를 설명한 역사서이다. 작자는 가장 이른 시기로 명나라 중기 여소어(余劭魚)가 쓴 《열국지전(列國志傳)》이 있다. 그 뒤 명말에 풍몽룡이 《신열국지(新列國志)》를 다시 편찬하였고, 그 뒤 청나라 때 채원방이 《동주열국지》를 다시 편찬했다.

---

141) 《党的文献》 1994年 5期.

《동주열국지》에 기록된 일련의 역사사건과 《춘추좌씨전(春秋左氏傳)》에 기록된 동일한 사건을 대조해 보면 거의 일치한다. 그러므로 역대 역사학자들은 대체로 《동주열국지》는 한 편의 역사서이며 이 책에 기재된 내용이 기본적으로 사실에 부합하고 일정한 진실을 갖추었다 생각했다.

마오쩌둥은 역사서를 즐겨 읽었는데, 《동주열국지》에 대해서도 여러 차례 평론을 했다. 마오쩌둥은 《동주열국지》에 기록된 여러 제후국 사이의 권력과 이익을 위한 알력다툼, 속고 속이는 암투를 오랜 역사 시기동안 형성된 약육강식의 분쟁 국면이라고 생각했다. 각 제후국은 늘 서로 정벌하기 위해 전쟁상태에 있었고, 전쟁에서 승리하기 위해 병기의 제조와 사용을 끊이지 않고 개선했다. 객관적으로 제련기술과 수공업의 발전을 어느 정도 촉진시켰으나 농업생산을 심각하게 무너뜨렸고 사회경제발전을 정체시켰다. 이른바 "춘추시대는 다섯 제후가 패권을 다투었고, 전국시대는 일곱 나라가 웅지를 다퉜다"라고 하는 각 제후국 사이의 잦은 전쟁은 백성을 도탄에 빠뜨리고 피난민이 곳곳에 가득하게 만들었다.

끊이지 않는 대국들의 전쟁과 백성들이 안심하고 살 수 없는 전쟁 광경에 대한 책 속의 묘사가 마오쩌둥에게 매우 선명하고 심각한 인상으로 남았음은 의심할 여지가 없다.

마오쩌둥이 "이 책은 많은 국내외의 투쟁에 대한 고사와 적국을 뒤엎으려는 다양한 고사를 이야기한다"라고 말한 이유는, 사람들의 경계심을 높여 국제적인 적대세력이 중국을 '전복' 시키려는 활동을 하는 것을 방지하려는 데 뜻이 있었다. 1960년대 초반 국제적으로 일단의 반중세력이 분명 존재했다. 소련을 방문한 미국의 부통령 닉슨(Nixon)은 모스크바에서 기자의 질문에 답할 때 중국의 대약진운동과 인민공사와 총노선은 "유토피아 방식의 공상사회주의"이며 이로 인해 중국공산당은 "중국 곳곳에 인재(人災) 발생"을 초래하였다고 크게 비난했다. 소련 공산당 중앙총서기 후루시쵸프(Khrushchyov) 역시 닉슨에게 동조하여 중국의 "삼면홍기는 지나치게 잘못되었다"며 어떤 "소자본계급의 광적인 열병"이라고 지적하였다. 이 시기 장제스(장제스)은 해협 맞은편에서 미국과 소련이 내세운 반중국공산당 총노선이라는 외침에 보조를 맞췄다.

"반공대륙"이라는 전쟁의 목소리와 "국민의 생활수준이 하락한 유리한 기회", "민중의 결집과 국군의 협력으로 대륙공산당의 암흑통치를 일거에 전복시키자"라고 외치며 중국 진출을 꾀했다. 이와 함께 인도는 중국과 인도 동서 양쪽 국경에 많은 병력을 배치하였고 티베트의 상층 반동집단도 기회를 틈타 무장반란을 일으켰다. 중국 국내에는 자연재해가 빈번하였으며 루산회의(盧山會議)는 이제 막 끝난 지도 얼마 되지 않아 펑더화이(彭德懷), 황커청(黃克誠), 장원톈(張聞天), 저우샤오저우(周小舟) 등은 공산당 중앙위원회에게 '반당집단'으로 낙인찍혔다.

국가경제건설은 점점 어려운 지경에 직면했다. 소련이 지원하기로 했던 수많은 것들이 소련의 일방적인 파기와 함께 어쩔 수 없이 중단되었다. 소련의 전문가들은 후르시쵸프로 인해 중국에서 전부 철수했다. 이 모든 것들은 마오쩌둥으로 하여금 사람들에게 더더욱 촉각을 곤두세워 제국주의자들에 의한 중국사회주의 '전복'을 방지하도록 재삼 경계하도록 했다.

마오쩌둥이 "정장공(鄭莊公)은 무척 뛰어난 사람이다.", "국내외 투쟁 모든 부분에서 책략을 이해하였다"라고 한 칭찬은 《동주열국지》의 정장공에 대한 묘사에서 비롯되었다. 《동주열국지》는 소설체의 서사성을 지진 역사서로, 여기에는 "정장공이 땅굴을 파고 어머니를 만났다"와 같은 다양한 이야기가 쓰여 있어 사람들을 매료시킨다. 어떤 고사는 통쾌하게 서술하여 독자의 기분을 시원하게 하고 어떤 줄거리는 미묘한 흥취가 넘쳐 독자의 손에서 책을 못 놓게 한다. 이런 점을 두고 마오쩌둥은 보이보(薄一波)에게 "내가 당신에게 《동주열국지》를 읽어 보라고 한 것은 그 속에 사람들을 계발시킬 수 있는 여러 고사들이 있기 때문입니다!" 라고 말했다.

이를 통해 마오쩌둥이 《동주열국지》를 매우 즐겨 읽었음을 알 수 있다.

## 시평

| | |
|---|---|
| 봉화를 피워 제후를 희롱한 주유왕(周幽王), | 烽火戲侯周幽玉 |
| 땅 속에서 어머니를 만난 정 장공(鄭莊公). | 黃泉見母悟鄭莊 |
| 소백(小伯)은 현자를 바쳐 패업을 이루고, | 小白納賢成霸業 |
| 학 좋아하는 의공(懿公)은 패망을 불렀네. | 好鶴懿公導危亡 |
| 노후(魯侯)는 장균(長勺)에서 조귀(曹劌)를 높이고, | 魯侯長勻尊曹劌 |
| 두 진나라는 결의를 맺어 열강에 맞서네. | 秦晉結好抑列強 |
| 대권이 넘어가도 여한이 없고, | 大權旁落空遺恨 |
| 삼가가 진(晋)을 나누어 각기 부강하네. | 三家分晉各興邦 |
| 절영(絶纓) 회의에서 당교(唐狡)를 숨겨주고, | 絶纓會上唐狡隱 |
| 두회(杜回)는 풀을 묶어 보은하네. | 結草銜環杜回傷 |

| | |
|---|---|
| 복숭아 두 개로 세 창사를 죽이고, | 二桃也曾殺三士 |
| 오원(伍員)은 고비를 넘고 머리가 희었네. | 伍員過關鬢染霜 |
| 묘를 파서 시체에 채찍질 해 원한을 푸니, | 掘墓鞭屍泄私念 |
| 음란한 초나라 대전은 간장이 사라지네. | 淫亂楚殿泯肝腸 |

조(趙)나라 왕은 오랑캐 옷을 입고 말 타며 활쏘기를 배우고,　趙王胡服學騎射

구천(句踐)은 쓸개를 걸어놓고 큰 뜻을 감추네.　句踐懸膽蓄志長

오기(吳起)가 아내를 죽이고 상장에 오르고,　吳起殺妻拜上將

손자(孫子)는 진법을 펼쳐 이름을 떨치네.　孫子演陣威名揚

나라를 파는 장사꾼 여불위(呂不韋),　謀國商賈呂不韋

법을 바꿔 나라를 부강하게 한 상앙(商鞅).　變法圖強推商鞅

소진(蘇秦)은 제후들을 합종(合縱)하고,　蘇秦合縱說諸侯

장의(張儀)는 진왕(秦王)에게 연횡(聯橫)을 권하네.　張儀聯橫勸秦王

전제(專諸)와 섭정(聶政)은 피를 마시는데,　專諸聶政徒噬血

형가(荊軻)와 장랑(張良)은 무엇을 말하는가.　何談荊軻與張良

다섯 제후의 다툼은 춘추(春秋)의 역사이고,　五侯爭霸春秋史

일곱 나라의 경쟁은 모두 허둥지둥.　七國競雄盡蒼黃

서로 다투며 육도삼략(六韜三略)을 찾고,　彼此傾軋覓韜略

속고 속이니 세상에 실망하네.　爾虞我詐世態涼

위, 초, 연, 한, 조, 제 다 망하고,　魏楚燕韓趙齊滅

천고의 유일한 황제는 진 시황(秦始皇)이라.　千古一帝秦始皇

《동주 열국지》를 읽고 책을 덮으니,　讀罷東周列國志

기나긴 생각만 아득하네.　掩卷長思意茫茫

## 4. 《삼국연의(三國演義)》의 두터운 정절, 역사를 거울삼아 혁명을 말하다

1906년(청나라 광서(光緖) 33년) 가을, 아직 상탄현(湘潭縣)을 떠나지 않았던 마오쩌둥은 차오터우만(橋頭灣) 사숙에서 징완리(井灣里) 사숙으로 전학을 갔는데, 사숙 선생은 마오위쥐(毛宇居)였다. 이때 마오쩌둥은 《춘추(春秋)》와 《좌전(左傳)》을 읽기 시작했다. 동시에 스스로 "혁명군의 선봉"이라 자처했던 혁명선구자 저우롱(鄒容)의 소책자인 《혁명군(革命軍)》, 천톈화(陳天華)의 《경세종(警世鐘)》·《맹회두(猛回頭)》를 처음으로 접했는데, 이로 인해 마오쩌둥의 사상은 반봉건, 반억압, 반침략으로 급히 나아갔다. 이때 그의 머릿속은 이미 폭력에 맞서고 약한 이를 돕겠다는 굳건한 신념이 자리 잡았다.

이 시기 마오쩌둥은 《수호전(水滸傳)》, 《삼국연의(三國演義)》, 《서유기(西遊記)》, 《정충설악(精忠說岳)》과 《수당연의(隋唐演義)》 등 소설을 즐겨 읽었다. 사숙 방학기간에는 부친의 농사일을 도우면서도 늘 손에는 몇 권의 "심심풀이" 책이 들려 있었다.…

1933년 가을 중앙 소비에트에 있던 마오쩌둥은 여러 번 왕밍(王明)의 '좌' 편향노선에게 배제되고 타격을 받아 심정이 매우 침울해 있었다. 왕밍의 '좌' 편향노선주의자들이 마오쩌둥을 헐뜯었던 이유는 뜻밖에도 "마오쩌둥은 철저히 《삼국연의》에 몰두한 인물이다" 라는 것이었다. 마오쩌둥의 다양하고 올바른 주장을 그들은 "고치지 못한 게릴라주의"와 "제갈량식 기회주의" 라고 비판했다. 이 때문에 마오쩌둥은 코민테른(Comintern)의 대표인 이더(李德, Otto Braun)를 반박하며 "《삼국연의》를 읽는 것이 무엇이 나쁜가? 당신들이《삼국연의》를 읽어보지 않았기에 중국혁명의 실제 상황을 이해할 수가 없는 것이다. …" 라고 말했다.

1945년 4월 24일 마오쩌둥은 중국공산당 제7차 전체대표자회의에서 아래와 같은 정치연설을 하였다.

계급 혁명에 승리하기 위해서는 지식인이 없으면 불가능합니다. 여러분은 《삼국연의》와 《수호전》를 읽어본 적이 있을 것입니다. 위(魏)·촉(蜀)·오(吳) 세 나라에는 각 나라마다 그 나라의 지식인이 있습니다. 엘리트 계층 지식인도 있고 보통 지식인도 있으며 팔괘의를 걸치고 거위 깃털부채를 쥔 지식인도 있습니다. 양산박(梁山泊)에게 공손승(公孫勝)·오용(吳用)·소양(蕭讓) 같은 사람이 없으면 안 되지만 다른 사람들도 없으면 안 됩니다. 무산계급이 해방하려면 노동자에게 지식인이 필요합니다. 모든 계급에는 그 계급을 위해 일하는 지식인이 필요합니다. 노예 주인에게도 그를 위해 일하는 지식인이 필요하니 즉, 그리스의 아리스토텔레스나 소크라테스 같은 이는 노예 주인의 성인입니다. 우리 중국의 노예 주인도 그들을 위해 일하는 지식인이 있으니 주공단(周公 旦)이 노예 주인의 성인입니다. 봉건시대에 이르면 제갈량(諸葛亮), 유백온(劉伯溫), 《수호전》의 오용 등이 모두 봉건사회의 지식인입니다.[142]

1957년 7월 9일 마오쩌둥은 상하이 진장반점(錦江飯店)에서 간부회의를 주재하여 개최하면서 다음과 같이 말했다.

유비(劉備)가 공명(孔明)을 얻고서 "물고기가 물을 만난 것 같다(如魚得水)"

---

142) 中共中央文献研究室编,《毛泽东在七大的报告和讲话集》, 中央文献出版社, 1995, 148쪽。

라고 말한 일은 확실한 사실이며, 소설에서 쓴 것일 뿐만 아니라 역사에서도 쓰인 것으로, 물과 물고기의 관계로 빗댄 것은 동일합니다. 군중은 곧 제갈량이고 지도자는 곧 유비입니다.[143]

같은 해 11월 2일 마오쩌둥은 중국 당정대표단을 이끌고 소련을 방문했다. 10월 혁명 40주년 경축행사에 참가하였고 64개국 공산당과 노동당이 참가한 대표회의에도 출석하였다. 모스크바에서 열린 공산당과 노동당 대표회의 중 마오쩌둥이 연설한 부분이다.

모든 사람들은 지지가 필요합니다. 사람은 혼자 살 수 없습니다. 한 사람의 사내에게도 세 가지 도움이 있어야 하며, 한 개 울타리에도 세 개의 말뚝이 있어야 합니다. 연꽃이 아무리 고와도 푸른 잎이 받쳐 주어야 합니다. 이 말은 중국 관용어입니다. 중국에는 못난 갑바치 세 명이라도 제갈량보다 낫다는 다른 관용어도 있습니다. 제갈량 혼자는 불완전하니 반드시 결함이 있다는 뜻입니다.[144]

1959년 7월 1일 마오쩌둥은 루산에 올랐다.

7월 상순 어느 날, 마오쩌둥은 저우샤오저우(周小舟)와 리루이(李銳) 등과 함께 대화하던 중 "몇몇 문제들은 아랫사람들을 전부 탓할 수 없으니 각 부분을 꾸짖어야 한다. 그렇지 않으면 사람들은 장간(蔣干)이 원한을 품어 조조의 진영이 매우 곤란해 진 것처럼 된다!" 라고 말했다.[145]

143) 陈晋主编, 《毛泽东读书笔记解析》, 广东人民出版社, 1996, 1389쪽.

144) 위의 책, 1389-1390쪽.

145) 위의 책, 1390쪽.

1960년 12월 초 어느 날, 마오쩌둥은 보이보(薄一波)와 중난하이 이허녠당 (頤和年堂)에서 대화를 나누던 중 《삼국연의》 내용을 언급했다.

《삼국연의》를 보면 전쟁과 외교뿐만 아니라 조직까지 볼 수 있습니다. 북방인 유비, 관우(關羽), 장비(張飛), 조운(趙雲), 제갈량이 한 집단을 이루어 남쪽으로 내려왔습니다. 사천까지 이르러 '지방간부'들과 함께 좋은 근거지를 일으키고 큰 사업을 합니다.

조조가 강남으로 내려오자 동오(東吳)는 최고사령관을 누구로 임명할지의 문제가 생깁니다. 결국 '공청단원' 주유(周瑜)가 선발됩니다. 29세에 대도독을 맡는 것을 여러 장수가 받아들이지 않았으나 끝내 모두 설득하였고 승리를 이끌어 냅니다. 그러므로 우리도 간부를 뽑을 때 자격과 경력이 아닌 능력을 살펴보아야 합니다.[146)]

마오쩌둥은 평생 《삼국연의》를 여러 차례 읽었다. 업무, 생활, 전쟁 중에도 항상 《삼국연의》의 이야기를 인용하였기에 《삼국연의》와는 떼어 놓을 수 없는 인연이 있다고 할 수 있다. 1960년대 마오쩌둥이 조조의 명예를 바로잡기 위해 '번안(飜案)'을 하고 일상업무와 생활 속에서 조조의 시부를 쓴 것은, 그가 정말로 조조의 문필을 좋아하며 북방을 통일한 조조의 역사적 업적을 중시한 데서 비롯하였다.

마오쩌둥은 비서 린커(林克)와 대화하던 중 이런 말을 했다.

《삼국연의》의 작가 나관중(羅貫中)은 사마천(司馬遷)의 전통을 잇지 않고 주희(朱熹)의 전통을 계승했다. 남송 때 이민족의 우환 때문에 주희는 촉나라

를 정통으로 삼았다. 명나라 때에는 북방민족이 늘 골치였기 때문에 나관중은
촉나라를 정통으로 삼았다.[147]

《삼국연의》는 중국 장편 장회체(章回體)소설의 '개조(開祖)'이며 중국 역
사연의 중 가장 성공한 작품이다. 그 제재는 주로 두 군데에서 가져왔다. 진
(晉)나라 사람 진수(陳壽)의 《삼국지》와 남조(南朝) 때 송나라 사람 배송지
(裴松之)가 《삼국지》 주석으로 쓰기 위해 인용한 수많은 야사와 잡기들은 나
관중이 창작활동을 하는 데 풍부한 역사사료와 전설의 '근거'를 제공해 주었
다. 동시에 민간전설도 나관중에게 많은 생동감 있는 소재를 제공하였다. 나
관중의 《삼국연의》가 책으로 만들어지기 전에도 삼국고사는 이미 민간에 널
리 퍼져 있었다. 당나라 때 시인 이상은(李商隱)의 〈교아시(驕兒詩)〉 구절인
"장비수염을 조롱하기도 하고 등애(鄧艾)의 말더듬을 비웃기도 한다(或謔張飛
胡 或笑鄧艾癡)"에서도 삼국고사가 이미 널리 퍼져있다는 점을 알 수 있다. 북
송 때 대 문학가 소식(蘇軾)의 〈동파지림(東坡志林)〉에도 아이들이 "유현덕이
패한 내용을 듣고 눈살을 찌푸리고 눈물 흘리는 놈이 있는가 하면, 조조가 패
한 일을 들으면 기뻐서 쾌재를 부른다"는 내용이 실려 있는 것에서도 삼국고
사가 송나라 때 이미 널리 알려졌음을 설명하기에 충분하다.

《삼국연의》 작가 나관중은 태원(太原) 사람으로 호는 호해산인(湖海散人)
이다. 생몰연대는 자세하지 않으나 대략 원나라 때 태어나서 명나라 초기에 사
망한 것 같다. 재주는 뛰어나지만 성격이 괴팍하여 남과 잘 어울리지 못했다.
친구 가중명(賈仲名)은 그에 대해 "악부(樂府)의 은어(隱語)가 매우 청신하고",

146) 邸延生:《历史的真知 —'文革'前夜的毛泽东》, 新华出版社, 2006, 100~101쪽.
147) 龔育知等, 《毛泽东的读书生活》, 三联书店, 1986年版, 258쪽.

"당시 많은 일을 당했다" 라고 말했다. 세상에 전해진 작품은 《삼국연의》를 제외하고 《수당지전(隋唐志傳)》, 《잔당오대사연의전(殘唐五代史演義傳)》, 《삼수평요전(三邃平妖傳)》이 있고 희곡작품은 《조태조용호풍운회(趙太祖龍虎風雲會)》가 있다.

《삼국연의》는 전쟁 장면과 인물 성격 묘사는 물론이고 스토리도 큰 성공을 거두었다. 작품에 "문장이 너무 치밀하지 않고, 말이 너무 속되지 않아" 반은 문언(文言)이고 반은 백화(白話)를 사용하여 간결하고 명쾌하다. 또 누구나 감상할 수 있는 특징을 갖춰 세상에 나오자마자 엄청난 대중의 사랑을 받았고 수백 년 동안이나 시들지 않았다. 전투장면 묘사에 있어서는 천편일률적인 열병이나 포진, 또는 단순한 양쪽 군대의 대치가 없다. 적대하는 양쪽 장수의 지혜와 용기다툼, 실제 작전을 긴밀히 결합하여 서로 대적하여 전쟁을 이끄는 인물을 중심으로 삼았다. 서로 대적하는 전투형세의 대비, 전략전술 운용, 병력 배치, 지위와 역량 변화 및 수단을 늘어놓아 어떻게 상대의 허를 찔러 승리하는지를 중점적으로 묘사했다. 글재주가 좋아 전쟁 장면과 전투방식을 다양하게 만들어서 독자들의 시각과 상상력이 매우 풍부해졌고, 사람들이 백 번을 읽어도 질리지 않아 책을 놓지 못하게 만들었다.

# 시평

| | |
|---|---|
| 장회소설 중 가장 뛰어나며, | 章回小說推首篇 |
| 개산비조로서 찬란하네. | 開山鼻視色斑斕 |
| 전쟁장면은 변화가 많고, | 戰爭場面多變幻 |
| 정절이야기는 모두 맴을 도네. | 故事情節盡盤旋 |
| 인물특색은 권점을 찍을 만하니, | 人物特色可圈點 |
| 살아 있는 듯 눈앞에 드러나네. | 栩栩如生呈眼前 |
| 역사의 기나긴 세월 속 수많은 인물 빛나는데, | 歷史長河群星燦 |
| 세속의 모두의 감상이 대대로 전해지네. | 雅俗共賞代代傳 |

## 5. 어쩔 수 없이 "양산박에 올랐다"고 여러 차례나 《수호전(水滸傳)》을 논평하다,

《수호전》의 판본은 매우 다양하다. 가장 이른 판본은 원말명초(元末明初)에 나타났다. 작가에 대한 설도 같지 않아 나관중(羅貫中)이 먼저 창작하고 시내암(施耐庵)이 나중에 다시 썼다는 설도 있고, 시내암이 먼저 창작하고 나관중이 나중에 다시 썼다는 설도 있다. 그러나 대부분 시내암이 《수호전》의 주요 편저자라고 생각한다.

이 책은 북송 말기 산동 일대에서 일어난 대규모 농민봉기를 창작의 저본으로 삼고, 그중 송강(宋江)을 우두머리로 하는 농민봉기군의 등장, 발생, 최후의 장대한 패망에까지 이르는 역사의 전 과정을 잘 묘사했다.

그 내용이 넓고 심오하며 예술로도 훌륭해서 중국문학사의 일대 '확장'이라고 할 만하다. 저자는 책 속에서 봉건통치계급의 관점에서 '산적과 난민'인 농민봉기군을 고도로 칭송하여, 그들을 영웅호걸, 기개가 범상치 않은 진정한 남자라고 추켜세웠다. 그들의 "부자의 재물을 빼앗아 가난한 이를 구제한다(劫富濟貧)", "탐관오리를 징벌하여 악을 제거한다(懲貪除惡)", "선을 도와 양민을 안정시킨다(扶善安良)", "나라에 충성하고 벗들과 신의를 다한다(忠誠信義)"와 같은 고상한 품격과 용감한 저항정신을 칭송하여 사회 중하계층의 많은 민중들의 공감을 이끌어냈다. 이 점이 바로 이러한 대작이 널리 유행하고 오랫동안 사라지지 않은 중요한 원인이다.

책에서 각각 영웅호걸들이 양산에 올라 함께 거사의 길을 택한 이유 중 가장 근본적인 원인은 바로 "관리의 횡포로 인해 백성이 저항하는 것"이었다. 이는 또 다른 측면에서 당시의 사회적 현상을 현실적으로 반영한 것이며, 이로 인해 이 책은 풍부한 사회적 기반을 가지게 되었으며 사람들이 즐겨보고 듣게 되었다. 작품에서 묘사한 영웅의 형상은 다양하다. 각기 전형적인 특색과 생기발랄함, 원기 왕성함과 선명한 개성을 갖추고 있어 중국 고대문학에서 인물 형상의 창고가 지극히 풍부해지게 했다. 이 책은 원(元)대 이래 민간설화예술의 뛰어난 전통을 계승 발전시켰고, 언어와 행동을 통해 인물을 묘사한 덕분에 독자들은 그 사람을 직접 보고, 그 소리를 직접 듣는 것처럼 느꼈다.

동시에 인물 성격의 발전과 변화를 드러내는 데 중점을 두었고, 생동감과 과장된 인물 형상은 이 책의 가독성과 호소력을 증가시켰다. 책 전체에 걸친 치밀한 구성과 완벽한 서사, 통속적인 언어는 생생하면서도 명쾌할 뿐 아니라, 살아 있는 듯 풍부한 표현력까지도 겸비하고 있다. 이는 이전까지 소설에서는 볼 수 없었던 부분이다.

마오쩌둥은 청소년 시기에 《수호전》을 즐겨 읽었다. 책 속의 수많은 인물, 고사의 전후관계와 변화발전에 관한 깊은 기억은 여러 상황에서 《수호전》의 인물이나 고사의 예시를 적절하게 사용하여 어떤 문제에 대해서도 진술할 수 있었다. 옌안(延安)에 있을 때, 마오쩌둥은 미국 여류작가 안나 루이스 스트롱(Anna Louise Strong)과 함께 대화하던 중 《수호전》에 대해 이야기 하였다.

매번 의거를 일으킬 때마다 양산에 오를 것을 강요받습니다. 그들은 갈 생각이 없으나 압박하여 그들을 궁지에 몰리게 하니까요.[148]

《모순론(矛盾論)》에서도 마오쩌둥은 《수호전》의 고사를 열거하며 유물변증법을 설명하였다.

---

148) 于俊道, 《毛泽东交往录》, 人民出版社, 1991, 413~414쪽。

《수호전》에서 송강은 축가장(祝家莊)을 세 번에 걸쳐 공격합니다. 두 번의 공격은 모두 상황도 명확하지 않았고 방법도 옳지 않았기에 공격에 실패하였습니다. 그 뒤 방법을 바꿔 여러 정황을 조사하기 시작했고 골목길까지 상세하게 파악하여 이가장(李家莊), 호가장(扈家莊), 축가장의 연맹을 무너뜨립니다.

아울러 적 진영 안에 복병을 숨겨 배치한 것은 외국의 고사 중 트로이목마를 떠올리게 하는 방법으로 이를 통해 세 번째 전투에서 승리를 거뒀습니다. 《수호전》에 있는 수많은 유물변증법적 사례 중에 이 축가장을 세 번 공격한 일이 가장 뛰어나다고 불릴 만합니다. [149]

1945년 4월 24일 마오쩌둥은 중국공산당 제7차 전체대표회의에서 정치보고를 하였는데, 도시계획에 대해 말할 때 《수호전》을 언급하였다.

도시계획은 근거지계획과 동일하게 중요한 수준으로 끌어올려야 합니다.…도시에서 비밀공작을 진행하려면 《수호전》의 영웅들처럼 '이름을 바꾸지 않고 나가며, 성을 고치지 않고 머무른다'는 것들은 필요치 않고, 성과 이름을 바꿔야 합니다. 양산박도 도시계획을 하였는데 신행태보(神行太保) 대종(戴宗)이 계획하였습니다. 축가장에 비밀공작이 없었다면 공격에도 열리지 않았을 것입니다…[150]

1949년 마오쩌둥이 쓴 《인민민주주의독재를 논함(論人民民主專政)》에서도 《수호전》에 묘사된 경양강(景陽崗)에서 무송(武松)이 호랑이를 때려잡는 고사가 언급되었다.

야수 앞에서도 추호의 두려움도 드러내지 않았다. 우리는 경양강의 무송에게 배워야 한다. 무송의 눈에는 경양강의 호랑이를 자극하거나 자극하지 않아도 결국엔 사람을 잡아먹을 것으로 비춰졌다. 호랑이를 때려 죽였거나 호랑이에게 잡아 먹혔거나 필경 둘 중 하나일 것이다.[151]

1957년 3월 마오쩌둥은 《역전분투를 굳건히 견지하고, 군중과 밀접하게 연계하라(堅持艱苦奮鬪, 密接連繫群衆)》의 문장 중 아래와 같이 썼다.

우리는 과거 혁명 전투시기에 뭉쳤던 힘을 지켜야 한다. 그러한 혁명열정과 그러한 필사정신으로 혁명사업을 끝까지 해내야 한다. 무엇을 필사라 부르는가? 《수호전》에 그러한 사람이 있다. 병명삼랑(拼命三郎)이라 불리는 석용[152](石勇)의 '병명(拼命)' 이 바로 이것이다. 우리는 전부터 혁명에서는 필사정신이 있었다.[153]

1959년 7월 23일 마오쩌둥은 루산회의 연설 중 사회에 불어오는 '공산풍(共産風)' 에 대해 언급하며 《수호전》의 고사를 예로 들어 '공산풍' 의 위험성을 더욱 자세히 설명하였다.

149) 《毛泽东选集》, 一卷, 人民出版社, 1991, 313쪽。
150) 中共中央文献研究室编, 《毛泽东在七大的报告和讲话集》, 中央文献出版社, 1995, 138쪽。
151) 《毛泽东选集》 四卷, 人民出版社, 1991, 1473쪽。
152) 원문은 "石勇"으로 되어 있는데, 《수호전》에 따르면 '석수(石秀)'가 옳다.
153) 《毛泽东著作选读》, 人民出版社, 1986, 801쪽。

송강이 세운 충의당(忠義堂)은 부자의 재물을 빼앗아 가난한 이를 구제하여, 이유가 충분하고 말이 떳떳하여 들고 갈 만합니다. 송강(혹은 조개[晁盖])이 빼앗은 '생신강(生辰綱)'은 불의한 재물로서 가져가도 무방하여, 농민에게 빼앗은 것을 농민에게 돌려주었습니다. 우리는 오랜 기간 토호를 공격하지 않았습니다. 토호를 타도하고 토지를 분배하여 모두 공평히 나눠야 합니다.

이것 역시 가져가도 무방하니 불의한 재물이기 때문입니다. 지금의 '공산풍'은 생산대대나 소대의 재물을 가져가는 일을 돼지나 배추를 가져가는 것처럼 들고 가니 이는 잘못된 것입니다. 중요한 것은 간부들이 저 재물이 의재(義財)인지 모르고 그 한도를 분별하지 못하는 점입니다.[154]

1960년 12월, 마오쩌둥은 보이보(薄一波)와 함께 이야기 하던 중 다시 《수호전》에 대해 언급했다.

《수호전》은 한 편의 정치서적으로 봐야 옳습니다. 이 책은 북송 말년의 사회상황을 묘사한 것으로 중앙정부가 부패하면 군중은 반드시 혁명을 일으킨다는 것을 말해주고 있지요. 당시 농민봉기세력이 군웅할거 하여 청풍채(淸風寨), 도화산(桃花山), 이룡산(二龍山) 등과 같이 많은 파벌을 세워 점거하였는데, 최종적으로는 양산박에 모여 한 무리의 무장집단을 세워 관군에 저항했던 거지요. 이러한 집단은 각자의 파벌에서 내려와도 우두머리는 잘해야 합니다.

우리가 이끄는 혁명도 파벌을 인식하고, 파벌을 인정하고, 파벌을 보살펴서 파벌을 없애는 데까지 이르러 파벌주의를 극복해야 합니다.[155]

---

154) 李锐, 《庐山会议实录》, 湖南教育出版社1989, 131쪽.

155) 邸延生, 《历史的真知 — "文革"前夜的毛泽东》, 新华出版社2006, 100쪽.

1960년대 후반 마오쩌둥은 전당과 전국 인민에게 '문화대혁명' 과 '문화대혁명' 중에 발생한 여러 문제들의 계기가 된 '계속혁명(繼續革命)' 이론을 제시하였다. 1975년 8월 14일 마오쩌둥은《수호전》에 대해 평소와 다른 새로운 평가를 했다.

《수호전》은 투항하는 자들에게 좋은 책이다. 이를 반면교사로 삼아 인민들로 하여금 모두 투항파에 대해서 알게 해야 한다.

《수호전》은 탐관오리에 반대할 뿐 황제는 반대하지 않았다. 조개(晁蓋)는 108명에 포함되지 않는다. 송강의 투항은 수정주의로, 조개의 취의청(聚義廳)을 충의당으로 바꾸고 사람들에게 투항하도록 권하였다. 송강과 고구(高俅)의 투쟁은 지주계급 내부의 한 파벌과 반대파벌 사이의 투쟁이다. 송강이 투항하여 방랍(方臘)과 싸웠다.

이런 농민봉기집단의 우두머리는 투항하기가 쉽지 않다. 이규(李逵), 오용(吳用), 완소이(阮小二), 완소오(阮小五), 완소칠(阮小七) 등은 좋은 사람이나 항복하길 바라지 않았다.

루쉰(魯迅)의《수호전》에 대한 평가는 좋다. 그는 "《수호전》이 말하는 것은 분명하다. 천자를 반대하지 않았기 때문에 대군이 몰려왔을 때 쉽게 항복을 받아들였다. 국가를 대신하여 다른 도적을 공격했다. 하늘을 대신하여 도를 행하여 도적을 물리친 것이 아니다. 결국 노비가 되었다" 라고 말했다.

진성탄(金聖嘆)은《수호전》20여 회를 삭제했다. 진실이 아닌 것들을 삭제하였다. 루신은 진성탄에게 불만이 가득해《진성탄을 논하다[論金聖嘆]》라는 진성탄의 문장평론 한 편을 따로 썼다.

《수호전》100회 본, 120회 본, 71회 본에 전부 루쉰의 이러한 논평이 앞에

쓰여 있다.[156)]

  사실 《수호전》의 송강이라는 인물이 대해 그가 도대체 '영웅'인지 아니면
농민봉기군의 '역적'인지는 '문화대혁명' 이전까지 고전문학계에서 두 가지 다
른 의견을 갖고 있었다. 즉 역사적으로 송강은 보잘 것 없지만, 《수호전》의 송
강은 별개로 중요한 인물이라고 하는 것이 그것이다.

  1975년 12월 투병 중인 마오쩌둥은 자리에 누워 수행원이 읽어 주는 《수호
전》을 들었다. "임충이 눈 오는 밤에 양산박을 오르다(林沖雪夜上梁山)"라는
대목을 읽었을 때 마오쩌둥은 "임충은 늘 참고 견디는 사람이니 양산박에 오르
는 것도 어쩔 수 없이 한 일이다"라고 말했다.

  《수호전》을 살펴본 결과, 등장인물의 특색 있는 성격과 눈앞에 살아 있는
것 같은 생생함이 오랫동안 《수호전》이 널리 알려지고 사람들에게 환영받을
수 있었던 중요한 원인 중에 하나라고 생각한다.

---

156) 陈晋主编, 《毛泽东读书笔记解析》, 广东人民出版社, 1996, 1374-1375쪽。

## 시평

| | |
|---|---|
| 《수호전》의 임충은 무예가 높아, | 水滸林冲武藝高 |
| 금군 교두는 영웅호걸이라 불렸네. | 禁軍教頭稱英豪 |
| 다만 외부의 압력을 참고 견뎠기 때문에, | 只緣逆來偏順受 |
| 백호당 위에서 큰 재난 당했네. | 白虎堂上大難遭 |
| 억울하게 금빛 얼굴 초래하였고, | 委屈落得金貼面 |
| 바라던 일 성사되지 않아 멀리 귀양하게 되었네. | 求全不成配遠牢 |
| 천 근 도끼로 고구의 살점을 다져야 했으니, | 千斧當剁高俅肉 |
| 한 번 구해준다고 노달의 칼이 어찌 손상되겠는가.. | 一救何虧魯達刀 |
| 사람을 크게 업신여겨 큰 우환 남겼고, | 欺人太甚遺大患 |
| 마음에 품은 증오 그 기운 사라지기 어렵네. | 仇恨入心氣難消 |
| 눈보라 몰아치는 밤 산의 신묘, | 雪夜風天山神廟 |
| 대군의 초려장은 큰 화재에 불탔네. | 大軍草料被火燒 |
| 관영은 관군을 보내 스스로 원한 맺었으니, | 管營差撥自結怨 |
| 육겸과 함께 운명 벗어나기 어려웠네. | 堪與陸謙命難逃 |
| 화창의 호리병박으로 차가운 술 들어올리고, | 花槍葫蘆挑冷酒 |
| 한 걸음 걸어 나가니 꿈은 아득하도다. | 一步踏去夢遙遙 |

## 6. 신화이야기인《서유기(西遊記)》의 "경전을 구하러 서천으로 가는" 정신을 보자

1937년 8월 마오쩌둥은《모순론》에서 아래와 같이 말했다.

신화 속에는 변화가 다양하다.《산해경(山海經)》에서 말하는 "과보추일(夸父追日)"과《회남자(淮南子)》에서 말하는 "예사구일(羿射九日)", 그리고《서유기》에서 말하는 손오공(孫悟空)의 72가지 변신과《요재지이(聊齋志異)》의 수많은 귀신과 여우가 사람으로 변하는 고사 등을 예로 들 수 있다. 이러한 신화 속에서 말하는 모순적 상호변화는 곧 무수히 복잡한 현실모순의 상호변화에 대해 사람들이 만들어 낸 하나의 유치한 상상력과 주관적인 환상을 가진 변화이며, 아울러 구체적인 모순에서 표현된 구체적인 변화가 아니다.… 신화나 동화 속 모순구조는 여러 가지인데, 구체적인 동일성이 아닌 그저 환상적인 동일성일 뿐이다. [157)]

1938년 4월 마오쩌둥은 옌안의 중국인민 항일 군사정치 대학의 학생회의 석상에서《서유기(西遊記)》속의 고사를 인용하여 강연을 하였다.

이 당나라 스님은 일심일념으로 서천(西天)에 가서 경전을 구하려고 하여, 81가지의 고난을 만났어도 그 의지는 강인하였으며 그의 목표는 확고부동하였습니다. 그러나 그에게도 결점이 있었으니, 둔감하여 경계심이 높지 않아 적이 속임수를 꾸며도 눈치 채지 못한 것입니다. 저팔계(豬八戒)는 단점이 많았으나 장점도 있었으니 바로 고생을 겪은 것입니다. 썩은 악취가 나는 골목도 그는 밀어젖힐 수 있었습니다. 손오공은 재빠르고 기민하나 그의 가장 큰 단점

은 목표가 확고하지 않은 것으로, 늘 딴 마음을 품고있다는 겁니다.…[158]

1957년 5월 12일 마오쩌둥은 외빈을 접견하는 자리에서 말했다.

중국에도 상제가 있으니 옥황상제입니다. 그의 관료주의는 매우 엄격합니다. 가장 혁명적인 손오공은 그의 전제정치에 반대한 적이 있습니다. 마치 레닌(Lenin)이 민가에서 잡혀서 체포된 것처럼 이 원숭이 왕은 비록 적지 않은 고난을 겪지만 훗날 그는 뛰쳐나와 한바탕 큰 소란을 벌입니다.
　옥황상제는 전제적인 인물로… 반드시 타도하려고 합니다. 손오공이 많아야 하니 바로 인민들입니다.[159]

1960년 12월, 마오쩌둥은 보이보(薄一波)와 대화를 하였다. 《서유기》와 같은 고전명저에 대해 이야기할 때 마오쩌둥이 말했다.

이 당나라 스님과 그 제자들의 굳건한 신념을 볼 필요가 있습니다. 그들은 함께 서천으로 경전을 구하러 가면서 비록 중간에 조금 단결하지 않으며 다투기도 하지요. 그러나 서로 돕고 단결하여 결국 무수한 고난과 위험을 극복하고 수많은 요괴와 마귀에게 승리하여 서천에 도달해 진경을 구해 옵니다.
　여기서 중요하게 말하는 것은, 의견이 다르다고 두려워하지 말고 논쟁을 두

157) 《毛泽东选集》 一卷, 人民出版社, 1991,331쪽。
158) 《回忆毛主席》, 人民文学出版社1977年版.
159) 陈晋主编, 《毛泽东读书笔记解析》, 广东人民出版社1996,1406쪽。

려워하지 말고, 그저 하나의 목표를 향해 일치단결하여 끝까지 분투하여 최후에 성공을 거둬야 한다는 것입니다.[160]

1961년 11월 17일 마오쩌둥은 궈모뤄(郭沫若)의 칠언율시에 화답하였다.

| | |
|---|---|
| 대지에서 풍뢰 일어나자, | 一從大地起風雷 |
| 곧 백골 무더기에서 요괴 생겨났네. | 便有精生白骨堆 |
| 스님은 우둔하여도 오히려 훈계할 수 있으나, | 僧是愚氓猶可訓 |
| 요사스러운 마녀는 괴귀라 반드시 재앙을 낳네. | 妖爲鬼蜮必成災 |
| 금 원숭이 떨치고 일어나 수천 근의 여의봉을 흔드니, | 金猴奮起千鈞棒 |
| 우주가 맑아져 온 세상의 먼지 개었네. | 玉宇澄清萬裏埃 |
| 오늘날 손오공에게 환호하는 것은, | 今日歡呼孫大聖 |
| 오직 요상한 안개가 다시 오고 있기 때문이라네. | 只緣妖霧又重來 |

《서유기》를 읽으면서 마오쩌둥은 아래와 같은 논평을 쓴 적이 있다.

"천 일 동안 선을 행해도 선은 여전히 부족하다. 하루 악행을 저질러도 악은 늘 남아돈다." 향원(鄕願) 사상이다. 손오공의 사상과는 상반된다. 그가 이런 것들을 믿지 않는다는 것은 곧 작자인 오승은(吳承恩)이 이것을 믿지 않았다는 말이다. 그에게 있어 선을 행함은 곧 악을 제거하는 것이고, 악을 제거하는 것은 곧 선을 행하는 것이다. 이른바 "이 말은 과연 부족함이 없다" 라는 것은 곧 이러한 인식에서 나온다.[161]

마오쩌둥은 어렸을 때 《서유기》를 읽었는데, 《서유기》의 수많은 고사에 대해 깊은 인상이 남았다.

《서유기》는 명나라 때 책으로 만들어진 신화소설로 작자는 오승은(吳承恩)이다. 《서유기》가 책으로 만들어지기 전 남송시기에 이미 활자로 간행된 《대당삼장취경시화(大唐三藏取經詩話)》가 있었고 원말명초에 잡극 《서유기》가 있었으며, 명나라 때에도 《서유기평화(西遊記平話)》라는 판본이 출판되었다. 이로 볼 때 오승은이 창작한 《서유기》는 위와 같은 시화, 잡극, 평화(平話)를 토대로 하여 나왔다 말할 수 있다. 아울러 이렇게 널리 퍼진 민간신화와 고사들을 더욱 풍부하게 확장하여 기이한 색채가 가득한 책으로 만들어냄으로써 읽을수록 맛이 나고 사람들을 매료시키는 고전명저가 되었다.

오승은은 자는 여충(汝忠)이고, 호는 사양산인(射陽山人) 또는 사양거사(射陽居士)라 했다. 회안(淮安) 산양(山陽) [162] 사람이다.

생몰연대가 확실치 않으나 대략 명나라 홍치(弘治) 연간 말기부터 만력(萬曆) 10년 전후(1504~1582)라 여겨진다. 대대로 유학가 집안 출신으로 어렸을 때부터 "성격이 총명하고 지혜로우며, 많은 책들을 읽어 붓을 대기만 하면 시문이 이루어졌다" 라고 했다. 그러나 여러 차례 과거에 낙방하며 순탄치 못하다가 40여 세가 넘어서 겨우 공생(貢生) [163] 이 되었고 환갑이 지나 장흥현승(長興縣丞)이 되었다. 얼마 되지 않아 뇌물수수에 연루되어 감옥에 들어갔다가 이후 "증거가 없다" 라는 이유로 풀려나 형헌왕부기선(荊憲王府紀善)의 관직

160) 邸延生, 《历史的真知—"文革"前夜的毛泽东》, 新华出版社2006,100쪽.
161) 中共中央文献研究室编, 《毛泽东读文史古籍批语集》, 中央文献出版社1993,74-75쪽.
162) 회안(淮安) 산양(山陽) : 지금의 강소성 회안.
163) 공생(貢生) : 명청(明淸) 시대 각 성(省)에서 제1차 과거 시험에 합격한 사람

을 받았으나 정신에 이미 큰 손상을 받았다. 얼마 후 관직을 그만두고 고향으로 돌아가 방탕하게 시와 술을 즐기다가 세상을 떠났다.

《서유기》는 조금도 두려워하지 않고 반항하는 투쟁정신을 가진 손오공의 예술적 형상을 성공적으로 만들어 냈다. 손오공이라는 매우 지혜롭고 용감한 영웅적 인물 형상에 열정적이고 호쾌하며 왕성한 필치를 쏟아 부어 손오공에게 시공을 지배하는 초월적 신기와 특이한 성격을 부여하였다. 사람들은 모두 손오공을 좋아할 뿐만 아니라 그가 여러 가지 불행한 일을 겪을 때마다 동정하였고, 또 그가 매번 승리할 때마다 뛸 듯이 기뻐하였다.

당나라 승려를 보호하며 서천으로 경전을 얻으러 가는 과정에서 비록 천신만고를 겪으며 요괴를 굴복시키기도 하고 좌절도 겪지만 시종일관 서천행을 고집하여 영산(靈山)에 이르렀다. 이러한 정신이 후세 역대 인민들에게 널리 알려져서 손오공의 찬란한 형상이 줄곧 인민들의 사랑을 받았다고 할 수 있다. 색다른 상상과 신기한 과장, 변화무쌍한 창작수법 역시 이 고전신화소설이 널리 유행한 원인 중에 하나이다.

마오쩌둥이 칭찬한, "향원사상"에 대한 오승은의 불신은《서유기》라는 작품과 밀접한 관련이 있다.

# 시평

|  |  |
|---|---|
| 《서유기》로 깊이 세상 훈계하니, | 一部《西遊》喻世深 |
| 기이한 고사로 건곤을 반영하였네. | 離奇故事映乾坤 |
| 당나라 승려와 제자들 경전 구하려 가는 길, | 唐僧師徒取經路 |
| 사람과 귀신 사이 도처를 떠돌았네. | 顚沛流離人鬼神 |
| 이매망량 늘상 나타나도, | 魑魅魍魎時時現 |
| 보살과 부처도 항상 존재하네. | 菩薩佛視刻刻存 |
| 사악함과 정의가 크게 겨루어도, | 邪惡正義大較量 |
| 시비와 곡직은 분별하기 어렵네. | 是非曲直難辨分 |
| 허와 실의 변화는 헤아리기 어렵지만, | 變幻莫測虛與實 |
| 화안금정으로 진위를 구별하였도다. | 火眼金睛識僞眞 |
| 두 팔로는 천 균의 무게 힘내어 들고, | 雙臂奮起千鈞力 |
| 여의봉으로 세상의 먼지 쓸어버렸다. | 金箍棒下滌埃塵 |
| 세상의 많고 작은 일 연상하니, | 聯想世間多少事 |
| 책 덮고 깊이 탄식하며 쓸데없이 생각하네. | 掩卷長歎費思忖 |
| 삼라만상의 대천세계, | 包羅萬象大千界 |
| 간략히 요점을 파악한 이 몇이나 되겠는가. | 提綱挈領有幾人 |

## 7. 《홍루몽(紅樓夢)》 연구는 제4회가 중점이 되어야 한다

마오쩌둥은 《홍루몽(紅樓夢)》을 여러 차례 읽었다. 각각 다른 시기에 마오쩌둥은 여러 번 《홍루몽》을 언급하였다.

1954년 10월 12일 마오쩌둥은 중국공산당 중앙정치국과 그 밖에 관련된 동지들에게 《홍루몽 연구문제에 관한 편지(關于紅樓夢硏究問題的信)》를 한 통써 주었다.

1959년 12월부터 1960년 2월까지 마오쩌둥은 소련의 《정치경제학(교과서)》을 읽을 인원을 일부 조직하였고, 각기 다른 자리에서 각각 지적하였다.

《홍루몽》에 이런 말이 있습니다. "누추한 집이라도 화려한 때가 있었고, 쇠락하고 메마른 곳이라도 한때는 춤과 노래가 있었네. 대들보엔 거미줄 가득하고 창가에는 풀빛만 가득하네." 이 단락은 봉건사회에서 사회관계의 흥망성쇠와 가족의 와해와 붕괴를 설명하고 있다. [164]

《홍루몽》에서는 가부장제도의 끊임없는 분열과정을 볼 수 있다. 가련(賈璉)은 가사(賈赦)의 아들로 가사의 말을 듣지 않는다. 과거 왕 부인(王夫人)은 봉저(鳳姐)를 회유하려 했으나 봉저는 각종 방법들을 생각하며 자신의 비자금을 모아 두었다. 영국부(榮國府) 최고 가장은 가모(賈母)였으나 가사와 가정(賈政) 그리고 개개인 모두 각자의 계획이 있었다. [165]

1960년 12월 마오쩌둥과 보이보(薄一波)의 1차 대담 중 중국 역사상 여러 고전소설에 대해 이야기하기 시작했다. 《홍루몽》에 대해 이야기할 때 마오쩌둥은 제4회의 '강(綱)'을 가리키며 작중 인물인 가보옥(賈寶玉), 임대옥(林黛玉)

의 성격과 생활태도를 연이어 비판했다. 다음은 마오쩌둥의 말이다.

그대는《홍루몽》을 읽지 않고서 어떻게 봉건사회를 알겠는가? 조설근(曹雪芹)은 가(賈), 사(史), 왕(王), 설(薛)의 사대명문가들의 흥망성쇠를 빌려 봉건사회의 폐단을 드러내었다네.[166]

1962년 1월 30일 마오쩌둥은 확대중앙공작회의 석상에서 연설할 때 자연스럽게《홍루몽》을 언급하였다.

17세기가 어떤 시대입니까? 중국 명나라 말기이며 청나라 초기입니다. 다시 한 세기를 지나 18세기 전반에 이르면 청나라 건륭(乾隆) 시대로,《홍루몽》의 작가가 살았던 시대이며, 봉건제도에 대해 여러 불만을 가진 소설 인물인 가보옥이 태어난 시대입니다. 건륭시대에 중국은 이미 자본주의 생산관계의 맹아가 싹텄지만, 여전히 봉건사회였습니다. 이것이 여러 소설 속 인물들이 대관원(大觀園)에서 출현하게 된 사회배경입니다.[167]

1963년 5월 7일 마오쩌둥은 항저우에서 주재하여 개최한 중앙공작회의 석상에서 연설하며《홍루몽》의 내용을 재차 언급하였다.

---

164) 《党的文献》1994年5期。
165) 《党的文献》1994年5期。
166) 邸延生,《历史的真知"文革"前夜的毛泽东》, 新华出版社 2006, 101쪽.
167) 《毛泽东著作选读》,人民出版社, 1986, 828쪽.

《홍루몽》제2회에 냉자흥(冷子興)이 가부(賈府)에서 "부귀영화가 다 사라지고 계획을 수립하는 자가 하나도 없다" 라고 말한 것은 너무 지나칩니다. 탐춘(探春)이 집안을 담당한 적도 있었지만 그녀도 대리에 불과합니다. 그러나 가 씨 가문도 그렇게 무너지고 있었습니다.[168]

1964년 8월 18일, 마오쩌둥은 베이다이허(北戴河) 해변에서 철학자 몇 명과 함께 대화하던 중 《홍루몽》을 다시 언급하였다.

저는 《홍루몽》을 어렸을 때부터 5번 읽었습니다.… 저는 그 책에서 역사를 읽었습니다. 시작은 고사를 읽는 것이었으나 뒤에는 역사를 읽었습니다.[169]

어떤 사람은 《홍루몽》제4회에 주의를 기울이지 않고, 이 책의 핵심주제가 "냉자흥이 영국부를 이야기하다." 의 〈호료가(好了歌)〉와 그 주석에 있다고 생각합니다. 제4회 〈호로묘(葫蘆廟) 승려 제멋대로 판결하네〉는 사대명문가를 언급한 호관부(護官符)에 대해 말합니다. "가씨(賈氏)는 거짓말이 아니라 백옥으로 집을 짓고 금으로 말을 만드네. 아방궁 삼백리라도 금릉(金陵)의 사씨(史氏) 하나 들어가지 못하네. 동해 용궁에 백옥 침상이 흠집나면 용왕도 금릉의 왕씨(王氏)에게 청하러 온다네. 풍년에는 큰 눈이 오니 진주는 흙처럼 금은 쇠처럼 쓰네." 《홍루몽》에 나오는 사대 명문가에서는 몇 십 명의 목숨들이 격렬한 계급투쟁을 벌입니다.

168) 龚育知等: 《毛泽东的读书生活》, 生活·读书·新知三联书店, 1986, 225쪽.

169) 위의 책, 986, 220쪽.

170) 위의 책, 220-221쪽.

171) 陈晋主编, 《毛泽东读书笔记解析》, 广东人民出版社, 1996, 1457쪽.

통치자는 20여 명(33명으로 계산한 사람이 있다)이고 나머지 노예가 300여 명으로 원앙(鴛鴦), 사기(司祺), 우이저(尤二姐), 우삼저(尤三姐) 등입니다. 역사를 말할 때, 계급투쟁의 관점으로 말하지 않으면 이야기가 통하지 않습니다.

《홍루몽》이 쓰인 지 200여 년이 지났어도 홍학(紅學) 연구는 현재까지도 명확하지 않으니 어려운 문제라 할 수 있습니다. 위핑바이(兪平伯), 옥곤륜(玉昆侖)은 모두 전문가입니다. 하기방(何其芳)도 서문을 썼고 오세창(吳世昌)도 등장했습니다. 이들은 신홍학(新紅學)으로, 노학자들은 포함하지 않았습니다. 《홍루몽》에 대한 차이위안페이(蔡元培)의 관점은 옳지 않고, 후스(胡適)의 견해가 비교적 조금 낫습니다.[170]

1973년 12월 21일, 마오쩌둥은 남경 군관구 사령원 쉬스여우(許世友)와 담화하며 다음과 같이 말했다.

그대는 지금도 《홍루몽》을 보는가? 5번은 봐야 겨우 말할 만하다네!

중국 고전소설 중에 잘 쓴 것도 이 책이고 가장 잘 쓴 것도 이 책이지. 수많은 문학적 언어를 만들어 냈기 때문일세![171]

앞서 말한 대로 마오쩌둥은 《홍루몽》이라는 책을 매우 중시하였다.

《홍루몽》의 작가는 조설근(曹雪芹, ?~1761)으로 이름은 점(霑)이고, 자는 몽완(夢阮)이며, 호는 설근(雪芹) 또는 근계(芹溪), 근포(芹圃)라고 한다. 선조는 한족이었으나 나중에 만주 정백기(正白旗) 군대가 들어오면서 '포의(包衣)' 즉, 노비가 되었다. 정백기의 지위가 양황기(鑲黃旗), 정황기(正黃旗)와 동급을 이룰 만큼 높아지자 조 씨 가문 또한 황실 '포의'가 되었다.

증조부 때부터 아버지까지 3대가 대대로 강녕직조(江寧織造)를 세습하였고, 조부 조인(曹寅)은 소주직조(蘇州織造)와 양회(兩淮)의 순염어사(巡鹽御史) 관직을 역임했으며, 아울러 두 딸은 왕비로 뽑혔다. 청나라 강희제(康熙帝)는 여섯 차례 남방을 순시했는데 4번이나 조인의 강녕직조서(江寧織造署)를 방문했다. 조인이 양주(揚州)에서 병에 걸리자 강희제는 친히 사람을 보내 밤낮으로 달려 조인을 치료할 약을 보내 주었으니 조씨 가문과 황실의 밀접한 관계를 볼 수가 있다. 옹정(擁正) 5년에 조씨 가문은 강녕직조에서 파직당하고 재산을 몰수당한다.

온 가족이 베이징으로 이주하고 이때부터 가세가 쇠락하였다. 바로 조설근은 이와 같은 집안 환경 속에 있었기에 조씨 가문의 흥망성쇠를 모두 겪었다. 그래서 이처럼 봉건사회의 수많은 내막을 노골적으로 까발리는 천고의 절창인 《홍루몽》을 써 낸 것이다.

《홍루몽》의 예술적 성취는 매우 뛰어나다. 인물형상과 성격이 분명하고 구성이 장엄하면서도 완벽히 통일되어 있다. 언어도 통속적이나 아름답고 깨끗하여 중국 고전소설 창작을 새로운 단계로 끌어올렸다.

시평

| 고루거각(高樓巨閣) 들보엔 그림이 가득하고, | 大廈巍巍雕畫梁 |
| 붉은 누각 큰 꿈에는 처량함만 있구나. | 紅樓一夢載蒼涼 |
| 기쁨이 다하면 슬픔이 오거늘 허공에다 한탄하니, | 樂極生悲空哀歎 |
| 예부터 지금까지 이야기 또한 슬프도다. | 縱是演義亦感傷 |
| 인물성격 훨씬 화려하고, | 人物性格多鮮豔 |
| 완전한 구조에 편폭도 길구나. | 結構完整篇幅長 |
| 봉건사회 흥망사, | 封建社會興衰史 |
| 제4회에 다 있도다. | 四回書是總綱 |

# 제8편

● ● ●

옛 제도 비평하고 오류를 반박하며
자신의 견해를 진술하다
자유분방한 기개로 문장을 진작시
켜 새 인물을 격려하다

제8편

옛 제도 비평하고 오류를 반박하며 자신의 견해를 진술하다
자유분방한 기개로 문장을 진작시켜 새 인물을 격려하다

## 1. 오경욱(吳景旭)의 《역대시화(歷代詩話)》는 논평이 진부하다

마오쩌둥은 오경욱(吳景旭)의 《역대시화(歷代詩話)》 중 〈화(話)52 경집(庚集)7〉 편을 읽으며 논평을 썼다.

이 말은 진부하다. [172]

오경욱의 《역대시화》 〈화52 경집7〉을 보자.(발췌)

나는 두목(杜牧)의 여러 시에 모두 번안법(翻案法)을 적용하여 한 단계 떨어뜨렸는데, 진정한 의도가 더욱 분명해졌다. 사첩산(謝疊山)이 말한 "죽을 고비에서 살길을 찾는다"라는 것이다. 《어은총화(漁隱叢話)》에서 "두목은 시를 쓰는 데 있어 다른 사람들과 다르게 하는 것을 좋아하였다. 〈적벽(赤壁)〉과 〈사호(四皓)〉와 같은 경우는 모두 사실을 반대로 말했다. 〈제오강(題烏江)〉에

이르러서는 다르게 보는 것을 좋아하여 이치에 반대된다. 항우는 8천 명의 사람과 강을 건넜으나 한 사람도 돌아온 자가 없었으니, 누군들 기꺼이 그를 따르겠는가? 그가 흙먼지 일으키며 다시 오지 못하리라는 것이 확실하다"고 하였다. 아! 이것을 어찌 시에 조예가 깊다고 하겠는가.[173]

오경욱의 입장에서 보면, 두목(杜牧)의〈제오강(題烏江), 제오강정(題烏江亭)〉에 대한 《어은총화(漁隱叢話)》의 판단은 정확하다.〈제오강정〉시에서 두목이 "강동의 자제들 중 인재가 많으니, 흙먼지 일으키며 다시 왔다면 어찌 되었을지 모르지(江東子弟多才俊, 卷土重來未可知)" 라고 한 것에 대해 《어은총화》에서는 "항우는 8천 명의 사람과 강을 건넜으나 한 사람도 돌아온 자가

<hr />

172) 中共中央文献研究室编, 《毛泽东读文史古籍批语集》, 中央文献出版社, 1993, 39쪽.

173) 余以(杜)牧之數詩, 俱用翻案法, 跌入一層, 正意益醒. 謝疊山所謂"死中求活"也. 《漁隱叢話》云: "牧之題咏, 好與於人. 如〈赤壁〉〈四皓〉, 皆反說其事. 至〈題烏江〉, 則好異而叛於理. 項氏以八千渡江無一還者, 誰肯復附之, 其不能卷土重來決矣!" 嗚呼, 此豈深於詩者哉?

174) 인용된 《역대시화》 원문에 따르면 "이 어찌 시에 조예가 깊은 것이겠는가(此豈深於詩者哉)" 라고 하여, 반어의문문을 사용하였는데, 이는 '시에 조예가 깊지 않다'는 의미를 강조한 것이다. 이는 '《어은총화》는 시에 조예가 깊다'고 한 저자의 이해와는 상반된다. 인용된 글과 저자의 이해가 배치되나 일 단 원문대로 번역하였다. 《어은총화》에서는〈제오강정〉에 대해 항우가 권토중래하지 못하리라고 반어 적으로 해석하고 있는데, 마오쩌둥은 이러한 해석에 대해 반대하고 있다. 그러나 인용된 원문에서만 보자면, 《어은총화》를 인용한 오경욱이 《어은총화》의 견해를 그대로 따르고 있다고는 볼 수 없다.(역둥은 매우 불만이었고, "진부하다" 는 견해로 비판하였다. 마오쩌둥은 줄곧 항우(項羽)의 용기와 과감한 기개를 높이 평가하였다. 한편으로는 항우가 해하(垓下)의 전쟁에서 패배한 뒤 오강(烏江)에서 목을 베어 자결하여 "죽어서도 귀신 영웅이 되고자 했다"고 하는 담력과 기백을 찬탄하였고, 또 다른 한편으로는 항우의 죽음을 애석하게 여겼다. 만약 항우가 죽지 않고 강동(江東)으로 되돌아 와 다시 군대를 모집하여 "흙먼지 일으 키고 다시 일어나(卷土重來)" 유방(劉邦)과 천하를 다시 다투었다면 누가 이기고 질지는 알 수 없다는 두목의〈제오강정〉의 논조에 마오쩌둥은 동의하였다. 두목의〈제오강정〉을 보자.

없었으니, 누군들 기꺼이 다시 그를 따르겠는가? 그가 흙먼지 일으키며 다시 오지 못하리라는 것은 확실하다"고 하였다. 오경욱은 《역대시화》에서, 두목의 시에 대한 《어은총화》의 비평에 감탄하였고, 《어은총화》가 "시에 조예가 깊다"고 여겼다. [174] 이에 대해 마오쩌둥은 매우 불만이었고, "진부하다"는 견해로 비판하였다.

마오쩌둥은 줄곧 항우(項羽)의 용기와 과감한 기개를 높이 평가하였다. 한편으로는 항우가 해하(垓下)의 전쟁에서 패배한 뒤 오강(烏江)에서 목을 베어 자결하여 "죽어서도 귀신 영웅이 되고자 했다"고 하는 담력과 기백을 찬탄하였고, 또 다른 한편으로는 항우의 죽음을 애석하게 여겼다. 만약 항우가 죽지 않고 강동(江東)으로 되돌아 와 다시 군대를 모집하여 "흙먼지 일으키고 다시 일어나(卷土重來)" 유방(劉邦)과 천하를 다시 다투었다면 누가 이기고 질지는 알 수 없다는 두목의 〈제오강정〉의 논조에 마오쩌둥은 동의하였다.

두목의 〈제오강정〉을 보자.

| | |
|---|---|
| 전쟁에서의 승패는 기약할 수 없는 것이거늘, | 勝敗兵家事不期 |
| 수치를 참고 견디는 것이 사내라네. | 包羞忍恥是男兒 |
| 강동의 자제들 중 인재가 많으니, | 江東子弟多才俊 |
| 흙먼지 일으키며 다시 왔다면 어찌 되었을지 모르지. | 卷土重來未可知 |

《역대시화》에서 언급한 《어은총화》에서 말한 두목의 〈적벽(赤壁)〉과 〈사호(四皓)〉 시 역시 이미 발생한 역사적 사실을 가정하여, 다른 각도에서 당시의 역사적 사건을 자세히 살피고서 쓴 시이다.

두목의 〈적벽〉을 보자.

| 모래에 묻힌 부러진 창은 그 쇠가 아직 삭지 않아, | 折戟沉沙鐵未銷 |
| 스스로 집어 갈고 닦았더니 전 왕조의 것임을 알았네. | 自將磨洗認前朝 |
| 동풍이 주랑을 돕지 않았더라면, | 東風不與周郎便 |
| 봄날 동작대에 대교와 소교는 깊숙이 갇혔겠지. | 銅雀春深鎖二喬 |

두목의 〈적벽〉에서 보자면, 역사적으로 적벽전쟁에서 주유(周瑜)의 승리는 전적으로 동풍이 불어 조조군의 전함을 불태워 버린 것에 힘입은 것으로, 만약 그렇지 않았더라면 "대교와 소교"는 머지않아 조조군에게 사로잡혀 동작대 "깊숙이 갇혔을 것"이다.


## 시평

| 대대로 전쟁은 사전에 모의하지만, | 歷代爭戰謀在先 |
| 책략을 앞당긴 것은 형세 상 그러한 것이네. | 提前策劃勢皆然 |
| 전쟁에서 유리한 시기는 쉽게 얻을 수 있는 것이 아니니, | 有利戰機非易得 |
| 천변만화하는 것은 일순간이라네. | 千變萬化一瞬間 |
| 지리와 천시가 모두 중요하지만, | 地利天時均爲重 |
| 승부의 승패는 깊이 탐구해야 하네. | 輸贏勝敗靠鑽硏 |
| 시인이 많이 상상한 것을 언짢게 생각지 말게나 | 休怪詩人多設想 |
| 인인이나 지사도 모두 말할 수 있는 거라네. | 仁人志士皆可談 |

---

자주

## 2. 전체가 완비되어 있다고 칭한 《시운집성(詩韻集成)》, 시와 사의 율격은 연습과 탐구에 달려 있다

1957년 1월 12일, 마오쩌둥은《시간(詩刊)》편집부 장커쟈(臧克家) 등 여러 동지들에게 편지를 보냈다. [175)

### 커쟈(克家) 동지 및 동지 여러분께

보내주신 편지는 이미 받았는데 답장이 늦어 죄송합니다. 부탁한 대로 기억나는 구체(舊體) 시사(詩詞)를 당신들이 보낸 8수와 함께 모두 18수를 다른 종이에 적어서 보내니, 더 심사하여 처리해 주세요.

이것들을 정식으로 발표하는 것을 줄곧 꺼렸는데, 구체(舊體)라 잘못된 것을 후세에 전하거나 청년들에게 잘못을 남길까 걱정이 된 데다, 또 시의 의미가 많지 않으며 어떠한 특색도 없기 때문입니다. 그대들이 게재할 수 있다고 여기고 또 이미 전사한 몇 수에서 오자를 정정한 이상, 당신들의 의견대로 합시다.

《시간(詩刊)》출판은 훌륭하니, 성장과 발전을 기원합니다. 시는 당연히 신시(新詩)가 주체가 되어야 하며, 구시(舊詩)는 어느 정도 쓸 수는 있지만 청년들이 제창하기에는 적당하지 않습니다. 이러한 장르는 사상을 속박하며 또한 배우기도 쉽지 않기 때문입니다. 이 말들은 참조만 하십시오.

동지들께 안부전합니다.

마오쩌둥
1957년 1월 12일

같은 해 여름, 마오쩌둥은 수엔(舒湮)과의 1차 담화 중 구체 시사에 대해 다시 언급하였다.

구체 시사의 율격은 지나치게 엄격하고 사람의 생각을 속박합니다. 저는 줄곧 청년들이 이렇게 큰 정력을 소비할 것을 주장하지 않았습니다. 그러나 노인들은 격식을 갖추려면 갖추어야지, 평측을 논하지 않고 운율을 중시하지 않고서, 무슨 율격 있는 시사가 되겠습니까. 규율을 숙달해야만 자유를 느낄 수 있는 것입니다.[176)

1965년 7월 21일, 마오쩌둥은 천이(陳毅)에게 보낸 편지에서 이런 내용을 썼다.

율시는 평측을 중시해야 한다. 평측을 중시하지 않으면 율시가 아니다.…
그대가 자유시만 쓸 수 있는 것과 같이, 나는 장단구의 사학(詞學)에 대해 조금은 알고 있소이다.[177)

마오쩌둥은 위대한 무산계급 혁명가이자 정치가, 군인일 뿐만 아니라 동시에 시인이다. 더구나 그는 위대한 시인이라고 할 수 있다. 마오쩌둥의 시사는 기세가 드높으며 뜻이 심원하다. 마오쩌둥은 매우 진솔하게 시와 사를 지었고, 글자마다 구마다 모두 반복하여 다듬었으며, 세심하게 퇴고하여 음률과 율격

175) 《毛泽东诗词集》, 中央文献出版社 1996,224-225쪽.
176) 《文汇月刊》 1986年9期.
177) 《毛泽东书信选集》, 人民出版社 1984,607쪽.

에 맞지 않을까 걱정하였다. 시사 작품의 초고를 다 쓴 뒤에는 우선 한쪽에 놓아두고 며칠이 지난 뒤에 다시 꼼꼼히 보았고, 다시 고치고 다시 꼼꼼히 살펴 만족한 뒤에야 끝냈다.

마오쩌둥의 서재에는 《시운집성(詩韻集成)》·《증광시운전벽(增廣詩韻全璧)》·《신교정사율전서(新校正詞律全書)》등 시사의 율격과 관련된 분야의 공구서 종류의 서적들이 많이 소장되어 있었고, 이는 마오쩌둥이 평소 시와 사를 지을 때 참고한 교과서였다. 《시운집성》을 훑어보면, 마오쩌둥이 그려 놓은 많은 필적을 볼 수 있다. 동그라미를 치거나 줄을 친 것이 비일비재하다.

시인이 되기 위해 마오쩌둥은 자신의 시사 창작 작업에 대한 요구가 매우 엄격하였다. 1935년 10월에 지은 사〈염노교(念奴嬌)·곤륜(昆侖)〉을 예로 들면, 원래 사의 명제(命題)는 〈등아산(登峨山)〉이고 내용은 다음과 같다.


하늘을 가로지르고 인간세상과 연을 끊어버린 광활한 곤륜산은 인간사 성쇠까지 모두 관장하는 듯하다.

삼백만의 날아오르는 옥룡은 온 하늘에 차갑게 스며들어 어지럽게 나르며.

여름날 쌓인 눈은 녹아내리고 장강과 황하는 범람하여 사람들은 물고기와 거북에게 먹히기조차 하네.

천년 동안의 공과 죄를 누가 평설해 주겠는가?

지금 나는 곤륜산에 대해 말하노니 높다고 하지 않고 눈이 많다고 하지도 않겠다.

어떻게 하면 하늘에 기대어 보검을 뽑아 너를 세 조각으로 휘두르겠는가?

한 조각은 유럽에게 주고, 한 조각은 미국에게 선사하고, 한 조각은 중국에 남겨 두고자자 하네.

태평한 세계, 온 지구는 이렇게 서늘함과 뜨거움을 함께한다네.[178]


이후〈곤륜〉이라 고쳤다.


하늘을 가로지르고 인간세상을 벗어난 광활한 곤륜산은 인간사 성쇠까지 모
두 살피고 있네.

삼백만의 날아오르는 옥룡은 온 하늘에 차갑게 스며들어 어지러히 날고,

여름날 쌓인 눈이 녹아내려 장강과 황하는 범람하니 사람들은 물고기와 거
북에게 먹히기도 한다.

천년 동안의 공과 죄를 누가 평설해 주겠는가?

지금 나는 곤륜산에 대해 말하노니 높다고 하지 않고 눈이 많다고 하지도 않
겠다.

어떻게 하면 하늘에 기대어 보검을 뽑아 너를 세 조각으로 자르겠는가?

한 조각은 유럽에게 주고, 한 조각은 미국에게 선사하고, 한 조각은 일본에
돌려 주겠네.


태평한 세계, 온 지구는 이렇게 서늘함과 뜨거움을 함께하네.[179]


178) 橫空絕世,莽崑崙,攬盡人間春色。 飛起玉龍三百萬,攬得周天寒徹。 夏日消溶,江河橫溢,
人或爲魚鱉。 千秋功罪,誰人曾與評說? 而今我謂崑崙:不要這高,不要這多雪。 安得倚天
抽寶劍,把汝揮爲三截? 一截遺歐,一截贈美,一截留中國。 太平世界,環球同此涼熱。
179) 橫空出世,莽崑崙,閱盡人間春色。 飛起玉龍三百萬,攬得周天寒徹。 夏日消溶,江河橫溢,
人或爲魚鱉。 千秋功罪,誰人曾與許說? 而今我謂崑崙:不要這高,不要這多雪。 安得倚天
抽寶劍,把汝裁爲三截? 一截遺歐,一截贈美,一截還東國。 太平世界,環球同此涼熱。

〈등아산〉과 〈곤륜〉 두 가지 명제를 서로 비교하면〈곤륜〉이 〈등아산〉보다 시야가 더 분명하고, 기세가 더 드높다. "인간 세상 벗어나다(出世)"와 "인간 세상 끊어버리다(絶世)", "휘두르다(揮)"와 "자르다(裁)", "중국에 남겨 두다(留中国)]"와 "일본에 돌려주다(还东国)"는 경지가 더욱 적절하고 심원하며 활달하다.

또 마오쩌둥이 1927년 10월에 쓴〈서강월(西江月)·추수기의(秋收起義)〉를 예로 들어보면, 원래 사의 내용은 다음과 같았다.

| | |
|---|---|
| 군대는 공농혁명군이라 부르고, | 軍叫工農革命 |
| 깃발은 염도부두라 하네. | 旗號鐮刀斧頭 |
| 수수(修水)와 동고(銅鼓) 일대에 머물지 않고, | 修銅一帶不停留 |
| 평강(平江)과 유양(瀏陽)을 향해 직진할 것이네. | 要向平瀏直進 |
| 지주가 농민을 무겁게 억압하니, | 地主重重壓迫 |
| 농민 모두 지주를 공동의 적으로 여겼네. | 農民個個同仇 |
| 추수 철 저물녘 구름이 뒤덮혀 근심스러워 하는데, | 秋收時節暮雲愁 |
| 벽력치는 소리와 함께 혁명이 일어났다. | 霹靂一聲暴動 |

이후 전반의 구절을 다음과 같이 고쳤다.

| | |
|---|---|
| 군대는 공농혁명군이라 부르고, | 軍叫工農革命 |
| 깃발은 염도부두라고 하네. | 旗號鐮刀斧頭 |
| 광려(匡廬) 일대에 머물지 않고, | 匡廬一帶不停留 |
| 소수(瀟水)와 상강(湘江)을 향해 직진할 것이네. | 要向瀟湘直進 |

"수수와 동고(修銅)"를 "광려(匡廬)"로 고쳤고, "평강과 유양(平瀏)"을 "소수와 상강(瀟湘)]"으로 고쳤는데, 마오쩌둥이 심사숙고한 결과로 여겨진다.

## 시평

| | |
|---|---|
| 풍운을 질타하며 별이 총총한 하늘을 달리고, | 叱咤風雲走星空 |
| 필묵을 연습하여 깊은 정을 맺는다. | 研習筆墨結厚情 |
| 시사의 음률은 모름지기 논해야 하며, | 詩詞格律當須論 |
| 여유 있는 솜씨로 참된 공에 의지한다. | 遊刃有餘靠眞功 |
| 평측의 음운은 단단히 규제하고, | 平仄音韻約束緊 |
| 배와 목의 대구는 느슨하게 해서는 안 된다. | 頸腹對仗不能松 |
| 사를 지음에 항상 장단구를 구분하고, | 塡詞常分長短句 |
| 시를 지음에 절대 고평을 범하지 말라. | 賦詩切忌犯孤平 |

## 3. 양장거(梁章鉅)의《영련총화(楹聯叢話)》를 보고 "새로운 풍격을 창조 하였다"고 장련(長聯)을 칭찬하다

마오쩌둥은 양장거(梁章鉅)의《영련총화(楹聯叢話)》에 대한 논평을 읽었 다.[180]

180자.

예부터 새로운 풍격을 창조한 적이 없으니, 이 논평은 정확하지 않다. 요즘 사람인 캉여우웨이(康有爲)가 시후(西湖)에서 1연(聯)을 지었는데, 이 연을 모 방하여 단점을 비교하였으니, 꽤 만족스럽다. 그 다음 연을 쓰기를, "패업은 연 기처럼 사라지고, 웅대한 뜻은 고요한 물이다. 음산의 물은 푸르니, 앉아서 인 간세를 잊네. 만방이 함께 개탄하니, 돌아본들 어찌하겠는가.[霸業煙銷 雄心止 水 飮山水綠 坐忘人世 萬方同慨顧何之]"하였다. 캉여우웨이의 별장은 시후산에 있는데, 시후산의 어느 정자에 연을 걸었다.

이는 죽은 대련으로, 멀쩡한 것을 공연히 손대서 못 쓰게 만들었다.

양장거(1775~1849)의 자는 굉중(閎中)·채림(茝林)이고, 만년의 호는 퇴암 (退庵)이며, 복건(福建) 장락(長樂) 사람으로 청(淸)대의 문학가이다. 가경(嘉 慶)에 진사가 되어 관직이 강소 순무(江蘇巡撫)에 이르렀다. 평생 독서를 좋아 하고 전고(典故)를 잘 알았으며, 시에 능하였고, 소설 쓰기를 좋아하였다. 저 서에《등화음관시초(藤花吟館詩鈔)》·《문선방증(文選旁證)》·《낭적총담(浪 跡叢談)》등이 있고,《영련총화》·《영련속화(楹聯續話)》·《영련삼화(楹聯三 話)》는 많은 영향을 미쳤다.

마오쩌둥은 양장거의《영련총화》를 매우 진지하게 읽었는데, 대관루(大觀

樓)의 장련이 180자"라는 것을 밝히고 170여 언"이라는 양장거의 설을 바로잡
았다.

마오쩌둥은 논평에서 언급된 "요즘 사람인 캉여우웨이가 시후에서 1연을 지
었는데"에서의 앞의 연은 다음과 같다.

섬 안에 섬이 있고, 호수 밖에 호수가 있다. 구불구불 산길 통하게 하여 다리
를 그리고, 호숫가 늙은 버드나무 바라보네. 10경의 연꽃, 순채향을 먹네. 이
같은 원림은 사주를 유람하면서도 일찍이 본 적이 없네.[島中有島, 湖外有湖,
通以九折畫橋, 覽沿湖老柳, 十頃荷花, 食蓴菜香, 如此園林, 四洲遊遍未嘗
見 ; ]

패업은 연기처럼 사라지고, 선심(善心)은 고요한 물이다. 천년 동안의 지난
일들 겪고, 아침 해와 저물녘의 안개를 맞이하고, 봄에는 따뜻하고 가을에는
흐리네. 산과 물은 푸르고, 앉아서 인간세를 잊네. 만방이 함께 개탄하니, 다시
어찌하겠는가.[霸業銷煙, 禪心止水, 閱盡千年陳跡, 當朝暉暮靄, 春煦秋陰,
山青水綠, 坐忘人世, 萬方向慨更何之 ]

마오쩌둥은 박학하고 다재다능하며 사고력이 빠르며, 젊었을 때에는 영련
(楹聯)의 대구를 좋아하였다.

1917년 7월 아직 후남성 제1사범학교를 다니던 마오쩌둥은 여름방학을 이

---

180) 中共中央文献研究室编,《毛泽东读文史古籍批语集》, 中央文献出版社, 1995,
117-118쪽。

용하여 수즈성(蕭子升)과 함께 창사(長沙)를 벗어나 시골로 '유학'을 떠났다. 안화현(安化縣)을 경유할 때, 안화현의 권학소(勸學所) 소장인 샤모어안(夏默庵)이 매우 학문이 뛰어나다는 것을 듣고서 명성을 흠모하여 가르침을 구하러 갔다. 샤모어안은 일부러 서재의 탁자 위에 원대(原對) 한 구를 써넣고 사람들의 학식의 기초를 시험하였다.

푸른 백양나무 위 새 소리 들리니, 봄이 왔다가, 봄이 가는 구려(綠楊樹上鳥聲聲, 春到也, 春去也)

마오쩌둥은 이를 보고서 좀 더 생각을 한 뒤, 곧 대구를 썼다.

푸른 풀 연못 속 개구리 소리 들리니, 공공의 것인가, 사사로운 것인가?[青草池中蛙句句, 爲公乎? 爲私乎?]

샤모어안은 한번 보고서 크게 놀라서 계속 칭찬을 멈추지 않았다.···[181]

1919년 10월 5일 마오쩌둥은 모친상을 당해 급히 가서 영련(靈聯)을 썼다.

병세 위급하여도 여전히 아들을 불렀으니, 보살핌이 끝이 없다네, 갖가지 남은 여한 모두 채워야 할텐데(疾革尚呼兒, 無限關懷, 萬端遺恨皆須補)
장수 위해 새로이 불학을 배웠어도, 세상에 머무를 수는 없네, 자애로움 넘치는 용모를 어디에서나 찾을까. [長生新學佛, 不能住世, 一掬慈容何處尋?][182]

빈소에 쓴 제련(祭聯)은 다음과 같다.

봄바람 부는 남쪽 언덕에 멀리서 빛 머물고,　　　　　　春風南岸留暉遠

가을비 내리는 소산에 많은 눈물 뿌리네.[183]　　　　　秋雨韶山灑淚多

1928년 1월 24일 수천(遂川)에서 개최된 공농병(工農兵) 정부 성립 대회에서, 마오쩌둥은 대회의 회의장에서 대련(對聯)을 썼다.

올해를 생각하니, 자네는 노동자와 농민을 착취하였네, 좋고도 좋겠구려, 이익 속에서 이익이 생겨나니(想當年, 你剝削工農, 好就好, 利中生利)

오늘을 돌아보니, 나는 토호 열신을 참살하였네, 두려워 말게나, 칼 위에 칼을 더한 것일 분(看今日, 我斬殺土劣, 怕不怕, 刀上加刀 °)[184]

1928년 8월 하순 홍군 제4군 참모장 왕얼주어(王爾琢)가 전투 중 희생되었는데, 그를 위해 거행된 추모회에서 마오쩌둥은 친필로 만련(挽聯)을 썼다.

한 번 동포를 위해 울고, 두 번 동포를 위해 우니, 동포는 지금 없구려! 남겨진 중임을 계승하기 어렵게 되었네. [一哭同胞, 再哭同胞, 同胞今已矣! 留却重任難承受 ; ]

181) 邸延生:《历史的真迹-毛泽东风雨沉浮五十年》, 新华出版社 2002,84쪽。

182) 위의 책, 112쪽。

183) 위의 책, 112쪽。

184) 위의 책, 283쪽。

살아서도 계급, 죽어서도 계급, 계급 이후에는 어떠한가? 승리를 얻은 후에야 비로소 쉴 수 있다네![生爲階級, 死爲階級, 階級後如何？得到勝利始方休！][185]

1930년 12월 25일 마오쩌둥은 간시(贛西) 신위(新余) 지구의 샤오푸전(小布鎭)에서 "소비에트 지역 군민 궐기대회"를 주관하여 개최하였고, 아울러 대회 회장에서 대련을 썼다.

적이 전진하면 우리는 후퇴하고, 적이 주둔하면 우리는 어지럽히고, 적이 지치면 우리는 공격하고, 적이 물러나면 우리는 추격하니, 유격전에는 승산이 있다네(敵進我退, 敵駐我擾, 敵疲我打, 敵退我追, 遊擊戰裏操勝算)
적을 깊숙이 유인하고, 큰 걸음으로 나아가거나 물러가고, 병력을 집중하고, 각개 격파하여, 활동하는 중에 적을 섬멸하세나(誘敵深入, 大步進退, 集中兵力, 各個擊破, 運動之中殲敵人　°)[186]

1954년 여름, 북대하(北戴河)의 해변에서 마오쩌둥은 주변의 수행원이 맹강녀(孟姜女) 사당 문 앞에서 말하는 것을 듣고 매우 기묘한 대련을 지었는데 내용은 다음과 같다.

조조조조조조조조락                              朝朝朝朝朝朝朝朝落
장장장장장장장장소                              長長長長長長長長消

마오쩌둥은 웃으며 해석하기를, "자네는 이 중의 자오(朝, zhao) 자 하나를 차오(朝, chao) 로 읽고[187], 이 중 창(長, chang) 자 하나를 장(長, zhang)으로 읽어야[188] 매끄러울 것이네!"

수행원은 생각하고 생각하여 마오쩌둥이 말한 방식대로 읽고 또 읽었으나 여전히 이해가 되지를 않았다. 마오쩌둥이 말했다.

"이렇게 읽게나. 바다의 조수, 매일 아침 밀물이 들어오니, 매일 밀물이었다 매일 썰물이네. 자욱한 구름, 항상 자욱하여, 항상 자욱하다 항상 사라지네.[朝潮朝朝潮朝潮朝落 常长常常长常长常消]"

마오쩌둥이 이렇게 읽는 것을 듣고는 수행원 역시 웃었다.…

1958년 3월 마오쩌둥은 청두(成都)에서 무후사(武侯祠)를 유람하고, 무후사 내의 제갈량전(诸葛亮殿) 앞의 영련 1부를 매우 마음에 들어 하였다. :

마음을 공략할 수 있으면, 배반은 절로 사라지니, 예부터 병법을 아는 이는 전쟁을 좋아하지 않았다(能攻心, 則反側自消, 自古知兵非好戰)

대세를 살피지 않으면, 관대하거나 엄격해도 모두 잘못을 하니, 훗날 촉을 다스리려면 이를 깊이 헤아려야 한다(不審勢, 即寬嚴皆誤, 後來治蜀要深思 °)

---

185) 위의 책, 311쪽。

186) 위의 책, 350쪽。

187) 조(朝) 자는 중국어에서 zhāo와 cháo의 두 가지 발음이 있는데, zhāo라고 읽을 때는 '아침', '날'의 의미를 가지고, cháo라고 읽을 때는 '향하다', '참배하다' 등의 의미를 가진다. 여기서 cháo는 조수를 뜻하는 '潮'를 의미하는데, 조(朝)의 발음 역시 cháo이다. (역자주)

188) 장(長) 자는 중국어에서 cháng과 zhǎng의 두 가지 발음이 있는데, cháng이라 읽을 때는 '길다', '항상' 등의 의미를 가지며, zhǎng이라 읽을 때는 '자라다', '생기다' 등의 의미를 가진다. 여기서 cháng은 '항상'이라는 '常'을 의미하는데, 상(常)의 발음 역시 cháng이다. (역자주) 대세를 살피지 않으면, 관대하거나 엄격해도 모두 잘못을 하니, 훗날 촉을 다스리려 면 이를 깊이 헤아려야 한다(不審勢,即寬嚴皆誤,後來治蜀要深思。)

마오쩌둥은 만년까지도 스촨(四川)의 지도자들에게 청두 무후사의 이 영련을 진지하게 연구할 것을 제의하였다.

## 시평

| | |
|---|---|
| 민족문화는 전통을 계승하고, | 民族文化承傳統 |
| 영련의 대구를 만들었으니 경지가 깊었다. | 屬對楹聯意境濃 |
| 장구과 단구 모두 논할 것 없이, | 長句短句且不論 |
| 여백에 황비를 보충한 것은 화룡점정과 같네. | 眉加橫批如點睛 |
| 중화의 남과 북에서 모두 볼 수 있고, | 華夏南北皆可見 |
| 중국의 동과 서에서도 감정이 많네. | 神州西東亦多情 |
| 고금 왕래의 사람들이 외워 전하여, | 古往今來人傳誦 |
| 민중들 기뻐하며 보고 듣네. | 喜聞樂見民眾中 |

## 4. 공자진(龔自珍)에게서 유래한 시구 "하늘에 바라노니 다시 기운을 차리시게나"

1945년 5월 31일 마오쩌둥은 중국공산당 제7차 전국대표대회에서 연설하면서 다음과 같이 말했다.

각자의 사람이 발전하지 못하는데 사회가 발전한다고 생각해서는 안 되고, 동시에 우리당이 당의 정체성을 가지고 있다고 각자 당원이 자신의 정체성을 가지지 않는다고 생각해서는 안 됩니다. 이들은 모두 나무로, 120만 당원은 곧 120만 개의 나무입니다. 여기서 저는 공자진(龔自珍)이 쓴 시 두 구 "하늘에 바라노니 다시 기운을 차려, 한 가지 형식에 얽매이지 않는 인재를 내려보내소서.[我勸天公重抖擻不拘一格降人才]'가 떠오릅니다.

우리의 당원들을 종이 죽으로 만든 인형이 되게 해서는 안 됩니다. 모두 획일화되면 좋지 않습니다.[189]

공자진(龔自珍, 1792~1841)의 자는 슬인(瑟人), 호는 정암(定盦), 절강(浙江) 인화(仁和)[190] 사람이다. 청(清) 대의 사상가이자 문학가이며, 또한 중대한 변화가 일어나기 직전의 중국 봉건사회의 근대 자본가계급의 개량주의 계몽가이다. 도광(道光) 연간에 진사가 되었고, 관직이 예부 주사(禮部主事)에 이르렀다. 다양한 분야를 두루 공부하였고 학문에 힘썼다. 경학(經學)의 측면에서는 "경전을 통해 실천에 응용할 것"을 제창하였고, 철학의 측면에서는 맹자(孟子)의 '성선설'과 순자(荀子)의 '성악설'을 반대하고 "성에는 선도, 불선도 없다"는 학설을 주장하여 "옛부터 지금까지 법은 변하지 않음이 없고, 권력도 축적되지 않음이 없고, 사례도 변천하지 않음이 없고, 풍속도 바뀌지 않음이 없다"라고 하여, 만사와 만물이 모두 변화하는 와중에 있음을 강조하였다. 만년에는 불교 천태종의 영향을 많이 받았다. 시문에서는 "법을 고치고" "계획을 변경할 것"을 강력히 제창하였고, 애국 열정이 충만하였다.

산문은 지식이 풍부하여 종횡무진하였고 일가를 이루었다. 시는 매우 아름다우며 기이하고 자유로워 '공파(龔派)'라 불렸다. 저서로《정암전집(定盦全集)》이 있다. 〈기해잡시(己亥雜詩)〉에 절구(絕句) 315수가 수록되어 있다. 마

---

189) 中共中央文献研究室编, 《毛泽东在七大的报告和讲话集》, 中央文献出版社, 1995, 224쪽。
190) 절강(浙江) 인화(仁和) : 지금의 절강 항저우(항저우).

오쩌둥이 인용한 "하늘에 바라노니 다시 기운을 차려, 한 가지 형식에 얽매이지 않는 인재를 내려보내소서"라는 구절은 바로 공자천이 〈기해잡시〉에서 나온 것이다. 전체 시는 다음과 같다.

구주에 생기가 넘치는 것은 비와
우레에 의지하기 때문인데,　　　　　　　　　　　九州生氣恃風雷
만 마리 말이 똑같이 벙어리가 되었으니
참으로 애처롭구나.　　　　　　　　　　　　　　萬馬齊啥究可哀
하늘에 바라노니 다시 기운을 차려,　　　　　　　我勸天公重抖擻
한 가지 형식에 얽매이지 않는 인재를 내려보내소서.　不拘一格降人才


1958년 4월 15일 마오쩌둥은 〈합작사를 소개하다〉라는 글에서 다음과 같이 썼다.

사람이 많으면 의견도 많고 열기가 뜨겁고 열정도 크다. 지금까지 인민대중이 지금처럼 활기차고 투지가 불타오르고 의기양양한 적을 보지 못했다.… 대자보는 일종의 매우 쓸모 있는 신식 무기이다. 도시·농촌·공장·합작사·상점·기관·학교·부대·사무소, 요컨대 모든 대중의 기관은 모두 사용할 수 있다. 이미 보편적으로 사용되기 시작하였고, 반드시 영구히 사용되어 나가야 한다. 청나라 사람 공자진은 "구주에 생기가 넘치는 것은 비와 우레에 의지하기 때문인데, 만 마리 말이 똑같이 벙어리가 되었으니 참으로 애처롭구나. 하늘에 바라노니 다시 기운을 차려, 한 가지 형식에 얽매이지 않는 인재를 내려보내소서"라는 시를 썼는데, 대자보는 "만 마리 말이 똑같이 벙어리가 된" 우울한 분위

기를 타파한다.… 중국의 노동자는 과거의 노예와 한쌍이겠는가? 아니다. 그들은 주인이 되었다.[191]

1958년 4월 마침 중국 농·공업 생산 및 각종 업종에서 대약진운동이 활발하게 전개되기 직전이었는데, 마오쩌둥은〈합작사를 소개하다〉에서 공자진의 이 시를 거듭 인용하며 중국 노동자들에게 몇 천 년 이래 일어난 거대한 변화를 극히 찬양하였다. "활기차고 투지가 불타오르고 의기양양하다" 라는 말에서 당시 마오쩌둥의 '고무된' 심정을 짐작할 수가 있다.

## 시평

| | |
|---|---|
| 약진이 시대에 호방한 기상 펼쳐, | 躍進年代展豪情 |
| 각종 업종에서 자웅을 겨루었네. | 各業各行競爭雄 |
| 부강을 위해 분발하고 함께 진격하여, | 奮發圖强齊奮進 |
| 하루에 천리를 가며 붉은 기가 휘날리네. | 一日千裏戰旗紅 |
| 불타오르는 투지는 뇌우를 울리고, | 鬥志昂揚呼雷雨 |

---

191) 《毛泽东著作选读》(甲种本), 人民出版社1964, 521-522쪽。

| 활기찬 정신은 장풍을 몰아온다. | 精神抖擻駕長風 |
| 지도자의 지휘에 천지가 움직이고, | 領袖揮手天地動 |
| 육 억 중국 거세게 달린다. | 六億神州盡奔騰 |

## 5. 근원을 탐구하고 근본을 거슬러 올라간 《일지록(日知錄)》, "스승으로 삼을 수 있는" 고염무(顧炎武)

마오쩌둥은 학창시절 고염무(顧炎武)의 제자 반래(潘来)가 편집한 〈일지록서(日知錄序)〉를 숙독하고 〈강당록(講堂錄)〉에 기록하였다.

곤산(昆山) 고영인(顧寧人) 선생은 세족(世族)으로 성장하여 젊어서 절륜한 자질을 지녔으며, 고학(古學)에 전념하여 구경(九經)과 여러 역사서를 대략 외울 수 있었다. 유달리 당세에 관심을 가졌기 때문에, 실록에 실린 상소의 글을 직접 손으로 베껴 쓰고, 경세의 중요한 일을 하나하나 강구하였다. 명(明)나라 말기가 되자 분발하여 스스로 이루고자 한 바가 있었으나 줄곧 시행하지 못하였고, 빈곤하게 늙어갔다. 그러나 하늘과 사람을 걱정하는 의지는 조금도 쇠한 적이 없었다. 민생과 국운에 관련된 일은 반드시 근원을 탐구하고 근본을 거슬러 올라갔으며, 그 까닭을 토론하였다. 발자취는 천하의 절반에 남아 있고, 지나간 곳마다 현인, 호걸, 연장자들과 교우하였고, 그 산천의 풍속과 고통, 이익과 병폐를 탐구하여, 마치 손바닥을 가리키는 것처럼 쉽게 여겼다.[192]

1917년 4월 1일 마오쩌둥은 그가 좋아한 간행물 《신청년(新靑年)》 제3권 제

2기에서〈체육의 연구〉라는 제목의 글을 발표하였다. 이 글에서 마오쩌둥은 먼저 체육과 국력의 관계에서 문제를 인식하였는데, 국력이 약하다는 것을 지적하여 "무풍(武風)이 진작되지 않고, 민족의 체력이 나날이 가볍고 나약해지는데, 이는 우려할 만한 현상이다"라고 하였고 또 "체육의 효용을 도모하기 위해서는 주관적으로 움직일 것이 아니라 체육이 자각하도록 재촉하지 않으면 불가능하다"고 하였다.

이 글에서 이 단락의 내용을 보면 다음과 같다.

오직 북방의 강자는 창검과 갑옷을 입고 전투에 임하여 죽더라도 싫어하지 않는다. 연(燕)나라와 조(趙)나라에는 슬픈 노래와 강개한 선비가 많고, 열사(烈士)와 무신(武臣)들은 양주(涼州) 출신이 많다. 청(淸)나라 초기에, 습재(習齋) 안원(顏元)·강주(剛主) 이공(李塨)은 문과 무를 겸비하였고… 용사들과 겨루어 승리하였다. 따라서 그 말에 "문무를 하나라도 결여한다면 어찌 되겠는가!" 라고 하였다. 고염무는 남쪽지방 사람이지만 북방에 머무는 것을 좋아하였고 배를 타는 것을 좋아하지 않고 말 타는 것을 좋아하였다. 이런 부류의 고인들은 모두 스승으로 삼을 수 있는 인물들이다.[193]

고염무(1613~1682)는 원래 이름은 강(絳)이고, 자는 영인(寧人), 강소(江蘇) 곤산(昆山) 사람으로 명말 청초의 학자이다. 어린 시절 '복명사(復明社)'에 참가한 적이 있고, 명이 망한 후에는 청 조정의 부름을 여러 차례 거절하고 단호

---

192) 《毛泽东早期文稿》, 湖南出版社1990, 509쪽.

193) 《毛泽东早期文稿》, 湖南出版社1990, 68쪽.

하게 벼슬길에 나가지 않았으며, 또한 비밀리에 사회단체를 조직하여 반청활동을 하였다. 만년에는 섬서(陝西)에 정착하여 저술활동을 하였다. 《천하군국이병서(天下郡國利病書)》는 경제사 연구와 관련하여 상당히 참고할 만한 가치를 가지고 있다.

마오쩌둥은 청년시절 〈강당록〉에 번래의 〈일지록서〉를 베껴 썼는데, 발표된 문장에서 고염무를 "남쪽 지방 사람으로" "북방에 머무는 것을 좋아하였으며 배를 타는 것을 좋아하지 않고 말을 타는 것을 좋아하였다"라고 한 것은, 고염무의 자강불식(自强不息)의 강하고 고집 있는 성격과 열렬한 애국주의 정신을 좋아하였기 때문이다.


## 시평

| | |
|---|---|
| 곤산의 고염무라는 한 유생은, | 昆山炎武一諸生 |
| 근원을 탐구하고 근본을 거슬러 올라가 | |
| 확실히 하는 데 힘썼네. | 窮源溯本務分明 |
| 습재 안원은 멀리 천리 밖에서 산을 넘어, | 習齋遠跋千裏外 |
| 격투술과 검술을 배워 북쪽 변방으로 갔네. | 學擊劍術塞北行 |
| 남쪽사람이 말을 타고 배와 노를 버리고, | 南人乘馬舍舟楫 |
| 강개하여 연나라와 조나라의 슬픈 노래 부르네. | 慷慨悲歌燕趙情 |
| 후세 명성 기록되었으니, | 贏得後世標名姓 |
| 평생 동안 자강불식하였네. | 自强不息淡平生 |

## 6. 《가서(家書)》를 기록한 증문정(曾文正), "헛된 명성 좋아하지 않고" 허무맹랑하지 않았네.

학창시절 마오쩌둥은 〈강당록〉에 이러한 내용을 기록하였다.[194]

척생일기(滌生日記)는 선비가 세속의 풍속을 바꿈에 마땅히 두 가지 뜻을 중요시해야 한다고 말하는데, 하나는 두터움이고 하나는 진실됨이다. 두터움은 다른 사람을 속여서는 안 되는 것이고, 진실됨은 허풍을 떨지 않고 헛된 명성을 좋아하지 않고 허무맹랑한 일은 하지 않고 지나치게 높은 이상은 말하지 않는 것이다.

지나치게 높은 이상을 말하지 않는 것은 행할 수 없다는 것을 마음으로 아는 것이고, 말하는 것이 듣기에만 좋은 것에 불과하면 침묵하는 것이 더 나음만 못하다.

마오쩌둥이 〈강당록〉에서 기록한 《척생일기(滌生日記)》는 바로 《증문정공일기(曾文正公日記)》를 가리킨다.

증문정(曾文正, 1811~1872)의 이름은 국번(國藩)이고, 자는 척생(滌生)이며[195], 청말(清末) 상군(湘軍)의 지도자이다. 후난(湖南) 상향(湘鄉) 사람이고, 도광(道光) 연간에 진사가 되었다. 함풍(咸豐) 2년 말(1853년 초)에 시랑(侍郎)의 신분으로 후난에서 단련(團練)을 창설하였고, 이후 상군으로 확대하여 편성하였다. 다음해 상군을 이끌고 성을 떠나 태평군과 전쟁하여 공격하였고, 전

---

194) 《毛泽东早期文稿》, 湖南出版社 1990, 581쪽。
195) 원문에는 척생을 증국번의 자라고 하였는데, 척생은 그의 호이다. (역자주)

쟁에서 패한 뒤 후퇴하여 남창(南昌)을 지켰다. 1860년 양강총독(兩江總督)으로 승진하였고 다음해 절강성·강소성·안휘성·강서성 4개 성의 군무를 지휘하였다. "외국 군대를 빌려"태평군을 토벌할 것을 주장하였다. 1864년(동치(同治) 3년) 7월 천경(天京, 남경)을 함락하였다. 1865년 흠차대신(欽差大臣)의 신분으로 군대를 이끌고 녑군(捻軍)에 대처하였으나 패전하여 사직하였다. 관직에 있는 동안 좌종당(左宗棠)·이홍장(李鴻章)과 함께 강남 기기제조총국(江南機器制造總局), 복건 마미선정국(福建馬尾船政局) 등의 군수공업을 창설하였다. 사후 '문정공(文正公)'이라는 시호에 추증되었다.《증문정공전집(曾文正公全集)》,《증문정공가서(曾文正公家書)》,《증문정공일기(曾文正公日記)》등이 남아 있다.

1915년 6월 25일 마오쩌둥은 상생(湘生)에게 보낸 편지에서 증국번의《가서(家書)》를 읽고서 받은 느낌을 말했다.

배움의 방도는 먼저 두루 배운 뒤에 요약하는 것이고, 먼저 중간을 배운 뒤에 서쪽으로 가는 것이고, 먼저 보편적으로 배운 뒤에 전문적으로 배우는 것이다. 우리 형에게 질문한들 어찌하겠는가! 지난 것은 끝난 것이고, 오늘은 다시 시작된다. 옛날 나는 홀로 좁은 길을 가는 것을 좋아하였는데 이제야 그것이 잘못된 것임을 알겠다. 학교성적이 허영을 부추겨 더욱 무시하였으니, 이제야 그것이 옳지 않음을 알겠다. 예전에《증문정공가서》에서 "나는 성리학 서적을 볼 때는 또한 문장 짓는 것을 좋아하였고, 문장을 지을 때는 또한 다른 일들에도 간여하였으니, 백에 이르도록 하나도 완성하지 못하였다(吾閱性理書時, 又好作文章; 作文章時, 又參以他務, 以致百不一成 °)"라고 한 것을 본 적이 있는데, 이 말이 어찌 금과옥조가 아니겠는가! 나는 오늘날 과학을 공부하며 성적을 구하였으니, 오히려 무슨 일이 있겠는가? 다른 누군가는 퇴보라고 말할지라도 나는 진보라고 말하겠다.[196]

1917년 8월 23일 마오쩌둥은 리진시(黎錦熙)에게 보낸 편지에서도 증국번을 언급하였다.

어리석은 소견으로는, 이른바 본원이라고 하는 것은 창학(倡學)일 뿐입니다. 박학은 기초와 같고, 오늘날 사람들은 배움이 없기 때문에 기초가 두텁지 않아 모두 무너졌습니다. 저는 근대의 인물 가운데 증 문정공 한 사람에게만 탄복하였으니, 홍수전과 양수청의 난을 수습한 것을 보면 완벽하고 결함이 없습니다.[197]

마오쩌둥은 후난사람으로 후난에서 태어나서 후난에서 자랐다. 증국번은 후난사람의 머릿속에 깊이 인식되어 있으며 영향력도 크다. 청말 청정부는 "학문에는 본원이 있고, 기국은 원대하게 완성되었으며, 충성하여 나라를 제 몸처럼 여겼으며, 절개는 굳세어 된서리를 이겨냈다" 라고 표창하였다. 증국번은 다양한 지위를 가졌는데, 정치·군사 영역과 학계·사회 영역에서 활동한 인물이라고 할 수 있다. 증국번은 "도덕과 문장, 관직에 힘쓴 일로는 당대 제일"이라고 칭해지는데, 이는 중국 봉건통치계급 중에서 최후로 추숭된 정신적 우상이었다. 당시 사람들이 증국번을 추숭한 것은 그가 입덕(立德)·입공(立功)·

---

196) 《毛澤東早期文稿》,湖南出版社, 1990, 7쪽.
197) 陈晋主编, 《毛泽东读书笔记解析》, 广东人民出版社, 1996, 126쪽.

입언(立言)의 "세 가지는 영구한 것"을 자신의 몸에 지녀 "어찌 근대에만 그렇 겠는가? 유사 이래 한두 사람의 대인도 보지 못하였을 뿐이다. 어찌 우리 중국 만 그렇겠는가? 전 세계에서도 한두 사람의 대인도 보지 못했을 뿐이다. 그러 나 문정공은 원래 남들보다 월등히 뛰어난 천재가 아니고 동시대 여러 현인들 중에 가장 우둔하다고 칭해졌으며, 그가 겪은 일들 또한 평생 거역하는 과정에 있었다. 그러나 입덕·입공·입언의 세 가지 영구한 것을 성취한 것이 세상을 떠들썩하게 하여, 함께 겨룰 만한 것이 없다.

일생 동안 세속에서 벗어나 뜻을 세우는 데 유능하였고, 곤란함 속에서도 지 식을 탐구하고 힘써 행하여, 수백 수천의 어려움을 겪어도 좌절하지 않았으며, 근시안적 효과를 바라지 않고 조금씩 축적하였으며, 아무 대가 없이도 부지런 히 도왔고, 굳건함으로 부식(扶植)하고, 변하지 않고 곧으며, 정성스러움으로 이끌었고, 용맹하게 정진하여 고통 속에서도 참고 견딘 것이 이와 같을 뿐"이 었기 때문이다. 중국 근대사는 여러 차례 외우내환의 어려움을 만났으나, 상 (湘) 지역 사람들에게는 "상인(湘人)들은 쓰러지지 않으며, 중국도 쓰러지지 않는다."라는 명언이 널리 알려졌다. 이 명언과 중국번의 "세 가지 영구한 것" 은 서로 영향 관계에 있는 것이다.

## 시평

| | |
|---|---|
| 상군을 통솔한 증 문정공, | 統領湘軍曾文正 |
| 후난지역에서 혁혁히 이름을 날렸다네. | 湖南境內赫赫名 |
| "세 가지 영구한 것"으로 세상에 처했고, | 爲人處世"三不朽" |
| 후세인의 각별한 애정을 받았다. | 後世贏得情獨鍾 |
| 엄격하게 학문하여 전문적이었고, | 嚴謹治學重專業 |
| 헛된 명성 좋아하지 않고 허무맹랑하지 않았다. | 不好虛名不架空 |
| 종횡무진 역사를 평설하여, | 歷史評說橫與縱 |
| 그 당시 피를 토하며 천자의 수도에까지 미쳤네. | 當年噬血遍天京 |

# 제9편

● ● ●

배운 것을 적용하여 근대사를 진지
하게 연구하다
진리를 추구하고 실효를 강조하고,
전국으로 시야를 넓혀 호방한 마음
을 부치다

## 제8편

배운 것을 적용하여 근대사를 진지하게 연구하다
진리를 추구하고 실효를 강조하고, 전국으로 시야를 넓혀
호방한 마음을 부치다

### 1. 캉여우웨이(康有爲)의 《대동서(大向書)》를 읽고, '대동(大同)'으로써
출구 찾기를 바라다

1917년 가을과 겨울에서 1918년 봄여름 사이에 마오쩌둥은 독일의 철학자
이자 윤리학자인 파울젠(Friedrich Paulsen, 1846~1908)의 《윤리학원리(倫理學
原理)》를 읽으면서 논평을 남겼다.

사람들은 현재 대동(大同)하지 않은 시대에 처해 있지만 대동을 희망하니,
마치 사람들이 어려운 시기에 처해 있으면 편안함을 희망하는 것과 같다.… 그
러므로 노장(老莊)이 말한, 성인(聖人)과 지혜로운 자를 끊어 버려 늙어 죽을
때까지 왕래하지 않는 사회는 한갓 이상사회일 뿐이다. 도연명(陶淵明)의 도
화원(桃花源)의 경우는 한갓 이상적인 경우일 뿐이다. 여기서 또한 인류의 이

상은 실재성이 적고 오류성은 많다는 것을 증명할 수 있다.[198]

1919년 12월 마오쩌둥은 《월간 후난교육》 에 〈학생의 업무〉라는 글을 발표하였다.

새로운 가정들 몇 개를 합치면 새로운 사회를 창조할 수 있다. 새로운 사회의 종류를 전부 나열할 수는 없으나 분명한 것만을 나열하면, 공공 보육원, 공공 유치원, 공공 학교, 공공 도서관, 공공 은행, 공공 농장, 공공 작업공장, 공공 소비기구, 공공 극장, 공공 병원, 공원, 박물관, 자치회이다. 이러한 새로운 학교와 새로운 사회를 합하면 하나의 "새로운 마을" 이 된다. 나는 악록산(嶽麓山) 일대가 후난성 부근에서 새로운 마을을 건설하기에 가장 적합한 지역이라고 생각한다.[199]

학창시절 마오쩌둥의 사상은 아직 불안정하였다. 캉여우웨이(康有爲)가 선양한 '대동(大同)사상' 의 영향을 받아 그의 문장에서 묘사된 '대동사회' 가 중국에서 출현할 수 있기를 희망하였다.

캉여우웨이(1858~1927)는 근대 개량파 지도자로, 이후 왕당파의 지도자가 되었다. 원래 이름은 조이(祖詒)였고, 자는 광하(廣廈), 호는 장소(長素) 또는 갱생(更生)이다. 광동(廣東) 남해(南海) 사람이라 사람들에게 '남해선생(南海先生)' 이라 불렸다. 관료 지주 가정에서 태어났다. 청(淸) 광서(光緒) 연간에 진사가 되었고, 공부주사(工部主事)에 제수되었다. 중국이 일본에게 참패

198) 《毛澤東早期文稿》, 湖南出版社, 1990, 184-185쪽.
199) 陳晋主編, 《毛澤東读书笔记解析》, 广东人民出版社, 1996, 137쪽.

한 것을 보고서, 1888년에서 1898년 동안 광서제에게 7차례나 글을 올려 변법을 요청하였다. 1895년 두 번째 글을 올릴 때 베이징으로 회시(會試)를 보러 온 거인 1,300여 인의 서명을 받아 강화조약에 서약할 것을 요청하였는데, 이것이 유명한 '공거상서(公車上書)'이다. 강학회, 성학회(聖學會), 보국회(保國會)를 조직하고 신문사를 창립하고 사회 개량주의 이론을 주창하였다. 1898년 광서제의 지지로 변법유신운동을 시작하였으나 자희태후(慈禧太后)의 탄압을 받아 외국으로 도망쳤다. 이후 보황회를 조직하여 민주혁명을 반대하였다. 1912년 공교회(孔敎會)를 조직하여 "공교를 국교로 정하자"는 운동을 발기하였다. 1917년 장훈(張勳)의 복벽운동에 참가하였으나 곧 실패하였다. 철학적으로 유·불과 서양의 부르주아지 인성론·사회진화론을 융합하였다.

초기의 사상은 '변화'를 강조하여 '변화'가 '천도(天道)' 이자 '사물의 이치' 라고 여겼다. "탁고개제(托古改制, 옛것에 의탁해서 제도를 개혁하다)"를 제창하고, 공양(公羊)의 '삼세(三世)설' 과 《예기(禮記)》 〈예운(禮運)〉 의 '대동(大同)사상' 을 결합하여, 부르주아지에게 새로운 내용을 부여하였다. 저서에 《신학위경고(新學僞經考)》, 《공자개제고(孔子改制考)》, 《무술주고(戊戌奏稿)》, 《대동서(大同書)》, 《예운주(禮運注)》, 《중용주(中庸注)》, 《강남해선생시집(康南海先生詩集)》 등이 있다.

캉여우웨이의 《대동서》 전권은 모두 10부로 되어 있다. 량치차오(梁啓超)는 캉여우웨이의 《대동서》 내용을 개괄하여 褆. 국가가 없이 전 세계에 하나의 총정부를 두고, 몇 개의 지역으로 나눈다. 2. 총정부와 지역정부는 모두 시민이 뽑는다. 3. 가정이 없이 남녀가 함께 사는 것은 1년을 넘지 않으며 기한이 차면 사람을 바꾸어야 한다. 4. 임신한 여성은 태교원에 들어가고, 태어난 아동은 보육원으로 보낸다. 5. 아동은 연령에 따라 유치원 및 각 단계의 학교에 보낸다. 6. 성년이 되면 정부를 통해 농업과 공업 등의 생산산업에 분담하여 파견한다. 7. 병이 들면 병원에 가고, 나이가 들면 양로원에 간다. 8. 태교원·보육원·학교·병원·양로원 등의 기관은 각 지역의 최고 설비를 갖추며, 들어가는 사람은 최고의 서비스를 누린다. 9. 성인 남녀는 이러한 기관에서 몇 년간 일해야 하는데, 지금의 병역과 같다. 10. 공공 기숙사, 공공 식당을 설립하고 차이를 두어 각각 자신의 노동이 투여된 만큼 자유롭게 사용한다. 11. 게으름을 경고하기 위해 가장 엄한 형벌을 준다. 12. 학술적으로 새로운 발명을 한 사람과 태교원 등 다섯 가지 기관에 특별한 공로가 있는 사람은 특별히 포상한다. 13. 죽으면 화장을 하고, 화장터는 비료공장 근처에 짓는다" 라고 하였다.

캉여우웨이가 바란 '대동(大同)'의 사상과 《대동서》는, 중국 현대사에 중요한 영향을 미쳤으며 많은 사람들에게 '대동사회'를 열망하게 하였다.

시간의 추이에 따라 마오쩌둥의 사상에는 거대하고 깊이 있는 변화가 발생하였다. 장기간의 혁명 투쟁 중, 처음에는 캉여우웨이의 '대동사상'을 찬동하였다가 점차 확고부동한 마르크스주의자로 변화하였다.

1949년 6월 30일, 마오쩌둥은 《인민 민주주의 독재를 논하다[論人民民主專政]》라는 글에서 언급하였다.

자본가계급의 민주주의는 노동자계급이 이끄는 인민민주주의에 자리를 양보하고, 자본가 계급 공화국은 인민공화국에게 자리를 양보해야 한다. 이렇게 하면 일종의 가능성이 생긴다. 인민공화국을 경유하여 사회주의와 공산주의에 도달하고, 계급의 소멸과 세계 대동에 도달한다. 캉여우웨이는 《대동서》를 썼는데, 그는 대동에 이르는 길을 찾아내는 것이 불가능하지 않았다. 중국은 자본가계급의 공화국이 불가능하다. 왜냐하면 중국은 제국주의의 억압을

받은 국가이기 때문이다. 유일한 길은 노동자계급이 이끄는 민주공화국을 거치는 것이다.[200]

1958년 8월 4일 마오쩌둥은 허베이성(河北省) 쉬쉐이현(徐水縣)을 시찰하면서 서수현의 인민공사화운동(人民公社化運動)을 크게 칭찬하였다. 그 시기 '쉬세이현' 이라는 세 글자가 나라 전체에 널리 퍼졌다. 8월 7일 중공중앙농촌공작부(中共中央農村工作部) 부부장 천정런(陳正人)이 쉬쉐이현으로 급히 가서 중앙과 관련된 지시를 전달하였는데, 그 지시는 바로 쉬세이수현을 '공산주의'를 시험적으로 시행하는 곳으로 삼는 것이었다. 동시에 천정런이〈공산당선언〉을 캉여우웨이의《대동서》와 함께 쉬쉐이현 간부들의 학습에 추천한 것은 아마도 결코 어떤 우연에 의해 "맞아떨어진 것" 은 아닐 것이다.


## 시평

| | |
|---|---|
| 도화담기의 도연명처럼, | 挑花源記陶淵明 |
| 사람들은 꿈속에서 "대동" 을 구하였지. | 人類夢幻求"大同" |
| 옛부터 지금까지 많은 시대, | 古往今來多少代 |
| 조상대대로 모진 풍상 겪었지. | 祖祖輩輩飽經風 |
| 고생 끝 낙이 와서 해방되었으나, | 苦盡甘來得解放 |
| 빠르게 전진하는 시대 먼저 돌진해 나갔네. | 躍進年代闖先行 |
| "공산주의"를 시험적으로 시행해야지, | "共産主義"搞試點 |
| 맹목적으로 "무모하게 진행하면" | |
| 나라 상황 어지러워진다네. | 盲目"冒進"悖國情 |

---

200)《毛泽东选集》四卷, 人民出版社 1991, 1471쪽。

## 2. "야호(野狐, 여우)"같은 필법은 부정당하다, '용두사미' 격인 량치차오 (梁啟超)의 필법

1936년 7월 중순, 마오쩌둥은 바오안(保安)에서 미국인 기자 에드가 스노우 (Edgar Snow)를 접견하였고, 인터뷰를 받아들였다. 스노우와의 인터뷰 중 마 오쩌둥은 회상하며 말했다. "나는 아직도 광서제(光緒皇帝)와 자희태후(慈禧 太后)가 모두 이미 서거하였다는 말을 처음 들었을 때를 기억해요. 비록 새 황 제 선통(宣統)이 이미 즉위한 지 2년이나 지난 때이기는 하죠. 그때 나는 왕당 파에 조금도 반대하지 못했어요. 솔직히 말해서 나는 황제는 대다수의 관리들 과 같이 모두 성실하고 선량하며 총명한 사람이라고 생각했어요. 그러나 그들 은 그들의 변법을 위해 단지 캉여우웨이(康有爲)의 도움이 필요했을 뿐이었어 요."[201]

또 말했다. "나는 무심코 예전 문장을 읽었어요. 당시 나는 한창 내 외종 사 촌형이 보내준 두 권의 책을 읽고 있었는데, 캉여우웨이의 변법운동에 대해 설명한 책과 량치차오(梁啟超)가 엮은 《신민총보(新民叢報)》였어요. 이 두 권 의 책을 저는 읽고 또 읽어서 바로 외울 수 있을 정도였어요. 저는 캉여우웨 이와 량치차오를 숭배하였으며 내 외종 사촌형에게도 대단히 고맙게 여겼지 요.…"[202]

---

201) 陈晋主编, 《毛泽东读书笔记解析》, 广东人民出版社 1996, 30쪽.
202) 陈晋主编, 《毛泽东读书笔记解析》, 广东人民出版社 1996, 21쪽.

학창시절의 마오쩌둥은 량치차오가 쓴 문장을 좋아하여 숙독하였고, 항상 량치차오의 문장을 모범으로 삼아 논박문을 쓰는 법을 배웠다. 량치차오의 신랄하고 예리한 "야호(野狐)" 필법은 마오쩌둥에게 큰 영향을 주었다.

중국어 수업을 받을 때, 마오쩌둥은 량치차오의 "야호" 필법을 좋아하였기 때문에 매번 량치차오의 문체를 많이 모방한 문장을 썼는데, 생각지도 않게 담당 선생님 위안종치안(袁仲謙)의 웃음을 샀고, 그에 의해 량치차오의 필치는 신문기자의 문체라고 질책 받았다. 그는 마오쩌둥이 량치차오를 모범으로 삼는 것을 코웃음치며, 량치차오는 어설픈 사람이라 말해주었다.

위안종치안의 수업과 지도 아래서, 마오쩌둥은 자신의 문풍을 바꾸지 않을 수 없었고, 당(唐)대 문학가 한유(韓愈)의 문장을 탐구하는 데에 집중하기 시작하였으며, 이로써 고문 문장을 익히게 되었다.

량치차오(1873~1929)의 자는 탁여(卓如)이고, 호는 임공(任公)·음빙실주인(飮冰室主人)이다. 광둥(廣東) 신훼이(新會) 사람으로 거인(擧人) 출신이다. 근대 자본가계급 개량주의자이자 학자로 그의 스승 캉여우웨이와 함께 변법유신을 창도하여 사람들에게 '강양(康梁)' 이라 불렸다. 1895년(광서21년) 베이징으로 가서 회시를 보았고, 캉여우웨이가 시작한 '공거상서(公車上書)' 에 동참하였다. 1896년 상하이에서 《시무(時務)》 신문을 주관하여 편집하였고, 《변법통의(變法通議)》를 발표하였다. 다음해 창사(長沙)의 시무학당(時務學堂)의 강사가 되어 유신운동을 계속하여 고취하고 추진하였다. 1898년 베이징으로 들어와 백일유신(무술변법)에 참여하여, 6품의 관직으로 경사대학당(京師大學堂), 역서국(譯書局)을 주관하였다. 이후 자희태후의 탄압을 받아 일본으로 도망하였다. 《청의보(淸議報)》를 처음으로 편찬하였고 이어서 《신민총보》를 편찬하였으며, 서양 자본가계급의 사회·정치·경제 학문을 소개하였으며,

입헌군주제를 고수하였다. 신해혁명 후 입헌당을 기초로 하여 진보당을 조직하였고, 위안스카이(袁世凱) 정부의 사법총장을 맡았다. 1916년 차이어(蔡鍔)를 책동하여 호국군을 조직하여 위안스카이에게 반대하였고, 이후 연구계(硏究系)를 조직하여 돤치레이(段祺瑞)와 합작하여 재정 총장을 맡았다. 5·4운동' 시기 문체 개량의 '시계혁명(詩界革命)' 과 '소설계혁명(小說界革命)' 을 이끌었다. 젊은 시절 작성한 정치 평론은 유려하고 유창하며, 감정이 자유분방하여 꽤 특색이 있다. 만년에는 칭화대학에서 강의하였다. 저작으로 《음빙실합집(飮冰室合集)》이 편찬되었다.

1958년 4월 8일, 마오쩌둥은 우창(武昌)에서 우링시(吳冷西)·톈쟈잉(田家英)과 함께 대화하며 량치차오에 대해 평했는데, 그 대화내용을 요약하면 다음과 같다.[203)]

"량치차오의 일생은 조금은 용두사미 같았다. 그가 가장 찬란했던 시기는 《시무보》와 《청의보》를 창설했던 몇 년 간이다. 그때 그는 캉여우웨이와 유신변법에 힘썼다. 그가 《시무보》에 연재하였던 《변법통의》는 논지가 예리하였고 논조가 분명하였으며, 감정이 자유분방하였고 조금도 거침이 없었다. 게다가 그의 문장에는 변려문·동성파(桐城派)·팔고문의 폐단과는 달리 참신하고 쉬워서 한때 널리 전송되었다. 그는 당시 가장 호소력 있는 정치가였다."

"량치차오는 두 번째로 베이징으로 가서 회시에 낙제한 뒤, 캉여우웨이·탄스퉁(譚嗣同) 등과 함께 '공거상소' 에 동참하였다. '무술변법' 뒤 일본으로 망명하여 《청의보》를 창설했으나 그 뒤로는 차츰 혁신적인 예봉을 잃어버리고 보수적인 보황파가 되어 입헌군주제를 옹호하고 민주공화제를 반대하였다. 그

---

203) 陈晋主编, 《毛泽东读书笔记解析》, 广东人民出版社, 1996, 22-23쪽。

후 그는 위안스카이를 옹호하여 총통을 맡아 돤치레이와 함께 정권을 잡았다. 그러나 위안스카이가 황제를 칭한 것과 장쉰(張勳)의 복벽운동에는 반대하였다. 제1차 세계대전이 끝난 뒤 유럽으로 출국하였고, 중국으로 돌아온 뒤 바로 정계에서 물러나 저술과 강학에만 전념하였다."

"량치차오가 쓴 정치 평론은 종종 엄숙하지 않은 것이 않았다. 그는 문장의 기세를 중요시하였지만 지나치게 대구를 늘어놓았다. 그는 국내외와 고금을 넘나들며 논하는 것을 좋아하였으나 종종 맞는 것 같았지만 사실은 그렇지를 못해서 사람들에게 경솔하고 허술하다는 느낌을 주었다. 그 자신 역시 이따금 입에서 나오는 대로 거침없이 말한다는 것을 인정하기까지 하였다."

"문장을 쓰는 데 있어서, 특히 정치 평론은 기세로 사람을 놀라게 하고 터무니없는 말로 억지를 부리는 것을 가장 꺼렸는데, 량치차오가 쓴 문장은 '서양학문'을 아는 것을 과시하는 것을 좋아하여, 수학·화학·물리·정치를 함께 섞어 논하는 것을 좋아하였고, 자연과학의 전문용어를 사용하여 정치 평론을 썼으며, 늘 많은 농담을 하였다."

"량치차오는 《시무보》를 창설하였을 초기에는 매우 고생하였다. 자신은 평론을 썼고 또 다른 사람의 원고를 수정해야 했으며, 전체에 대한 편집 작업과 교정 작업을 모두 혼자 담당하였다. 이후 겨우 일고여덟 사람을 늘릴 수 있었던 것인데, 현재 중국의 신문사는 걸핏하면 수백 인에 천 명이 넘는데, 너무 많은 것이 아닌가?"

## 시평

| | |
|---|---|
| 용두사미 량치차오, | 虎頭蛇尾梁啟超 |
| 전기를 쓰며 감히 붓을 휘둘렀다. | 立傳著書敢揮毫 |
| 보황당을 목숨 걸고 지켜, | 死心塌地保皇黨 |
| 말년의 곤궁한 처지에 아우성치는 듯하였지. | 末路窮途猶叫囂 |
| 신문사 창설하여 의견 발표하였고, | 創辦報紙發議論 |
| 야호 필법은 총검과 같았다. | 野狐筆法似槍刀 |
| 역사의 흐름은 거스르기 어려워, | 歷史潮流難逆轉 |
| 대세의 흐름대로 파도를 뒤쫓네. | 大勢所趨逐浪濤 |

## 3. 《인학(仁學)》을 읽고 탄스퉁(譚嗣同)을 논하다, "마음과 몸을 하나로 하면" 일은 반드시 성취한다

1917년 가을, 아직 후난성립 제1사범학교를 다니던 마오쩌둥은 수업을 받았던 선생님 양창지(楊昌濟)의 유심주의의 영향을 받아 탄스퉁(譚嗣同)이 쓴 《인학(仁學)》과 차이위안페이(蔡元培)가 번역한 독일 학자 파울젠의 《윤리학원리(倫理學原理)》를 숙독하였는데, 책을 읽으며 평어와 주해를 달았다. 평어와 주해를 다는 과정에서, 그는 윤리관·인생관·역사관·우주관에 대한 자신의 여러 견해를 드러냈으며 아울러 유물주의에 대해 큰 흥미를 드러내기 시작하였다.

탄스퉁 《인학》의 영향 아래, 마오쩌둥은 〈마음의 힘〉이라는 제목의 글을 써서 제출하였는데, 이를 본 양창지가 큰 칭찬을 받았으며 100점을 받았다. 동시에 동급생들은 그의 이 글을 돌려 보았다.

장쿤디(張昆弟)는 마오쩌둥의 〈마음의 힘〉을 읽고서 일기에 자신이 보고 느낀 심득한 바를 기록하였다.

마오군(毛君)은 말하기를 "서양인의 물질문명은 성대하나 결국 의식주 세 가지에 구애되어 한갓 육욕(肉欲)의 발달에만 이바지했을 뿐이다. 만약 인생이 겨우 의식주 세 가지만으로도 충족된다면 인생은 너무 가치가 없다"라고 하였다. 또 말하기를 "우리들은 반드시 가장 쉬운 방법을 생각하여 경제문제를 해결하고 그 이후에야 우리의 이상인 세계주의를 성취하기를 구해야 한다"라고 하였다. 또 말하기를 "사람은 마음의 힘과 신체의 힘을 합하여 하나로 행하면 이루기 어려운 일이 없다"고 하였다. 나는 그 말에 매우 동의한다. 또한 사람의 마음은 능력이 있다는 설명을 나는 오랫동안 믿었기 때문에, 나는 탄스퉁의

《인학》은 마음의 힘을 단련할 수 있는 학설이라 생각하며, 벗 딩스(鼎悉) 역시 그렇게 여긴다고 했다.[204]

동일한 시기, 마오쩌둥의 독서 비평 중에는 이러한 내용이 기록되어 있다.

대체로 영웅호걸의 행위는 자기로부터 말미암는다. 동력을 내어 분발하고 격파하여 제거하며, 용감하게 나아간다. 그 강함은 강한 바람이 긴 계곡에서 발생하는 것과 같고, 호색한의 성욕이 발동하여 연인을 찾는 것과 같으니, 결코 가로막고 되돌리지 않으며 결코 가로막고 되돌릴 수도 없다.[205]

성현(聖賢)과 호걸이라 불리는 까닭은 정신과 신체의 능력이 최고로 발달했기 때문에 그렇게 불린다.[206]

탄류양(譚瀏陽)의 영혼은 우주에 가득 차 있으며, 다시 사멸시킬 수는 없다.[207]

탄스퉁(1865~1898)의 자는 부생(復生)이고, 호는 장비(壯飛)이며, 후난 류양(瀏陽) 사람으로 마오쩌둥과 동향이다. 어렸을 때 금문경학을 좋아하였고, 10여 성을 두루 돌아다녔으며 이후 량치차오와 친교를 맺어 캉여우웨이의 '사숙제자(私淑弟子)'라 자칭하였다. 1898년 부름에 응하여 베이징으로 들어갔고, 무술변법에 참여하였으나 실패한 뒤 참혹하게 살해되었다. 《인학》은 베이징

---

204) 《毛泽东早期文稿》,湖南出版社, 1990, 638쪽.
205) 위의 책, 1990, 219쪽.
206) 위의 책, 1990, 237쪽.
207) 《毛泽东读书笔记解析》, 广东人民出版社, 1996, 130쪽.

으로 들어가기 1년 전 여름과 가을 사이에 쓰였고, 모두 2권으로 5만여 글자로
이루어졌다. 중국 유교·도교·불교·묵가이론과 서양 자연과학·정치·경제학
설을 하나로 혼합하여 당시로 보자면 상당히 참신한 철학체계를 형성하였다
고 할 수 있다. 저술 중에 언급된 '인(仁)'을 세계 만물 변화운동의 정신표현으
로 간주하였고, '인'의 내용을 '통(通)'이라 보았으며, "통(通)의 형상은 평등이
되며" '인'에서 '통'에 이르고 '평등'에 이르는데, 이를 만물 발전의 법칙으로 삼
았다. 소박한 유물주의의 색채를 띠고 있다.

탄스퉁의 《인학》을 보자.(발췌)

대저 심력(心力)을 최대로 하면 하지 못할 것이 없다.…

심력은 볼 수 있는 것인가? "사람이 의지하여 일을 처리하는 것이 이것이다.
나는 형태를 설명할 수 없지만 역학(力學)에서의 요철력(凹凸力)의 모습으로
형상하겠다. 일을 할수록 요철력은 더 커진다. 이 힘이 없다면 일을 할 수 없
다. 요철력이 한번 분발하여 움직이면, 강한 힘으로 활시위를 당겨 쏘지 않을
수 없는 형세가 되어 비록 천만 명이라도 그 방향을 막거나 바꿀 수가 없다.…

천하에 모두 마음의 힘을 잘 쓴다면 다스림과 교화의 성대함이 어떤 수준에
이르겠는가?

퉁의 《인학》은 이론적으로 무술변법에 이론적 근거를 제공하였고, 문장은
"하늘은 변하지 않으며 도(道) 역시 변하지 않는다"고 하는 완고한 보수사상을
비판하였다. 사람들에게 '심력'의 작용을 발휘하고 인간의 정신을 구속하는 모
든 질곡을 타파할 것을 호소하였다. 양창지는 탄스퉁의 《인학》을 매우 중시
하여 사람들이 모두 독자적으로 분투하고 '심력'을 발동해야 함을 제창하였다.

마오쩌둥은 양창지에게 가르침을 받고 양창지를 숭배하며 양창지의 영향을 깊이 받았다. 당시의 마오쩌둥은 탄스퉁의 《인학》을 숙독하여 "심력과 체력을 합하여 한 가지 일을 하면 이루기 어려운 일은 없다"라고 여겼다.


## 시평

| | |
|---|---|
| 정성 들여 《인학》을 저술하여, | 精心著說《仁學》篇 |
| 심력을 응집하여 자연을 해석하였네. | 凝聚心力釋自然 |
| 속박을 타파하고 그물을 찢고, | 冲決桎梏破羅網 |
| 여론의 확산에 앞서 행했네. | 輿論傳播行在先 |
| 소박한 유물론을 제창하여, | 提倡樸素唯物論 |
| 독립정신을 사람들에게 전하였네. | 獨立精神世人傳 |
| 심력을 하나로 하여 일을 끝내야지, | 心力合一事方竟 |
| 결코 분산하여 스스로 난처하게 만들지를 말게나 | 切勿分散自爲難 |

## 4. "호랑이가 앉아 있는 듯, 용이 서려 있는 듯"한 난징성(南京城), "과감하게 황제를 비판한" 장타이옌(章太炎)

1953년 2월 23일 오후 마오쩌둥은 천이(陳毅)·탄전린(譚震林) 등의 배동 하에 차를 타고 난징(南京)의 즈진산(紫金山)으로 가서 천문대를 시찰하였다.

천문대를 떠나 마오쩌둥 일행은 또 천문대 남쪽에 위치한 태평군과 청군이 피 흘리며 싸웠던 톈바오성(天保城)의 유적을 시찰하였다.

톈바오성 유적을 떠나 마오쩌둥은 발길 가는 대로 산봉우리 한곳을 향해 걸었다. 큰 청석 위에 앉아 담배를 피면서 난징성의 전경을 내려다보았다. 그는 감개하여 말하기를 "호랑이가 앉아 있는 듯하고 용이 서려 있는 듯하여, 지금의 고통을 이기는구나!" 하면서 계속하여 말했다. "난징이라는 지방을 나는 좋은 곳이라고 본다. 다만 장타이옌(章太炎)이라는 선생이 한 분 있었는데, 그는 호랑이가 앉아 있는 듯하고 용이 서려 있는 듯하다는 것을 '고인의 거짓말'이라고 하였다. 이제 보니 이는 국민당에게 거짓말한 것이다. 국민당은 여기서 20여 년을 있었고, 결국 사람들에게 쫓겨났다. 오늘날 난징은 인민의 수중에 있으니, 나는 완전히 진실한 말이며 사실이라고 본다. 난징은 좋은 곳이구려!"

장타이옌(1869~1936)의 이름은 병린(炳麟)이고, 초명은 학승(學乘)이며, 자는 매숙(枚叔)이다. 그러다가 이후 강(絳)으로 이름을 고쳤다. 호는 태염(太炎)이고 저장(浙江) 위항(餘杭) 사람으로 근대 민주혁명가이자 사상가이다. 1897년 《시무보(時務報)》의 저술을 맡았고, 유신운동에 참가한 것으로 인해 수배되자 일본으로 피했다. 1900년 변발을 자르고 혁명의 뜻을 세웠다. 1903년 《박강유위논혁명서(駁康有爲論革命書)》와 저우룽(鄒容)의 저작 《혁명군》의 서문을 써서 발표한 것으로 인해 체포되어 수감되었다. 1904년 차이위안페이(蔡元培) 등들과 연계하여 광복회를 발기하여 설립하였다. 1906년 출옥한 뒤 쑨원(孫文)의 환영을 받아 일본으로 가서 동맹회에 참가하였고, 동맹회 기관지 《민보(民報)》를 주관하여 편집하였으며, 개량파와 논쟁을 벌였다. 1911년 중국으로 돌아와 《대공화일보(大共和日報)》의 편집장이 되었고, 쑨원 총통부의 극비 고문을 겸임하였다. 1917년 호법군 정부에 참가하여 비서장을 맡았다. 1924년 쑨원이 재정비한 국민당을 떠났고 수저우(蘇州)에 강학회를 설립하였다. 만년에는 항일구국 운동을 지지하였다. 저작에 《장씨총서(章氏叢書)》·《장씨총서 속편(章氏叢書續編)》·《장씨총서 삼편(章氏叢書三編)》·《신방언(新方言)》 등이 있다.

1958년 3월 마오쩌둥은 청두(成都)에서 중앙공작회의를 주관하여 개최하였다. 회의가 진행되는 중에 마오쩌둥은 발언 중에 장타이옌을 언급하였다.

장타이옌이 감옥살이를 한 까닭은 그가 쓴 글 《박강유위서(駁康有爲書)》 때문이었다. 따라서 이 글을 한번 볼 필요가 있다. 이 책에서 "재첨(載湉, 광서제)은 어릿광대로, 콩과 보리도 구분하지 못한다"라는 구절을 써 직접적으로 황제를 비판하였다. 이때 장타이옌의 나이는 많지 않은 30여 세 전후였다.[208]

마오쩌둥은 연설에서 이상과 같은 장타이옌이 《박강유위서》에서 말한 두 구절을 언급하였는데, 이를 통해 마오쩌둥이 재첨(載湉)은 청조의 광서제(光緒皇帝)인데, 장타이옌이 과감히 글을 써서 공개적으로 황제를 비판한 것은 그 시기에는 반드시 담력을 필요로 하는 일이었다는 점을 말하고자 하였음을 알 수 있다.

---

208) 龔育知等: 《毛泽东的读书生活》, 生活·读书·新知三联书店, 1986, 206쪽。

## 시평

| | |
|---|---|
| "감히 황제를 비판한"장타이옌, | "敢罵皇帝"章太炎 |
| 일개 민초로 대담하기 그지없네. | 一介草民膽包天 |
| 이름을 직접 불러 광서제를 질책하였으니, | 直呼其名斥光緒 |
| "재첨은 어릿광대"라고 하여 존엄을 잃었네. | "載湉小醜"失尊嚴 |
| 일본으로 가서 광복회를 협상하였고, | 赴日協商光復會 |
| 중국으로 돌아와 대공화일보 편집장 되었네. | 回國辦報任主編 |
| "천명론"을 공개적으로 부정하고, | 公開否定"天命論" |
| 《장씨총서》 속편, 삼편을 썼네. | 《章氏叢書》再而三 |

## 5. 옌푸(嚴復)가 번역한 《진화와 윤리》는 "보배로 삼을 만한"《군학이언(群學肄言)》이다,

1915년 9월 6일 마오쩌둥은 샤오즈성(蕭子升)에게 편지를 보냈다.

어느 겨를에 공부를 하겠습니까? 반드시 조리와 질서가 있어야 하니 어지러우면 조리와 질서가 없습니다. 내 마음을 아름답게 하고 내 본성을 고치면 배움의 도에 무엇이 이것보다 크겠습니까? …

때문에 여러 과목들은 학교에서 빠뜨릴 수는 없습니다. 사오시(邵西)가 말한 각 과목의 순서와 방법 및 효용은 이와 같습니다. 그래서 또한 저는 《군학이언(群學肄言)》〈성선(繕性)〉편을 읽고 이 책이 두루 살피는 경지를 취하고 나서 책을 어루만지며 탄식하기를, '배움의 도가 여기에 있구나!' 라고 하였습니다. 《군학이언》 이라는 책 이름은, 사실 군학(群學)에 한정되지 않고, 여러 과목에 관한 이언(肄言)을 볼 수 있습니다.…

최근 사람들과 배움에 관해 이야기를 할 때마다 이 책을 소개하였는데, 이 책에서 말한 내용이 절실하기 때문입니다. 족하(足下)께서도 시간이 나시면 읽어보십시오.(장보(章甫)가 근래 이 책을 읽었습니다.) 이상 말씀드린 것은 세 가지로 나뉩니다. 첫째 전문적인 것과 보편적인 것의 선후를 논하고, 둘째 여러 과목의 연구 방법을 말하고, 셋째 "군학이언" 이라는 책은 보배로 여길 만하다는 것을 서술하였습니다. [209]


리진시(黎錦熙)는 마오쩌둥에게 《군학이언(群學肄言)》(스펜서의 《사회학 연구》)이라는 책을 추천한 적이 있다. 책에서 제기된 논점은 "여러 학문(사회학)은 모두 과학으로의 귀결이다" 라는 것이었다. 마오쩌둥은 리진시의 당부에 따라 이 책을 착실하게 숙독하였다.

옌푸(嚴復, 1853~1921)의 자는 우릉(又陵)·기도(幾道)이고, 복건(福建) 후관(侯官) [210] 사람으로 근대 계몽사상가이자 번역가이다. 복주선정학당(福州船政學堂) 제1회 졸업생이고, 이후 영국 해군학교에서 유학하였으며 귀국한 뒤 북

---

209) 《毛澤東早期文稿》, 湖南出版社1990, 23-24쪽。

210) 복건(福建) 후관(侯官) : 지금의 민후(閩侯)

양수사학당(北洋水師學堂) 총 교수를 담당하다가 총재로 승진하였다. 1894년 중일전쟁 후 《논세변지극(論世變之亟)》, 《원강(原强)》, 《벽한(辟韓)》, 《구망결론(救亡決論)》 등의 글을 발표하였고, 완고한 보수파를 반대하여 유신변법을 주장하고, "오늘 중국이 변법을 하지 않으면 반드시 망한다" 라고 역설하였다. 《진화와 윤리》를 번역하고, "자연도태, 적자생존" 의 논점으로 사람들에게 "하늘과 경쟁하여 승리하여" 나라를 멸망의 위기에서 구하여 생존을 도모할 것을 호소하여, 당시 사상계에 큰 영향을 미쳤다. 《국문보(國聞報)》를 창간하였고, 통예학당(通藝學堂)과 협력하였다. 무술변법 이후 《군학이언》, 《법의 정신》, 《논리학 체계》 등을 번역하였고, 서양 자본가 계급 정치경제 사상과 논리학을 전파하였다. 원문의 정확한 이해(信), 의미를 통하게 함(達), 고아한 문장(雅)' 의 번역 원칙을 최초로 제시하였다.

1936년 7월 중순 마오쩌둥은 바오안에서 미국인 기자 스노우와 인터뷰를 할 때, 자신의 학창시절의 상황에 대해 언급하였다.

(나는) 매일 후난성립 도서관에 가서 책을 읽기로 스스로 계획을 세웠어요. 나는 이 계획을 매우 진지하게 여기고 꾸준하게 실행하였지요. 나는 이렇게 보낸 반년의 시간이 나에게 매우 가치가 있었다고 생각해요. 매일 새벽 도서관 문을 열면 들어갔고, 정오가 되면 잠시 쉬면서 2위안짜리 쌀떡을 사먹었지요. 이것이 매일 먹는 점심이었어요. 나는 매일 도서관 문을 닫을 때까지 계속하여 책을 읽었어요.

이렇게 스스로 공부하는 기간 동안, 나는 많은 책을 읽었고, 세계지리와 세계사를 공부할 수 있었지요. 도서관에서 내가 처음으로 보았고 또한 매우 흥미롭게 공부한 것은 세계지도였어요. 나는 애덤 스미스의 《국부론》, 다윈의

《종의 기원》과 존 스튜어트 밀의 윤(논)리학 관련 저작을 읽었어요. 나는 장 자크 루소의 저작과 스펜서의 《논리학》과 몽테스키외가 쓴 법률에 관한 책도 읽었어요.[211]

마오쩌둥이 말한 후난성 성립도서관은 창사 시내의 딩왕타이(定王台)에 위치하였다. 그가 숙독한 책들은 장 자크 루소(Jean-Jacques Rousseau)의 저작을 제외하고는 나머지 대부분은 옌푸가 번역하여 당시 최근에 출판된 베스트셀러로, 《진화와 윤리》·《논리학 체계》·《자유론》·《군학이언》· 몽테스키외의 《법의 정신》 등이 포함된다. 마오쩌둥은 스노우에게 자신의 학창시절 후남 성립 도서관에서 혼자 독학하여 공부한 이 시기에, 대량의 서적을 탐욕스럽게 숙독하고 이로써 지식을 풍부히 하였으며 세계를 인식하고 세계를 이해하는 시야를 넓혔음을 설명하였다. 이는 마오쩌둥이 이후 프롤레타리아 혁명에 몸담은 것에 대해 매우 적극적인 추진 작용을 일으켰음을 알 수 있다.

1970년대 마오쩌둥은 수행원에게 서면으로 의견을 표시했다.

《자연계에 있어서의 인간의 위치》를 구해 나에게 주게. 《진화와 윤리》의 전반부는 유물론적이며 후반부는 유심론적이다.[212]

옌푸가 번역한 《진화와 윤리》는 1898년에 출판되었고, 당시 장기간 봉건제도의 질곡에 놓여있던 중국인들에게, 인류사회의 자체 발전의 법칙을 인식하

211) 陈晋主编, 《毛泽东读书笔记解析》, 广东人民出版社, 1996, 44쪽.
212) 龚育知等:《毛泽东的读书生活》, 生活·读书·新知三联书店, 1986, 90쪽.

여 의심 없이 적극적인 추진 역할을 하도록 절박하게 요구하였다. "자연도태, 적자생존"의 사상은 이로써 중국의 수많은 가정에 스며들기 시작하였다.


## 시평

배움의 도는 관통함에 있고,                   爲學之道在貫通

전문지식은 정밀한 것을 구해야 한다.         專業知識須求精

자연도태는 이견이 아니며,                   物競天擇非異議

우승열패는 자연 속에 있네.                   優勝劣汰自然中

시대와 함께 전진하면 용기 불러일으키나,     與時俱進當奮勇

기존 관례 묵수하면 무능에 머무네.           墨守成規屬無能

적자생존으로 발전을 도모하고,               適者生存謀發展

강함과 승리 도모하여 경쟁하네.             圖强制勝靠競爭

## 6. 《성세위언(盛世危言)》 정관응(鄭觀應)의 급진사상에 계몽되다

1936년 7월 마오쩌둥은 바오안(保安)에서 미국인 기자 스노우와 인터뷰할 때 다음과 같은 상황에 대해 소개하였다.

(아버지께서는) 나에게 경서(經書)를 열심히 읽게 하였고, 더욱이 아버지께서 첫 번째 소송에서 진 뒤로는 더욱 그렇게 하셨어요. 당시 아버지께서는 당신의 상대가 법정에서 경서에 있는 말 중에 적합한 구절을 인용하는 바람에 소송에서 지셨어요. 나는 언제나 깊은 밤에 내 방의 창문을 가리고 아버지께서 불빛을 보지 못하게 하였어요. 이렇게 나는 《성세위언(盛世危言)》이라는 책을 읽었는데 당시에 이 책을 매우 좋아했어요. 작가는 나이 많은 개량주의학자로, 중국이 약해진 까닭은 서양의 장비들이 부족한 것에 있다고 여겼어요. 따라서 철로, 전화, 전보, 기선 등의 장비를 중국에 도입해야 한다고 생각했어요. 나의 아버지는 이런 책을 읽는 것은 시간 낭비라고 생각하셨어요. 아버지는 나에게 경서와 같이 아버지께서 소송에 이기게 도움을 줄 수 있는 "유용한" 책을 읽게 하셨어요.

그러나 내가 읽은 책은 점점 나에게 영향을 미쳤지요.[213]

마오쩌둥에게 "나이 많은 개량주의학자"라고 불린 정관응(鄭觀應, 1842~1922)의 자는 정상(正翔)이고, 호는 도재(陶齋)이며, 별호는 기우생(杞憂生)·모옹산인(慕雍山人) 등으로 중국 근대 개량주의자이다. 광둥(廣東) 샹산

---

213) 陈晋主编, 《毛泽东读书笔记解析》, 广东人民出版社1996, 14쪽。

(香山)[214] 사람이다. 일찍이 영상양행(英商洋行)의 매판을 맡았고 이를 기부하여 청조에서 도원(道員)의 직함을 얻었다. 상하이기기직포국(上海機器織布局) 총판, 윤선초상국(輪船招商局) 회판(會辦), 한양(漢陽) 제철소와 월한(粵漢) 철도공사 총판 등을 역임하였다. 정치사상 측면에서 "의회를 설치하자" 는 주장을 하였고, "중국의 학문을 위주로 하고 서양 학문으로 보조하자" 는 학습원칙을 제시하였으며, "외국은 상업으로 나라를 세웠으며" 중국도 마땅히 "상업에 의지하여 강국이 되고 군대에 의지하여 상업을 보호하여" 군사 전쟁은 군사 전쟁으로 대응하고 상업 전쟁은 상업 전쟁으로 대응해야 한다고 여겼다. "상인들은 재산을 늘리는 대도를 갖추고 있다" 고 강조하고, 국가는 마땅히 기계 제조공업을 우선적으로 발전시켜야 할 것을 주장하였으며, 청나라 정부에 상업 보호정책을 실행하여, 보호관세를 거둘 것과 세관에 외국인을 쓰지 말 것, 상인에게 자유무역을 허락할 것, 상인을 의원으로 추천하고 또 "공을 칭송하는 비석"을 세울 것 등의 상인 보호조치를 채택할 것을 요구하였다. 저작에 《역언(易言)》·《성세위언(盛世危言)》이 있다.

1862년 정관응은 《구시게요(救時揭要)》를 완성하였고 이후 증보하여 《역언》으로 제목을 바꾸어 간행하였으며 1893년 다시 수정하고 증보하여 비로소 《성세위언》으로 이름을 확정하고 대략 10여 책에 달하는 책을 발행하였는데, 큰 영향을 미쳤다.…

이것들은 바로 계몽의 의미를 갖춘 서적이기 때문에 일종의 새로운 세계관과 사상은 언제나 사숙하여 독서를 하던 마오쩌둥의 시야를 넓혀 주었고, 그로 하여금 궁벽한 산촌에서 더 이상 만족하지 않고 큰 산으로 달려 나가고 상탄현

---

214) 광동(廣東) 향산(香山) : 지금의 중산(中山)

(湘潭县)으로 달려 나가 더욱 넓은 세계를 지향하도록 했다.…


## 시평

| | |
|---|---|
| 책속 건곤은 크고, | 書中乾坤大 |
| 교육에서 계몽되었다. | 敎育受啟蒙 |
| 목마르듯 지식을 구하였고, | 求知似若渴 |
| 천하를 사모하여 질풍을 쫓았다. | 慕世追疾風 |
| 시야를 넓히고자 하여, | 思欲開眼界 |
| 외부의 정황 상상하였네. | 幻想外間情 |
| 뜻을 세워 고향 관문 나와, | 立志出鄕關 |
| 소산에서 이별을 고했네. | 辭別韶山冲 |

## 7. 부지런히 공부하여 "제자이자 사위"가 된 양창지(楊昌濟)와의 "밀접한 관계"

1936년 마오쩌둥은 바오안에서 미국인 기자 에드거 스노우의 인터뷰를 수락하였을 때 말했다.

나에게 가장 깊은 인상을 주었던 선생님은 양창지(楊昌濟)였습니다. 그는 영국에서 돌아온 유학생이었고, 이후 나는 그의 생활과 밀접한 관계를 맺게 되었지요. 그는 윤리학을 가르쳤는데, 관념론자였으며 도덕이 고매한 분이셨어요. 그는 자신의 윤리학을 강렬하게 믿었으며 학생들이 뜻을 세워 사회에 유익한 광명정대한 사람이 되도록 노력하고 고무시켜주었지요. 나는 그의 영향 아래서, 차이위안페이(蔡元培)가 번역한 윤리학 서적을 읽었고 이 책에서 계발을 받아 〈마음의 힘〉이라는 글을 썼지요. 그때 나는 관념론자였고, 양창지 선생님은 그의 관념론의 관점에서 출발하여, 나의 글을 높이 평가해주었지요. 그는 나에게 100점을 주었으니가요.[215)]

양창지(楊昌濟, 1871~1920)의 호는 회중(懷中), 후난(湖南) 창사현(長沙縣) 반창(板倉) 사람이다. 여러 대에 걸친 학자 집안의 자제였다. 19세 때 수재(秀才)에 합격하고 고향의 서당에서 후학들을 가르치다가 이후 창사 위에루서원(嶽麓書院)에서 가르쳤다. 1903년에서 1909년까지는 일본에 유학하였고 계속하여 영국에 3년 동안 머물렀으며 이후 독일로 갔다. 1913년 봄 중국으로 돌아

---

215) 陈晋主编, 《毛泽东读书笔记解析》, 广东人民出版社, 1996, 62쪽。

왔고 먼저 후난고등사범학교(湖南高等師範學校)에서 교편을 잡았고, 동시에 후난 제4사범학교에서 수양과 심리학 교원을 겸임하였다. 마침 이때 마오쩌둥은 1등의 성적으로 후난 제4사범학교에 입학하였다. 마오쩌둥이 입학한 다음 해 제4사범학교와 후난성립 제1사범학교는 합병하였다. 1918년까지 양창지는 베이징대학에 초빙되어 철학과 교수를 맡았고, 마오쩌둥은 때마침 후난성립 제1사범학교를 졸업하였다. 양창지의 주요 논저는 《권학편(勸學篇)》·《치생편(治生篇)》·《논어유초(論語類鈔)》·《교육학강의(教育學講義)》·《각종 윤리주의의 약술과 대략적인 평가》와 역서《서양윤리학사》등이 있다.

마오쩌둥은 제1사범학교에서 학습하던 시기 양창지의 수업을 들었고 사상적 영향을 깊이 받았다. 양창지는 한시대의 학자로 중국과 서양의 학문에 통달한 교육계의 대가였다. 중국 유가 전통문화의 영향을 받았으며 또한 서양 근대 사조와 서양 철학과도 접촉하였고, 이로 인해 그는 학생들을 가르치고 학문을 하는 과정에서 학생들에게 중국과 서양을 관통하도록 격려하였다. 후난성립 제1사범에서 강의한 윤리학 수업은 마오쩌둥에게 매우 큰 영향을 주었다. 예를 들어 양창지가 수업교재로 삼은 《권학편》·《논어류초》등의 저술 내용은 마오쩌둥이 수업을 들으며 작성한 《강당록》에서도 볼 수 있다.

양창지의 논술 가운데 마오쩌둥에게 매우 깊은 영향을 미치지 않은 것이 하나도 없었다.

1917년 8월 23일, 마오쩌둥은 리진시(黎錦熙)에게 쓴 편지에서 다음과 같이 말했다.

회중(양창지) 선생님의 말씀에, 일본의 아무개 군이 동양사상은 모두 실제생활에 적합하지 않다고 하였다고 합니다. 진실된 말입니다! 내 생각에는, 서양사상도 반드시 전부 그렇다고는 할 수 없을 것이며, 어느 정도는 반드시 동양

사상과 함께 개조해야 할 것입니다.[216]

양창지가 후난성립 제1사범학교에서 가르칠 때, 많은 학생 가운데 가장 신임한 이는 바로 마오쩌둥이었다. 그는 자신의 일기에다 마오쩌둥을 칭찬하여 "이처럼 자질이 우수한 학생은 거의 얻기 어렵다" 라고 썼으며, 또한 첫 수업 때 칠판에 두 구의 시를 쓰고, 자신의 인생관으로써 마오쩌둥에 대한 자신의 기대를 표현하였다.

| | |
|---|---|
| 무릉도원에서 빠져나와 상고시대를 열고, | 強避桃園作太古 |
| 큰 나무를 실어 광활한 하늘 기둥으로 삼고자 하네. | 欲載大木柱長天 |

후난 제1사범학교에서, 마오쩌둥은 교칙을 엄격하게 준수하는 학생이 아니어서 여러 차례 학교에서 제명될 뻔하였으나, 양창지·쉬터리(徐特立)·왕지판(王季范)·팡웨이샤(方維夏) 등 여러 선생님들의 굳건한 지지로 인해 겨우 남아서 계속 공부할 수 있었다.

양창지와 제1사범학교의 다른 선생인 쉬터리는 모두 마오쩌둥을 중요하게 여겼다. 한 번은 두 사람이 함께 주남여교(周南女校, 주남중학) 교장 주젠판(朱劍凡)의 집을 방문하였는데, 일부러 주젠판에게 마오쩌둥의 형편을 소개하고 마오쩌둥을 "얻기 어려운 인재" 라고 입을 모아 칭찬하였다.

1916년 여름 방학에 마오쩌둥은 특별히 반창(板倉)으로 가서 양창지를 방문하였고, 양창지 일가족의 열렬한 환대를 받았다. 이때 반창으로 간 것은, 마오

---

216) 陈晋主编, 《毛泽东读书笔记解析》, 广东人民出版社1996,62-63쪽.

쩌둥이 양창지의 딸 양개혜(楊開慧)와 사귀고 있었기 때문이었다.…

1918년 여름 마오쩌둥은 1사범학교를 졸업하였다. 그러나 이때 양창지는 이미 베이징대학에 초빙되어 교편을 맡느라 창사를 떠나 있었는데, 두 차례 편지를 써서 마오쩌둥 등의 사람들에게 베이징으로 달려와 계속하여 공부할 것을 독촉하였다.

같은 해 8월 15일 마오쩌둥과 뤄쉬에잔(羅學瓚)·차이허선(蔡和森)·장쿤디(張昆弟)·샤오즈성(蕭子升) 등 25인은 함께 동료가 되어 창사를 떠났고, 베이징으로 향하는 노정에 올랐다.…

베이징에서, 마오쩌둥은 양창지에게 다방면에서 도움을 받았고, 또한 그를 통해 베이징대학 교장 차이위안페이(蔡元培)에게 소개되었으며, 다시 차이위안페이를 통해 베이징대학 도서관주임 이다자오(李大釗)에게 추천되어 베이징대학교 도서관 안에서 도서 열람 인원의 명부를 책임지고 등기하는 도우미를 담당할 것을 권유받았다.

이때 베이징에 머물렀던 시간은 길지 않았는데, 줄곧 후난성의 시국 변화에 꼼꼼히 관심을 가졌던 마오쩌둥은 창사로 되돌아갔다.

1919년 12월 마오쩌둥은 후난 군벌 장징야오(張敬堯)의 영향력을 진압하고 다시 베이징으로 갔다.

이해 연말 양창지는 우연히 감기에 걸렸는데 뜻밖에도 병세가 날이 갈수록 더욱 심해져 몇 차례 치료를 했으나 차도가 없었다. 1920년 초 양창지는 병중에 그의 친구 장스자오(章士釗)에게 편지를 썼다.

나는 정중히 그대에게 말하겠네. 마오쩌둥과 채위안선은 나라의 인재로, 전도가 유망하다네. 그대가 나라를 구하는 것을 말하지 않으면 그만두겠지만, 나라를 구하겠다면 반드시 이 두 사람을 먼저 중하게 여겨야 하네. 두 사람은 이 시대의 영재이니, 잘 봐주기를 바라겠네!

　1920년 1월 16일 동·서양의 학문에 통달한 한 시대의 학자 양창지가 병사하였다. 마오쩌둥은 반은 제자이자 반은 사위의 신분으로 경야(經夜)[217]에 참석하였다.…

　양창지가 세상을 떠난 후, 그의 친구가 《베이징대학일간(北京大學日刊)》에 찬(撰)을 썼다.

　양 선생은 창사에 있었다. 제자를 기록하면 천백이나 셀 수 있지만, 특히 마오쩌둥·차이호선을 좋아하였다.…

　이를 통해 양창지와 마오쩌둥 사이의 스승과 제자의 정을 엿볼 수 있다.

---

217) 경야 : 죽은 사람을 창사 지내기 전에 가까운 친척이나 친구들이 관 옆에서 밤을 새워
　　지키는 일

## 시평

| | |
|---|---|
| 한 시대 학자 양창지, | 一代學子楊昌濟 |
| 박학다식하여 동양과 서양을 관통하였네. | 博學多識貫中西 |
| 학생 가르치기에 게으르지 않고 엄격하게 교편 잡았고, | 誨人不倦嚴執教 |
| 목마르듯 인재 사랑하여 크게 될 것이라 기대했네. | 若渴愛才寄厚期 |
| 무릉도원 빠져나와 상고시대를 열고, | 強避桃園作大古 |
| 큰 나무를 실어 광활한 하늘 의지하게 했네. | 欲載大木長天依 |
| 죽으면서도 부탁하는 말 남겨, | 撒手人寰留囑語 |
| 반은 제자 반은 사위가 눈물 뚝뚝 흐르네. | 半生半婿淚長滴 |

## 8. 해결하기 어려운 난제를 만날 때마다, 언제나 리진시(黎錦熙)에게 편지를 쓰다

후난성립제1사범학교에서 마오쩌둥에게 가장 큰 영향을 미친 선생은 양창지(楊昌濟)이고, 그 다음이 쉬터리(徐特立)·리진시(黎錦熙)·왕지판(王季範)·팡웨이샤(方維夏)·위안종치안(袁仲謙) 등이다.

리진시는 마오쩌둥에 비해 겨우 3살이 많았는데 오래지 않아 베이징여자사범대학에 초빙되어 교편을 잡았다. 마오쩌둥은 후난제1사범학교에서 난제를 만나면 늘 리진시에게 편지를 써서 자신의 심중의 방법을 진술하기를 좋아하였다.

1915년 11월 9일 마오쩌둥은 리진시에게 편지를 썼다.

저는 학교에서 형께 받은 가르침에 의지하니, 감히 건성으로 배반하지 못합니다. 그러나 성격이 속박을 좋아하지 않아, 마침내 이렇게 독서하지 않는 곳에서 의지가 자유롭지 못하고 수준이 크게 낮은 것을 보니, 동료들도 너무 싫어하고 쓸모 있는 신체와 귀중한 하루하루에 점점 쇠락을 재촉하며 쇠약해 죽어가 마음이 실로 크게 아픕니다.

옛날 주자가 "배를 모는 사람에게 구불구불한 계곡을 싫어하게 할 수는 없다"라고 하였습니다. 저는 진실로 옛사람이 한 일을 할 수가 없으니, 조롱이나 받는 것이 적절할 것입니다. 그러나 "깊은 골짜기와 교목" 이라는 가르침도 있으니, 이 같은 수준의 학교는 밑으로 곧게 내려가는 깊은 골짜기입니다. 반드시 제거하여 곧 좋은 계획과 큰 뜻을 세우고자 하니, 형께서 돌아와 한번 상의하여 계획하기를 바라고 있습니다.[218]

리진시는 마오쩌둥의 이 편지를 받고서, 그의 학생들이 학교에서 편히 독서하지 못하고 있다고 생각하였고, 어째서 시국이 불안한지, 즉시 좋은 말로 답장을 하여 마오쩌둥에게 그만두도록 권하였다.… 1919년 9월 5일 후난성립 제1사범학교를 졸업한 지 1년이 된 마오쩌둥은 《상강평론(湘江評論)》의 출간이 당국으로부터 금지를 당하자 리진시에게 편지를 썼다.

## 소서((邵西)) 선생님께

보내주신 편지를 잘 받았으며, 칭찬을 받았으나 매우 부끄럽습니다. 《상강평론》은 제5호까지 나왔는데 발행이 금지되었습니다. 제5호는 선생님께서 계신 곳으로 이미 부쳤습니다. 이곳에 《신후난(新湖南)》이 있는데 제7호 이후부터는 제가 편집을 맡았습니다.

지금 한창 재정비하는 중이며 반 개월 뒤에 출판할 수 있으니, 그때 마땅히 한 부를 부쳐 보낼 것이오니 잘 지도해 주십시오. 《민봉(民鋒)》6호에 실린 대작 「국어학 연구」를 읽었더니 저에게 도움이 된 것이 적지 않았고, 같은 호에 실린 「러시아 문학사조 개관」도 근래 수년간 많이 보지 못했던 대문장이라 할 수 있습니다.

국어의 문제는 저도 꽤 연구할 생각이었습니다. 저는 교육을 배운 사람으로, 교육에 대해 이야기하자면 곧 국어교과서 편성이 아니고는 방법이 없다고 할 수 있습니다. 연구를 하려 할 때 어려운 것은 또한 자료 수집입니다. 「국어」의 자료와 관련하여, 선생님께서 부디 조금 도움을 주십시오. 창사(長沙)에 프랑

---

218) 邸延生: 《历史的真迹-毛泽东风雨沉浮五十年》, 新华出版社2002,61쪽。

스 유학반이 출범할 희망이 생겼습니다.

프랑스 유학은 후난 교육계의 새로운 생명이라 할 만하며, 선생님께서도 원래 이 일에 주의를 기울이셨습니다. 그리고 《평민(平民)》 몇 부도 잘 받았습니다.

쩌둥

마오쩌둥과 리진시 사이에는 사제의 정이 있을뿐만 아니라 또한 형제, 친구, 동향의 우의도 있어, 사제, 형제, 친구, 동향의 사귐을 맺었다.

리진시(1889~1978)의 또 다른 이름은 사오시(邵西)이다. 후난 상탄(湘潭) 사람으로 마오쩌둥과 동향으로 언어학자이다. 1911년 후난 고등사범학교를 졸업하였다. 젊은 시절 쑨원이 이끄는 동맹회에 참가하였고, 1946년 구삼학사(九三學社) 발기에 참여하였다. 일찍이 창사 신문사 편집장, 후난성립 제1사범학교 교원, 베이징여자사범대학·베이징대학·시베이(西北) 연합대학·시베이 사범학원 등의 국문과 교수 및 주임을 역임했고, 베이징사대 문학원 원장 등의 직임을 맡았다. 신중국 성립 이후 베이징사대 중문과 주임, 중국과학원 철학사회과학부 위원, 중국문자개혁위원회 위원, 구삼학사 중앙상무위원 등의 직임과 전국인민대표대회 제1회·2회·3회 대표, 전국정치협상회의 제1회·2회·5회 위원을 역임하였다. 평생 언어과학연구와 교육에 종사하였고, 한자 어법연구에 공헌을 남겼으며, 한자 개혁과 사전 편찬작업에도 성과를 남겼다. 저서에 《신저 국어문법》, 《비교문법》, 《국어운동 사강》, 《국어신문자론》 등이 있고, 《한어사전》 등의 사전을 주관하여 편집하였다.

1950년 3월 16일에서 24일까지 제1차 전국통일전선공작회의가 베이징에서 열렸다. 이때 중화인민공화국 국가주석이었던 마오쩌둥은 회의의 종합보고를 듣고, 회의기록을 진지하게 검토하였으며, 통일전선 공작에 대해 일련의 중요한 지시를 내려, 통일전선의 공작노선, 그에 대한 방침과 정책을 논했으며, 논쟁이 있는 여러 문제를 분명하게 밝혔다.

회의기간 동안 마오쩌둥은 선쥔루(沈鈞儒) 선생과 쉬더헝(許德珩) 선생이 공동으로 이끄는 인민구국회가 회원들의 서명 이후 해산을 선포하였다는 것을 듣고는 매우 안타까워하며 말했다. "구국회는 진보단체로, 해산해서는 안된다. …"

수행원이 종합하여 보고하기를, 구삼학사의 구성원 중 몇몇은 학사가 민주혁명 중의 역사적 사명을 이미 완성하였다고 여기고 있어 해산을 제의하였으나, 그러나 구삼학사의 구성원 대부분이 주로 베이징, 상하이, 난징과 충칭에 분포되어 있는데 충칭은 아직 해방되지 않았기 때문에 베이징에 있는 사람들과 충칭의 구삼학사 구성원이 일시적으로 연락이 되지 않아, 아직 해산이 결정되지 않았다고 설명하였다.

마오쩌둥은 즉시 구삼학사의 해산에 동의하지 않음을 표명하였고 아울러 저우언라이에게 전화를 걸어 말했다. "신중국 성립 이후의 민주당파의 지위와 작용은 매우 중요하다. 구삼학사는 해산할 수 없을 뿐만이 아니라 계속해서 발전해야 한다. 그대는 열 손가락 깨물어 안 아픈 손가락이 없으니 우리는 장기간 공존하며 공동으로 전진해야 한다는 것을 모두에게 알려 주게나."

## 시평

| | |
|---|---|
| 스승과 제자의 정이 깊어, | 師生情誼深 |
| 예부터 지금에까지 이르렀네. | 由遠至如今 |

| 간혹 난제를 만나면, | 間或逢疑難 |
| 편지를 보내 자세히 묻고 탐구하였지. | 惠書細問尋 |
| 구삼학사의 일, | 九三學社事 |
| 지도자가 곱절로 관심을 기울였다네. | 領袖倍關心 |
| 나라의 올바른 일 함께 협상하며, | 國是同協商 |
| 오랫동안 공존했네. | 長期共互存 |

## 9. 유물론자는 "두려울 것이 없다"고 한 루쉰(魯迅)을 "현대의 성인!"으로 추앙하다.

　루쉰(魯迅, 1881~1936)의 본명은 주수인(周樹人)이고, 자는 예재(豫才)이며, 저장(浙江) 사오싱(紹興) 사람이다. 몰락한 봉건가정에서 태어났으며 청년시절 진화론 사상의 영향을 받았다. 중국의 현대 문학가이자 사상가·혁명가이다. 1902년 일본으로 유학을 갔다. 1905년에서 1907년까지 쑨원을 대표로 하는 혁명파와 캉여우웨이(康有爲)·량치차오(梁啓超를 대표로 하는 개량파가 논쟁을 전개하자, 루쉰은 확고부동하게 혁명파 한쪽에만 섰고, 연속해서 글을 발표하여 개량파와 첨예하게 대립하면서 그들을 비판하였다. 1909년 귀국하였고 항저우(항저우)·사오싱에서 교편을 잡았다. 신해혁명 이후 난징임시정부와 베이징정부의 교육부 부원, 응사 등의 관직을 맡았고, 동시에 베이징대학·여자사범대학 등에서 강의를 하였다. 1918년 5월 루쉰이라는 필명으로 중국현대문학사의 첫 번째 백화소설인 《광인일기》를 발표하였고, 봉건제도에 대해 맹렬한 폭로와 비판을 가했으며, 신문학운동의 기초를 다졌다. 5.4

운동 전후 신청년 잡지 작업에 참가하여 礦.4 신문화운동'의 위대한 기수가 되었다. 1918년에서 1926년까지, 《눌함(吶喊)》·《분(墳)》·《열풍(熱風)》·《방황(彷徨)》·《야초(野草)》·《조화석습(朝花夕拾)》·《화개집(華蓋集)》·《화개집속편(華蓋集續編)》 등의 전집을 계속하여 출간하였고, 애국주의와 투철한 혁명민주주의 사상의 특징을 나타냈다. 1926년 8월 광저우(廣州)로 남하하여 교편을 잡았다. 1927년 10월 상하이로 가서, 마르크스주의를 연구하기 시작하였다. 1930년이 되자 잇따라 중국자유운동 대동맹·중국좌익작가연맹과 중국민권보장동맹 등의 조직에 참여하여, 혁명문예운동에 적극적으로 참가하며 마르크스주의 예술이론을 소개하였다. 1927년에서 1935년 사이에는 마르크스주의를 지도 삼아, 대량의 잡문 작품을 창작하며 각종 사회문제를 심도 있게 분석하였고, 꺾이지 않고 견디는 전투정신을 표현하였다. 비수와 같고 투창과 같으며 전투력을 갖춘 이 작품들은 《이이집(而已集)》·《삼한집(三閑集)》·《이심집(二心集)》·《남강북조집(南腔北調集)》·《위자유서(僞自由書)》·《준풍월담(准風月談)》·《화변문학(花邊文學)》·《차개정잡문(且介亭雜文)》 등의 전집에 별도로 수록되었다. 1936년 초 문학계와 문화계가 연합하여 조성한 항일민족통일 전선에 참가하였다. 1936년 10월 19일 상하이에서 병사하였고, 향년 55세였다.

마오쩌둥은 생전에 루쉰의 문장을 많이 애독하였고, 루쉰의 혁명정신과 투쟁의 강경성에 대해 여러 차례 긍정하고 극찬하였다.

1937년 10월 19일 마오쩌둥은 옌안(延安) 산베이공학(陝北公學)에서 루쉰 서거 1주년을 기념하는 대회에서 다음과 같이 연설하였다.

우리는 오늘 루쉰 선생을 기념하며, 우선 루쉰 선생이 중국혁명사에서 점유한 지위를 알아야만 합니다. 우리가 그를 기념하는 것은, 그의 문장이 훌륭하여 위대한 문학가여서일 뿐만 아니라, 또한 그가 민족해방을 위해 적극적으로 앞장섰으며 혁명에 매우 큰 공헌을 하였기 때문입니다. 아울러 그는 공산당 조직에 속한 사람은 아니지만, 그의 사상, 행동, 저작 모두 마르크스주의에 해당합니다. 그는 당 밖의 볼세비키입니다. 특히 그는 만년에 더욱 청년의 역량을 드러냈습니다. 그는 흔들리거나 굽힘없이 일관되게 봉건세력과 제국주의에 대해 단호히 투쟁을 하였고, 적들이 압박하고 파괴하는 열악한 환경 속에서도 그는 견뎌내며 저항하였습니다.…

루쉰은 지금 무너지고 있는 봉건사회에서 나타났지만, 그는 자신의 잘못을 깨닫고 반성할 수 있어서, 그가 경험해 왔던 부패한 사회를 향해 공격하였으며 제국주의의 악한 세력을 향해 공격하였습니다. 그는 박력 있고 유머러스하며 힘 있는 붓 한 자루를 가지고 부패한 세력의 가면을 그렸으며 추악한 제국주의의 가면을 그렸으니, 그는 진정으로 수준 높은 화가입니다. 그는 최근 몇 년간 노동자계급 민족해방의 입장에 섰고, 진리와 자유를 위해 투쟁하였습니다.[219]

마오쩌둥은 연설에서 제시하였다.

루쉰은 중국의 가치이며, 제가 보건대 중국의 첫 번째 성인으로 인정해야 합니다. 공자는 봉건사회의 성인이고, 루쉰은 현대 중국의 성인입니다.[220]

1957년 3월 10일, 마오쩌둥은 신문출판계 대표와 담화할 때 말했다.

---

219) 陈晋主编, 《毛泽东读书笔记解析》, 广东人民出版社, 1996, 1511쪽.
220) 위의 책, 1508쪽.

신문의 문장을 "더 짧게, 더 짧게, 다시 더 짧게" 라는 것은 옳으며, "더 부드럽게, 더 부드럽게, 다시 더 부드럽게" 라는 것은 한번 고려해야 합니다. 너무 완강하게 해서는 안 되는데, 너무 완강하면 사람들이 좋아하지 않으니, 부드러움과 완강함 두 가지를 통일시켜야 하 니다. 통속적이고 친근하게 문장 쓰는 것을 배우면 작은 것에서 큰 것을 말하고 가까운 것에서 먼 것을 말하여 사람을 매료시킬 수 있으니, 이는 매우 좋은 방법입니다.

여러분은 루쉰을 찬성합니까, 찬성하지 않습니까? 루쉰의 문장은 너무 부드럽지는 않지만 또한 너무 완강하지도 않으며 보기 싫지도 않습니다. 어떤 이는 잡문은 쓰기 어렵다고 하는데, 어려움은 여기에 있습니다. 어떤 이는 루쉰이 현재 살아 있다면 어떻게 됐겠는가? 하고 묻는데, 저는 루쉰이 살아 있는 것을 보았는데, 그는 과감히 쓰기도 했고 과감히 쓰지 못하기도 했습니다. 비정상적인 분위기 아래에서는 그 역시 쓰지 못했지만 그가 쓸 수 있을 것이라는 가능성에 더 많은 무게를 갖고 있었다고 하겠지요. "능지처참을 당하더라도 과감히 황제를 자리에서 끌어내리리라" 라는 옛말은 아주 좋은 말입니다. 루쉰은 진정한 마르크스주의자로서 철저한 유물론자입니다. 진정한 마르크스주의자, 철저한 유물론자는 두려워할 것이 없기 때문에 그는 쓸 수가 있었습니다. 현재 일부 작가들은 과감히 쓰지 못하는데, 두 가지 사정이 있습니다. 첫 번째 사정은 우리가 작가들이 과감히 쓸 수 있는 환경을 만들어 주지 못하여 작가들이 박해를 받을까 두려워하기 때문이고, 다른 사정은 작가들 자신이 유물론을 배워 통달하지 못했기 때문입니다. 철저한 유물론자는 과감히 씁니다.

루쉰의 시대에 박해받는 것은 감옥에 가거나 사형을 당하는 것이었지만 루쉰은 두려워하지 않았습니다. 현대의 잡문을 어떻게 쓸지는 아직 경험이 없지만, 저는 루쉰을 대신 내놓으니, 여러분은 그를 본받아 한번 잘 연구하십시오.

그의 잡문은 분야가 매우 다양하여, 정치, 문학, 예술 등을 모두 말하였고, 특히 후기에는 정치를 말한 것이 가장 많으며, 경제에 대한 지식의 부족으로 경제에 대해서는 적게 말했습니다. 루쉰의 글은 모두 핍박에서 나왔습니다. 그의 마르크스주의 역시 핍박받아 배운 것입니다. 그는 학자가문 출신으로, 어떤 이들은 그를 "봉건의 잔당"이라 하고 행동하지 않았다고 하지만, 루쉰은 글을 썼습니다. 현재는 경제 분야의 잡문도 쓸 수 있습니다. 문장의 좋고 나쁨은 효과를 봐야 하기에, 예로부터 전부 효과를 보고서 결론을 내렸습니다.[221]

1957년 3월 12일 마오쩌둥은 중국공산당 전국선전공작회의에서 연설하였다.

어떤 이들은 말하기를 장편의 글을 장황하게 늘어놓으면 단편성을 피할 수 있다고 하고, 단편인 잡문을 쓰는 것은 단편성을 피할 수 없다고 합니다. 잡문은 반드시 단편성을 띱니까? 저는 앞에서 단편성은 종종 피하기 어려우며 일부 단편성들은 역시 생긴다고 말하였습니다. 모든 사람들에게 문제를 볼 때 반드시 전체적으로 봐야 한다고 요구하는 것은 비평의 발전을 가로막을 수 있습니다. 그러나 우리는 문제를 볼 때 전체적으로 비교하도록 노력하기를 요구하는데, 장편이 좋든 단편이 좋든 잡문도 포함하여 단편성을 띠지 않도록 노력해야 합니다. 어떤 이는 '수백 년 간의 한 편이 1, 2천 자나 되는 잡문을 어떻게 분석할 수 있는가?' 라고 합니다. 저는 왜 불가능한가라고 말합니다. 루쉰은 이러한 사례가 아닙니까? 분석 방법은 변증법입니다. 분석이란 사물의 모순을 분석하는 것입니다. 생활에 익숙하지 않고 논하는 모순에 대해 진정으로 이해하지 못하면 정확한 분석이 불가능합니다. 루쉰의 후기 잡문이 가장 핵심을 찌르며 힘이 넘치며 어떠한 단편성도 없는데, 이는 이 시기 그가 변증법을 배웠기 때문입니다. 레닌의 잡문에는 적대적인 사람도 있고 동지도 있습니다. 루쉰 식의 잡문은 인민 내부의 잘못과 결점으로 취급하여도 가능할까요? 저는 가능하다고 봅니다. 당연히 적군과 아군을 분명하게 가려야 하지만, 적대적 입장에 서서 적군을 대하는 태도로 동지를 대해서는 안 됩니다. 반드시 강렬한 열정으로 인민의 사업을 보호하고 인민의 의식을 높이는 태도를 취하여 말해야 되지, 비웃거나 공격하는 태도로 말해서는 안 됩니다.[222]

1959년 12월에서 1960년 2월까지, 마오쩌둥은 항저우 시후(西湖)에서 독서 그룹을 결성하였고, 소련의 《정치경제학(교과서)》을 전문적으로 숙독하였다. 이 독서 그룹의 구성원과 대화하던 중, 마오쩌둥은 재차 루쉰을 언급하였다.

루쉰 전투방법의 중요한 하나의 특징은 그를 향해 쏜 모든 화살을 모두 받아 그것을 잡고는 놓아주지 않았으며, 기회가 생기면 화살을 쏜 사람을 공격하는 것입니다. 어떤 이가 루쉰이 남북 사투리를 쓴다고 하자, 루쉰은 《남강북조집 (南腔北調集)》을 출간하였습니다. 양실추(梁實秋)가 루쉰이 낡은 사회를 배반하고 노동자계급에 투항하였다고 하자, 그는 《이심집(二心集)》을 출간하였습니다. 어떤 이가 루쉰의 문장이 화변(花邊)을 사용한다고 하자, 그는 《화변문학(花邊文學)》을 출간하였습니다. 《신보(申報)》의 《자유담(自由談)》 편집자가 국민당의 압력을 받아 투덜거리며 《자유담》에서는 정치를 말해서는 안 되고 사랑이야기만 허용된다고 하자, 그는 《준풍월담(准風月談)》을 출간하였습

221) 《毛澤東新聞工作文選》, 新華出版社, 1983, 190-191쪽.
222) 위의 책, 198쪽.

니다. 국민당이 루쉰을 타락한 문인이라 욕하자, 그는 수락문(隋洛文)이라는 필명을 사용하였습니다. 루쉰은 죽음에 임하여 말하기를, 다른 사람은 죽기 전에 뉘우치고 자신의 적을 용서해야 하지만, 그는 자신의 '원수'에 대해 "그들에게 나를 증오하게 하라. 나도 절대 용서하지 않겠다"라고 하였습니다. 우리는 루쉰의 이러한 전투정신과 방법을 배워야 합니다.[223]

1961년 10월 7일, 마오쩌둥은 일중우호협회 방중대표단·일본민간교육자 대표단 등 일본 외빈을 접견할 때, 루쉰의 칠언시를 1수 써서 그들에게 주었고 또 그들에게 말했다.

여러분이 중국에 오신 것에 우리는 감사드리고 모든 중국인민들도 감사드립니다. 저는 여러분께 드릴 것이 아무것도 없고, 루쉰의 시 1수를 써서 여러분께 드립니다. 루쉰은 중국의 어두운 시기의 위대한 혁명 전사이자 문학 전선의 지도자입니다. 그는 구체시 1수를 썼는데 4구로 되어 있습니다. 원래 시는 "쑥대도 없어 만가구나 되는 집들이 어두운 얼굴이라, 감히 노래 불러 천지를 울리니 슬프도다. 마음은 호방하여 넓은 우주에 이어지니, 소리 없는 곳에서 사나운 우레 소리 들리네(萬家墨面沒蒿萊 敢有歌吟動地哀 心事浩茫連廣宇 於無聲處聽驚雷)"입니다. 이 시는 루쉰이 중국에 여명이 밝아오기 전 가장 어두운 시기에 쓴 것으로, 완전한 암흑의 통치 아래에서 광명을 보았음을 말하고 있습니다. 시는 번역하기가 쉽지 않으니, 궈모뤄(郭沫若)에게 번역을 부탁하십시오.[224]

1971년 11월 20일 마오쩌둥은 우한(武漢)의 1차 담화에서 말했다.

루쉰은 중국의 첫 번째 성인입니다. 중국의 첫 번째 성인은 공자도 아니고 저도 아닙니다. 저는 성인의 학생입니다.[225]

마오쩌둥은 평생 루쉰의 문장을 애독하였다. 만년이 되어서도 마오쩌둥은 항상 루쉰의 저작을 일독하였고, 또한 사람들에게 말했다.

나는 루쉰의 책을 애독하였다. 루쉰의 마음과 우리는 서로 호흡이 통하였다. 나는 옌안에서 밤늦도록 루쉰의 책을 읽었는데, 언제나 잠드는 것을 잊었다.[226]

## 시평

| | |
|---|---|
| 근육과 뼈가 강철 같은 선비 용맹하여, | 鋼筋鐵骨士威猛 |
| 분연히 발 디디며 앞으로 나아가네. | 蹈踹憤然而前行 |
| 문필은 날카롭기가 비수와 같고, | 文筆犀利如匕首 |
| 밤하늘을 갈라 광명을 비추고자 하였네. | 欲劃夜空透光明 |
| 공격하는 화살과 창을 막을 수 없어, | 暗箭明槍不勝防 |
| 치욕을 참고 피를 삼키며 풀숲에 숨었지. | 忍辱噬血隱草叢 |
| 상처가 아물자 더욱 분투하여, | 愈合傷口猶奮鬥 |
| 깃발 높이 들고 다시 적진으로 돌격하였네. | 高擧戰旗再沖鋒 |

223)《党的文献》1992年1期.

224)《毛泽东新闻工作文选》, 앞의 책, 1994, 484쪽.

225) 陈晋主编,《毛泽东读书笔记解析》, 广东人民出版社, 1996, 1514-1515쪽.

226) 龚育知等:《毛泽东的读书生活》, 生活·读书·新知三联书店, 1986, 184쪽.

# 제10편

학술연구에는 반드시 마르크스레
닌주의 인식론을 견지하다.
지금의 것을 중시하고 옛것을 경시
하며 백화제방(百花齊放) 백가쟁명
(百家爭鳴)을 격려하다

제10편

학술연구에는 반드시 마르크스레닌주의 인식론을 견지하다.
지금의 것을 중시하고 옛것을 경시하며 백화제방(百花齊放)
백가쟁명(百家爭鳴)을 격려하다

## 1. 《갑신삼백년제(甲申三百年祭)》《십비판서(十批判書)》의 궈모뤄
(郭沫若)

궈모뤄(郭沫若, 1892~1978)는 현대 중국의 걸출한 작가이자 시인·역사학
자·극작가·고고학자·고문자학자·사회운동가이다. 스촨(四川) 뤄산(樂山)
사람이다. 1914년 일본으로 유학을 갔고, 귀국한 뒤 문학예술활동에 몸담았
다. 1918년 신시(新詩) 창작을 시작하였다. 5.4운동시기 반제반봉건 혁명문화
운동에 적극적으로 투신하였다. 1921년 시집《여신(女神)》을 출간하였고, 위
다푸(郁達夫)·청팡우(成仿吾) 등과 '창조사(創造社)'를 결성하였다. 1924년 이
후 마르크스주의를 받아들여 혁명문학을 제창하였다. 1926년 북벌전쟁에 참
가하여 국민혁명군 총정치부 부주임을 맡았다. 1927년 장제스(將介石)이 혁
명에 배신하기 직전《오늘의 장제스를 보기를 청함(请看今日之蒋介石)》을 발
표하여 인민대중들에게 큰 영향을 주었다. 같은 해 난창(南昌)봉기에 참가하

였고, 8월에 중국공산당에 가입하였다. 1928년 일본에 체류하며 중국고대사와 갑골문·금문연구에 몸담았다. 저술한 《중국고대사회연구(中國古代社會研究)》는 마르크스주의 관점을 활용하여 중국 고대사회를 연구한 획기적인 저작이다. 《갑골문자연구(甲骨文字研究)》·《복사통찬(卜辭通纂)》 등은 갑골문을 종합적으로 연구한 것이고, 《양주금문사대계고석(兩周金文辭大系考釋)》 등은 청동기의 명문과 그림을 체계적으로 연구한 것으로, 문자·역사적 사실·연대에 대해 고증하였고, 모두 중요한 공헌을 하였다.

항일전쟁이 시작되자 귀국하였고, 저우언라이(周恩來)의 직접적인 통솔 아래 국민당 통치 구역의 진보적 문화 인사들을 조직하고 연대하였으며, 항일구국운동에 몸담았다. 1944년 《갑신삼백년제(甲申三百年祭)》를 발표하여 명(明)대 말기 농민봉기 지도자 이자성(李自成)의 실패에 대한 역사적 교훈을 총괄하였는데, 당시 중국공산당의 기풍을 바로잡는 학습 문헌이 되었다. 저술 《청동시대(靑銅時代)》·《십비판서(十批判書)》는 선진시대 사회역사를 고증하고 각 학파의 철학인물에 대해 평가하였는데, 독창적인 견해가 많다.

항일전쟁 승리 후 장제스의 독재통치 및 내전을 일으키려는 음모의 반역적인 행위에 대해, 첨예하게 대립하여 투쟁하였다. 1949년 베이징이 해방된 뒤 전국문학예술계연합회 주석으로 선출되었다. 새로운 중국이 성립된 이후로도 계속하여 문예창작을 하였고, 《채문희(蔡文姬)》 등의 역사 희곡을 발표하였다. 중화인민공화국 중앙정부위원·정무원 부총리 겸 문화교육위원회 주임·중국과학원 원장 겸 철학사회과학부 주임·중국인민 보위 세계평화위원회 주석·중일우호협회 명예회장 등의 직책을 역임하였다. 중국공산당 제9, 19, 11회 중앙위원이다. 전국인민대표대회 제1, 2, 3, 4, 5회 상무위원회 부위원장이다. 전국정치협상회의 제1, 4회 상무위원이며, 전국정치협상회의 제2, 3, 5회 부주석이다. 저서가 매우 많으며, 《귀모뤄문집(郭沫若文集)》이 세상에 전해진다. 1978년 6월 12일 베이징에서 병으로 세상을 떠났다.

귀모뤄와 마오쩌둥은 비교적 일찍 친분을 맺었고, 왕래가 밀접하였으며 서로에 대한 감정이 매우 두터웠다.

1944년 11월 21일 마오쩌둥은 옌안(延安)에서 충칭(충칭)에 있는 귀모뤄에게 편지를 썼다.

## 모뤄 형에게

보내준 편지는 다 읽었다네. 칭찬이 과분하여 매우 황송하기 그지없구려. 다만 열심히 학습하여 고인의 기대에 부응할 뿐이네. 우창(武昌)에서 헤어진 후로 하루 종일 업무 속에 파묻혀 독서하여 연구할 기회가 없기 때문에, 그대에 성취에 대해 부러워하고 있다네. 그대의《갑신삼백년제》를 기풍을 바로잡는 문건으로 삼았다네. 작은 승리에 오만하였고 큰 승리에는 더 오만하여, 한 차례 또 한 차례 불리해졌으니, 어떻게 이러한 결점을 피할지, 확실히 주의할 필요가 있소이다. 만약 대문호가 쓴 태평군의 경험을 통하게 할 수 있다면, 매우 유익할 것이네. 다만 감히 정식으로 제의하지는 못하겠으니 그대에게 크게 누가 될 것 같아 걱정스럽기만 하다네. 최근에《반정 전후》를 보았는데, 내가 그 당시 후난(湖南)에서 경험한 것과 거의 동일하였소. 성숙하지 못한 부르주아 혁명은 그러한 결말을 피할 수 없을 것이네. 이번 항일전쟁은 반드시 성숙하게 끝내야 할 것인데, 국외의 조건이 매우 좋고 국내는 우리의 노력에 기대고 있으니, 내가 비록 신중하고 근면하게 업무에 임하며 실수가 있을까 매우 두렵지만, 어디에서 실수가 생길지 확실하게 단언하기가 어렵다네. 그대는 어떤 착오나 결점이 눈에 보이면, 즉시 알려주기를 바라네. 그대의 사론과 역사극은 인민에게 유익하니, 다만 적은 것이 불만스러울 뿐이지, 많다고 불만스러워하지 않으니, 정신을 절대 허비하지 말고 계속하여 노력하기를 바라네. 저우언라이 동지가 도착한 뒤 그동안의 정황을 이미 알게 되었으니 일일이 쓰지 않겠네. 우리 모두는 그대와 만나기를 바라고 있지만, 그런 기회가 있을지 모르겠네.

　삼가 건강하고 즐거우며 생기가 넘치기를 바라네!

마오쩌둥
1944년 11월 21일 옌안에서.[227]

　마오쩌둥의 편지에서 말한 "작은 승리에 오만하였고 큰 승리에는 더 오만하여, 또 한 차례 불리해졌으니, 어떻게 이러한 결점을 피할 것인가" 하는 말은 중국공산당 중앙위원회가 궈모뤄의 《갑신삼백년제》를 당 내에서 기풍을 바로잡을 문건으로 결정했던 주요한 원인 중의 하나였다.

　마오쩌둥은 줄곧 명말 농민봉기 지도자 이자성(李自成)이 성공적으로 베이징성으로 진입한 뒤 다시 실패하여 퇴장했던 이 역사 교훈을 중시하였던 것이다. 1949년 3월 5일 마오쩌둥은 당의 제7회 중앙위원회 제2차 전체회의에서 당 전체에 다음과 같이 경고하였다.

　승리로 인해, 당 내의 교만한 정서, 즉 공신이라 자처하는 정서, 머물러 있기 시작하여 진보를 구하지 않는 정서, 향락을 탐하며 다시 어려운 생활로 돌아가기를 바라지 않는 정서가 자라날 수 있습니다. 승리로 인해, 인민은 우리에게

---

227) 《毛泽东书信选集》, 人民出版社, 1984, 241-242쪽。

감사하게 여기고 자본가 계급 역시 성원을 보낼 수 있습니다. 적들의 무력은 우리를 정복할 수 없으며, 이 점은 이미 증명되었습니다. 자본가계급의 성원은 우리 대오 가운데 의지가 박약한 이를 정복할 수 있습니다. 아마도 창을 쥔 적들에게 정복당한 적이 없으며, 적들 앞에서 영웅이라 불리는 것이 부끄럽지 않을 공산당원이 있더라도, 사람들은 당의(糖衣)를 입힌 포탄의 공격을 감당할 수 없으니, 당의를 입힌 포탄 앞에서는 패배할 것입니다. 우리는 반드시 이러한 상황을 예방해야 하고… 중국의 혁명은 위대하지만 혁명 이후의 노정이 더 길며, 작업은 더 위대하지만 더 어렵습니다. 이 점을 현재 당 내부에서는 분명하게 말해야 하는 것이며, 반드시 동지들로 하여금 계속해서 겸손하고 신중하며 교만하지 않고 성급하지 않도록 유지하게 해야 하며, 반드시 동지들로 하여금 계속해서 각고 분투하는 태도를 유지하게 해야 할 것입니다.…[228]

궈모뤄의《십비판서》는 선진 제자의 사상을 전적으로 연구한 저서이다. 책의 제1편은〈고대연구에 대한 자아비판〉이고, 제2편은〈공묵(孔墨)에 대한 비판〉이며, 제10편은〈여불위(呂不韋)와 진왕 정(政)에 대한 비판〉이며 나머지 제3, 4, 5, 6, 7, 8, 9편은 차례로 유가 8파·직하 황로학파·장자(莊子)·순자(荀子)·명변(名辯) 사조·전기 법가·한비자(韓非子)에 관한 비판으로 이루어져 있다. 이른바 '비판'이란, 실제로는 철학 영역에서의 분석과 연구를 의미한다.

1968년 10월 31일 마오쩌둥은 확대된 당의 제8회 중앙위원회 제12차 전체회의 폐막식에서 연설을 하였고, 그 내용에 궈모뤄의《십비판서》를 언급하였다.

공자(孔子)를 옹호하는 것, 자리에 앉아 계시는 궈(郭) 노형[229], 판(范) 노형[230]은 기본적으로 공자를 조금은 존숭하기 때문에 그 책들에는 공자의 상이 있습니다! 펑여우란(馮友蘭)도 공자를 옹호합니다! 이들은 비교적 조금만 편향되어 공자를 그렇게 좋아하지는 않았습니다. 공자가 노예주인, 옛 귀족을 대표한다는 학설을 보면, 저는 이쪽으로 편향되어 있지만, 공자가 그 시대의 신흥지주계급을 대표한다는 것에 동의하지는 않습니다. 이 때문에 저와 귀 노형은이 점에서 그렇게 유사하지가 않습니다.《십비판서》는 유가를 존숭하고 법가에 반대하는데, 저는 이 역시 동의하지 않습니다. 그러나 판 노형의 책은 법가에 지위를 부여하였습니다. 신불해(申不害)·한비자 일파의 사상은 한편으로는 상앙(商鞅)·이사(李斯), 또 한편으로는 상앙·이사·순경(荀卿)으로 전해왔습니다. 저는 이런 골동품을 동지들이 과거로 돌아가 연구하도록 권하지 않습니다.[231]

1973년 5월 어느 날 장칭(江青)은 마오쩌둥의 방 안에서 탁자 위에 귀모뤄의 대형활자본《십비판서》가 놓여 있는 것을 보았다. 마오쩌둥이 그 책을 들어그녀에게 주면서 말했다. "비판하기 위해 사용하는 것이 목적이다"라고 하면서 즉시 또 시 1수를 읽었다.

| | |
|---|---|
| 귀 노형은 유종원보다 퇴보하여 | 郭老從柳退 |
| 유종원에는 미치지 못하네. | 不及柳宗元 |
| 이름은 공산당이라 하면서도 | 名曰共產黨 |
| 공이선[232]을 숭배한다네. | 崇拜孔二先 |

228)《毛泽东选集》四卷, 人民出版社, 1991, 1439쪽.
229) 귀모뤄를 가리킴.
230) 범문란(范文瀾)을 가리킴.
231) 陈晋主编,《毛泽东读书笔记解析》, 广东人民出版社, 1996, 1149-1150쪽.
232) 鄧振宇等編:《毛澤東評點二十四史》, 時事出版社, 1997, 237頁.

마오쩌둥의 시에서 말한 "공이선(孔二先)"은 공자를 가리킨다.

여기서도 마오쩌둥은 궈모뤄의《십비판서》의 관점에 대해 동의하지 않는 태도를 취하였으나 결코 정치적으로 그를 비판하지는 않았다. 궈모뤄 본인에 대해 마오쩌둥은 여전히 매우 존중하였다.

같은 해 7월 4일 마오쩌둥은 왕훙원(王洪文)·장천차오(張春橋)와 대화할 때 재차 궈모뤄의《십비판서》를 언급하였다.

궈 노형은《십비판서》에서 스스로 인본주의, 즉 인민본위주의라 칭하였는데, 공자 역시 인본주의로 그에게는 한가지였다네. 궈 노형은 공자를 존숭하였고 법가는 반대했지요. 공자를 존숭하고 법가를 반대한 것은 국민당 역시 마찬가지였소! 린뱌오(林彪) 역시 그렇지요! 나는 귀 노형이 역사시기를 구분하여 노예제로써 춘추전국의 경계를 정한 것에는 동의하오. 그러나 진시황에게 욕을 퍼부을 수는 없지요. 몇 십 년 전 중국의 국어교과서에서는 진시황을 수레바퀴를 통일하고 문자를 통일하고 도량형을 통일한 인물로 서술하였다.[233]

같은 해 8월 5일 마오쩌둥은 장칭(江青)에게 그가 쓴 칠언율시를 읽어 주었다.

《봉건론(封建論)》을 읽고 궈 노형께 드림[讀《封建論》呈郭老][234]

그대에게 권하노니 진시황을 조금만 질책하게,　　　勸君少罵秦始皇

분서갱유는 논의해야 하지만 말일세.　　　焚坑事業要商量

진시황의 혼은 죽었으나 진나라는 남아 있고,　　　祖龍魂死秦猶在

| 공자의 학문은 명성 높으나 실상은 쭉정이일 뿐. | 孔學名高實秕糠 |
| 오랜 세월 모두 진나라의 정법을 시행하였으니, | 百代都行秦政法 |
| 《십비판서》는 좋은 문장이 아니라네. | 《十批》不是好文章 |
| 당나라 사람의 《봉건론》을 숙독하되, | 熟讀唐人《封建論》 |
| 유종원을 따라 문왕을 되돌리지는 말게나. | 莫從子厚返文王 |

마오쩌둥의 시구 중 '자후(子厚)'는 당(唐)대의 정치가이자 문장가인 유종원 (柳宗元)을 가리킨다. 시의 예술적 경지에서 보자면, 마오쩌둥이 일관되게 견지하는 관점은 여전히 법가를 존숭하고 유가를 비판하는 것이었으며, 요즘 것을 중시하고 옛 것을 경시하였던 것이다.

---

233) 《中国共产党执政四十年》, 中共党史资料出版社, 1989, 363쪽.
234) 邓振宇等编, 《毛泽东评点二十四史》, 时事出版社, 1997, 238쪽.

## 시평

| | |
|---|---|
| 요즘 것을 중시하고 옛 것을 경시하는 뜻깊고, | 厚今薄古意深長 |
| 법가를 존숭하고 유가를 억누를 것 주장하네. | 尊法抑儒是主張 |
| 시를 지어 궈모뤄를 타이르고, | 寫詩勸說郭沫若 |
| 진시황을 충분히 긍정하였네. | 充分肯定秦始皇 |
| 《십비판서》 부정하고, | 《十批判書》遭否定 |
| 유종원의 《봉건론》을 포상하네. | 柳宗元論受褒揚 |
| 황망히 여러 가지 일 생각건대, | 倥傯想來多少事 |
| 궈 노형이 계셨더라도 슬퍼했을 것이네. | 郭老若在亦感傷 |

## 2. 불교사상논문집, "봉황의 털과 기린의 뿔" 런지위(任繼愈)

1963년 12월 30일 마오쩌둥은 신학과 불교·철학사 연구 등의 문제에 대해서면 상으로 의견을 제시하였다.

세계 3대 종교(기독교·이슬람교·불교)는 지금까지 많은 사람들에게 영향을 미치고 있다. 그러나 우리는 지식도 없고, 국내에 마르크스주의자가 이끄는 연구기관도 없으며, 이 분야에서 볼만한 출판물도 없다.…

역사유물주의 관점으로 쓰인 저작 역시 매우 적으며, 예컨대 런지위가 불교를 논한 몇 편의 저작을 발표하였는데, 이는 봉황의 털과 기린의 뿔처럼 귀한 것이다. 그러나 기독교·이슬람교를 논한 것은 본 적이 없다. 신학을 비판하지 않으면 철학사를 잘 쓸 수가 없으며 또한 문학사나 세계사도 잘 쓸 수가 없는 것이다.[235]

런지위는 중국의 저명한 철학사가이자 종교학자이다. 1963년《한당불교사상논집(漢唐佛敎思想論集)》을 출판하였으며, 그 내용은 〈한당시기 불교철학사상, 중국에서의 전파와 발전〉, 〈남조 진송 시대 불교 '반야'·'열반' 학설의 정치적 역할〉·〈화엄종 철학사상 약론〉·〈선종 철학사상 약론〉·〈선종사 연구에서 호적의 오류를 논함〉·〈법상종 철학사상 약론〉등이 포함되어 있으며 그 외 부록으로〈물불천론(物不遷論)〉에 관하여, 〈반야무지론(般若無知論)〉에 관하여, 〈신멸론(神滅論)〉에 관하여, 〈두양잡편(杜陽雜編)〉에 관하여, 및 〈한당불교간명연표(漢唐佛敎簡明年表)〉등의 편이 있다.

마오쩌둥은 줄곧 중국 종교사상의 전파와 불교사상 연구를 중시하였다.

학창시절 마오쩌둥은 《강당록》에 이러한 내용을 썼다.

중국학술의 발달에는 세 시기가 있다. 첫째는 능동적 발달기로 주나라 말기
이다. 둘째는 수동적 발달기로, 불교가 크게 일어나 경전이 매우 성행하여 위
아래 모두가 이를 추구하여 한 시대를 풍미하였으니, 수당(隋唐)시기이다. 셋
째는 능동적이면서도 수동적인 발달기로, 주희·이정·장재·주돈이 등이 출현
하여 성리학이 크게 발달하였던 시기이다. 그러나 그 시작은 모두 불학을 숭상
하였고 불교에서 육경으로 되돌아갔으므로, 능동적이면서도 수동적인 발달기
는 송원(宋元)시기이다.[236]

1948년 4월 8일, 마오쩌둥은 산베이(陝北) 동쪽에서 황허를 건넌 뒤 시바이
보(西柏坡)로 가면서 중국의 불교성지인 우타이산(五台山)을 지나갔다. 저우
언라이와 함께 일부러 시안통사(顯通寺)에 가서 무량전 안의 무량수불상을 보
았고, 명판(明版) 대장경(大藏經)·화엄경 자탑(華嚴經字塔)과 각종 공물 기구
에 대해 스님으로부터 상세한 설명을 들었다. 마오쩌둥이 스님에게 말했다.
"이들 불교경전을 보존해 오기가 쉽지 않았을 것인데, 이들은 불교계의 문화일
뿐만 아니라 동시에 중국의 문화이며 전통이기도 합니다. 계속해서 잘 보호해
야 합니다."
1964년 8월 18일, 마오쩌둥은 베이다이허(北戴河)에서 일부 철학자들과 담
화하며 말했다.

235) 龚育知等:《毛泽东的读书生活》,生活·读书·新知三联书店, 1986, 4-5쪽.
236) 陈晋主编, 《毛泽东读书笔记解析》, 广东人民出版社, 1996, 932쪽.

런지위가 쓴 불교 관련 여러 편의 글을 좋아합니다. 그는 탕용동(湯用彤)의 제자로, 몇 가지 연구를 하였습니다. 당조(唐朝)의 불교만 말하고 이후의 불교는 언급하지 않았으나, 송명 성리학은 당(唐) 대의 선종(禪宗)에서 나왔으며 주관유심론에서 객관유심론에 이르렀다고 설명하고 있습니다. 불교를 드나들지 않았다는 것은 정확하지는 않으나, 불교가 있었으니, 어찌하겠습니까.[237]

마오쩌둥이 담화 중 말한, 송명 성리학은 당(唐)대 선종에서 나왔으며 주관유심론에서 객관유심론에 이르렀다는 것은, 런지위의 《한당 불교사상 논집》 중의 〈선종 철학사상 약론〉에서 기원하였다. 런지위는〈선종 철학사상 약론〉에서 "당말 오대(五代)를 지나며 북송시기 유물주의 대철학자 장재(張載)와 왕안석(王安石)은 모두 노·불을 드나들었고, 불교(특히 선종)의 범신 사상을 이용하였다" 라고 하였으며, 또 "최종적으로 그들의 유물주의 철학체계를 형성하였다." 하였다. 이 관점에 근거하여 런지위의 《한당 불교사상 논집》이 마오쩌둥에게 남긴 인상은 매우 깊었다고 말해지고 있다.

---

237) 陈晋主编, 《毛泽东读书笔记解析》, 广东人民出版社 1996, 929쪽.

시평

봉황의 털과 기린의 뿔처럼 귀한 런지위,　　　　鳳毛麟角런지위

불교연구로 칭찬할 만하네.　　　　　　　　　　佛教研究堪稱奇

천년 동안 전해 내려온 한당 불교,　　　　　　漢唐佛學傳千載

오늘날에 이르러 논집으로 출판되었네.　　　　時至今日出論集

철학사를 융합하고 통달하여,　　　　　　　　融會貫通哲學史

분명하지 않은 것들 유물주의로 분석하였네.　唯物主義釋迷離

변증법을 융통성 있게 적용하여,　　　　　　靈活運用辯證法

내부의 문제들 진지하게 해석하였지.　　　　認真解析內中題

## 3. "연극계의 거장" 매란방(梅蘭芳), 인민 연극은 인민을 위했다

매란방(梅蘭芳, 1894~1961)의 이름은 란(瀾)이고, 자는 원화(畹華)이며, 베이징에서 태어났으나 본적은 장수(江蘇) 타이저우(泰州)이다. 경극 연기 예술가이다. 8세에 경극을 배웠고 11세에 무대에 섰다. 청의(靑衣)를 연기하였으나 도마단(刀馬旦)도 겸하여 연기하였다. 장기간의 무대 활동 동안 경극 여자역의 노래, 대사, 춤, 음악, 복장, 화장 각 부분에 모두 창조와 발전이 있었고, 자신의 예술 풍격을 형성하여 '매파(梅派)'라 칭해졌다. 대표작품에 《우주봉(宇宙鋒)》·《귀비취주(貴妃醉酒)》·《패왕별희(霸王別姬)》·《낙신(洛神)》·《유원경몽(遊園驚夢)》·《항금병(抗金兵)》 등이 있다. 항일전쟁 기간 홍콩·상하이에서 체류하였고, 수염을 깎지 않음으로써 뜻을 분명히 하였으며 공연을 거절하였다. 해방 후 중국경극원 원장·중국희곡연구원 원장·중국문학예술계연합회 부주석·중국희극가협회 부주석을 맡았다. 저서에 《매란방문집(梅蘭芳文集)》·《매란방연출극본선집(梅蘭芳演出劇本選集)》·《무대 생애 사십년》이 있다.

1949년 4월 중순의 어느 날 저녁 무렵 마오쩌둥은 베이핑(北平) 샹산쐉칭(香山雙淸)별장을 출발하여 차를 타고 베이핑 시내의 창안대희원(長安大戲院)으로 가서 베이핑희극계 조직이 연합하여 연출한 연회에 참석하였다.

창안대희원으로 가는 도중, 마오쩌둥은 중형 지프차에서 배동한 수행원에게 말했다. "연극을 보는 것 역시 업무이다" 라고 하면서 또 말했다. "매란방이 오늘 등장하는구나! 연극계에서 매란방은 전혀 평범하지 않은 인물이다! 일본이 중국을 침략한 뒤 그는 수염을 기르고 은거하며 다시 연기하지 않았다. 그는 일본침략자와 국민당 반동파의 협박과 회유에도 노래와 춤을 중단하였다. 이

예술가의 민족적 기개는 매우 훌륭하다!'

이날 밤의 압권은 매란방이 주연한 《패왕별희》였다. 54세의 매란방 선생은 서초패왕 항우(項羽)의 애희로 출연하였고, 유련영(劉連榮) 선생이 항우 역을 연기하였다. 두 사람은 모두 경극계의 명사로, 창·대사·연기·무술이 모두 훌륭하였다.

마오쩌둥과 대회원에 미리 도착해 있던 저우언라이는 함께 특별석에 앉아 경극을 보았다. 저우언라이는 서초패왕 항우와 그의 애희가 영원히 이별하는 막을 볼 때 마오쩌둥의 눈에 눈물이 고였다는 것을 알아차렸다.…

연극이 끝난 뒤 매란방과 전체 배우들이 무대에서 관객을 향해 감사를 표했다. 마오쩌둥은 특별석에서 일어나 뜨거운 박수를 쳤다.

특별석을 나서며 마오쩌둥은 벅차서 그 옆에서 가던 저우언라이에게 말했다.

"이는 정말 높은 수준의 예술 공연이었소! 앞으로 이 사람들이 모두 신중국의 가극 연기자들이고, 정치적으로 장차 지위를 가질 것이며, 사람들의 존경을 받을 것이네!'

저우언라이가 말했다.

"매란방 선생은 주석께서 오늘 오셔서 그의 연극을 보았다는 것을 알고서 또한 매우 감격하였습니다!'

마오쩌둥은 말했다.

"매란방 선생은 정말 대단하더군! 신중국이 성립된 이후 우리나라의 경극 사업을 긍정하여 훌륭하게 발전시킬 수 있게 했고, 신중국을 건설하는 중에도 적극적인 작용을 하게 했지요."

저우언라이가 말했다

"인민 연극은 인민을 위합니다!"

마오쩌둥이 말했다.

"언라이의 말이 맞소!"

그러면서 또 말했다.

"우리는 오늘 매란방 선생의 공연을 보았으나 그의 예술 표현만을 본 것이 아니지요. 중요한 것은 그의 정의감을 존경하여 사람들에게 그의 이러한 정신을 배우라고 호소한 것이지요"


## 시평

| | |
|---|---|
| 연극계 거장 매란방, | 戲劇大師梅蘭芳 |
| 위풍당당한 남아로 여장을 하였네. | 堂堂男兒飾女妝 |
| 무대 서는 것 거절하여 왜구에 항거하였고, | 台上罷演拒倭寇 |
| 민족 기개 선양하였다네. | 民族氣節得發揚 |
| 눈물을 자아내도록 애절한 《패왕별희》, | 《霸王別姬》催人淚 |
| 쨍쨍 울리는 금옥소리 《양녀항금》 [238] | 《梁女抗金》鼓鏗鏘 |
| 인민 예술은 인민을 위하니, | 人民藝術爲人民 |
| 한 시대의 명류로 그 명성 오래가리라. | 一代名流聲譽長 |

---

238) 양녀(梁女) : 남송 시기 금(金)에 항거한 명장 한세충(韓世忠)의 부인 양홍옥(梁紅玉)을 가리킨다.

## 4. 현대시인 류야즈(柳亞子), "고기잡이 구경은 부춘강이 더 낫다네."

류야즈(1886~1958)의 원래 이름은 웨이 까오(慰高)이고 이후 치즈(棄疾)로 이름을 고쳤다. 자는 안루(安如)였으나 야뤼(亞廬)·야즈(亞子)로 자를 바꾸었으며, 장수(江蘇) 우장(吳江) 사람이다. 청나라 말기에 수재(秀才)가 되었고, 동맹회 회원이며 남사(南社)의 사장이며. 현대 시인이다. 쑨원(孫文)의 총통부 비서·중국 국민당의 중앙감찰위원·상하이통지관 관장을 맡았다. 礎.12' 장제스의 반혁명정변 이후 장제스에게 지명수배를 받아 일본으로 도피하였다. 1928년 귀국하여 반 장제스 활동을 하였다.

항일전쟁 시기 송칠링(宋慶齡)·허샹잉(何香凝) 등과 항일민주 활동을 하였고, 장제스가 조종하는 국민당에서 당적을 제적당하였다. 항일전쟁 승리 이후 홍콩에서 민주혁명활동을 계속하였고, 중국국민당 혁명위원회 중앙상무위원 겸 감찰위원회 주석·삼민주의 동지연합회 중앙상무이사·중국민주동맹 중앙 집행위원을 역임하였다. 1949년 중국인민 정치협상회의 제1회 전체회의에 참석하였다. 신중국 성립 후 중앙인민정부위원·전국인민대표대회 상무위원회 회원을 역임하였다. 1958년 6월 21일, 베이징에서 병으로 죽었다.

시사(詩詞) 작품은 구제도를 반대하고 신 사회를 찬미하는 애국정신이 담겨 있다. 저서에는 《류야즈시사선(柳亞子詩詞選)》이 있다.

1926년 5월 류야즈는 광저우(廣州)에서 처음으로 마오쩌둥과 대면하였고, 마오쩌둥의 원대한 이상과 굳건한 신념에 감복되었다.

두 사람은 헤어진 후 서로 멀리 떨어져 만나지 못하였지만, 십 수 년 간 류야즈는 줄곧 마오쩌둥을 그리워하여 수시로 시를 지어 마오쩌둥에 대한 경모의 감정을 표현하였으며 마오쩌둥을 중국의 레닌으로, "십만 대군을 지배하는 영웅호걸" 이라 칭하였다.

1941년 늦가을이 지나 겨울로 접어들면서 류야즈는 칠언율시를 써서 다른 사람에게 부탁하여 자신의 사진과 함께 옌안으로 부쳤다.

| | |
|---|---|
| 궁검의 교릉은 적막하여 조용하고, | 弓劍橋陵寂不嘩 |
| 만년 가지 위에는 신비한 꽃 빼어나네. | 萬年枝上挺奇花 |
| 높은 하늘이 함께 나라 근심하길 허락한다면, | 雲天倘許同憂國 |
| 광동의 바다 잊기 어려우니 차 맛을 함께 보세. | 粵海難忘共品茶 |
| 두여회의 결단력 방현령의 지략 갖춰 한밤에도 수고로우니, | 杜斷房謀勞午夜 |
| 강호와 구백은 각각 명문가이네. | 江毫丘錦各名家 |
| 상산의 여러 노인 기뻐하며 건강하니, | 商山諸老欣能健 |
| 흰 머리 되어 서로 기약하여 중화를 높이네. | 頭白相期奠夏華 |

류야즈의 시가 옌안에 전달되자 동비우(董必武)·린바이쥐(林伯渠) 등은 모두 시를 지어 화답하였다.

11월 21일 마오쩌둥은 류야즈에게 편지를 써서, 류야즈를 칭찬하고 그리움의 정을 표현하였다.

광주에서 헤어진 뒤 18년 동안 그대는 재난을 당할 만큼 당했지만 그대를 압도할 수는 없었으며 오히려 우뚝하게 홀로 섰으니, 그대를 위해서도 중국민족을 위해서도 경사입니다! "높은 하늘이 함께 나라 근심하길 허락한다면, 광동의 바다 잊기 어려우니 차 맛을 함께 보세." 이 구절은 그대가 몇 년 전 저를 위해 써준 시이나 저는 지금까지도 반 구절이라도 써서 그대에게 회답하지 못하였습니다. 사진을 보니 모습은 예전 그대로이던데, 정신은 괜찮은지 아니면 아

픈지요? 만날 기회가 있기를 바라지만, 원하는 대로 될지 안 될지는 모르겠습니다.[239)]

1945년 8월 28일, 마오쩌둥은 중공대표단을 이끌고 비행기를 타고 충칭(重慶)에 가서 국민당과 함께 항일전쟁 승리 후의 평화협상을 진행하였다. 충칭의 각계 인사들이 지우롱포(九龍坡) 공항에 나와 마오쩌둥 일행을 열렬히 환영하였다. 궈모뤄(郭沫若)·사오리즈(邵力子)·류야즈 등도 환영 인사 중에 있었다.

8월 30일 류야즈는 문예계의 인사들을 소집하여 정쟈이안(曾家岩)에 있는 중국공산당 사무소를 예방하고, 시를 1수 지어 마오쩌둥에게 주었다.

| 광주에서 헤어진 지 19년 만의 가을에, | 闊別羊城十九秋 |
| 유주에서 다시 만나 악수하니 기쁩니다. | 重逢握手喜渝州 |
| 하늘 가득 퍼진 큰 용기는 진실로 바로잡을 수 있어, | 彌天大勇誠能格 |
| 도처의 수고로운 인민들 전쟁을 멈추게 하였습니다. | 遍地勞民戰尚休 |
| 단비 내리자 창생들은 새로운 나라 세우고, | 霖雨蒼生新建國 |
| 구름과 우레의 역사 오래된 배 함께 탑니다. | 雲雷青史舊同舟 |
| 중산이 가로막아도 두 수원은 만나고, | 中山卡爾雙源會 |
| 곤륜산 정상에서 한번 웃습니다. | 一笑昆侖頂上頭 |

마오쩌둥은 류야즈의 시를 보고, 계속하여 칭찬하였다. 류야즈는 마오쩌둥

239) 陈晋主编, 《毛泽东读书笔记解析》, 广东人民出版社, 1996, 1583쪽.

에게 시를 지어 줄 것을 청하였고, 마오쩌둥은 며칠 안에 반드시 "약속을 지킬 것이라"고 대답하였다.…

　마오쩌둥은 충칭에 있는 기간 동안 여러 차례 류야즈와 만났고, 매번 만나고 돌아올 때마다 류야즈는 시를 지었다.

| | |
|---|---|
| 가장 어려운 건 포숙이 관중을 알아본 일, | 最难鲍叔能知管 |
| 관중을 등용하여 제나라를 패자로 정하였네. | 倘用夷吾定霸齐 |
| 마음의 온화한 향기에 감격하여, | 心上温馨生感激 |
| 돌아와 마누라에게 재잘거리며 말하네. | 归来絮语告山妻 |

| | |
|---|---|
| 맑은 공기 밝은 달 아래 앉아, | 得坐光风霁月中 |
| 마음 평온하고 함양하여 백 가지 근심 사라지네. | 矜平躁释百忧空 |
| 그대와 함께 앉아 진심으로 이야기 나누니, | 与君一席肺肝语 |
| 형설지공이 나보다 10년은 앞서네. | 胜我十年萤雪功 |

10월 4일 마오쩌둥은 류야즈에게 편지를 보냈다.

## 류야즈 선생께

　시와 보내준 편지를 보고서 근면 성실하며 남을 가르치는 데 게을리 하지 않는다는 뜻에 매우 감동하였습니다. 유 부인의 병환은 나아지셨습니까? 이렇게 위급한 상황에 처하였으니 친족만이 그 고통을 이해할 수 있을 것이므로, 자신의 고통을 일으키는 것을 "기가 죽었다"는 말로 해석할 수 있는 것은 아닙니다. 시국면에서 각종 질문을 받았는데, 지금 모두 구체적으로 해결할 시기에 도달하지는 않았습니다. 신문에서 운운한 것은 대부분 곧바로 믿기에 부족합니다. 지난번에 '앞길은 밝다'와 '길에 우여곡절이 많다'라는 두 가지 말씀을 알려 드렸습니다. 우리가 우여곡절(즉 곤란)이라는 글자에서 생각해 본다면 거의 현실을 반영한 것이고, 희망을 잃었을 때 많은 고민에 빠지는 것을 면할 있다는 것 입니다. 그러나 곤란을 극복하는 것은 결코 쉬운 일이 아닙니다. 이 때문에 선생을 동지로 삼기를 간절히 바랍니다. 나머지 말은 후일을 기다려 뵙고서 말하기로 하며, 여기서는 다시 일일이 언급하지 않겠습니다. 선생의 시는 기개가 드높고 감정이 억양되어 있고 육유(陸游)와 진량(陳亮)을 멸시하여 읽는 사람으로 하여금 감동을 일으키게 합니다. 저는 읽을 줄만 알지 쓸 줄 모르는 것이 아쉽습니다. 그러나 천만 독자 가운데 저 같은 독자가 있는 것이 선생께 창피를 주는 것은 아니니, 저는 이것으로 긍지를 느낍니다.

삼가 축원 드립니다.

기거함에 편안하시길 바랍니다!

마오쩌둥<br>
10월 4일[240]

류야즈는 마오쩌둥의 편지를 받은 뒤, 굉장히 흥분하여 10월 6일과 7일에 각각 시를 2수 지었는데, 시 내용에 "우여곡절 이어져 시내에 다시 시내가 이어지나, 앞길은 밝으며 오래 헤매지는 않으리(曲折延綿溪復溪 光明前路未長迷)", "바다 막아도 동쪽으로 흐르고 해를 지휘하여도 동쪽에서 뜨니, 우리의 묘수가 어찌 아무것도 없겠는가(障海東流揮日東 吾曹妙手豈空空)", "주유·제갈량과

---

240) 《毛泽东书信选集》, 人民出版社, 1984, 261쪽.
241) 陈晋主编, 《毛泽东读书笔记解析》, 广东人民出版社, 1996, 1585쪽.

그대와 나 같은 입장이니, 언제 술 마시며 영웅을 논하겠는가(瑜亮同時君與我 幾時煮酒論英雄)" 등의 구절이 있다.

10월 7일, 마오쩌둥은 다시 류야즈에게 편지를 보냈고, 그 안에는 이러한 내용이 있다.

처음 산베이(陝北)에 도착하여 큰 눈을 보았을 때 사(詞)를 1수 써 넣은 적이 있는데, 선생의 시 율격과 대략 비슷하여, 기록하여 드리니 살펴주십시오.[241]

동시에 자신이 쓴 〈심원춘(沁園春)·설(雪)〉라는 사(詞) 1수도 동봉해 보냈다.

북국의 풍광은 천 리에 얼음 덮이고 만 리에 눈 날리네. 바라보니 장성 안팎은 끝없이 남겨져 있고, 황하의 위아래로는 도도한 물결 기세 잃었네. 산은 춤추는 은빛 뱀인가, 고원은 줄달음치는 흰 코끼리인가, 하늘과 높이를 비기려하네. 날이 개어 바라보니 붉은 단장 소복차림 유난히 아름다워라.

강산은 이처럼 아름다워 수많은 영웅들 다투어 허리 굽혔네. 애석하게도 진시황과 한무제는 문채가 모자랐고, 당태종 송태조는 시재가 무디었네. 천하의 영웅 칭기즈칸도 활 당겨 독수리 쏠 줄 밖에 몰랐네. 모두 지난 일이어라, 풍류 인물 세려면 오늘을 보아야 하리.[242]

류야즈는 사를 받은 뒤 굉장히 흥분하여 기뻐서 어쩔 줄 몰랐으며, 마오쩌둥

---

242) 北國風光,千里冰封,萬里雪飄。望長城內外,惟餘莽莽;大河上下,頓失滔滔。山舞銀蛇,原 馳蠟象,欲與天公試比高。須晴日,看紅裝素裹,分外妖嬈。江山如此多嬌,引無數英雄競折 腰。惜秦皇漢武,略輸文采;唐宗宋祖,稍遜風騷。一代天驕,成吉思汗,只識彎弓射大雕。俱 往矣,數風流人物,還看今朝。

의 사가 기백이 웅장하고 지향하는 바가 높고 원대하며, 또 묵을 쓰는 것이 농후하고 필체가 품위 있어, 당대 시사가 중 문호라 일컬을 수 있다고 계속하여 칭찬하였다.

"중국에 사가 있은 이래 그대는 첫째가는 작가로서, 비록 소식과 신기질이라도 필적하지 못한다!"

류야즈는 흥분하여 마오쩌둥의 사〈심원춘·설〉에 차운하여 사를 1수 지었다.

20년 뒤 다시 만나, 새로운 사 한 곡조를 쓰니, 흩날리는 구름과 뜻 함께하네. 푸른 매실주 걸러 마시며, 나는 멍하니 회한을 품고, 황하는 탁하게 흘러, 전 세계 도도히 흐른다. 산 남쪽에선 이웃이 피리 불고, 주의(周顗)는 나와 같아, 칼을 뽑아도 평정하기 어려워 원망만 높아지네. 크게 상심하여, 울어도 국토에 견줄 만한 것이 없고, 아름다움 비길 만한 것 없네.

재능 진실하고 아름다운 미인, 천고의 사인을 보고서 함께 탄복하네. 끝내 황주 태수는, 오히려 기개 잃었고, 가헌 거사 신기질은, 넋두리만 풀고 있네. 오랑캐 아이 다시 비웃으니, 납란용약(納蘭容若)은 짙은 사랑 부러워하여 그 뜻 드러내어 새겼지. 그대와 나, 천지에서, 오늘을 붙들리라.[243]

<hr />

243) 廿載重逢,一闋新詞,意共雲飄。歎靑梅酒滯,餘懷惘惘;黃河流濁,舉世滔滔。鄰笛山陽,伯仁由 我,拔劍難平塊壘高。傷心甚,哭無雙國土,絶代妖嬈。才華信美多嬌,看千古詞人共折腰。算黃州太守,猶輪氣槪;稼軒居士,只解牢騷。更笑胡兒,納蘭容若,豔想濃情著意雕。君與我,要上天下地,把握今朝。

이와 동시에 류야즈는 인서우스(尹瘦石)에게 자신의 〈심원춘〉사를 보도록 권하였다. 인서우스는 마오쩌둥의 사 〈심원춘·설〉도 삼가 읽게 해 줄 것을 청하는 동시에 마오쩌둥의 필적도 보고자 하였고, 류야즈는 아낌없이 보여주었다. 인서우스는 마오쩌둥의 사에 발문 한 단락을 쓰도록 류야즈에게 거듭 청하자 류야즈는 흔쾌히 집필하였다.

류야즈는 마오쩌둥의 〈심원춘·설〉을 첫 번째로 평론한 사람이라 할 수 있다. 그러나 류야즈가 쓴 '발문'에는 자만하는 바가 있다는 의심이 있다.

그 시기 저우언라이는 마오쩌둥의 사 〈심원춘·설〉을 베껴 장헌쉐이(張恨水)에게 보냈고, 장헌쉐이는 즉시 그가 편집장으로 있는 《신민보》의 문예란 〈서방야담(西方夜談)〉의 특별란에 "마오인즈(毛潤之)"라는 이름으로 이 사를 간행하였다. 또한 〈심원춘·설〉에 "문장의 풍격은 유일무이하며, 문사가 우미하고 정취가 풍부하다. 기백의 광대함은 그 누구도 미칠 수가 없다"라는 평어를 덧붙였다.

10월 11일, 《신화일보(新華日報)》에서 이를 옮겨 싣자 즉시 충칭 전역에 반향을 일으켰다!

그러나 이때 마오쩌둥은 이미 비행기를 타고 옌안으로 돌아간 뒤였다.

이후 거의 한 달여 기간 동안 마오쩌둥의 사 〈심원춘·설〉이 공개 발표된 것으로 인해, 마침내 무더위로 견디기 어려운 충칭에 사람들의 마음을 뒤흔드는 〈심원춘·설〉의 열기가 불어오기 시작하였다. 충칭의 문화계는 왁자지껄 떠들며 많은 사람들이 모두 〈심원춘〉을 이야기하였다. 이쥔줘(易君左)·궈모뤄·황자이성(黃齋生) 등의 명사들이 모두 화답하는 사를 썼고 시사를 쓸 수 있다고 자부하는 문인묵객들 역시 다투어 펜을 들었다.

원래 긴장되었던 정치 분위기에 뜻밖에도 붐이 일어 거대한 한 줄기 풍아 시사의 세찬 조수가 물결쳤다.

1949년 3월 25일 마오쩌둥은 시바이포(西柏坡)에서 베이핑(北平, 베이징)에 도착하였다. 베이핑의 여러 노인들, 선쥔루(沈鈞儒)·천수퉁(陳叔通)·황옌페이(黃炎培) 등이 난위안(南苑) 공항으로 나와 마오쩌둥을 환영하였는데, 이미 베이핑에 먼저 도착해 있던 류야즈도 그 속에 있었다.

그날 저녁 류야즈는 이허위안(頤和園) 이서우당(益壽堂)에서 시 3수를 지었는데, 그 내용에 "민중 해방이 여기서부터 시작하였지, 노동자와 농민의 활로 다시 의심의 여지없다네(民衆翻身從此始 工農出路更無疑)", "성대한 군대 위용 바라보자니, 바로 동쪽을 정벌함에 서쪽이 원망하는 시기라네(佇看荼火軍容盛 正是東征西怨時)" 등의 구절이 있다.

같은 해 3월 28일 류야즈는 감동을 받아 시를 써서 마오쩌둥에게 보냈다.

| | |
|---|---|
| 천지가 개벽한 이래 그대가 진정으로 강건하였네, | 開天辟地君眞健 |
| 권력자에 아첨하고 의탁하는 것을 | |
| 나는 가장 어렵게 여긴다네. | 說項依劉我大難 |
| 논쟁 중에 다른 이들 압도하나 오록이 아니고, | 奪席談經非五鹿 |
| 수레가 없어 노래하니 풍환을 원망하네. | 無車彈鋏怨馮驩 |
| 머리는 일찍 후회하여 평생 미천하고, | 頭顱早悔平生賤 |
| 간담은 일편단심을 정녕 잊었네. | 肝膽寧忘一寸丹 |
| 어찌 남쪽 정벌하여 속히 승전보를 전하지 않겠는가, | 安得南征馳捷報 |
| 분호(汾湖)가 곧 자릉탄이네. | 分湖便是子陵灘 |

류야즈는 시에서 잠시 "남쪽 정벌하여 속히 승전보 전하는" 것을 숨김없이

드러냈고, 이로써 "분호가 곧 자릉탄이네"의 퇴직하여 은거하는 심정을 보였다. 같은 해 4월 29일, 마오쩌둥은 회답하는 시[244]를 류야즈에게 보내 좋은 말로 위로하였다.

| | |
|---|---|
| 자주 찾곤 했던 광주의 찻집 못 잊어, | 飲茶粤海未能忘 |
| 충칭에서 썼던 편지는 가을에 쓴 것인가. | 索句渝州葉正黃 |
| 31년 만에 베이징에 돌아왔으니, | 三十一年還舊國 |
| 꽃이 지는 계절에 아름다운 문장 읽는구려. | 落花時節讀華章 |
| 불평이 커지면 속만 더 끓이는 법, | 牢騷太盛防腸斷 |
| 세상사 넓게 보며 편하게 접으시게나. | 風物長宜放眼量 |
| 곤명호의 수심 얕게 보지 마시게. | 莫道昆明池水淺 |
| 고기잡이 구경은 부춘강이 더 낫다네. | 觀魚勝過富春江 |

같은 해 5월 2일, 마오쩌둥은 특별히 향산쌍청 별장에서 차를 몰아 이화원으로 가 류야즈를 방문하였다.

1950년 10월 1일, 신중국의 수도 베이징이 새롭게 단장하고, 40만의 인민군중이 모여 행진하며 건국 후 첫 번째 국경절을 열렬히 경축하였다.

마오쩌둥은 당과 국가 지도자 및 각계 인사와 함께 천안문 성루에 올라 군중의 시위 행렬을 사열하였으며, 류야즈도 사열하는 인원 가운데 있었다. 각 민족 대표·각 인민단체 대표와 소련 당정 대표단 인원·각 우호 국가 주재 중국 대사관 인원들은 천안문 동서 양쪽의 관람대에서 건국 기념일 경축 행사에 참석하였다.

---

244) 《毛泽东诗词集》, 中央文献出版社, 1996, 79쪽.

밤이 되자, 천안문 광장의 등불이 휘황찬란하게 빛나고 인파는 바다 같았으며, 노랫소리가 연이어 끊임없이 일어났고 곳곳에서 유쾌하게 춤을 췄다. 마오쩌둥과 국가 당정 지도자들 및 외국 친구들·각계 대표들은 천안문 성루에 앉아 광장 하늘에서 터지는 울긋불긋한 경축 불꽃을 관람하였다.…

1950년 10월 3일 저녁, 당과 국가 지도자는 중난하이 화이런당에서 서난(西南) 각 민족 문화선전공작단·신장(新疆) 문화선전공작단·지린성(吉林省) 예벤(延邊) 문화선전공작단·네이멍구(內蒙古) 문화선전공작단이 연합하여 공연한 가무야회를 관람하였다. 마오쩌둥·주더(朱德)·천이(陳毅)·궈모뤄(郭沫若)·후챠무(胡喬木) 등은 즉흥적으로 시를 지어 축하하였고, 류야즈는 〈완계사(浣溪沙)〉라는 사를 지어 마오쩌둥에게 보냈다.

불꽃나무와 은빛 꽃의 불야성, 형제자매 춤을 추네. 노랫소리 월아원까지 울려 퍼지네.
한 사람의 지도가 아니었다면, 어찌 온 민족이 함께 늘어서 있을 수 있으랴. 좋은 밤 성대한 연회에 전례 없이 기쁘구나.[245]

10월 26일, 마오쩌둥은 바쁜 와중에 시간을 내어 류야즈의 사 〈완계사〉 원래 운에 화하여 1수를 지었다.[246]

기나긴 밤 어둠에 가렸던 중국 천지, 백년동안 외세에 휘둘려, 5억 민중이 함께 즐기지 못했네.
새벽닭 한번 울자 천하가 밝아오니, 만방에 울려 퍼지는 노랫가락에 호탄의 백청두 어울렸으니, 시인의 즐거움도 전례가 없구나.[247]

마오쩌둥과 류야즈의 오랜 교제에서 두 사람 사이에 존재하던 두터운 우의를 볼 수 있고, 또한 마오쩌둥이 류야즈의 시를 좋아하였던 것을 볼 수 있다.

## 시평

| 광주에서 처음 만나 뜻을 같이 했고, | 廣州初會興共識 |
| 어려운 시기 서로를 그리워했네. | 彼此相惜患難時 |
| 잠시 헤어져 남북으로 달려, | 須臾分手走南北 |
| 서로 멀리 떨어져 기나긴 세월 안부 알지 못했네. | 天各一方長不知 |
| 유주에서 다시 만나 기뻐하였고, | 渝州重逢驚喜悅 |
| 강개하고 감격하여 시사를 지었네. | 慷慨激動賦詩詞 |
| 천안문 앞에서 개선가 부르니, | 天安門前凱歌唱 |
| 시인은 곤명지에서 위로받았네. | 詩人感慰昆明池 |

---

245) 火樹銀花不夜天,弟兄姊妹舞翩躚。歌聲響徹月兒圓。 不是一人能領導,那容百族共駢闐? 良宵盛會喜空前!
246) 《毛泽东诗词集》, 中央文献出版社, 1996, 87쪽.
247) 長夜難明赤縣天,百年魔怪舞翩躚,人民五億不團圓。 一唱雄雞天下白,萬方樂奏有於闐,詩人興會更無前。

## 5. 장싱이안(章行嚴)의 《지요(指要)》 두 권, 해마다 "부채를 갚다"

장싱이안(章行嚴, 1882~1973)의 이름은 스자오(士釗), 자는 싱이안(行衍)·싱이안(行嚴), 후난 창사 사람이다. 청나라 말에 상하이 《소보(蘇報)》의 주필을 맡았다. 신해혁명 이후 베이징대학 교수·베이징농업학교 교장·광동군 정부 비서장·남북의화(南北議和) 남쪽 대표를 역임하였다. 1924년 돤치레이(段祺瑞) 정부의 사법총장 겸 교육총장을 맡았다. 1935년에서 1936년까지 기찰정무위원회(冀察政務委員會) 위원 겸 법제위원회 주석을 맡았다. 항일전쟁 기간 제1회, 2회, 3회 국민참의원을 역임하였다. 항일전쟁 승리 후 상하이에서 변호사 활동을 하였다. 해방전쟁 말기에는 징용(江庸)·안훼이칭(顔惠慶)과 상하이 평화대표단을 결성하여 해방구에 들어갔다. 1949년 남경 국민당정부 평화담판대표단 구성원으로서 베이핑에 왔고, 국민당정부가 국민당·공산당 쌍방 대표가 입안한 국내평화협정을 거절하자 결국 베이핑에 체류하였다. 같은 해 중국인민정치협상회의 제1회 전체회의에 참석하였다. 신중국 성립 후 정무원 법제위원회 상무위원·전국인민대표대회 상무위원회 위원·중국인민정치협상회의 전국위원회 상무위원·중앙문사연구관 관장을 역임하였다. 1973년 5월 25일 홍콩으로 가족을 방문하러 갔다가 7월 1일 홍콩에서 병사했다. 주요 저작에 《논리지요》·《유문지요(柳文指要)》가 있다.

장스자오는 논리학에 그의 독창적인 점이 있다. 젊은 시절 베이징대학에서 교편을 잡았을 때 논리학을 강의하였고 즉시 큰 영향을 미쳤다. 전후에 여러 차례 큰 강의실로 옮겨갔으나 강의를 듣는 학생들은 여전히 빈자리 없이 앉아 있었다. 장스자오는 그의 이 강의를 요점 정리하여 《논리지요》로 편집하여 1943년 충칭에서 출판하였다.

신중국이 출범하고 얼마 지나지 않았을 때, 마오쩌둥은 장스자오와 담화하며 《논리지요》라는 책에 대한 관심을 표하였다. 1959년 봄이 되자 장스자오는 막 정리한 《논리지요》 원고 초고를 마오쩌둥에게 검토하도록 보냈다.

## 싱이안 선생께

각각의 책을 모두 얻어 상세히 읽었으니 매우 감사합니다. 실사구시하고 부지런히 힘쓰며, 좋은 책을 읽고서 느낀바가 많아 불현듯 계획을 바꾸고 싶지만, 노령의 나이로 이러한 심정이 들었으니, 공경히 하례 드립니다. 이미 삭제하거나 보충한 곳이 상당히 많으니 마땅히 몇 구절은 설명해야 합니다. 선생님을 위해 계획했습니다.

《논리지요》라는 책은 19XX년의 구판본입니다. 1959년 중국공산당의 중앙정치연구실에서 논리총서를 편찬하자는 제안이 있어, 졸작이 모집하는 반열에 끼게 되었습니다. 그래서 1달의 시간 동안 직접 1편을 교감하였습니다. 원고가 수중에 있지 않아 몹시 힘들었습니다. 전체 원고에서 시의에 적합하지 않은 부분 대략 20분의 1을 삭제하고 약간을 보충하기로 계획하였는데, 모두 고적의 예증에 한정하여, 독자로 하여금 조금이라도 흥미를 불러일으키게 할 수 있도록 할 뿐이었습니다.

최근 논리학이 학술계에서 큰 흥미를 일으키고 있는데, 논리학의 범위 및 논리학과 유물변증법의 관계에 대해 논쟁이 격렬하게 일어나고 있습니다. 저는 이 논쟁에 끼지는 못했지만 흥미가 없지는 않습니다.

구판을 다시 인쇄하여, 감히 지금 각 학파들의 논쟁에 대해 설명하여 도움이 되지는 못하지만 참고 자료의 하나로 삼았으니, 아마도 결국은 졸작에 대해 독자들의 비판을 일으켜 정확한 논점을 지키고 잘못된 부분을 지적하여, 진리를 날로 분명하게 할 것입니다. 지극히 간절히 바라는 마음을 이기지 못하겠습니다!

장스자오
1959년 6월 X일

이에 대해 1959년 6월 7일, 마오쩌둥은 장스자오에게 답장을 하였다.

이렇게 되면, 제가 보기에는 매우 큰 도움이 되는데, 당신은 어떻게 생각하십니까? 선생께서 만약 이렇게 처리하기가 내키지 않으신다면 저는 제안을 거두겠습니다.

저는 1달 동안 감기를 앓느라 이전의 편지에 답장하지 못하였으니 매우 죄송합니다. 갑자기 6일에 서신을 받았으니, 매우 기쁩니다. 베개에 기대어 답장을 올리니, 삼가 축원 드립니다.

마오쩌둥
1959년 6월 7일 오전 8시 [248]

이 편지에서 장스자오와 《논리지요》라는 책에 대한 마오쩌둥의 관심이 어느 정도 였는 지를 엿볼 수 있다.

장스자오의 다른 책 《유문지요》는 유종원(柳宗元) 문집을 전문적으로 연구한 저작이다. 《유문지요》는 1960년에 쓰기 시작하여 1965년에 초고가 완성되었고, 모두 100만 자로 이루어졌다. 초고 완성 후 마오쩌둥에게 보내 "먼저 보도록 해서 기쁘게 하자", 마오쩌둥은 장스자오에게 답장을 보냈다.

## 싱이안 선생께

대작을 받았는데, 이치가 정당하고 글이 날카로워 매우 존경하여 감복하였습니다. 옛사람이 말하기를 "나에게 복숭아나무를 던져주기에, 아름다운 구슬로 보답해 주었네."라고 하였습니다. 지금 복숭아와 살구를 각 5근씩 받았으니, 목으로 넘기기를 기대하고 있습니다! 주고받는 것이 거꾸로 되었으니, 여전히 양해해 주시기를 바랍니다.

함지(含之) 동지의 건강은 괜찮습니까? 덧붙여 그녀의 안부도 여쭈오니, 분투하여 노력하여 진일보하기를 바랍니다.

마오쩌둥
1965년 6월 26일[249]

마오쩌둥은 《유문지요》 전문을 진지하게 읽은 뒤 다시 장스자오에게 편지를 보냈다.

## 싱이안 선생께

편지와 《유문지요》 뒷부분을 모두 받았는데, 이미 읽었으면서도 다시 읽고 싶어 하고 있습니다. 앞부분 역시 다시 읽고 싶습니다. 다른 친구들도 읽고 싶어 합니다. 큰 문제는 유물사관 문제로, 즉 주로 계급투쟁 문제입니다.

다만 이 일은 세계관이 이미 고정되어 있는 원로학자들에게 구할 수는 없기 때문에 고칠 필요는 없습니다. 이후로 역사학자들이 그대의 이 점을 비평할 할

---

248) 《毛泽东书信选集》, 人民出版社, 1984, 559-560쪽.
249) 陈晋主编, 《毛泽东读书笔记解析》, 广东人民出版社, 1996, 1645쪽.

수 있으니, 청컨대, 그대는 정신적으로 각오하여 사람들의 비평을 두려워하지 마세요.…

《유문지요》 앞부분은 보고서 바로 보냅니다. 삼가 축원드립니다!

마오쩌둥<br>
1965년 7월 18일[250]

마오쩌둥이 편지에서 말한 '친구'는 당시 이데올로기 공작을 나누어 관리하던 중공중앙서기처 서기 캉성(康生)을 가리킨다.

장스자오의 《유문지요》을 위해, 마오쩌둥은 업무로 바쁜 와중에도 진지하게 숙독하여 한 번 보고 다시 보았으며, 직접 여러 차례에 걸쳐 장스자오에게 편지를 써서 자신의 의견을 전하였는데, 이는 일반 사람 중에는 극히 드문 일이었다. 원인을 찾아보자면 마오쩌둥이 중국혁명에 공헌이 있던 장스자오를 줄곧 존경하였기 때문이다. - 마오쩌둥은 청년 시절 후난 출신 일부 학생들을 프랑스로 근로유학을 보내기 위해 자금을 조달하였는데, 장스자오에게 도움을 청하였다. 장스자오는 상하이에서 마오쩌둥을 위해 급히 2만장의 은화를 기부금으로 모았고, 상하이로 급히 달려온 마오쩌둥에게 손수 건네주었다. 프랑스로 근로유학을 간 후난 출신 학생들이 출국하고 난 뒤 일부 돈을 다 쓰지 못하였는데, 마오쩌둥은 즉시 남은 돈을 혁명 활동을 전개하기 위한 경비로 삼아서 후난의 창사로 가지고 돌아왔다.

1963년 3월의 어느 날, 마오쩌둥은 중난하이의 수영장에서 머무르며, 영어를 배우는 데 도움을 주고 있던 장스자오의 딸 장한즈(章含之)에게 말했다.

---

250) 陈晋主编, 《毛泽东读书笔记解析》, 广东人民出版社1996,1646쪽。

"공산당은 그가 좋은 일을 한 애국인사라는 것을 잊어버릴 수가 없다. 그해 그대의 부친은 프랑스로 근로유학을 가는 학생을 원조하여 상하이 상업계에서 2만원 돈의 기부금을 모았는데, 나의 손을 거쳐 빌려왔다. 대부분 유럽으로 간 동지들에게 주었으나, 일부는 내가 가지고 후난으로 돌아와 혁명활동을 하는 데 써버렸다. 현재 나에게 원고료가 좀 있으니 이제야 빚을 갚을 수 있겠구나!"

장한즈가 말했다. "저는 아버지께 이 일을 들었습니다. 그 돈은 당시 상하이 상공업계의 많은 인사들이 원조한 것으로, 저희 아버지 한 사람이 한 일이라 간주할 수 없습니다. 게다가 주석께서 1960년 국가가 가장 어려웠을 시기부터 이미 저희 아버지에게 '빚을 갚기' 시작하셨는데, 현재 만일 '다시 빚을 갚는다'고 말씀하신다면 저희 아버지께서는 틀림없이 받을 리 없을 것입니다."

마오쩌둥이 웃으며 말했다.

"바로 어려운 시기였기 때문에 나는 고작 '빚을 갚으려' 고 하였다! '빚을 갚을' 뿐만 아니라 '이자'를 갚아야 한다."

또 말했다.

"講년이 되었으나 빚은 아무튼 여전히 있다. 이전에 갚은 것은 '이자'이고, 지금부터는 '원금'을 갚기 시작하겠다. 1년에 2천 원씩 갚아서 10년에 완전히 갚을 것이다. '원금'을 완전히 갚고, 계속하여 '이자'를 다시 갚을 것이다. …"

장함지가 웃었다.

"주석께서 '갚으시는' 것이 아직 끝나지 않았습니까?"

마오쩌둥이 말했다.

"내가 하라는 대로 하자."

며칠 뒤 마오쩌둥의 비서에게서 2천 원의 인민폐를 받은 장스자오는 정말 곤란하게 여겨 마오쩌둥의 비서에게 말했다.

"당시의 돈은 기부 받은 것이고, 절대 내가 가진 돈이 아니었습니다. 더군다나 말하자면, 그 돈은 프랑스로 근로유학을 가는 뜻 있는 청년들에게 제공한 원조였는데, 어떻게 주석에게 갚도록 하겠습니까?"

비서가 돌아와 장스자오의 말을 마오쩌둥에게 전하였다. 마오쩌둥은 그 뒤 장한즈에게 말했다.

"이는 나의 원고료를 그대 부친에게 약간의 생활 보조비로 주는 것이다! 그가 우리 공산당에 준 도움을 어떻게 내가 다 인민폐로 갚을 수 있겠는가?"

장한즈가 말했다.

"아버지께서 받기를 바라지 않으니 저 역시 방법이 없습니다."

"나는 그대 부친의 성격을 안다."

마오쩌둥이 말했다.

"내가 그대 부친에게 생활 보조비를 준다고 말한다면 그는 절대 받지 않을 것이다. 그래서 내가 겨우 '빚을 갚는다'고 말한 것이다!"

장한즈가 말했다.

"이렇게 하는 것이 적절한 일이겠습니까?"

"왜 적절하지 않느냐?"

마오쩌둥이 말했다.

"나 마오쩌둥이 말하기를 진 빚은 어떻게 해서든지 갚아야 한다고 했다고 돌아가서 행엄 선생께 말하거라. 이 돈은 나의 원고료에서 지불하는 것이니 염려하지 말라고 하라."

이해부터 시작하여 매년 음력 정월 초이틀에 마오쩌둥은 반드시 비서를 파견하여 장스자오에게 이천 원을 보냈고, 1972년까지 계속하여 총 2만 원을 보냈다.

1973년 춘절이 지나고 얼마 되지 않아 마오쩌둥은 또 장한즈에게 물었다.

"올해 돈은 받았는가?"

장함지가 웃으며 답하였다.

"주석께서는 잊으셨습니까? 이 돈은 이미 다 주셨습니다. 더 보내시면 많습니다."

마오쩌둥이 그의 말을 끊으며 말했다.

"아직 이자를 갚지 못했다. 돌아가서 그대 부친에게 올해부터는 이자를 갚기 시작하겠다고 전하거라. 50년의 이자는 나 역시 얼마인지 계산할 수가 없지만, 그대 부친이 건재하는 한 이 이자는 계속될 것이고, 그대 부친이 부재하게 되면 바로 그만둘 것이다. 그가 세상을 떠나면 빚을 갚는 것도 중지할 것이다."

또 말했다.

"너희들 세대는 스스로 챙겨야 하지, 그대 부친의 유산에 기대서는 안 된다."

## 시평

| | |
|---|---|
| 두 권의 지요를 모두 보았으니, | 兩部指要皆看完 |
| 이 정성이 장행엄을 깊이 감동시켰지. | 此情深感章行嚴 |
| 펜을 들어 답장을 쓸 때, | 及時提筆寫回信 |
| 직접 휘호하여 서문을 고쳤네. | 親自揮毫改序言 |
| 혁명 초기 자금 원조를 받았으니, | 早期革命得資助 |
| 옛정 50년 동안이나 잊지 않았네. | 不忘舊情五十年 |
| 비서에게 원고료 전해주라 부탁하고는, | 囑托秘書移稿費 |
| "빚 갚는다"는 구실 대어 어려움 넘겼지. | 借口"還債"渡艱難 |

## 6. 유전학자 탄쟈전(談家楨), 아무런 제약 없이 고금을 논하다

1956년 4월 25일에서 28일까지, 마오쩌둥은 중난하이에서 중앙정치국 확대회의를 주관하여 개최하였다. 이번 중앙정치국 확대회의에서, 마오쩌둥은 《논십대관계(論十大關系)》라는 중요한 연설을 발표하여, 소련의 경험을 거울로 삼아 중국의 국가 정세에 적합한 사회주의 건설을 탐색한 경험을 초보적으로 총괄하고 이어 중국의 국가 정세에 적합한 사회주의 건설 노선을 탐색할 임무를 제시하였다.

4월 28일, 4일간 열린 중앙정치국 확대회의가 끝났다. 마오쩌둥은 최종 발언을 하며 "온갖 꽃이 일시에 피고, 많은 사람이 각기 주장을 편다는 백화제방(百花齊放), 백가쟁명(百家爭鳴)이라는 말을 반드시 우리의 방침으로 삼아야 한다고 봅니다. 예술 문제에 있어 온갖 꽃이 일시에 피고 학술 문제에 있어 많은 사람이 각기 주장을 폅니다. 학술을 말하자면, 이러한 학술도 괜찮고 저러한 학술도 괜찮으며 한 가지 학술로 모든 학술을 압도해서는 안 됩니다. 당신이 옳다고 여긴다면 믿는 사람도 반드시 더 많아질 수 있습니다."라고 하였다.

1956년 5월 2일, 마오쩌둥은 최고국무회의에서 다시 《논십대관계》 연설을 발표하였다. 회의에 참가한 각 분야 대표가 발언한 뒤 마오쩌둥은 다시 연설하였고, 예술 분야에서 백화제방의 방침과 학술분야에서 백화쟁명의 방침이 필요하다고 정식으로 선포하였다.

마오쩌둥의 《논십대관계》라는 연설과 중앙의 "쌍백 방침(백화제방 백가쟁명)"의 제시는 문화예술계와 학술계에 사업을 발전시키고 각 영역에서 활동을 전개하는 데 크게 활기를 띠게 하였고 촉진시켰다. 이러한 상황에서, 중국과학원과 고등교육부는 칭다오에서 유전학 좌담회를 열었다. 이 좌담회의 개최는 그동안 유전학을 중시하였던 마오쩌둥의 큰 관심을 불러일으켰다.

칭다오에서 열린 좌담회에서, 회의에 참석한 유전학자 탄쟈전(談家楨)은 몇 년간 계속 마음속으로 참고 있던 말을 모두 쏟아내어, 이전에 상급 부서에서 관철하여 추진한 "미추린(Michurin)-리센코(Lysenko) 학설" 에 대해 대담하게 '아니다' 라고 발표하였다. 이 회의에서 통쾌하게 털어놓은 덕분에 회의가 끝난 후 잔을 들어 마음껏 술을 마셨고, 탄쟈전은 곤드레만드레 대취하였다. 누군가 회의를 주재한 루딩이(陸定一)가 있는 곳으로 가서 고자질하였는데 루딩이는 동조하지 않고 말했다. "너희들은 다른 사람을 오랫동안 욕했으면서도 다른 사람이 자신을 몇 마디 욕하는 것을 참지 못하는가?'

좌담회가 끝난 뒤 마오쩌둥은 보고를 받고 회의의 상황을 이해하였다. 중국의 유전학 연구 종사자가 감히 소련의 유전학 전문가의 학설에 대해 '아니다'라고 한 것에 대해 매우 기뻐하였으며 동시에 탄쟈전의 이름을 확실하게 기억해 두었다.

1957년 3월 탄쟈전은 베이징에서 열린 전국선전공작회의에 참석하였고, 마오쩌둥은 일부러 회의를 주재한 실무자에게 중국의 유전학자 탄쟈전을 한번 보고 싶다고 청하였다. 탄쟈전은 마오쩌둥이 접견하고 싶다는 통지를 받았을 때 그야말로 기뻐서 어쩔 줄 몰랐으나 마음 깊은 곳에서는 도리어 일종의 억제하기 어려운 '불안' 함도 있었다. 그가 중난하이 화이런당으로 마오쩌둥을 뵈러 갔을 때, 마오쩌둥은 그를 성의껏 대하고 매우 친절하였으며, 그와 악수를 하면서 "아, 당신이 유전학자 탄 선생이군요!" 라고 하였다. 탄쟈전은 마오쩌둥이 이처럼 상냥하고 친절한 것을 보고서 이전의 안절부절 못하던 마음이 점점 풀어졌다.

탄쟈전이 보고하는 중에 마오쩌둥은 한편으로는 진지하게 듣고 한편으로는 계속하여 고개를 끄덕였다.

"그래, 반드시 장점을 취하고 단점을 보완해야 하지요."

또 격려하며 말했다.

"반드시 유전학 연구 사업을 일으켜야 하고, 진리를 굳게 지켜야 하며 무서 워해서는 안 돼요. 과거 우리들은 소련에서 배웠지만, 어떤 부분은 매우 정확 하지 않아요. 현재 여러분이 할 것은 두려하지 않는 것이에요."

탄쟈전은 고무되어 말했다.

"주석, 저는 반드시 노력하여, 우리나라의 유전학을 발전시키겠습니다!'

마오쩌둥이 유쾌하게 말했다.

'바로 그렇지요! 곤란한 점이 있으면 우리 모두가 해결하면 됩니다."

1958년 1월 6일, 마오쩌둥은 항저우 시후(西湖) 기슭에서 다시 탄쟈전과 그 외 두 명의 과학자 저우구청(周谷城)과 자오차오거우(趙超構)를 접견하였다.

그때는 이미 밤 10시쯤이었다. 탄쟈전·주저우구청·자오차오거우는 함께 빠른 걸음으로 마오쩌둥이 머무는 곳을 향해 걸어갔고, 마오쩌둥이 몸에 외투 를 걸치고 바로 문 앞에서 자신들을 기다리는 것을 보았다. 마오쩌둥은 그들이 오는 것을 보고서 유머러스하게 말했다.

"심야에 여러분을 잡아왔는데, 여러분의 수면을 방해한 것은 아닌가요?'

한마디 말에 세 명의 과학자가 모두 웃었다.

방에 들어가서 마오쩌둥은 세 명의 과학자에게 사각 탁자에 둘러앉도록 청 하고 자신도 앉았다. 네 사람은 서로 고금의 일을 논하며 아무런 제약 없이 이 야기를 나누었다. 이야기를 나누던 중 마오쩌둥은 매우 친절하게 탄쟈전에게 물었다.

"유전학을 발전시키는 데 어떤 곤란한 점이나 장애가 있습니까? 곤란한 점이

있으면 우리 함께 해결합시다!'

1961년 노동절 전야, 탄쟈전은 다시 마오쩌둥을 만났다. 마오쩌둥은 그에게
"그대는 유전학 문제에 대해 어떤 고민이 있습니까?"
라고 묻고 또 말했다.
"용기 있게 유전학을 발전시켜야 합니다."

1974년이 되자 중병에 걸린 마오쩌둥은 왕전(王震)에게 부탁하여 탄쟈전에게 전언을 보냈다. "요 몇 년 동안 어째서 그대의 저작을 볼 수가 없나요? 그대가 과거에 쓴 저작에서 일부 관점은 정확했어요!'

## 시평

| | |
|---|---|
| 조국 건설에 동풍 불어와 춤추고, | 祖國建設舞東風 |
| 쌍백 방침 실로 영명하네. | 雙百方針實英明 |
| 문예 전선에서는 백화제방, | 文藝戰線百花放 |
| 학술 연구에서는 백가쟁명. | 學術研究齊爭鳴 |
| 새로운 길 격려하여 개척하고, | 鼓勵開拓新途徑 |
| 대담하게 개혁하여 영예 다투네. | 大膽改革爭光榮 |
| 국가와 인민을 위해 부지런히 노력하고, | 爲國爲民勤努力 |
| 노고 마다 않고 원망을 두려워 않으며 재능을 다 발휘하네. | 任勞任怨盡才能 |

## 7. 백가쟁명을 지지한 저우구청(周谷城)을 격려하다

1956년 6월 15일, 베이징에서 제1회 전국인민대표대회 제3차 회의가 열렸고, 마오쩌둥은 당일의 개막식에 참석하였다.

다음 날 전국인민대표대회에 참석하기 위해 베이징으로 온 푸단(復旦)대학교 교수 저우구청(周谷城)은 마오쩌둥의 초청에 응하여, 중난하이로 가서 마오쩌둥을 보았다. 마오쩌둥을 만난 뒤 마오쩌둥은 먼저 저우구청에게 함께 수영장에 수영하러 가자고 청하였다.

수영을 끝내고 물 밖으로 나와 휴게실에서 마오쩌둥은 수행원에게 대조선장(大條線裝)본 《한서(漢書)》 1책을 가져오게 하였다. 마오쩌둥은 제56권〈조충국전(趙充國傳)〉을 펼쳐 저우구청에게 말했다. "이 사람은 진리를 매우 굳게 지켰습니다. 그는 시베이(西北)에 둔전군을 설치하기를 주장하였는데, 처음에는 찬성하는 사람이 겨우 열에 한둘이었고 반대하는 사람이 열에 여덟아홉이었습니다. 그는 진리를 굳게 지켰기 때문에 이후 승리할 수 있었는데, 찬성하는 자가 열에 여덟아홉이고 반대하는 자가 열에 한둘이었습니다."

마오쩌둥은 《한서》를 저우구청에게 주고 또 말했다. "진리를 관철하는 것은 언제나 하나의 과정이니, 굳게 지켜야 하는 것입니다."

이는 마오쩌둥이 그를 격려하는 것임을 저우구청은 이해하였다. 왜냐하면 당중앙에서 "백화제방, 백가쟁명"의 방침을 제시한 후, 저우구청은 열렬한 지지를 표하였고, 논리학과 미학과 관련한 분야에서 독창적인 견해를 가진 저작을 여러 편 연속하여 발표하여 중국내 학술계에 큰 논쟁을 불러일으켰기 때문이었다. 그중 하나는 그가 쓴 《형식논리와 변증법》이라는 글이 불러일으킨 논쟁으로, 양측은 각자의 견해를 고집하여 서로 양보하지 않았다. 얼마 전 중공중앙정치국 후보 위원을 맡고 있던 캉성(康生)은 수중의 권력에 의지하여 저우구청에 대해 비판하라는 명령을 내렸다. 그래서 '누명' 무더기가 저우구청의 머리에 씌어졌고, '위협'이 줄줄이 그의 몸에 가해졌다.  바로 이러한 상황 중에 마오쩌둥이 저우구청과 약속하여 만난 것이다.

격려를 받은 저우구청은 감격하고 분발하는 심정이 마음에 꽉 차서 마오쩌둥이 그에게 준 《한서》를 두 손으로 받아들고 중난하이를 떠났다.

제1회 전국인민대표대회 제3차 회의는 여전히 진행되고 있는 가운데, 마오쩌둥이 비행기를 타고 상하이에 도착하였다.

상하이에서 마오쩌둥은 거듭 저우구청에게 만나러 올 것을 청하였고, 또한 함께 전시관에 가서 저녁을 먹자고 청하였다.

저녁을 먹을 때, 마오쩌둥은 저우구청에게 말했다.

"나는 당신의 저작을 보았는데, 매우 명확하게 잘 썼으니 계속하여 논쟁하고 토론해야 합니다."

저우구청은 마음에 공포가 남아 있는 채로 말했다.

"주석, 저는 매우 고립되어 있습니다. 로켓포로 쏘니 저는 조금도 견딜 수가 없습니다.…"

마오쩌둥이 그를 격려하며

"그대는 고립되지 않았습니다. 당신의 의견에 찬성하는 사람들이 있어요!"

라고 하고 또

"인민대학에 있는 왕팡밍(王方名)이 《형식논리를 논함》이라는 글을 한 편 썼는데, 나는 그의 관점이 당신의 관점이 비슷하다고 봅니다."

라고 하였다.

저우구청이 말했다.

"비록 제 의견에 찬성하는 사람이 있다 하더라도, 로켓포로 쏘는 것은 아무튼 견디기 어렵습니다."

마오쩌둥이 계속하여 그를 격려하였다.

"대수롭지 않으니, 변론하면 됩니다!"

마오쩌둥의 거듭된 격려를 받자 저우구청의 눈에는 눈물이 맺혔다.…

1957년 2월 16일 마오쩌둥은 중앙간행물·작가협회·과학원 책임자 회의를 소집하여, 중앙에서 제시한 "쌍백 방침"에 대한 각자의 의견을 충분히 발표할 것을 요청하였다. 회의가 진행되는 중 마오쩌둥이 말했다. "《신건설(新建設)》에서 저우구청이 논리 문제의 저작을 한 편 썼는데, 저는 역시 정확하다고 봅니다."

같은 해 4월 10일, 마오쩌둥은 《인민일보》 책임자와 담화하면서 거듭 형식논리와 변증법 관계에 관한 저우구청의 연구를 언급하였고, 분명한 태도로 말했다. "저우구청의 관점은 비교적 정확합니다. 나는 저우구청에게, 왕팡밍 같은 사람은 많이 있으며 그의 관점은 저우구청의 관점과 서로 같다고 말한 적이 있습니다."

다음 날 마오쩌둥은 특별히 중난하이 이년당(頤年堂)에서 논리학계·철학계 인사를 초청하여 논리학 토론에서 제기된 문제를 깊이 토론하였다. 저우구청·왕팡밍·김위예악린(金岳霖)·펑여우란(馮友蘭)·정신(鄭昕)·허린(賀麟)·페이샤오통(費孝通) 등이 초청을 받아들여 참석하였다. 저우구청과 왕팡밍 두 사람의 마음은 분명하였는데, 이는 마오쩌둥이 일부러 그들 두 사람 중간에서 다리를 놓고 소개하여 그들이 서로 알게 하였던 것이다.

담화 중 마오쩌둥은 잘못은 용감하게 고치고 진리는 용감하게 고수하는 것은 두 가지가 서로 보완하여 완성되는 것이라고 모두를 격려하였다. 동시에 과학연구 영역에서 필요한 것은 실사구시뿐만이 아니라 또한 자주적인 사고를 잘하는 것이며, 자신의 목이 다른 사람의 머리보다 뛰어나다고 해서는 안 되며, 설령 선생님에 대해서도 맹신해서는 안 된다고 격려하였다.


## 시평

| | |
|---|---|
| 말은 하지 않으면 드러나지 않고, | 話不說不透 |
| 진리는 변론하지 않으면 분명해지지 않네. | 理不辯不明 |
| 저항이 있다 하더라도, | 雖然有阻力 |
| 또한 논쟁해야 할 뿐. | 但是也要爭 |
| 진리는 고수해야 하고, | 真理須堅持 |
| 원칙은 느슨하게 해서는 안 되네. | 原則不放松 |
| 학술의 큰 변론에는, | 學術大辯論 |
| 용감함이 그 안에 있네. | 勇字在其中 |

## 8. 편지를 써서 리시판(李希凡)을 지지하다, '홍학(紅學)' 연구에 파란을 일으키다

1954년 9월, 산동대학 학보 《원스저(文史哲)》는 리시판(李希凡)·난링(藍翎) 두 사람이 공저한 〈《홍루몽간론(紅樓夢簡論)》 및 기타에 관하여〉라는 비평 글을 발표하였다. 10월 10일 《광명일보(光明日報)》의 〈문학유산(文學遺産)〉난에 계속하여 리시판·난링 두 사람의 다른 논평문 〈홍루몽연구를 평하다〉를 발표하였다. 두 편 논문의 예봉이 비판한 곳은 학술계의 권위자였던 위핑바이(俞平伯)의 《홍루몽 간론》 이라는 글에서 말한 관점이었다.

10월 16일 마오쩌둥은 리시판·난링의 〈《홍루몽간론》 및 기타에 관하여〉·〈홍루몽 연구를 평하다〉두 편의 논문에 대해, 중공중앙정치국과 그 외 관련 있는 동지들에게 편지를 보냈다.

위핑바이를 논박하는 논문 두 편을 함께 동봉하여 보내니, 한번 읽어봐 주세요. 이는 30여 년 이래로 소위 홍루몽 연구 권위자의 잘못된 관점을 처음으로 인식한 비판입니다. 작가는 두 명의 청년 단원입니다. 그들은 처음 《문예보》에 편지를 써 위핑바이를 비판하는 것이 가능한지를 물었는데, 묵살되었습니다. 그들은 어쩔 수 없이 그들의 모교인 산동대학교의 교수에게 편지를 써서 지지를 받았고, 학교의 간행물 《문스저》에 《홍루몽간론》 을 논박하는 그들의 글을 실었습니다. 문제는 다시 베이징으로 되돌아왔는데, 어떤 이가 이 글을 《인민일보》에 게재하고 논쟁을 일으키기 위해 비평을 전개할 것을 요구하였으나, 또 여러 가지 이유로 어떤 이의 반대(주로 "보잘것없는 인물의 글이다.", "당보는 자유 변론의 장소가 아니다" 라는 이유)를 받아 실현되지 못하였습니다. 그 결과 타협이 이뤄져 《문예보》에 이 글을 게재하는 것을 허락받았습니다. 이후 《광명일보》의〈문학유산(文學遺産)〉란에 위핑바이의 《홍루몽연구》를 논박하는 이 두 청년의 글이 발표되었습니다. 보아하니 이는 고전문학 영역에서 30여 년이나 청년들에게 해악을 끼친 호적파 자본가계급 관념론에 반대하는 투쟁으로, 전개하도록 허락할 만한 것이었습니다. 일은 두 "보잘것없는 인물"이 시작한 것이나 "큰 인물"이 종종 주의하지 않았으며 또한 종종 저지한 것입니다. 그들은 자본가계급 작가들과 함께 유심론 측면에서 통일전선을 말하였고 자본가계급의 포로가 되는 것을 달가워했습니다. 이는 영화《청궁비사(淸宮秘史)》와 《무훈전(武訓傳)》이 상영될 때의 상황과 거의 동일합니다. 사람들에게 애국주의 영화라고 칭해졌지만 실제로는 매국주의 영화였던 《청궁비사》는 전국에서 상영된 뒤로 지금까지 비판받지 않았습니다. 《무훈전》은 비록 비판받았지만, 지금까지도 어떤 교훈도 이끌어내지 못했고 또 위핑바이의 유심론을 용인하고 "보잘것없는 인물"을 방해하는, 매우 화가 나는 비판 글이 출현하였으니, 이는 우리가 주의할 만한 것입니다.

위핑바이와 같은 자본가계급 지식인들에 대해 당연히 단결하는 태세를 취해야 합니다. 그들이 청년들에게 해독을 끼친 잘못된 사상을 비판해야지 그들에게 항복해서는 안 됩니다.[251]

마오쩌둥의 이 편지는 발송되자마자 사람들은 깜짝 놀라게 하였으며 즉시 중국의 전 문학계를 뒤흔들었다. 마오쩌둥은 학술영역에서 발생한 다른 관점의 상호 논쟁을, 철학영역 더 나아가 사상역역, 심지어 이데올로기 영역에까지 제고시켰다. 이는 대부분의 사람들이 예상하지 못했던 것이었다.

---

251) 陈晋主编, 《毛泽东读书笔记解析》, 广东人民出版社, 1996, 1591—1592쪽.

위핑바이의 《홍루몽연구》는 1923년에 《상하이아동도서관(上海亞東圖書館)》에서 출판되었고, 당시 책 이름은 《홍루몽변(紅樓夢辯)》이었다. 1952년 9월 당체출판사(棠棣出版社)에서 재판될 때 책 이름을 《홍루몽연구》로 고쳤다. 《홍루몽연구》가 재판된 뒤 11월에 즉시 어떤 이가 〈《홍루몽》은 "원망하되 노여워하지 않는다"라는 것인가?〉라는 비평문을 써서 《문예보》로 보냈는데, 《문예보》는 원고를 되돌려 보냈다. 그 이유는 "위핑바이 선생은 《홍루몽》 연구에 공헌이 매우 많고" 《홍루몽연구》라는 책은 "기본적으로 단점보다 장점이 많으며" "글의 단점을 사람들이 스스로 분명하게 밝힐 수 있다"라는 것이다. 그 후 얼마 되지 않아 《문예보》는 1953년 9월호의 〈신서간〉 난에서 《홍루몽연구》를 중점적으로 추천하며 "과거 '홍루몽연구'의 모든 잠꼬대 같은 말들을 쓸어 버렸으니, 이것이 매우 큰 공적이다"라고 설명하였다. 위핑바이 본인 역시 1954년에 재차 《홍루몽》을 써서, 잡지 《신걸설》 3월호에 《홍루몽간론(紅樓夢簡論)》을 발표하였다.

마오쩌둥의 편지가 발송된 뒤, 10월 23일 《인민일보》는 바로 종뤄(鍾洛)이라 서명된 〈《홍루몽》연구에서 잘못된 관점에 대한 비판을 중시해야 한다〉라는 글을 발표하였다. 10월 24일, 중국작가협회 고전문학부는 《홍루몽》연구 문제에 관한 좌담회를 열었고, 좌담회에는 고전문학 전문가·학자·비평가 60여 인이 참석하였으며 위핑바이와 리시판·난링 역시 모두 참가하였다.

좌담회에서, 문예계의 저명인사들은 계속하여 위핑바이의 《홍루몽연구》와 리시판·난링의 비평 글에 대해 발언하였다. 대다수는 리시판과 난링의 비평 글이 중요한 현실적 의의를 가지며, 이 '투쟁'을 거쳐 중국의 고전문학연구 작업이 참신한 단계로 진입하기 시작할 것이라 여겼다. 그러나 일부 고전문학 연구자들은 발언 중 위핑바이를 위해 변호하는 발언을 하였는데, 주로 앞으로 고증 작업이 부정적인 영향을 받아 중시되지 않을까 염려하는 것이었다. 이러한 일부 사람들의 염려에 대해, 회의를 주관하는 자들은 필수적이며 적절하다고 해석하였다.

좌담회가 끝난 뒤 루딩이(陸定一)는 좌담회의 상황을 총결산하여 마오쩌둥과 중앙에 보고서를 1부 써서 보냈고, 이번 좌담회를 개최한 주요목적은《홍루몽》과 고전문학연구 영역과, 자본가계급 유심론의 경계를 명확하게 구분하는 것이며, 또한 더 나아가 마르크스주의 관점과 방법을 사용해《홍루몽》의 사상성과 예술성에 대해 비교적 전체적이고 정확하게 분석하고 평가하는 것이라 설명하였다. 보고서는 동시에 이번에《홍루몽》에서 발생한 '학술논쟁'은 다만 한 권의 책, 한 개인에게만 머물러서는 안 되고, 또 고전문학 범위에만 국한될 것이 아니라 철학 · 역사학 · 교육학의 영역에까지 발전되어야 하며, 후스(胡適)의 자본가 계급 관념론의 악영향을 철저하게 비판해야 한다고 지적하였다.

마오쩌둥은 이 보고서를 본 뒤 "그대로 처리하라"고 지시하였다.

그러나 문제는 여기에서 끝나지 않았다.

그날, 마오쩌둥은 위안쉐이포(袁水拍)의 〈《문예보》편자에게 질문함〉이라는 글을 수정하면서 친필로 다음의 구절을 썼다.

《문예보》는 자본가계급 관념론과 자본가계급 명사와는 밀접한 관계를 맺고 있으나 마르크스주의와 이를 선양하는 새로운 세력과는 매우 소원하니, 이는 설마 분명한 것이 아니겠는가?[252]

---

252) 陈晋主编,《毛泽东读书笔记解析》, 广东人民出版社1996,1598쪽。

마오쩌둥의 수정을 거친 위안쉐이포의 글은 10월 28일에 《인민일보》에 실렸다.

11월 8일 중국과학원 원장 궈모뤄(郭沫若)은 《문화 학술계는 반드시 자본가계급의 사상에 반대하는 투쟁을 펼쳐야 한다》 라는 제목으로 《광명일보》 기자에게 담화를 발표하여, 현재의 이러한 상황은 표면적으로 보기에는 고전문학연구 영역에서 발생한 '학술논쟁' 으로 보이지만 실제로는 "마르크스 레닌주의 사상과 자본가계급 관념론의 투쟁" 이라는 것을 밝혔고, "토론의 범위가 확대되어, 고전문학연구 한 측면에만 한정될 것이 아니라 문화 학술계의 모든 부문이 포괄하여 진행되어야 한다" 고 희망하였다.

압력 때문에 《문예보》 편집장 펑쉬펑(馮雪峰)은 11월 4일 《인민일보》에 〈《문예보》에서 내가 범한 오류를 반성함》이라는 자기비판의 글을 발표하였다.

11월 10일, 《인민일보》 는 "리즈(黎之)" 의 비평 글인 〈《문예보》 편집자는 반드시 자본가계급의 작풍을 철저하게 조사해야 한다〉를 발표하였다.

펑쉬에펑의 자기비판 글과 "리즈" 의 비판 글을 마오쩌둥은 모두 진지하게 숙독하여 상세하게 평하고 주해를 달았다.

마오쩌둥은 펑쉬에펑의 자기비판 글에 대해 매우 불만스러워 하여 평어와 주해를 달아 말하기를, 풍설봉은 이미 완전히 "자본가 계급의 진창 속으로 빠져들어" "마르크스 레닌주의의 전투정신을 결여한"것이 아니라 "마르크스주의의 문제에 반대하는" 것이며, "신흥 세력을 경시하는 의식이 마음속에 존재한다는 것을 자각하지 못한" 것이 아니라 "자각하고 있으며" "잠재적이 아니라 각종 방법을 사용하여 마르크스주의를 향해 결연히 투쟁을 한다" 라고 하였다.

"리즈" 의 글에 대해, 마오쩌둥은 《문예보》 는 "우선 자아비판이 있고 없고의 문제가 아니라, 오류를 범하였는지 아닌지의 문제이고" "오만하다는 것이 문제가 아니라" "편집부가 자본가계급사상의 지배를 받았다는 것이 문제이며", "예리한 감각을 잃은 것이 아니라" "반마르크스주의의 극히 예리한 감각을 갖춘 것이고", "거만하고 우쭐대거나" "풍격이 늙었다" 는 등의 문제가 아니라 "그들의 마르크스주의에 반대하는 자본가 계급의 입장 관점의 문제이다" 라고 평하고 주해를 달았다.

1955년 10월 11일 마오쩌둥은 중국공산당 제7회 중앙위원회 제6차 전체회의에서 거듭《홍루몽》과《홍루몽연구》를 언급하였다.

반관념론 투쟁은《홍루몽》의 문제에서 시작하여 또《문예보》를 비평하였으며, 이후 또 후스와과 양수밍(梁漱溟)을 비판한 지 이미 1년이 되었습니다. 우리는 관념론을 확실하게 반대하였고, 세 가지의 5년계획을 준비하였습니다. 반 관념론 투쟁 와중에 마르크스주의 유물변증론의 간부진을 세워야 하며, 우리의 많은 간부와 인민들에게 마르크스주의 기본이론을 무장시킬 수 있습니다.[253]

이는 마오쩌둥이《홍루몽연구》비판에 대한 첫 소망이 움직이기 시작했던 것이다.

253) 陈晋主编,《毛泽东读书笔记解析》, 广东人民出版社1996,1602쪽。

# 시평

| | |
|---|---|
| 근 백년의 홍루몽 연구, | 紅學研究近百年 |
| 각자 자신의 의견 고집하여 많은 말들 내뱉었네. | 各執己見發宏言 |
| 어떤 이는 유물론 고집하고, | 有人堅持唯物論 |
| 어떤 이는 관념론 고집하였지. | 有人堅持唯心觀 |
| 어떤 이는 뿌리 뽑아 진상을 밝히고, | 有人挖根兼刨底 |
| 어떤 이는 뿌리 캐어 근원 거슬러 올라가네. | 有人追根亦溯源 |
| 한 권의 소설이 수많은 집에 전해져, | 一部小說傳萬戶 |
| 여러 학자들 괴롭게 깊이 연구하네. | 引得百家苦鑽研 |
| 이 논쟁 끝없이 이어져, | 被此爭論無休止 |
| 낮과 밤도 없이 왁자지껄. | 沸沸揚揚不夜天 |
| 학술계 권위자 큰 몽둥이 휘두르고, | 學術權威揮大棒 |
| 이름 없는 졸개 감히 주먹을 날리네. | 無名小卒敢出拳 |
| 논증 위해 다방면으로 자료 인용하여 근거를 보충하고, | 旁征博引找根據 |
| 고서를 뒤져 원인을 조사하였지. | 翻遍古書查因原 |
| 진지하게 자구의 의미 파고들어 철저히 고증하고, | 咬文嚼字窮考證 |
| 복잡하게 뒤섞여 구별하기 어려운 것이 더 어려워졌네. | 撲朔迷離復轉難 |
| 종내 끝없이 이렇게 나아가니, | 長此以往終無竟 |
| 도움 되지 못한 채 시간을 허비했으니 가련하구나. | 可憐無補費時間 |
| 만일 조설근(曹雪芹)이 눈을 뜬다면, | 倘若曹公睜開眼 |
| 어디서부터 이야기할지 모를 것이지. | 不知話從何處談 |

## 9. 《실천론》을 해석한 리다(李達)와 동후(東湖) 주변에서 논쟁하다

리다(李達, 1890~1966)의 호는 쉬에닝(鶴鳴)이고, 후난 링링(零陵) 사람이며, 마르크스주의 철학자이다. 1920년 상하이 공산주의 서클에 참가하였고, 월간 《공산당》의 편집을 주관하였다. 1921년 중국공산당 제1차 전국대표대회에 참석하였고, 당중앙 선전주임으로 선출되었다. 이후 후난즈시우대학(湖南自修大學) 교장을 맡았고, 잡지 《신시대》의 편집을 주관하였다. 북벌전쟁시기에는 국민혁명군 총정치부 편집위원회 주석 등의 관직을 맡았다. 제1차 대혁명이 실패한 뒤 백색지구에서 장기간 대학교수를 맡아 마르크스주의 선전을 끝까지 고수하였으며, 저서에는 《사회학대강》이 있다. 신중국 수립 직전 중국공산당에 다시 가입하였다. 후난대학교 교장·우한대학(武漢大學) 교장·중국과학원 철학사회과학부 위원을 역임하였고, 초대 중국철학학회 회장을 맡았다. 중공 제8회 전국대표대회 대표, 제1회·2회 중국인민정치협상회의 전국위원회, 제1회·2회·3회 전국인민대표대회 대표, 제3회 전국인민대표대회 상무위원회 위원에 당선되었다. 저서에 《〈실천론〉해설》·《〈모순론〉해설》이 있고, 《유물변증법대강》을 주관하여 편집하였다.

마오쩌둥과 리다는 대대로 교분이 깊었다. 옌안 시절, 마오쩌둥은 리다의 《사회학대강》을 숙독하였는데, 양서이고 중국인이 쓴 최초의 마르크스주의 철학 교과서라고 매우 칭찬하였다.

1950년 연말 마오쩌둥의 《실천론》이 다시 발표되었다. 리다는 즉시 최대한의 정치 열정을 쏟아 부어 선전하였고, 《〈실천론〉-마오쩌둥사상의 기초》·《〈실천론〉을 어떻게 학습할 것인가》·《〈실천론〉학습 요강》을 연이어 썼다. 잠시 후 또 8만여 자의 《실천론》 '해설'을 썼다.

1951년 3월 27일 마오쩌둥은 리다에게 편지를 보냈다.

## 쉬에밍 형에게

두 차례의 편지와 부쳐 보낸 《〈실천론〉해설》제2부는 모두 받았습니다. 감사합니다.《해설》제1부 역시 출판된 것을 보았습니다. 이 《해설》은 매우 좋아서, 통속적인 언어를 사용하여 유물론을 선전하는 데 매우 큰 역할을 하였습니다. 당신의 제3부가 다 완성되어 발표된 뒤에 반드시 1권의 단행본으로 출간하여 널리 세상에 유포해야 합니다. 제2부 중 제국주의와 교조주의 경험주의를 논한 두 페이지에 약간 수정할 것이 있으니, 헤아려 주세요. 만약 이미 발표되었다면 단행본에서 고쳐도 좋습니다.

변증유물론의 통속적 선전을 과거에는 너무 적게 하였습니다. 그러나 이는 많은 작업 간부들과 청년 학생들의 절박한 요구이니, 그대가 이러한 문장을 많이 쓰기를 바랍니다. 삼가 경의를 표합니다!

마오쩌둥
3월 27일

《실천론》중 태평천국을 배타주의 한 곳에 놓고 설명하는 것은 타당하지 않으니, 선집을 출간할 때 헤아려 수정하고, 이 부분은 좀 더 탐구하세요.[254]

1951년 7월 리다의 《〈실천론〉해설》은 삼롄서점(三聯書店)에서 정식으로 출판되었다.

1952년 4월, 마오쩌둥의《모순론》이 다시 발표되었다. 리다는 또 새로운 열

---

254) 《毛泽东书信选集》, 人民出版社, 1984, 407-408쪽.

정으로 《모순론》 '해설' 작업에 임하였다.

9월 17일 마오쩌둥은 리다에게 편지를 보냈다.

## 위에밍 형에게

9월 11일에 보낸 편지를 받았습니다. 이전의 여러 편지도 모두 받았습니다. 애만정(愛晚亭) 세 글자는 별지의 사진처럼 썼습니다.

《모순론》 제4장 제10단 3행의 "어떤 모순을 막론하고, 또한 어떤 시기를 막론하고, 모순된 여러 방면은 그 발전은 균형이 맞지 않는다" 라는 구절에서 "또한 어떤 시기를 막론하고" 라는 구절은 삭제해야 하는데, 선집의 제1권 제2판에서는 이미 이 구절을 삭제하였습니다. 그대가 해설을 쓸 때, 이 점을 주의해 주기를 바랍니다! 삼가 평안하시기 바랍니다.

마오쩌둥<br>
1952년 9월 17일[255]

1953년 7월 리다의 《〈모순론〉 해설》이 삼롄서점에서 정식에서 출판되었다.

1954년 10월 전국의 이론계·사상계·문화계에서는 후스(胡適) 사상에 대한 비판이 광범위하게 전개되었다. 이 기간 동안 리다는 〈후스의 정치사상 비판〉·〈후스 사상 비판〉이라는 두 편의 글을 썼고, 12월 20일에 모두 마오쩌둥에게 검토하도록 보냈다.

12월 28일 마오쩌둥은 리다에게 답장을 보냈다.

## 쉬에밍 형에게

12월 20일의 편지와 두 편의 글을 받아 보았는데, 좋다고 생각합니다. 특히 정치사상 1편은 독자들에게 매우 큰 도움이 됩니다. "실용주의자는 물질이 가장 일차적이고 의식은 이차적이라고 주장한다"와 같은 문장은 오자가 있는 것 같습니다. 이 외, 실용주의를 비판할 때, 실용주의에서 말한 실용·효과와, 우리가 대체로 비슷하게 말하는 명사에 대해 비교해서 설명해야 하는데, 일반인들은 이것들에 대해 여전히 헷갈려하며 분명히 알지 못하기 때문입니다. 우주는 "한 편의 미완성된 초고이다.…"라는 몇 구절 역시 명확하게 비판해야 합니다. 그대의 문장은 통속적이고 알기 쉬운데, 이 점은 매우 좋습니다. 다음에 문장을 쓸 때는, 철학의 일부 기본 개념에 대해 적절한 시간을 들여 더 설명하여 일반 간부들도 이해할 수 있게 해 주도록 건의합니다. 이 기회를 이용하여 철학을 이해하지 못한 당 내외에 백만의 간부들로 하여금 마르크스주의 철학을 조금이라도 이해하게 하겠습니다. 이에 대해 어떻게 생각하시는지 모르겠습니다. 삼가 경의를 표합니다.

마오쩌둥
1954년 12월 28일[256]

12월 31일 《인민일보》는 리다의 〈후스의 정치사상 비판〉을 게재하였다. 잠시 후인 1955년 1월호 《신건설》은 리다의 〈후스사상비판〉을 게재하였다.

1958년 8월 16일에서 9월 3일까지, 마오쩌둥은 베이다이허에서 중앙정치국

---

255) 陈晋主编,《毛泽东读书笔记解析》, 广东人民出版社, 1996, 883-884쪽。

256) 《毛泽东书信选集》, 人民出版社, 1984, 487쪽。

확대회의를 주재하여 개최하였다. 회의에서 전국의 경제·정치 상황을 분석하였고, 농공업 생산에 높은 목표를 확정하여, 1958년에는 강철 1,070만 톤을, 1959년에는 강철 2,700만 톤을 생산할 것을 선포하고, 1959년의 식량 생산량 목표를 8,000억 근으로 선포하였다.

회의 기간, 마오쩌둥과 중앙 지도자 동지는 합의하여 미군 태평양 제7함대가 대만 해협에 침입하여 전쟁을 운운하고 장제스가 대륙 연해 지역에 교란을 일으키는 행위에 대해 본때를 보여주기로 결정했다.

8월 23일 정오 12시 정각에, 마오쩌둥은 푸젠(福建) 전선에 있는 예페이(葉飛)에게 즉시 진먼(金門)과 마주(馬祖)를 포격하도록 통지하였다!

베이다이허회의는 2주간 진행되었다. 회의가 끝나기 전, 《농촌인민공사 건립문제에 대한 결의》를 토론하여 채택하였다.

9월 5일에서 8일까지 마오쩌둥은 베이징 중난하이 화이런당에서 제15차 최고국무회의를 주재하여 열었고, 세 차례 연설을 하였다. 국내외 정세를 치밀하게 분석하였고, 미제국주의가 대만 해협에서 중국의 군대를 위협하고 전쟁을 도발하는 것에 대해 단호하게 반대할 것을 전국 인민들에게 호소하였다.

국무회의 후 마오쩌둥은 국내 형세에 대해 안심할 수 없었다. 비록 베이다이허 회의에서 결의하였으나 결국 다른 길을 모색하였다.

그는 늘 걱정이 떠나지 않아 베이징을 떠나 남방으로 가서 기층의 실제 상황을 조사하기로 결정하였다.

마오쩌둥은 열차를 타고 계속 남하하였고 첫 번째 역 정저우(鄭州)에서 정차하였다.

열차에서, 마오쩌둥은 허난성(河南省 서기와 중앙판공청 하방 간부 지도자의 보고를 들은 뒤 대약진운동과 인민공사의 상황이 아무리 해도 미심쩍어 되풀이하여 물었다.

"무슨 문제가 있습니까? 성과만을 말하지 마세요. 저는 무슨 문제가 없는지 알아야 합니다."

일고여덟 번을 물어도 문제를 보고하는 사람은 없고, 모두 좋다고만 말했다. 마오쩌둥은 어쩔 수 없이 좌담회를 열어 기층의 동지와 직접 담화하고자 하였다. 그래서 예즈롱(葉子龍)이 작렬하는 태양을 무릅쓰고 싱양(滎陽)으로 가서 한창 전야에서 용광로로 제강하고 제철하고 있던 작업 인부 10여 명을 기차에 태워 정자우로 데려왔다.

이들은 온몸에는 석탄 검댕과 광물 재를 덮어쓰고 온 얼굴에는 땀자국이 있는 채로 곧바로 열차를 타고 왔는데, 마오쩌둥은 매우 기뻐하며 모두와 악수를 하였다. 그러고 나서 최 일선에서 온 인부들과 좌담하였다.

이들은 마오쩌둥이 매우 감격해 하는 것을 보았다. 모두들 대약진·인민공사에 대해 입을 모아 칭찬하였고 여전히 나쁜 소식은 빼고 좋은 소식만 알렸다. 마침 이때 누군가가 밀가루와 옥수수가루를 섞어서 만든 빵을 대식당으로 보내었고, 마오쩌둥이 즉시 말했다.

"좋아요, 좋아요. 모두들 대식당으로 가서 빵을 맛봅시다!"

모두 빵을 맛보고는 좋다고 말했다. 빵을 보낸 사람이 말했다.

"사원들이 이 빵을 먹고 있습니다."

마오쩌둥은 당시에는 아무런 의견을 표명하지 않았다. 대식당에 대해, 마오쩌둥은 한편으로는 새로운 사물을 지지해야 한다고 여겼고, 다른 한편으로는 또한 조금 마음이 놓이지 않았다. 어디를 가든지 항상 물었고 실상을 알려고 하였다.…

9월 10일 11시 40분, 마오쩌둥이 탄 전용열차가 무한에 도착하였다.

9월 11일, 후난성 제1서기 왕런종(王任重)은 마오쩌둥이 임시로 머물고 있던 동후빈관(東湖賓館)으로 차를 몰고 가, 마오쩌둥에게 대식당의 장점을 보고하며 몇 가지 우월한 점을 상세하게 말했다. 마오쩌둥은 매우 흥미를 느끼며, 왕런종에게 식당문제와 관련된 보고자료를 쓰게 하였다.

9월 12일 오후, 당시 우한대학 총장이었던 리다가 마오쩌둥을 찾아왔다.

리다는 마오쩌둥을 매우 존중하였고, 마오쩌둥도 리다를 매우 존경하였다. 리다는 마오쩌둥보다 연장자였으나 마오쩌둥이 일상의 업무와 사상이론 영역에서 자신을 지지하는 것에 대해 감사하게 여겼다. 그러나 두 사람이 이야기를 나누던 중 리다는 공산당사를 조사하면서 몇 가지 슬로건을 발견하자 유물주의적 관점에 부합하지 않는다고 문제를 제기하였다. 그는 몇 가지 사례를 들었는데, 그 취지는 "생각하지 못한 일은 있어도, 할 수 없는 일은 없다"라는 표현은 비과학적이며 심지어 반과학적이라는 것이었다.

그러나 마오쩌둥이 말을 막으면서 말했다.

"나는 청두(成都)의 회의에서 '머리는 뜨거우면서도 냉정해야 한다'라는 말을 하였습니다. 군중의 혁명 열정은 반드시 소중히 여겨야 하고 보호해야 합니다. 그리고 우리 간부에 대해 말하자면 반드시 '뜨거우면서도 냉정해야' 하니, 뜨거우나 냉정하지 않으면 사고가 일어나기 쉽습니다."

리다는 마오쩌둥의 '냉열관'에 동의하지 않았으며, 마오쩌둥 역시 누군가 군중의 혁명 열정과 생산 열의를 부정하는 것을 달가워하지 않았다.

그는 말했다.

'생각하지 못한 일은 있어도, 할 수 없는 일은 없다'라는 것은 다만 슬로건이며, 이 슬로건은 세계 모든 사물과 같이 이중성이 있습니다. 하나는 사람의 주체적 능동성을 발휘하도록 말하는 것으로, 이는 일리가 있습니다. 다른 하나로, 만약 생각한 것은 할 수 있고 심지어 즉시 할 수 있다고 한다면, 이는 비과학적입니다."

리다는 이 슬로건이 현 단계에서는 이중성으로 설명할 수 없고, 이중성으로 설명하는 것은 현 단계에서는 이 슬로건을 긍정하는 것이라고 여겼다.

마오쩌둥은 약간 흥분하여 리다에게 반문하였다.

"긍정하면 어떻고, 또 부정하면 어떻습니까?"

리다 역시 흥분하기 시작하였다.

"긍정하는 것은 사람의 주관적 능동성이 만능이며 무한대라고 인정하는 것입니다! 그러나 사람의 주관적 능동성의 발휘는 일정한 조건을 벗어날 수 없습니다! 현재, 사람의 담력은 너무 크지 너무 작지 않습니다. 그대는 불에 기름을 부어서는 안 되며, 그렇지 않으면 큰 재앙이 될 수 있습니다!"

이때 자리에 앉아 있던 왕렁종과 후난성 부비서장 마이바이(梅白)는 모두 리다에게 더 말하지 말라는 표시를 하였다. 마오쩌둥은 이를 발견하고는 말했다.

"자네들은 그가 말하도록 내버려두게나."

리다가 이를 듣고는 노기가 더 커졌다.

"그대는 고압적 태도로 저를 겁줄 필요가 없습니다! 당신 머리에서는 열이 나서 39도의 고열에 이를 것이고, 다음에는 40도, 41도까지 열이 날 것입니다.…"

마오쩌둥이 감정을 품으며 말했다.

"당신은 나를 태워 죽이면 좋겠습니까!"

리다는 격앙되어 말했다.

"저는 당신을 태워 죽이려는 것이 아닙니다! 이대로 나가면 중국인민은 큰 재난을 만날 것입니다! 당신은 인정합니까, 인정 못합니까?"

자리에 앉아 있던 사람들은 모두 리다의 말에 깜짝 놀랐지만 마오쩌둥은 도리어 계속하여 참을성 있게 자신의 관점을 상세히 논하였다. 그는 홍군의 장정을 예로 들어, 정신력의 작용을 설명하였다. 홍군은 이러한 정신력에 의지하여 일반적 이치에 준해서는 극복할 도리가 없는 거듭된 어려움을 극복하였고 마침내 승리를 쟁취하였음을 말했다. 또 각종 발명과 창조는 바로 "대담한 상상"으로 인한 것이며, 하늘을 나는 것을 상상하여 마침내 비행기를 발명하였고, 하루에 천리를 가는 것을 상상하여 자동차와 기차를 발명하였고, 바다를 건너 먼 나라로 가는 것을 상상하여 증기선을 발명하였음을 예로 들었다.…

리다는 여전히 자신의 관점을 고수하며 말했다.

"한 사람이 목숨을 버려 '한 사람이 열 사람을 상대한다' 라는 것은 괜찮으나 최후에는 결국 한계가 있으니, 끝내는 적은 수로 많은 수를 대적하지 못하는 때가 있습니다! '한 사람이 관문을 지키면 만 명이라도 공략할 수 없다' 라는 것 역시 지리적 환경이 조건이 되니 사람의 주관적 능동성은 무한대일 수 없습니다."

마오쩌둥이 말투를 완곡하게 하며 말했다.

"내가 청두 회의에서 말한 구절들은 머리를 뜨겁게 하고 또 차갑게 하라는 것입니다."

"현재 당신의 머리는 너무 뜨겁습니다!"

리다는 떠날 즈음이 되어서도 여전히 마오쩌둥에게 말했다.

"당신은 차가워져야 합니다!"

그날 밤, 마오쩌둥은 침대에 누워 이리저리 뒤척이며 누워도 편하지 않아 잠을 아예 자지 않았다. 침대에서 내려온 뒤 옷을 걸치고 동후(東湖) 주변으로 산

책을 나갔다. 달빛 아래서, 멀지 않은 곳의 뤄쟈산(珞珈山)에서 가끔 소나무에 바람이 스치는 소리가 뚜렷하게 들렸다. 종려나무가 가득한 남도를 걸으며, 마오쩌둥은 주변의 수행원에게 말했다.

"공자가 말하기를 60에 이순(耳順)이라 하였다. 나는 올해 65세인데, 이순에 도달하지 못했다. 오늘 들은 쉬에밍 형의 말이 매우 귀에 거슬린다고 느꼈다. 이후 한 번 더 그와 좀 더 이야기를 해야겠군."

다음 날 마오쩌둥은 우강(武鋼)을 시찰하였다.

무강을 떠나 동후빈관으로 돌아오는 도중, 마오쩌둥은 일부러 동후에 인접해 있는 우한대학으로 가서 리다를 방문하였다.…

# 시평

"일대"대표하여 어깨 나란히 움직이고,     "一大"代表並肩行

삼십여 년 동지의 정 나누었지.      三十餘年同志情

《실천론》을 해설하기도 하고,      也曾解說《實踐論》

《모순》을 주석하여 동의 받았네.     注釋《矛盾》受贊成

철학계에서는 태산북두라 칭하고,    哲學界中稱泰鬥

인민의 지도자는 영명함 드러냈지.    人民領袖著英明

서로 만나 다른 의견으로 나뉘게 되자,   適遇認識分異議

동후 주변에서 논쟁하였네.      東湖岸邊起論爭

인간 능력은 하늘을 이긴다고 의욕 고무하고,  人定勝天鼓幹勁

정신력은 무한하네.        精神力量大無窮

여러 번 일깨우며 냉정해지기를 기다렸지,  提醒再三須冷靜

현실을 떠나서는 성공하기 어렵다네.   脫離實際難成功

국가와 국민을 모두 생각하였으니,    爲國爲民共著想

의견은 달라도 마음은 같았네.     意見不同心跡同

동후 물 넘실거리고 소나무 그림자 비치네,  湖水蕩漾松倒影

우뚝 선 청산에서 거센 바람에 목욕하네.  巍巍青山沐長風